吴式颖　李明德

丛书总主编

外国教育通史

第十卷

19 世纪的教育

（上）

徐小洲　赵卫平

本卷主编

GENERAL HISTORY OF
FOREIGN EDUCATION

北京师范大学出版集团
BEIJING NORMAL UNIVERSITY PUBLISHING GROUP
北京师范大学出版社

图书在版编目(CIP)数据

外国教育通史：全二十一卷：套装 / 吴式颖，李
明德总主编. -- 北京：北京师范大学出版社，2025.1.
ISBN 978-7-303-30486-8

Ⅰ. G519
中国国家版本馆 CIP 数据核字第 20251WL437 号

WAIGUO JIAOYU TONGSHI：QUAN ERSHIYI JUAN：TAOZHUANG

出版发行：北京师范大学出版社 https://www.bnupg.com
　　　　　北京市西城区新街口外大街 12-3 号
　　　　　邮政编码：100088
印　　刷：北京盛通印刷股份有限公司
经　　销：全国新华书店
开　　本：787mm×1092mm　1/16
印　　张：684
字　　数：9000 千字
版　　次：2025 年 1 月第 1 版
印　　次：2025 年 1 月第 1 次印刷
定　　价：4988.00 元(全二十一卷)

策划编辑：陈红艳　鲍红玉　　　　　责任编辑：张筱彤
美术编辑：焦　丽　　　　　　　　　装帧设计：焦　丽
责任校对：丁念慈　　　　　　　　　责任印制：马　洁

编委会

目 录 | Contents

导　言

在人类社会历史进程中，19 世纪因思想勃发而被人们称为"不可思议的世纪"。在有"理性时代""启蒙时代""革命时代"之称的 18 世纪之后，自然科学在 19 世纪突飞猛进，发明创造不断涌现。思想的浪潮不仅极大地加快了人类社会前进的步伐，对人类社会生活及世界面貌产生了极其深刻的影响，而且有力推动了学校教育变革，引起了教育目标、教育制度、教育内容和教育方法的变化。

在自然科学发展和发明创造涌现的影响与推动下，19 世纪资本主义国家加快了产业革命与工业化进程，资本主义经济得到进一步发展。也正是在产业革命与工业化的进程中，欧美国家和日本在社会变革的基础上巩固了资本主义制度。

在 19 世纪，这些资本主义国家的社会科学取得了不可忽视的进步。与教育思想关系尤为密切的哲学和心理学等学科获得了很大的发展。哲学和心理学是教育思想的理论基础，它们的进步深刻影响了教育思想与实践的发展。

19 世纪工业进步、经济发展以及资本主义制度的巩固不仅对学校教育提出了新的要求，而且为学校教育的变革与发展提供了必要的社会基础。特别值得注意的是，与 18 世纪相比，19 世纪资本主义国家的学校教育取得了跨越式发展。无论是英国、法国、德国等老牌资本主义国家，还是美国、日本等新兴资本主义国家，教育变革成为时代主旋律。正是在教育变革的基础上，近代西方国家教育制度确立，并对教育思想的发展产生了重要影响。

在新的社会历史背景下，19世纪的思想家、教育家或从社会改革的角度，或从哲学理论的角度，或从心理学理论的角度，对教育问题进行了比以往更为深入的思索，涌现出丰富多彩的教育思想。无论是丰富程度还是深刻程度，19世纪的教育思想显然超越了先前的时代。

在德国，赫尔巴特(Johann Friedrich Herbart，1776—1841)教育思想、国民教育思想、新人文主义教育思想、福禄培尔(Friedrich Wilhelm August Froebel，1782—1852)教育思想、实验教育思想出现。

从整个19世纪西方教育思想史来看，德国教育思想一马当先，赫尔巴特的教育思想尤其突出，引起美国及欧洲其他国家教育家的普遍关注与学习。正如英国教育史学家威廉·博伊德(William Boyd)和埃德蒙·金(Edmund King)所指出的："德国在教育思想和行动上都处于前列。国民教育的重要实验，以及同赫尔巴特和福禄培尔的名字联系起来的教育理论上的显著成果，使德国成为欧洲的教育领导人。"[1]

赫尔巴特作为19世纪德国最有代表性的教育家，接受了18世纪瑞士教育家裴斯泰洛齐(Johann Heinrich Pestalozzi，1746—1827)"教育心理学化"的观点，在哲学和心理学的基础上，试图使教育学成为一门科学。赫尔巴特把系统知识的传授放在学校教育过程的首位，构建了以管理、教学和训育为框架的教育理论体系，这一体系成为西方教育思想史中传统教育理论的主要标志。无论是在理论的广度上还是在思想的深度上，赫尔巴特均立于19世纪西方教育思想的高地，也有西方教育学者提出19世纪是赫尔巴特的世纪。

德国国民教育思想以费希特(Johann Gottieb Fichte，1762—1814)、黑格尔(Georg Wilhelm Friedrich Hegel，1770—1831)和第斯多惠(Friedrich Adolf Wil-

---

[1] William Boyd, Edmand King, *the History of Western Education*, London, A C Black, 1975, p.333.

helm Diesterweg，1790—1866）为代表人物。从思想渊源来看，德国国民教育思想显然受到了 18 世纪法国国民教育思想的影响。其中，费希特和黑格尔更多的是从民族复兴的角度来思考国民教育问题，而第斯多惠更多的是从人的全面发展的角度来思考国民教育问题并将之付诸教育实践。

新人文主义教育思想以洪堡（Wilhelm von Humboldt，1767—1835）为代表人物。它以新人文主义为依据，注重精神培育，强调教育促使整个人的发展，旨在培养人类的智力、审美情趣和道德，为学校教育尤其是高等教育确立了一种新的学术精神。

作为 19 世纪德国重要教育家，福禄培尔也深受裴斯泰洛齐教育思想的影响。他从事学前教育和初等教育的理论探索与实践活动，创建了世界上第一所幼儿园，并因幼儿园教育理论体系而在西方教育思想史中留下浓重一笔。

实验教育思想以梅伊曼（Ernst Meumann，1862—1915）和拉伊（Wilhelm August Lay，1862—1926）为代表人物。在实验心理学的基础上，实验教育学思想倡导对教育进行实验研究和客观分析，采用实验、观察、调查、统计和测量的方法。尽管实验教育家在研究方法等方面的观点并不完全相同，但由于他们的共同努力，以教育实验为标志的实验教育思想以一种全新面貌出现在西方教育思想史中。

在英国，儿童教育和贫民教育思想、功利主义教育思想、古典人文主义教育思想、科学教育思想出现。

英国儿童教育和贫民教育思想的代表人物是理查德·洛弗尔·艾吉渥兹（Richard Lovell Edgeworth，1744—1817）和玛丽亚·艾吉渥兹（Maria Edgeworth，1769—1849）父女俩以及贝尔（Andrew Bell，1753—1832）和兰喀斯特（Joseph Lancaster，1778—1838）。受到 18 世纪法国教育家卢梭（Jean-Jacques Rousseau，1712—1778）的教育思想的影响，艾吉渥兹父女以对儿童的直接观察为基础，对儿童教育问题做了深刻论述。贝尔和兰喀斯特主要关注贫民教育问题，并针对 19 世纪英国教师缺乏的情况创立了世界闻名的导生制(monitorial system)。

英国功利主义教育思想的代表人物是边沁(Jeremy Bentham，1748—1832)、詹姆斯·穆勒(James Mill，1773—1836，也译作詹姆斯·密尔)和约翰·穆勒(John Stuart Mill，1806—1873，也译作约翰·密尔)。他们以功利主义为理论依据对教育问题进行了探讨，要求每个人都享有受教育的权利，强调教育对个人幸福的作用，重视道德教育。

以纽曼(John Henry Newman，1801—1890)和托马斯·阿诺德(Thomas Arnold，1795—1842)为代表人物的英国古典人文主义教育思想以及以斯宾塞(Herbert Spencer，1820—1903)和赫胥黎(Thomas Henry Huxley，1825—1895)为代表人物的英国科学教育思想的出现折射出 19 世纪英国古典教育与科学教育之争。英国古典人文主义教育思想强调学校教育内容以古典人文学科为主，提倡古典课程，反映了英国古典教育保守的传统。与之相反，英国科学教育思想强调科学知识和科学教育，制定了以科学知识为核心的课程体系，体现了 19 世纪的时代方向。在 19 世纪中期以后，英国科学教育思想逐渐占据主导地位，这使英国教育发生了根本性变化。

在法国，功能主义教育思想出现，其代表人物是孔德(Isidore Marie Auguste François Xavier Comte，1798—1857)和涂尔干(Émile Durkheim，1858—1917)。作为早期功能主义教育思想的代表，他们强调教育的社会功能，注重教育在维护社会稳定与和谐方面的作用，并从不同角度阐述道德和道德教育思想。其中，涂尔干被称为西方教育思想史上第一位功能主义教育思想家。

在丹麦，以格龙维(Nikolaj Frederik Severin Grundtvig，1783—1872)为代表人物的民众教育思想出现。民众教育思想强调使教育成为全体公民的权利，重视培养良好的公民。为此，格龙维创建了"民众高等学校"这一成人教育机构，实施"生活启迪""民众启蒙"等方面的教育。从思想渊源来看，丹麦民众教育思想无疑受到 18 世纪法国国民教育思想和启蒙教育思想的影响。

在俄国，以别林斯基（Виссарион Гри-горьевич Белинский，1811—1848）、赫尔岑（Алекса′ндр Ива′нович Герцен，1812—1870）、车尔尼雪夫斯基（Николай Гаврилович Чернышевский，1828—1889）、杜勃罗留波夫（Николай Александрович Добролюбов，1836—1861）、乌申斯基（Константин Дмитриевич Ушинский，1824—1870）、列夫·托尔斯泰（Лев Николаевич Толстой，1828—1910）为代表人物的民主主义教育思想出现。尽管这些民主主义教育家对一些教育问题的看法并不一致，但他们都激烈批判农奴制教育，强调培养全面发展的人。他们提倡爱国主义教育，要求教育内容和方法的改革，这也是与沙皇专制政府官方教育理论相抗衡的教育思想。

在美国，公共教育思想、高等教育革新思想出现。这些教育思想在美国独立后逐渐形成和发展起来，适应了新兴资本主义国家的需求，体现出美国教育的特色。

美国公共教育思想以贺拉斯·曼（Horace Mann，1796—1859）、亨利·巴纳德（Herry Barnard，1811—1900）、威廉·托里·哈里斯（William Torrey Harris，1835—1909）为代表人物。公共教育思想家强调教育的普及，要求建立统一和免费的公立学校制度，主张国家管理教育，重视师资训练，提倡公立师范学校。公共教育思想是 19 世纪美国公立学校运动的理论基础，开启了美国教育史上公共教育的新时代。从其思想渊源来看，公共教育思想无疑受到欧洲国家教育思想，尤其是 18 世纪法国国民教育思想的影响，美国公共教育思想的代表人物大多曾赴欧洲国家学习和考察。

美国高等教育革新思想以吉尔曼（Daniel Gilman，1831—1908）、埃利奥特（Charles William Eliot，1834—1926）为代表人物。约翰斯·霍普金斯大学校长吉尔曼和哈佛大学校长埃利奥特都受到德国大学特别是柏林大学办学思想的影响。他们致力于创建具有美国特色的大学教育，既注重学术性又注重选修制,既注重本科生教育又注重研究生教育,还强调高等教育民主化和大众化。美国高等教育思想是 19 世纪美国大学现代化运动的理论基础。

在日本,明治维新时期教育思想的代表人物是福泽谕吉(ふくざわゆきち,1835—1901)、森有礼(もりありのり,1847—1889)、井上毅(いのうえこわし,1844—1895)。他们主张学习西方文明,强调普及教育,提倡和谐发展的教育,要求加强国家对教育的管理,并发展师范教育和职业教育。这一教育思想的传播不仅推动了日本明治维新教育改革,而且为日本教育现代化奠定了基础。在日本明治维新时期,福泽谕吉被称为启蒙思想的领袖。

19 世纪的欧美国家还出现了空想社会主义教育思想、赫尔巴特学派教育思想、儿童与儿童教育研究思想。

空想社会主义教育思想以英国的欧文(Robert Owen,1771—1858)及法国的圣西门(Claude Henri de Saint-Simon,1760—1825)和傅立叶(Charles Fourier,1772—1837)为代表人物。在继承 18 世纪法国唯物主义教育思想的基础上,空想社会主义教育思想强调把教育作为社会改革和实现理想社会的基本手段,提倡人的全面发展、教育与生产劳动相结合。特别要指出的是,欧文的社会和教育改革活动是空想社会主义教育思想的一次实践。空想社会主义教育思想虽然具有空想的性质,但也包含科学社会主义教育思想的萌芽,对马克思主义教育产生了直接且重要的影响。

赫尔巴特学派教育思想先后在德国和美国出现,其代表人物是德国的齐勒尔(Tuiskon Ziller,1817—1882)、莱茵(Wilhelm Rein,1847—1929)、斯托伊(Karl V. Stoy,1815—1885)以及美国的德加谟(Charles De Garmo,1849—1934)、查尔斯·麦克默里(Charles A. McMurry,1857—1929)和弗兰克·麦克默里(Frank M. McMurry,1862—1936)兄弟俩。这些教育家信奉赫尔巴特的教育学说,广泛宣传赫尔巴特的教育理论和方法,从而推动了赫尔巴特学派运动。就其实质来说,赫尔巴特学派教育思想是赫尔巴特教育思想的继续和发展。

儿童与儿童教育研究思想的代表人物是英国的高尔顿（Francis Galton，1822—1911）、法国的比纳（Alfred Binet，1857—1911）、美国的霍尔（Granville Stanley Hall，1844—1924）。他们受实验心理学的影响，采用问卷法、观察法、测量法等研究方法，探索儿童智力的来源、内容与测量等。就其思想渊源来讲，这一教育思想与实验教育思想相似。可以说，儿童与儿童教育研究思想、实验教育思想是 19 世纪末 20 世纪初兴起的西欧新教育思想和美国进步教育思想的前奏。

马克思（Karl Heinrich Marx，1818—1883）和恩格斯（Friedrich Engels，1820—1895）的教育思想也在 19 世纪应运而生。马克思和恩格斯关注教育问题，参与教育领域的论争，无产阶级作为一个新的阶级登上教育舞台。他们运用无产阶级世界观和方法论，对 19 世纪资本主义国家的教育、近代教育家思想以及国际工人运动内部教育思想进行了分析和评论。他们重新确立了考察教育问题的视角，深刻揭示了教育的本质，提出"人的全面发展""教育与生产劳动相结合""综合技术教育"等重要思想，奠定了无产阶级教育观的理论基础。就其思想渊源来说，马克思和恩格斯的教育思想汲取了法国唯物主义教育思想、空想社会主义教育思想以及德国哲学的思想成果，高瞻远瞩地揭示了未来教育的方向，堪称人类教育思想史上的一座丰碑。

纵观 19 世纪外国教育史，可谓百花齐放、百家争鸣。从整体上看，19 世纪教育思想是 19 世纪社会和时代发展的产物，推动了教育认识的深化与实践的发展，并对 20 世纪教育思想的形成和发展产生了深远影响。

第一章

19 世纪教育发展的历史背景

19 世纪是人类历史从近代向现代迈进的一个重要时期，也是人类历史中文明发展最快、变化最大的时期之一。在 18 世纪的基础上，这一时期的科学技术、政治、经济、文化等领域发生了重大发展与变化。19 世纪教育的发展正是建立在这种背景上的，了解这一时期的发展概貌有助于我们深入理解该时期教育的发展。

第一节　科学技术与经济

一、科学技术

19 世纪，自然科学取得了重大成果。

在数学方面，19 世纪 20 年代，数学家罗巴切夫斯基(Николаи Иванович Лобачевский)提出了非欧几何体系，从而改变了古希腊数学家欧几里得创立的几何概念，在数学界引发了一场革命。在物理学方面，法拉第(Michael Faraday)发现电磁感应现象，为电的实际应用提供了理论基础。赫尔姆霍茨(Hermann von Helmholtz)提出了能量守恒和转换定律。另外，19 世纪的物理学进步还有热力学三大定律的发现、电话和留声机的发明等。在化学方面，门捷列夫(Дмитрии Иванович Менделеев)制作了第一张元素周期表。在生物学方面，19 世纪最大的成就之一是细胞学的建立，为生物学的分类和发展打下了坚实的基础。达尔文(Charles Robert Darwin)提出的进化论认为有机体是千百万年发展过程的结果，提出了"适者生存"理论，从而"推翻了那种把动植物物种看作彼此毫无联系的、偶然的、'神造的'、不变的东西的观点，探明了物种的变异性和承续性，第一次把生物学放在完全科学的基础之上"[①]。在天文学方面，光谱分析取得了重大进展。随着天王星、海王星的发现，人们对宇宙的认识发生了变化。神学家鼓吹的宇宙的转动得力于神的推动的假说遭到了强力打击。

19 世纪的许多科学成果在生产中得以应用，并极大地推动了生产力的发展。

二、资本主义经济从自由到垄断

19 世纪 20 年代，英国工业革命进入机器制造时期；40 年代，蒸汽机的广泛使用、机器制造业的建立以及主要铁路干线的建成标志着英国从工场手工业向机器大工业的过渡基本完成。

工业的飞跃式发展和海上运输业的优势保证了英国在世界市场上的垄断地位。英国实行自由贸易政策，19 世纪 50 年代和 60 年代，英国及其殖民地在世界贸易中所占的比例超过法国、德国、美国三国的总和。

工业革命的完成以及殖民扩张和自由贸易政策的推行促使英国经济蓬勃发展。19 世纪 70 年代以前，英国的工业生产总量居世界第一位，使其有"世界工厂"之称。

19 世纪 70 年代以后，由于国内资本大量输出、传统行业技术陈旧、经济

---

① 《列宁全集》第一卷，111 页，北京，人民出版社，2013。

危机以及与美国、德国的激烈竞争，英国的工业发展趋于缓慢。特别是1825—1866年，英国共发生了五次经济危机，生产力遭到了严重破坏。19世纪80年代，英国工业总产量被美国超越，1900—1910年又被德国超越，降为世界第三位。

随着工业化和城市化的发展，英国农业经济也发展起来。资本主义农场的发展为农业技术的改进和农业产量的提高创造了条件。

英国人口增长速度很快。1800—1900年增加了两倍多，城市人口增长速度最快，农村人口在总人口中的比例不断下降。人口和工业生产的发展使得英国的粮食和工业原料越来越依赖进口。英国一方面向国外倾销工业品，另一方面进口大量的农产品和工业原料。

英国资本主义的发展进一步促进了个人主义的盛行，为功利主义教育思想提供了生长的土壤。工业发展迫使资本家思考如何解决工人的后顾之忧，稳定社会秩序，同时获得合格的劳动力。因此，贫民教育和儿童教育思想发展起来。经济的发展日益依赖科技的应用，科学教育思想也应运而生。

法国在法兰西第一帝国时期开始工业革命。拿破仑政府大力推行工商业并扩大国外市场，实行保护关税、国家订货、奖励竞争、保护专利等政策，为资本主义发展创造了有利条件，推动了工业生产的发展。

19世纪20年代到1848年欧洲革命前，工厂制度在纺织业推广开来，纺织业成为法国最重要的工业部门。冶金、采煤、金属加工、造纸、化工、玻璃制造等工业部门的技术革新和生产发展也很快。到19世纪中期，法国工业生产水平在世界上仅次于英国。19世纪60年代末，机器大生产成为工业生产的主要形式，法国工业革命基本完成。但此后法国工业的发展速度赶不上美国和德国，退居世界第四位。

法国大革命使农村经济发生了深刻的变化。封建领主土地所有制被自由农民的小土地所有制取代。

19世纪初，德意志邦联由34个封建君主国和4个自由市组成。农奴对地主的人身依附关系和关税是德意志资本主义发展的两个重大障碍。拿破仑一世的对外战争使德意志封建农奴制受到沉重打击，为资本主义发展创造了条件。随着工商业的发展，新兴资产阶级要求废除关税壁垒。1818年，普鲁士率先实行同一税则。19世纪30年代，以普鲁士为首的德意志关税同盟成立。

19世纪30年代以后，德意志工业发展速度加快，生产机械化逐年推进。50年代以后，德意志纺织业、重工业、采矿业及铁路建设迅速发展，并开始建立机器制造业。虽然德意志工业革命起步较晚，但由于其广泛地利用新技术、注重重工业、培植国家资本主义、获得大量战争赔款等，工业发展速度很快。在19世纪七八十年代，工业革命基本完成。1870年，德意志在世界工业总产量中的比重已达到13.2%，超过法国；到90年代，其主要工业生产部门的产量赶上英国。

美国的工业革命是从纺织业开始的。19世纪初，工厂制度首先在纺织业确立。美国的机器制造业开始于19世纪初，在此之前各种机器主要从英国进口。到19世纪中期，农业机械、缝纫机、制鞋机的工厂制造已有很大发展。面粉业、食品加工业、木材加工业、服装业等工业部门普遍建立了使用机器的工厂。

到19世纪50年代，工厂制度已在美国广泛建立。1810—1860年，美国工业总产量增长了近9倍。美国工业生产在世界工业总产量中所占的比重居第二位。

美国南北战争后，随着南北部经济分裂的消除、西部土地的开发、自由劳动力和国内市场的扩大、先进科学技术的应用、欧洲资本的输入、外国移民的迁入等，美国资本主义经济迅猛发展。1850—1900年，美国工业生产总量增长了15倍。1894年，美国工业生产总量跃居世界第一位。19世纪末，一系列新兴工业部门在美国兴起。

18世纪初，俄国沙皇彼得一世进行了一系列政治、经济改革，促进了手工业的发展。19世纪30年代中期，处于农奴制下的俄国开始工业革命，从手工劳动向机器生产过渡。工业革命首先在纺织业开始。在起步阶段，俄国大量引进外国的机器设备。19世纪50年代，俄国开始发展自己的机器制造业。到19世纪中期，封建经济逐渐瓦解。

1861年，亚历山大二世正式签署废除农奴制的宣言，使2000多万农民获得了人身自由，为他们成为自由受雇者创造了条件。这是俄国历史上从封建生产方式过渡到资本主义生产方式的转折点。

19世纪80年代，俄国基本上完成了工业革命。在主要工业部门中，机器生产取代了手工劳动。1880年，纺织业的机器生产已占2/3，冶炼业、制糖业等已普遍采用机器生产。

工业革命促进了俄国工业快速发展。1860—1900年，俄国工业产量增加了六倍，增长速度超过德国、法国、英国。然而，在工业生产的绝对量和技术水平上，俄国仍落后于西欧和美国。

19世纪初，日本已经出现了许多手工业发达地区，并形成了全国性市场。到50年代，日本与美国、英国、荷兰、俄国等国家签订了一些开放国内市场的条约。殖民性贸易加速了封建经济的解体。

1868年，明治政府开始推行维新改革，其中统一全国政权、统一货币、废除等级制度和行会制度、改革土地和地税以及一系列扶植私人资本主义的政策为日本资本主义的发展开辟了道路。

日本的工业革命也始于纺织业。1866年，日本出现了第一家机器棉纺织厂，之后纺织业迅速发展。1884年，机器缫丝占生丝产量的41%。《马关条约》的签订使日本获得了巨额赔款，打开了中国市场，促进了日本工业和贸易的增长。19世纪末，日本的工业、交通运输业、贸易、金融等都有巨大的发展，工业革命基本完成。

资本主义经济的发展促进了教育对象的扩大和教育内容的变革。

第二节　政治思想

19世纪世界各国的政治变革繁多，对当时发达国家的教育发展来说，以下四个政治变化对教育产生了特别深刻的影响。

一、欧洲革命

开始于1848年的欧洲革命是资本主义在欧洲发展的产物。资本主义的发展带来了新的社会矛盾。资产阶级势力的增强要求充分的自由贸易，消除资本主义发展的障碍，进而要求获得政治权力。大工业的兴起给劳苦大众带来了灾难，手工业者不断破产，工人日益贫困，农民丧失了土地。除了政治、经济矛盾，一些国家还存在民族统一和解放的问题。但封建统治阶级仍然坚持封建专制和经济压榨。欧洲资产阶级革命就是在这种背景下发生的，当然，不同国家有各自的特色。

维也纳会议后，意大利分裂为八个国家，大多数国家依附于奥地利。封建割据状态和狭小的国内市场使资本主义发展受到严重的阻碍。推翻异族统治、实现民族独立、消灭各邦专制政权、完成国家统一是意大利革命的主要任务。贵族和僧侣占统治地位，人民遭受残酷的封建统治，许多农民因不堪沉重的剥削而背井离乡，因而人民是革命的主力。1849年2月，罗马共和国成立。罗马共和国采取了一些革命措施，但在反革命力量和奥地利、法国、西班牙等国联军的镇压下，革命最终失败。革命失败的根本原因是资产阶级不敢发动人民革命，在革命过程中妥协投降。错综复杂的国际环境也是革命失败的重要原因之一。

1840 年，基佐担任法国内阁首相。他在执政期间对内拒绝任何改革，对外支持神圣同盟，镇压各国革命。1847 年的经济危机使法国社会阶级矛盾更加尖锐。

工业资产阶级对奥尔良王朝日益不满，要求实行民主改革。广大小资产阶级，包括农民、小手工业者、小商人和知识分子，在政治上没有地位，在经济上遭受金融贵族的剥削和压迫，他们要求革命，但同时对革命持怀疑的态度。无产阶级是最革命的阶级，他们要求推翻奥尔良王朝，建立"社会共和国"，但他们不是革命的领导者。

1848 年 2 月，巴黎人民群众走上街头游行示威。起义者与政府军激战几日，最终推翻了奥尔良王朝。在工人的强大压力下，资产阶级临时政府宣布成立共和国。资产阶级共和派执政后推行反人民的政策，无产阶级再次挺身而出，发动六月起义。起义遭到了政府军的镇压。此后法国资产阶级更公开地走向反动。1848 年 12 月，路易·拿破仑·波拿巴就任共和国总统。1851年，波拿巴发动政变，镇压了抵抗者。1852 年 12 月，法国恢复帝制，波拿巴成为法兰西人的皇帝，法国进入法兰西第二帝国时期。

19 世纪 40 年代，德意志封建土地所有制开始瓦解，封建土地经营逐渐向资本主义农业经营转化，但还存在浓厚的封建残余，农村中的封建枷锁严重阻碍资本主义的发展。消除封建农奴制残余是德意志革命的一个重要任务。

1848 年 3 月 13 日，奥地利首府维也纳发生革命，推翻了反动政府。3 月18 日，普鲁士首府柏林发生人民起义，迫使国王同意资产阶级参与政权，许诺改革。这时，资产阶级以能参加政府为满足，充当王朝的保护人，旧的国家机器得以保存。6 月，普鲁士、奥地利反动势力开始反攻，并得到俄国沙皇的支持。11 月，普鲁士国民议会被武力驱散。1849 年 3 月，奥皇军队攻陷维也纳，资产阶级帝国议会也被驱散。德国统一的任务没有完成。

德意志革命失败的原因是资产阶级天生的软弱性使他们不可能领导彻底

的革命。年轻的无产阶级在政治、组织上都还没有成熟。

欧洲革命虽然失败了，但它对欧洲各国封建制度造成了沉重的打击，有力地促进了资本主义的发展。在这次革命中，各个阶级的面目都充分暴露。无产阶级在这次革命中经受了锻炼，并为争取教育权做斗争。马克思主义和空想社会主义教育思想从中汲取了营养。

二、日本明治维新

1868 年，日本倒幕派利用人民的力量推翻了德川幕府的统治，成立了明治天皇亲政的明治政府。新政府成立后实行了一系列资产阶级改革，史称"明治维新"。

1868 年 4 月，明治天皇颁布了新政府的施政纲领《五条誓文》，6 月又颁布了《政体书》。据此，明治政府实行了一系列资产阶级改革，其中比较重要的改革措施有六点：

①废藩设县，消除封建割据，建立以天皇为中心的中央集权国家。

②改革封建等级制度，将社会阶层分为华族、士族、平民。允许一切人自由选择职业和迁居，为资本家提供自由劳动力。

③实行地税改革，促进封建经济转化为资本主义经济。

④实行征兵制，建立近代常备军，旨在镇压国内叛乱和对外扩张。

⑤扶植资本主义工商业，如废除各藩设立的关卡，统一币制，扶植私人企业，引进外国先进技术，等等。

⑥与列强交涉，修改不平等条约，收回国家主权。

明治维新是一次以农民为主力，资产阶级和下层武士结成联盟，以下层武士为领导的资产阶级革命。它标志着日本从封建社会向资本主义社会、从封建割据国家向统一国家、从半殖民地国家向独立的资本主义国家过渡。

明治政府实行的一系列政策和措施使日本资本主义迅速发展起来。明治维新前，日本工业落后，家庭手工业居主导地位。明治维新以后，由于大力引进欧洲近代技术和设备，以纺织业为中心的轻工业以及造船、冶金、机器制造等重工业逐渐发展起来。

明治维新运动推进了资产阶级教育改革，一些资产阶级教育家在教育改革中发挥了积极作用。

三、美国内战

美国独立后成为一个大奴隶主和大资产阶级联合专政的国家。领土扩张和海外掠夺加快了美国资本主义工业的发展。但是，美国独立后并没有废除奴隶制，南方实行种植园奴隶制。北方的工商业资本主义与南方的种植园奴隶制之间存在尖锐的矛盾，例如，它们在关税、自由劳动力、原料、国内市场等方面都存在冲突。

除了北方资产阶级从自身利益出发要求废除奴隶制，从 19 世纪 30 年代开始，群众性废奴运动也开展起来。19 世纪 50 年代，美国南部各州不断爆发反奴隶制的武装起义，其中影响最大的是约翰·布朗领导的一次起义。

1860 年，代表北方资产阶级利益的林肯当选总统之后，南方 11 个州的种植园奴隶主发动叛乱，挑起了南北战争。1863 年，北方军队进入反攻。1865 年 4 月，北方获得最后的胜利。

美国内战是美国历史上第二次资产阶级革命。这次革命为美国资本主义的进一步发展开辟了道路。

四、俄国农奴制改革

19 世纪中期，俄国仍然是以农奴制为基础的封建君主专制国家。但是，从 19 世纪初期开始，资本主义在俄国缓慢发展，并且逐步破坏封建农奴制的基础，农奴制面临的危机不断加深。农奴制的存废问题成为社会矛盾斗争的集中点。车尔尼雪夫斯基、杜勃罗留波夫等革命民主主义者为农奴的彻底解放进行了鼓动和宣传。

在群众革命日益发展和民主主义者加紧革命鼓动的情况下，亚历山大二世认识到农奴制迟早要废除，认为与其等农民自下而上地解放自我，不如他自上而下地解放农民。1861年，亚历山大二世签署了废除农奴制的宣言。农奴制改革主要包括以下内容：

①关于农奴人身解放：地主不能买卖、交换、抵押和赠送农奴，也无权干涉农民的家庭生活。

②关于土地：农奴可以得到农舍、宅旁园地和土地；改革后，每位农奴平均得到3.3亩土地。

③地方管理和司法改革：设立州、县自治局，管理修路、医院、学校等事务。

俄国的农奴制改革是一场资产阶级性质的改革。它是俄国历史上从封建生产方式向资本主义生产方式过渡的转折点。

第三节　哲学思潮

哲学思想是教育思想的重要理论基础。19世纪德国古典唯心主义、唯意志论、实证主义、辩证唯物主义和历史唯物主义等哲学思潮是教育思想产生的直接或间接来源。由于空想社会主义、科学社会主义思想在后文有关章节中有详细论述，下面仅简述对教育思想有直接影响的德国古典唯心主义、唯意志论和实证主义思潮。

一、德国古典唯心主义

18世纪末19世纪初，德国资产阶级在经济和政治上都很软弱。在法国革命的触动下，虽然他们对封建制度产生不满，但他们既害怕封建统治势力，又害怕人民群众。因此，他们不主张用革命的手段来解决与封建主义之间的矛盾，而是以德国资产阶级特有的方式来表达自己的愿望。德国古典哲学正是这一历史时期德国资产阶级成长过程的理论表现。他们专注于对抽象原则的探索，在思想上把革命的愿望隐藏于迂腐晦涩的纯粹思辨，"用抽象的思维活动伴随现代各国的发展，而没有积极参加这种发展的实际斗争"①。他们在思想、哲学中体会自己未来的历史，而在实际中忍受现实的痛苦。但是，不可否认的是，它反映了资产阶级要求改变现实的愿望，是德国政治变革的先导。

德国古典唯心主义的代表人物是康德(Immanuel Kant)、费希特、谢林(Friedrich Wilhelm Joseph Schelling)、黑格尔。对此，恩格斯指出："法国发生了政治革命，随同发生的是德国的哲学革命。这个革命是由康德开始的：他推翻了上一世纪末大陆上各大学所采用的陈旧的莱布尼茨(G. W. Leibniz)的形而上学体系。费希特和谢林开始了哲学的改造工作，黑格尔完成了新的体系。"②

以康德、费希特、谢林、黑格尔为代表的德国唯心主义既有保守、反动的一面，又有进步、革命的一面。例如，他们的唯心主义哲学体系反映了德国资产阶级对封建制度的妥协，而他们哲学中的辩证法思想反映了变革现实的要求。比较激进的德国资产阶级民主派思想代表费尔巴哈(Ludwig Andreas Feuerbach)勇敢地对唯心主义进行了批判。

康德、费希特、谢林、黑格尔等古典唯心主义思想家也论述了教育问题，他们的哲学思想是其教育思想的重要来源。

---

① 《马克思恩格斯全集》第一卷，11页，北京，人民出版社，2012。
② 《马克思恩格斯全集》第三卷，489页，北京，人民出版社，2002。

二、唯意志论

唯意志论是一种反理性主义的唯心论，它的特点是公开反对科学，宣扬神秘主义。其代表人物是德国的叔本华（Arthur Schopenhauer）和尼采（Friedrich Nietzsche）。

叔本华认为意志是宇宙万物的本质和基础，一切事物都是意志的表现。他甚至认为意志先于肉体而生，意志根据自己的需要构造身体的各种器官。例如，为了看，意志构造了视网膜；为了繁殖，意志构造了生殖器。他还认为思想、理性也应当服从神秘的、不可知的意志，这便否定了人认识世界的可能性，否定了知识。

叔本华的哲学理论完全否认了自然和人类社会的独立性、客观规律以及人认识的可能性，否认了人接受教育的可能性。这种唯意志论是德国贵族地主和走向反动的资产阶级的利益的思想表现。

尼采继承和发扬了叔本华的神秘主义唯意志论。他宣传权力意志，认为追求权力、要求统治和奴役的意志是决定一切的力量。他试图以权力意志代替道德概念，认为以前的道德是用来反对强者、限制强者的，应该抛弃。

三、实证主义

实证主义哲学产生于19世纪30—60年代。这时，资产阶级从革命的阶级逐步转变为保守的阶级，实证主义的产生及发展是这种转变的反映。

从实证主义的演变过程来说，它大致经历了三个阶段：第一阶段是以孔德、约翰·穆勒（也译作约翰·密尔）、斯宾塞为代表的早期实证主义；第二阶段是以马赫（Ernst Mach）和阿芬那留斯（Richard Heinrich Avenarius）为代表的经验批判主义；第三阶段是以罗素（Bertrand Russell）、维特根斯坦（Ludwig Wittgtnstein）等为代表的逻辑实证主义和语义哲学。19世纪的实证主义主要经历了前两个发展阶段。

哲学家、社会学家孔德是实证主义哲学的创始人。他认为一切关于事物的本质和原因的学说都是形而上学，这种研究是毫无意义的。他否认自然界和社会发展的客观规律，试图用所谓"现象的实际规律"代替客观规律。然而，他所说的现象并不是客观现象，而是人的主观感觉；科学的任务就是描述、记录、整理主观感觉，并找出它们的关系。他否认科学的真正含义是探索客观事物的本质和内在规律，并且把个人的感觉作为第一性的东西。可见，他是一个主观唯心主义者和不可知论者。

孔德在《实证哲学教程》中提出，人类智力的发展永远遵守一条伟大的根本规律："我们的每一种主要观点，每一个知识部门，都先后经过三个不同的理论阶段：神学阶段，又名虚构阶段；哲学阶段，又名抽象阶段；科学阶段，又名实证阶段。"[1]他把这条规律应用于社会，认为人类社会的发展要经历神学阶段、形而上学阶段和实证阶段。人智力的发展也是如此，人在童年时期是神学家，在青年时期是形而上学家，在壮年时期是物理学家。

孔德以实证主义哲学观研究资本主义社会生活，建立了社会学理论。他认为社会起源于人的本能，即人类的情感。在社会动力学中，他指出人的进步实质上就是人固有的道德和理智品质的进化。因此，他宣扬"普遍的爱"，并且建立了"人道教"。

英国实证主义哲学家斯宾塞在认识论上与孔德相似，但他还用力学和生物学思想解释社会学问题。

实证主义的演变形态——经验批判主义——试图结束唯物主义和唯心主义的对立，建立一种超越这两条路线的哲学理论。他们认为经验是中性的，它既包括物质又包括精神。经验批判主义者虽然否认自己是唯心主义者，但其理论实质上把主体的感觉看作第一性的，认为没有主体的感觉就没有经验，这样就不可避免地倒向了唯心主义。

---

① 洪谦：《西方现代资产阶级哲学论著选辑》，25页，北京，商务印书馆，1964。

在教育思想上，许多实证主义者重视感觉在认识中的作用，这对人们认识教学规律具有积极意义。

第四节　心理学的发展

19世纪，物理学、化学、生物学、生理学等学科取得了巨大的进步，为心理学的发展奠定了基础。在这一时期，心理学获得了重大的发展，出现了一些著名心理学家。他们在吸收传统心理学理论的同时，提出了一些新的心理学观点。心理学是研究人的心理活动的科学，而人的教育的核心是精神发展，因此，心理学与教育学是密切相关的。19世纪心理学的发展为教育思想的发展提供了不可缺少的基石。

一、联想主义心理学的发展

联想主义心理学的思想由来已久。17—18世纪，英国的洛克（John Locke）和哈特利（David Hartley）创建了联想主义心理学。19世纪的联想主义心理学是在继承18世纪联想主义心理学思想的基础上发展起来的，代表人物有布朗（Thomas Brown）、詹姆斯·穆勒、约翰·穆勒和贝恩（Alexander Bain）。

（一）布朗

布朗在继承苏格兰学派传统的同时吸收了联想主义心理学的观点，促进了联想主义心理学的发展。布朗对联想主义心理学的主要贡献有两点。

第一，以提示代替联想的概念。他认为，提示是一个思想引起另一个思想，一个观念提示另一个观念。观念的联合意味着几个经验合为一体，是经验的前后相继而不是复合。

他把提示分为简单提示和关系提示两种：简单提示即联想；关系提示即

在知觉或设想两个对象时立即察觉到它们之间的关系。

第二，九条联想副律。布朗在亚里士多德相似、对比和接近三大联想律的基础上，赞同哈特利把它们归结为一条根本规律即接近律的观点。他从人的心灵统一性的观点出发，提出了九条联想副律：持久、生动、频率、新近、迭代、体质差异、情绪状态、生理状态、思维习惯。这些联想律不是被动产生的，而是由心的主动作用形成的，这种思想对赫尔巴特、冯特(Wilhelm Wundt)产生了影响。

(二)詹姆斯·穆勒

詹姆斯·穆勒是联想主义心理学的重要传播者。他的心理学思想深受英国联想主义的影响，并建立起机械主义的联想主义心理学体系。他的主要观点有四点。

第一，对心理现象的来源和元素的分析。詹姆斯·穆勒从经验论和联想主义的传统出发，认为心理状态是由感觉和观念两种元素构成的。一切心理现象都源于感觉，观念只是感觉的摹本、影像。他把观念视为感觉的摹本，否定了观念对外界事物的依存性，暴露了唯心主义的本质。

第二，关于联想的种类。詹姆斯·穆勒认为联想有两种：一种是同时性联想，另一种是相继性联想。

第三，坚持"接近律"为联想的主律。詹姆斯·穆勒和哈特利一样，认为"接近律"是联想的主律，并补充了生动和频率等联想副律。

第四，坚持力学心理学的观点。詹姆斯·穆勒认为复杂观念不是化学的结合，而是机械的结合。无论多么复杂的观念，都是由几个简单观念先合成多层观念，再由几种多层观念机械拼凑起来的。这种力学心理学否认了心的主动性，把联想主义的机械观推到了极端，陷入了形而上学的泥淖。

詹姆斯·穆勒对观念形成过程的分析、对联想副律的补充有利于联想主义心理学的发展。

(三)约翰·穆勒

约翰·穆勒是詹姆斯·穆勒的儿子,其联想主义心理学观与詹姆斯·穆勒有一些区别,他也提出了一些新的观点。

首先,他坚持心理的主动性和心理化学观。他和詹姆斯·穆勒观点的区别主要表现在两个方面。

第一,他反对忽视联想的主动性,把联想看作主动的联结。他认为因为心有主动联合的要素,所以人才会觉得过去的经验与现在的经验是连为一体的。

第二,他反对力学心理学,主张心理化学说。约翰·穆勒用心理化学说取代了詹姆斯·穆勒的力学心理学说。他认为复杂观念不是简单观念的机械联结,而是简单观念的有机结合。这种结合而成的新观念具有与原先观念性质不同的新性质。约翰·穆勒把心理混合改为心理化合。但是,因为他否认观念的客观来源,把物质视为感觉的一种永久可能性,所以他的心理化学说只是在主观中寻求各个观念元素的化合过程。显然,这也属于主观唯心主义的联想主义。

其次,对联想律的看法。约翰·穆勒认为应该从联想过程的共同基础出发来研究联想问题。各个联想不能独立发生变化,而是在联想的总原则下发挥作用。1865 年,他提出了四条联想律:类似律、接近律、多次律和不可分律。

最后,他提出了心理学独立的主张。他认为心理学应该是一门独立的科学,为此要注意从心理现象本身出发研究各种心理状态之间的规律,并注意分清心理学和生理学的界限。

约翰·穆勒虽然是唯心主义的联想主义心理学家,但他反对力学心理学说,倡导心理化学说,强调联想的主动性和联想律的共同基础,强调心理学学科的独立性,这些观点在当时的历史条件下具有进步意义。

(四) 贝恩

贝恩是 19 世纪联想主义心理学最重要的代表人物之一，也是哲学心理学向实验心理学过渡过程中的承前启后的心理学家。他的主要观点有三点。

首先，倡导建立生理心理学。贝恩是个身心平行论者，他根据当时流行的能量守恒定律，认为身体是一个自我封闭的物质系统，身心互相平行而不互为因果，按照能量守恒的原则自行运动。贝恩在建立生理心理学方面比笛卡儿(René Descartes)和哈特利都前进了一大步。他论述了心理的生理基础，如神经系统、感觉器官、脑和肌肉等，将反射弧视为行为的单元，探讨了各种感觉及较高的心理状态和历程。

其次，对联想律和联想种类的设想。贝恩主张联想律应包括接近律和类似律两项。他认为，动作或感觉以前若同时发生，后来就也可能同时发生。一个观念在意识中出现，另一个也出现，这就是接近律的表现。他还指出，类似联想比接近联想更为重要，因为文明创造都是由类似联想引起的。贝恩还提出了复合联想和构造联想的概念。他认为，如果若干观念合在一起能把某个经验引起来，这样的联想便是复合联想。通过联想，人心可以创作出与从前经验中的事物完全不同的新配合，这就是构造联想。贝恩把人的想象、创造和发明等均归为这种联想的作用。

最后，关于意志的学说。贝恩在《感觉与理智》和《情绪与意志》两本著作中，以詹姆斯·穆勒的联想理论为基础，同时吸收了心的主动性的思想，提出人有两种动作：一是自发的动作，即没有从感觉来的刺激而发生的动作；二是有意志的动作，即由意识、情绪引发的动作。贝恩和穆勒父子一样，把唯享乐主义和联想主义结合起来，作为解释意志动作形成的原则。后来心理学家桑代克(Edward Lee Thorndike)的试误说、效果律就吸收了这个观点。

贝恩用联想原则解释了各种心理现象，对联想的规律、种类和动力等一系列问题都做了阐述，从而形成了一个完整的联想心理学体系，把联想主义推到了最高峰。

二、生理心理学的发展

19世纪，由于自然科学不断进步，生理学的研究也取得了较大的发展。例如，贝尔(Sir Charles Bell)、马戎第(Francois Magendie)、缪勒(Johannes Peter Müller)等生理学家对神经系统和感官生理进行了实验研究，取得了重大成就。到19世纪30年代，生理学已成为一门实验科学。同时，生理学家的研究兴趣也逐渐扩展到心理学领域。他们研究了心理过程的生理机制，创造了一些极有科学价值的实验方法，形成了介乎生理学和心理学之间的生理心理学，为实验心理学的建立奠定了牢固的基础。其中对教育思想的发展影响较大的有洛兹(Rudolf Hermann Lotze)、缪勒、达尔文等。

(一)洛兹

哥廷根大学教授洛兹的《医学心理学》被视为世界上第一部生理心理学著作。他的主要观点包括两点。

第一，他提出要注意研究心理的生理基础问题。洛兹从二元论的观点出发，既承认物质是客观存在的，又承认心灵是真实存在的，两者的活动都是通过脑来互相作用的。在他看来，心灵的位置在脑的下部，即进入脑皮层的神经纤维的集合处。至于心灵和脑究竟怎样相互影响，心灵和外界物质刺激究竟有何关系，他承认还不是很清楚。洛兹对情绪的身体表现的解释较赫尔巴特运用数学说明心理现象前进了一步。

第二，他提出了关于空间知觉的部位记号说，即空间知觉是接受刺激的部位所留下的特殊记号同某种运动经验逐渐结合的产物。人的空间知觉不是先验的空间形式的显露，也不是现实空间关系的直接反映，而是一个依靠经验逐渐形成的过程。

(二)缪勒

缪勒创建并传播了神经特殊能量学说(doctrine of specific nerve energy)，

这是19世纪头几十年最重要的神经生理学理论。

他将神经特殊能量学说概括为八条感觉的一般定律。

①凡是外部原因所能引起的感觉都可由引起神经状态变化的内部原因引起。

②同一内部原因在不同的感官内会引起不同的感觉——在每一种感官内引起它所特有的感觉。

③同一外部原因在每一感官内，随神经性质的不同，会引起不同的感觉。

④每种感官神经的特有感觉可由一些不同的内部和外部原因引起。

⑤一种外界原因经过神经的传导来影响感觉中枢，感觉中枢接受一些关于感觉神经的性质或状态的知识，这就是感觉。

⑥每种感官的神经都有其自身的特殊性质和能力，不可互相替代。

⑦脑内神经的中枢部分可以接受其特殊的感觉，而不必借助外部感官相连接的那些末梢。

⑧感觉神经借助外部原因，不仅将它们本身的状态而且将外部客体状态的性质和变化传到感觉中枢，由此获得的关于外界的信息将因各感官及神经的性质或能力的不同而有所不同。

缪勒片面夸大了感觉对感官的依赖性，陷入了主观唯心主义和不可知论。但是，他在生理学史上第一次提出主观映象依赖反映机构的问题，促进了对感觉外周神经机制的研究。他用"能"的概念代替了"动物精气""神经力"等神秘的概念，对后来的实验心理学产生了很大的影响。

（三）达尔文

达尔文最伟大的成就在于论证了生物进化论。他还进一步把生物进化论引入了心理学，促使心理学发生了深刻的变化。

达尔文在《物种起源》（*The Origin of Species*，1859）一书中专门论述了本能。他指出，本能的概念包括精神能力，一切本能源于自然选择。但是，他认为人与动物的精神能力只有程度上的差异，并无本质上的区别。人类所自夸的感觉和直觉以及各种感情和心理能力，如爱、记忆、注意、好奇、模仿、推理等，在低于人类的动物中都处于一种萌芽状态，有时甚至处于一种十分发达的状态。

1872年，达尔文的《人类和动物的表情》(*The Expression of the Emotions in Man and Animals*)出版。在这本书中，他采用历史与心理学分析相结合的方法，把表情概括为三个基本原理：第一，有用的随意动作逐渐变成习惯原理——表情动作起初是有用的随意动作，逐渐变为习惯的甚至遗传的动作；第二，对立原理——相反的情绪引起相反的表情动作；第三，神经系统的直接作用原理——由于神经潜能过多，外部表情动作和内部生理变化都趋于强烈。达尔文以这三个基本原理为依据，确定了动物和人类各种情绪所特有的表情在发生上具有共同的根源。达尔文的研究对情绪比较心理学的发展有重要贡献。

达尔文还对儿童的心理进行了研究，促进了儿童心理学的发展。

达尔文的生物进化论激起了人们研究动物心理的兴趣，掀起了动物心理研究史中的轶事派运动。许多动物心理研究者竭力证明人的心理能力和高等动物的心理能力的连续性，这种研究风气一直延续到20世纪。机能心理学也是建立在达尔文的生物进化论基础上的。

三、唯物论哲学心理学的发展

费尔巴哈是德国古典哲学中持唯物论哲学的思想家。他在《未来哲学原理》《反对身体和灵魂、肉体和精神的二元论》等作品中论述了他的哲学心理学思想。费尔巴哈在哲学上公开同宗教神学和唯心主义进行了斗争，建立了人本学的唯物主义理论体系。他的人本学包括三个部分：生理学、心理学、道德。他论述了人的心理、认识和意志等问题。

费尔巴哈从人本学的观点出发，指出心理是头脑的属性，头脑是心理的器官。他论证了精神离不开感性的头脑，理性也只能存在于头脑中。头脑只有与人的身体血肉联合在一起才能成为思维器官。因此，人是心理和肉体的统一，心理活动是主观和客观的统一。

他认为感觉是认识的基础、源泉和出发点，是人和现实世界联系的必要手段；感觉是客观事物作用于人的感官的结果，是客观世界的主观映象。他有力地驳斥了缪勒的神经特殊能量学说和生理的唯心主义。在他看来，感觉是对事物个别特质的反映，而思维则是感觉的综合与统一。

费尔巴哈认为，任何意志行动都不是某个人任意而为的，而是自然界的客观条件决定的。但是，他认为人对客观必然性既不是被动接受的，也不是无能为力的。意志活动是以大脑和机体为基础的，如果割断了意志与神经及肌肉系统的联系，意志便不再是意志，而只是空幻的愿望。他还指出人的意志过程和认识过程既有明显的区别，又有密切的联系。他认为理性是客观事物本质在头脑中的反映。意志则是主体观念诉之于行动的能力。

费尔巴哈在反对唯心主义、二元论和庸俗唯物主义心理学思想的斗争中，恢复和发展了18世纪法国唯物主义哲学心理学的传统，第一次提出要把心理和个体的人结合起来研究具体心理活动的观点。

不过，在19世纪真正用辩证唯物主义观点分析人的心理的思想家是马克思和恩格斯。

四、心理物理学的发展

19世纪心理物理学的代表人物是韦伯(Ernst Heinrich Weber)和费希纳等。

(一)韦伯

生理学教授韦伯的代表作有《论触觉》(1834)、《触觉与一般感觉》(1846)、《关于空间感觉和皮肤与眼睛的感觉范围》(1852)等。他在心理物理学上的两大贡献是两点阈限和韦伯定律。

赫尔巴特提出了阈限的概念，但缺乏实验依据。韦伯第一次用实验证明和测量了两点阈限。他把能辨别出皮肤上两个刺激点的最短距离称为两点阈限，这是人类皮肤触觉的敏锐度指标。

他还提出了心理学上第一个定量的差别阈限定律，即韦伯定律。在心理学史中，他第一次对感觉与外在刺激的互动关系进行了实验研究和定量分析，用数学公式表示人的差别阈限与标准刺激之间的函数关系，他也成为心理物理学的主要创建者之一。

（二）费希纳

生理学教授费希纳是心理物理学的主要创建者之一，也是实验心理学的奠基者之一。

费希纳受赫尔巴特的启发，认为心理是可以测量的。他的心理物理学是一门在心理学和物理学之间的独立学科，探讨身心之间或外界刺激和心理现象之间的函数关系或依存关系。他在心理物理学的研究中创造了三种心理测量方法：最小可觉差法、正误法及均差法。

费希纳的心理物理学虽然出于论证唯心主义的泛灵论的意图，但他把物理学的量化测量方法带到了心理学中，冲击了心理无法测量、无法量化因此不能成为科学对象的偏见。他在心理过程的测量中使用的一些方法成为后来心理学实验研究的工具，有的思想经过加工沿用至今。

五、实验心理学的产生

19世纪的联想主义心理学、生理心理学和心理物理学的发展为实验心理学的产生奠定了基础。实验心理学的产生标志着心理学成为一门独立的科学，完成这项创建工作的是心理学家冯特。冯特的主要著作有《对感官知觉理论的贡献》《关于人类和动物心灵的讲演录》《生理心理学原理》。他的心理学体系的主要内容包括以下四方面。

（一）心理学的对象

冯特认为，科学的研究对象都是经验，心理学作为一门科学也要把经验看作自己的研究对象。心理学研究的感觉、情感等心理过程是人直接经验到的，这种经验是真实的。而物理学研究的分子、原子等物质现象则属于人的间接经验。一方面，冯特把感觉和物质现象用经验统一起来，使两者似乎都成了非心非物的东西，从而抹掉了心与物的严格的客观界限；另一方面，他把心归于直接经验一类，含有感觉比物质更真切、更实在的意思。可见，在心理学研究对象的问题上，冯特的思想是矛盾的。它有进步、合理的一面，又有落后、荒谬的一面。但是，冯特对心理学研究对象的看法是对哲学心理学把灵魂作为自己研究对象的一种否定。他使心理学从哲学思辨中摆脱出来，作为一门独立的学科加入了科学的行列。

（二）身心平行论

冯特在身心关系问题上主张身心平行论。他认为，心理固然有生理的成分伴随，但人的心理不是人脑生理过程产生的结果，而是与后者互相平行的独立过程。也就是说，身心不同，心既不依赖于身，也不依赖于脑，两者不具有因果依存关系。

冯特的身心平行论在理论上是错误的，但这种身心平行论在一定意义上把心理过程与生理过程区分开来，防止了两者的混同，加强了对心理现象自身规律的研究，从而坚持了心理学的独立性。因此，它在心理学研究上起到了一定的积极作用。

（三）元素分析与创造性综合

联想主义心理学在分析人的心理现象时往往把它分析为简单成分，然后再把这些成分合成复杂的观念。冯特吸收了这种研究方法，提出了研究心理现象的分析与综合原则。这种原则是他心理学体系中的重要内容。他认为，心理(意识)也必须进行分析。心理被分析到最终的、不可再分解的部分或成分时被称为心理元素，心理元素是构成一切复合观念、复杂心理的独立的要素。这种分析被称为元素分析。心理元素合成心理的复合体是通过联想、统觉与创造性综合达到的。

根据上述原则，冯特分析了人的感情和意志。

①感情的三度说。冯特认为感情是一种心理过程，也是一种心理元素，它是伴随感觉而产生的一种心理体验。他将这个心理过程划分出三对感情元素：快与不快、兴奋与沉静、紧张与松弛。

②意志心理学。冯特认为意志是个复合过程。他从元素分析出发，认为心理学的任务在于确定意志的构成要素，指出什么是意志的基本要素。冯特认为，意志与感情具有特别密切的关系。感情能激起并发展意志。他的意志心理学贯彻了意志的感情论。

(四)心理学的研究方法

冯特从研究对象出发，提出了两种心理学的研究方法，即实验内省法和民族心理学的方法。

冯特使心理学不再把神学和哲学上的灵魂作为自己的研究对象，基本肃清了灵魂说在心理学中的影响，为心理学的独立扫清了障碍。他创立了实验心理学，并在莱比锡实验室培养了一大批学生，推动了心理科学的发展。

第五节　教育改革与发展

19世纪，英国、法国、德国、俄国、美国、日本等国家的政治、经济、文化等都发生了巨大的变化。尽管各个国家发展的进程不尽相同，但总体来说，主要发达国家在19世纪取得的成就是前所未有的。在整体环境变化的条件下，许多国家出现了一批反映时代要求的政治家、教育家，正是在他们的推动下，教育制度发生了变革，而教育制度的变革又进一步促进了教育思想的发展。

一、英国的教育发展与教育思想

19 世纪，英国的教育面临一些新的社会状况，例如，工业革命的发展和完成带来了社会结构的变化，工商业界出现了新的中产阶级，无产阶级力量也不断壮大；科学技术的发展促使教育内容和方法革新；工人运动的发展迫使统治阶级考虑劳动者子女的受教育权；新人文主义精神产生；等等。经济、政治、文化等方面的变化推进了教育的变革。

(一)公学改革思想

1. 19 世纪初的公学改革思潮

尽管公学享有较高的社会声誉，但它的校风、学风存在不少问题。在教学方法上，校长、教师往往依靠棍棒维持学校纪律，但这也引起了学生的反抗。在课程上，公学注重古典学科，忽视实用学科。这种局面是和公学承担的使命密切相关的。英国统治阶级素来重视绅士教育，因此他们特别注重性格培养，而相对忽视实际技能的教育。

许多有识之士对传统公学制度做出批评。批评者认为，公学只注重培养显赫人物，结果培养出来的学生不是"暴君"就是"奴才"。1809 年，《爱丁堡评论》(*Edinburgh Review*)率先对公学发起攻击。批评者指出，公学最大的弱点是拘泥于拉丁文和希腊文，排斥现代学科。古典学科被视为培养儿童的唯一学科，这种偏见不利于时代的发展。批评者认为，唯一的判断教育是否合适的标准是对未来生活是否有用。因此，现代历史、实用哲学、地理、年代学、数学应该在学校中有适当的地位。

《爱丁堡评论》对传统公学的改革缺乏信心，提议另起炉灶，建立新的学校来开展改革实验。例如，1802年，公理会的希尔(Thomas Wright Hill)和他的三个儿子在伯明翰创建了黑茨尔伍德学校(Hazelwood School)。1807年，该校移至托特纳姆的布鲁斯城堡。学校领导者受到艾吉渥兹的影响于1819年开始实验。这项实验最重要的特点是强调自我管理和扩充课程。这个实验对公学改革产生了一定的影响。

在这种背景下，托马斯·阿诺德在拉格比公学进行了著名的公学改革。

拉格比公学的成功促成了一大批新型学校的建立和旧学校的复活。在阿诺德的影响下，一批为中产阶级设立的私立学校在克拉伦敦委员会(Clarendon Commission)正式注册，如切尔特纳姆学校、马尔巴勒学校、罗塞尔学校、威林顿学院、埃普索学院等。但是，这类学校还远不能满足工业、商业和政治发展的需要。

2. 克拉伦敦委员会的改革思想

1861年，英国政府任命了克拉伦敦委员会，调查一些学院、学校、基金会隶属或接受的捐赠、基金、税金的性质，以及学校的行政和管理、学习制度、教育内容和方法。被调查的机构包括九大公学即伊顿公学、温彻斯特公学、威斯敏斯特皇家书院、切特豪斯公学、哈罗公学、拉格比公学、什鲁斯伯里中学、圣保罗女子中学和麦钱特·泰勒斯学校，以及所有寄宿学校。

1864年，该委员会发表了调查报告。委员会指出，在过去的30年里，学校发生了一些变化，课程有所扩充。但是，数学、现代语、历史、地理处于极其次要的地位(实际上科学被拒在门外)。学校面临的困难是缺乏合格的新学科教师。

该委员会认为，开设自由学科非常重要。他们相信，古希腊、古罗马语言和文学是对英国人最有效的教育材料。委员会指出，公学有几个方面的问题亟须解决：①学校董事会的地位与权利问题；②校长与教师之间、津贴生与学生之间的关系问题；③课程狭窄问题；④由于机构不完全和教学不良而产生的问题。

在克拉伦敦委员会的推动下，公学进入了新的发展阶段。1868年，英国政府通过了《公学法》。这个法令遭到一些公学的反对，尤其是国家对教育实施的干预，一些公学的抵触情绪很大。"校长会议"正是为了反对过多的干预而成立的。

(二)汤顿学校调查委员会的改革思想

克拉伦敦委员会的报告引起了人们对整个中等教育的注意。1864年，英国政府任命汤顿学校调查委员会(Tauton School Inquiry Commission)，调查克拉伦敦委员会未调查的学校，探讨改进这类学校的措施。1868年，该委员会经过长达4年的调查后发表了报告，调查资料共有21卷，是19世纪有关中等教育的最完备的资料。

汤顿学校调查委员会提出了两方面的建议。

首先，针对当时学校不足的情况，建立国家学校制度。学校分为三个等级。第一级学校服务的对象是上层中产阶级。课程以古典学科为主，既传授拉丁文，也传授希腊文，因为希腊文是进入牛津大学和剑桥大学的必修科目。

第二级学校为满足普通中产阶级的需要而设立。教育目的是为从事实业、商业、医学和法学等专业及军队中的职业做准备。这类学校主要为小商人阶级(包括较大的店主、事业处于上升期的商人和有地位的佃农)开办。学校课程除拉丁文外，还包括英国文学、政治经济学、数学和自然科学，学生在学校学到16岁。

第三级学校是为下层中产阶级开设的。服务对象包括小佃农、小业主及有地位的工匠。课程除拉丁文外，还可包括外语、英语、历史、初等数学、地理和自然科学，教育内容有明显的实用倾向。学生在学校学到14岁。

其次，该委员会建议实行教育内容改革。中学应该实行普通教育。普通教育的学科可分为三类：语言、数学、自然科学。另外，该委员会还考虑了绘画、政治经济学和宗教等学科。

(三) 布赖斯委员会的改革思想

1892年，英国建立全国中等教育制度的法案没有通过。经过酝酿，1894年，英国政府任命以布赖斯为主席的中等教育皇家委员会(Royal Commission on Secondary Education)，也称布赖斯委员会(Bryce Commission)。1895年，布赖斯委员会发布了报告。该报告回顾了过去30年英国中等教育的变化，特别是捐赠学校和文法学校管理、女子教育等方面的改革情况，也指出了一些问题。

第一，中等教育的目的存在问题。该报告指出：中等教育的每个阶段首要的目的应该是心理训练，而不只是传统知识……未来中等教育的最大问题是如何尽可能地使所有学校每一个学习阶段的学生不仅得到教学，而且受到教育。

第二，如何建立一个有效的、令人满意的中等教育制度。该报告建议成立一个中央机构，这个机构的职责是履行有关整个国家的职能，在不削弱协调功能的情况下，为实验和学校保留自由、自治和开放的空间。其主要任务是保证各个机构之间的协调和合作，协调的方法包括视察、出版资料、提供咨询等。当时彼此独立的三个机构——慈善委员会、科学和艺术部、教育部——可并入这一中央机构。

为了便于地方管理，该委员会建议各郡市议会设立地方当局，职责是协调来自地方税和国家拨款的行政经费，拟订捐赠学校和公学的教学计划，视察学校，等等。

对于中学的课程，该委员会只提出了几个基本原则。除以古典语言为基础的文化和人文课教学外，在科学方面也有充分的准备，包括自然历史、化学、物理、数学、现代语，还包括实践艺术，如应用机械、农业等。此外，该委员会强调闲暇教育。

二、德国的教育发展与教育思想

19世纪德国教育思想的产生与教育发展是密切相关的，大致分为三个时期：19世纪初到19世纪30年代是发展时期，19世纪40—60年代是复辟时期，19世纪70年代到19世纪末是复兴时期。

(一)学前教育思想与幼儿园运动

与其他国家相比，德国学前教育起步较早。19世纪40年代以前，德国出现了一些关心幼儿的幼儿教育工作者，他们开始创办幼儿教育机构。例如，1802年，利佩-德莫尔特创建了接收2～4岁儿童的学塾；1819年，瓦德蔡克在柏林设立了最早的托儿所。影响力最大的还是福禄培尔。1840年，福禄培尔把他的学前教育机构正式命名为幼儿园，这标志着世界上第一所幼儿园诞生。福禄培尔大力推广幼儿园，得到了一些具有资产阶级民主主义思想的人士的支持，德国各地纷纷建立了幼儿园。

欧洲革命以后，幼儿园运动受到了阻碍。1851年，政府发布了针对幼儿园的禁令。在关心幼儿人士的呼吁和努力下，1861年，政府取消了禁令，幼儿园得到恢复。1872年，政府颁布了有关幼儿园的法令，此后幼儿园进一步发展。各地纷纷成立幼儿园协会，福禄培尔幼儿园运动全面开展。例如，1860年，柏林成立了福禄培尔主义幼儿园妇女促进协会；1863年，家庭教育和民众教育协会成立，该协会根据福禄培尔思想创办幼儿教育机构；1871年，以布劳夫人为核心的教育协会总会成立，通过布劳夫人的努力，福禄培尔的幼儿教育思想在英国、法国、比利时、荷兰、意大利等国家传播开来。

(二)普及教育思想的发展

瑞士教育家裴斯泰洛齐和费希特、黑格尔、第斯多惠、福禄培尔等德国哲学家和教育家的思想对德国初等教育的发展产生了深远影响。

普鲁士是较早重视初等教育的国家。1763年，普鲁士颁布了《普通学校规程》，强迫5～13岁或14岁的儿童入学。进入19世纪后，德国初等教育发展的速度加快，初等义务教育法案先后颁布。例如，巴伐利亚于1802年、萨克森于1805年分别颁布了初等义务教育法案，促进了初等义务教育的发展。

初等教育的内容是在曲折中扩展起来的。19世纪初，初等学校的教育内容除了4R（读、写、算、宗教）外，一些学校逐渐增加了数学、博物学、自然、几何、地理学等学科。40—60年代，随着政治上的倒退，初等学校教学内容又局限于最简单的4R，特别是教义问答。70年代后，初等学校恢复了反映资产阶级需要的新兴学科。

在第斯多惠等教育家的努力下，德国师范教育在19世纪逐渐发展起来。1808年，洪堡派遣了17名教师到裴斯泰洛齐那里进修；1809年，首个培养教师的机构——柏林师范学校——成立；1920年，默尔斯师范学校建立；到1831年，普鲁士每个省都建立了师范学校。这些师范学校大多按照裴斯泰洛齐的精神和方法来训练未来的教师，思想上也比较进步。许多经过师范学校培养的学生不仅能运用理性主义的教学方法，而且传播资产阶级的民主、自由思想，在德国近代学校中发挥了重要的作用。

(三)新人文主义教育思想在中等教育中的体现

19世纪德国中等教育的改革明显受到洪堡新人文主义思想的影响。1809—1810年，洪堡担任普鲁士内政部文化教育司司长。他提出的"哥尼斯堡计划"和"立图尼安学校计划"被他的后任苏佛恩付诸实施，对19世纪德国中等教育改革产生了重要的影响。

19世纪初，政府开始对文科中学实行改革，改革举措主要有三个。

首先，把以前文科中学、高级女子中学、学院、拉丁学校、阿卡德米学校共五种古典中学统称为文科中学，规定只有文科中学毕业生才能进入大学或充任国家官吏。

其次，规定教师资格。以前文科中学的教师由牧师担任，经市政议会委任。1810年，普鲁士颁布考选教师的规程，规定教师由"教育代表团"负责考核。考试科目包括语文、科学、数学、历史等文科中学要教的学科。这样一来，没有受过普通教育的牧师就不能充当教师。这是政府与教会争夺教育权的一种反映。

最后，推行新的课程体系。以前文科中学的课程以拉丁文写作为主。新的文科中学试图实现一种全面教育，增加了许多新的学科，包括拉丁文、希腊文、德文、数学、历史、地理、绘图、宗教及其他语言等。新的课程把古典学科与现代学科结合起来。

19世纪40—60年代，德国中等教育出现了试图恢复19世纪以前的文法中学的倾向，强调教条主义的宗教教育，增加人文学科，削弱自然科学，1856年魏塞制定的教学细则就是一个典型的例子。70年代后，自然科学再度得到加强，人文学科则被大幅度削减。

在18世纪，德国已经出现少量适应现代生活的实科学校。到19世纪，实科学校得到迅速发展，成为德国中等教育的重要机构。实科学校主要传授自然科学和历史知识。1832年，普鲁士率先颁布实科学校毕业考试章程，实科学校这一形式得到了政府的承认。1859年，普鲁士颁布《实科学校课程编制》，规定高级实科学校修业年限为九年，高年级设置拉丁文课程。尽管如此，实科学校的社会地位仍不高。最初实科学校的毕业生没有升入大学的资格，到1870年高级实科学校的毕业生才获得这一资格。

(四)高等教育思想

19世纪，在德国高等教育发展历程中最有影响力的是1810年洪堡创建的柏林大学。柏林大学是在民族丧失独立、经济十分困难的情况下建立的，人们对它寄予民族振兴的厚望。

在此之前，欧洲各国的大学主要是教学机构。洪堡认为，国家不能使大学仅为眼前的利益服务，不能把大学看作高等古典语文学校或古典专科学校，而应从长远利益考虑，使大学在学术研究上不断提高，从而为国家发展开拓更广阔的前景。洪堡从这一指导思想出发，在费希特、施莱尔玛赫等人的帮助下创建了柏林大学，旨在使它成为德国科学和艺术的中心。

柏林大学建立以后，德国出现了一些按照柏林大学精神建立或整顿的大学，如1818年正式建立的波恩大学等。美国、法国等国也根据柏林大学的经验建立或改建了大学。

根据经济发展的需要，19世纪德国还建立了与大学功能不同的高等工业学校和其他专业性学院，为经济建设培养专门人才。因此，现代两种类型高等教育机构的基础是在19世纪奠定的。

三、俄国的教育发展与教育思想

19世纪初，虽然俄国的资本主义经济逐渐发展起来，但它仍然是落后的封建农奴制国家。这在教育上集中表现为等级教育制度以及与此制度相适应的教育内容。针对这种落后的社会制度，俄国国内对社会改良甚至社会革命的呼声此起彼伏。教育改革是社会改革的重要组成部分，也是进步思想与保守思想相抗衡的结果。

19世纪初，在俄国资产阶级民主思想和法国革命的影响下，亚历山大一世实行了教育改革。1802年，俄国建立了国民教育部，管理世俗学校。1803年，俄国颁布了《国民教育暂行条例》；1804年，俄国颁布了《大学附属学校章程》，建立起学校体系和管理体制。

《大学附属学校章程》规定了相互衔接的学校系统，其中有些措施在一定程度上反映了资本主义经济发展的需要。《大学附属学校章程》颁布后，俄国新办了3所大学、40所文科中学、150所县立学校，促进了教育的发展。但许多带有民主色彩的规定并没有真正实行。

19世纪中期，农民起义遍及俄国，工人奋起斗争，资产阶级希望废除农奴制，沙皇政府面临严重的统治危机。1855年，亚历山大二世继位。为了阻止革命的发展，俄国开始酝酿自上而下的资产阶级改革。教育改革是这场社会改革的重要组成部分。

赫尔岑、车尔尼雪夫斯基和杜勃罗留波夫等革命民主主义者以及列夫·托尔斯泰、乌申斯基等资产阶级民主主义者对沙皇政府的反动政策和俄国落后的教育状况进行揭露和批判，提倡教育革命或改革。在他们的影响下，俄国形成了教育改革思潮，推动了教育改革运动的发展。

19世纪60年代初，在广大人民群众和资产阶级的压力下，亚历山大二世政府颁布了一系列学制改革法令。1860年颁布的《国民教育部女子学校章程》是俄国历史上第一次针对女子学校制定的政策文件。1863年颁布的《俄罗斯帝国大学章程》恢复了大学的一些自治权，如大学校长、副校长、系主任、教授由选举产生，并给予了大学学术活动较大的自由。大学设历史文学系、数理学系、法学系、医学系等。

1864年7月，俄国颁布《初等国民学校章程》，规定政府、地方自治机关、社会团体、教会、私人都可开办初等学校，招收社会各阶层儿童，学制为三年；允许男女同校和女子承担教学工作；建立管理初等学校的省和县学校委员会；教学内容为神学、读、写、算，规定用俄语教学；教会学校则自成体系，教会人士有任教资格；等等。

1864年11月，俄国颁布《文科中学和中学预备学校章程》。它规定中学可招收各阶层儿童；中学分古典文科中学和实科中学两种，学制为七年，古典文科中学毕业生可进入任何类型的高等学校，实科中学毕业生只能进入高等专门学校；扩大教师会议权限；鼓励采用新型教学方法，反对体罚；在小城市设四年制的中学预备学校。

这些方案虽然具有宗教性和等级性，但与19世纪60年代以前相比，其进步和民主的特征显而易见。在这些方案颁布后的几年里，各个领域的教育都有一定的进步和发展。但是，19世纪60年代后，俄国教育又出现倒退。

四、美国的教育发展与教育思想

19世纪，美国教育获得了巨大的发展。在教育发展中，教育观念的变化起到了重要作用。美国在吸收英国、德国等国家的教育经验的基础上，形成了具有美国特色的教育思想和制度。

(一)教育管理思想

1. 学区制的改革

美国教育管理的传统体制是学区制。19世纪初，学区制因便于学生就近入学且符合当地居民自治的愿望而受到许多人的欢迎。但是，学区制在实行过程中暴露出不少问题，其中特别突出的是不同学区之间因教育经费不均等而出现教育质量不平衡。资本主义经济迅速发展，对劳动者文化素质的要求越来越高，改革学区制成为一种客观需要。贺拉斯·曼、卡特尔等人对学区制的弊端进行了抨击。因此，19世纪中期以后，各州开始对学区制进行改革。改革主要有两种措施：一是削弱学区的职权，有些州通过法令剥夺学区聘用教师、确定课本等权力；二是合并学区，把许多农村地区过小的学区合并为大学区，这既可以节省教育经费，又有利于提高教育质量。

2. 地方分权思想的发展

1812—1821年，纽约州设立教育督察长，管理全州的初等学校，这是美国最早在州一级设置的教育官员。而最早的真正对州教育管理体制起关键性影响的是1837年马萨诸塞州设立的州教育委员会。首任秘书贺拉斯·曼被称为州教育领导体制的开创者。此后，康涅狄格州、罗得岛州、佛蒙特州、新罕布什尔州等州相继成立了州教育委员会。到19世纪下半期，美国各州大多设立了州教育委员会。州教育委员会是法定的教育决策和规划机构，有权征收教育税，分配教育经费，确定学校、教师、课程标准，组织教育调查，等等。

南北战争以前，联邦政府没有设立教育管理机构，无权干涉各州的教育事务。1867 年,国会议员加菲尔德(A. Garfield)在国会中提议设立教育署,负责收集各州和各地区教育发展的统计资料,交流组织领导、学制和教学方面的情报。这一议案获得通过后,联邦政府开始设立教育署,署长由总统任命。1870 年,教育署改称教育局,隶属联邦内务部,负责调查、统计、传达各州的教育情况,分拨教育经费,负责特殊地区的教育事业,等等。但它对各州的教育事务无法定的约束力。

(二)公共教育思想

美国建国以来,以华盛顿、杰弗逊为代表的政治家十分重视教育发展。到 19 世纪初,各州几乎都颁布了关于设立小学的法令。但是,由于经济困难等问题,初等学校的发展速度仍然缓慢。学校的类型基本还是殖民时期已有的那些,公立小学很少;教育内容脱离实际,教学方法上导生制盛行。这种落后状况已不能适应美国政治、经济发展的需要,引起了社会各界的普遍不满,引发了 19 世纪 30 年代后的公立学校运动。在这场运动中,贺拉斯·曼、巴纳德等教育家的思想产生了重要影响。

19 世纪下半叶,随着公共教育观念的深入,公立中学开始逐步取代文实中学。美国第一所公立中学是 1821 年在波士顿创立的。19 世纪上半叶,公立中学发展缓慢,主要原因是这一时期政府把主要精力放在公立小学上。南北战争后,经济、人口、政治等方面的变化使公立中学发展的条件日益成熟,公立中学加速发展。1860 年,美国有公立中学 300 多所,1890 年增至 2000 多所。同时许多文实中学停办或改为公立中学,公立中学取代了文实中学的地位。公立中学开设的课程比较切合实际需要,重视英语、数学、自然科学、现代语等学科,有的也设古典语言课程。

公立中学的发展是公立学校运动在中等教育领域的延伸。公立和免费的原则为更多人提供了接受中等教育的机会。

(三)实科教育思想

19 世纪初,拉丁文法中学是最主要的中学形式。但随着政治、经济的发展，人们日益需要有多重办学目的的中学，文实中学就是在这种背景下发展起来的。到19世纪上半叶，文实中学成为中等教育的主体。

1751年，富兰克林在费城首创文实中学，但一直到18世纪末，文实中学的发展都较为缓慢。19世纪初，美国只有100所文实中学。由于拉丁文法中学严重脱离实际，不能适应经济发展的需要，中产阶级子弟亟须入学等，进入19世纪后，文实中学开始蓬勃发展。文实中学在扩大中等教育机会、促进中等教育由古典向现代发展等方面起到了积极作用。但是，文实中学也存在不少问题，如收费教育使贫穷家庭的子弟无望入学，各校的规模、程度、修业年限、课程标准不一，等等。

（四）高等教育理念

19世纪，美国高等教育的变化受内外两方面因素的影响。从内部看，政治形势的变化、经济发展的需求促进了高等教育理念的更新；从外部看，德国大学思想推动了美国高等教育理念的变化。19世纪美国高等教育理念主要表现为以下几个方面。

1. 在办学形式上以私立为主体

19世纪初，马萨诸塞州、纽约州等州试图把一些私立学院改建为州立大学，但这些企图都落空了。1819年，达特默思诉讼案（Dartmouth College Case）强调了私立大学的合法性，促成了大批私立院校的建立。虽然州立大学纷纷设立，但私立院校占多数，这种大学私立的观念得到继承。

2. 应用性学院深入人心

应用性学院的典型代表是农工学院。1820年，缅因州的加丁纳那职业学校成为美国第一所农业学校。1862年，林肯总统批准了《莫里尔法案》。该法案规定，联邦政府按各州在国会的议员人数，以每位议员三万英亩的标准赠给各州土地，各州应将赠地收入用于开办或资助农业和机械工艺学院。大多数州都将赠地收入用来创办农工学院，或在已有的大学内附设农工学院。农工学院的发展开创了高等教育为工农业生产服务的方向，一定程度上改变了高等教育重理论轻实践的传统。

3. 学术型大学赢得尊敬

19 世纪，大批美国人赴德国留学或考察。回国后，塔潘、吉尔曼和埃利奥特等学者竭力提倡按照德国传统办学。1876 年，约翰斯·霍普金斯大学建立，吉尔曼担任首任校长，该校以学术性研究为主，在美国首创研究生院。哈佛大学、耶鲁大学、哥伦比亚大学等都以德国为榜样，向学术型方向发展。

4. 女子接受高等教育得到肯定

在 18 世纪，女子是不能进入高等学校的。19 世纪 20 年代以后，美国出现了一批女子学院，到 19 世纪末，各大学向女子打开了大门，高等教育不再是男子的特权。

五、法国的教育发展与教育思想

19 世纪，法国教育实践的发展既与政治、经济的发展同步，又与教育思想的发展相互影响，在不同时期具有不同的发展特点。

(一)拿破仑的教育思想

1804 年，拿破仑建立了法兰西第一帝国，实行独裁统治。为了培养忠于职守的官员和忠君爱国的臣民，拿破仑非常重视教育。他制定了帝国教育法律，建立起中央集权教育领导体制。

帝国大学是全国最高教育领导机构。大学的首脑被称为"大学总监"，由拿破仑直接委派，大学还设立审议会和总督学署。全国划分为 29 个大学区，大学区设学区总长、学区审议会和学区督学署。学区总长、帝国大学和学区督学以及大学区的大学、中学校长和教师由帝国大学的大学总监任免。各级各类学校的规章制度、课程、教学安排由国家统一管理。

大学区内建立数理、文学、医学、法律和神学学院，实行高等教育。

公立的中等教育机构分为中央直属的国立中学(lycee)和隶属地方的市立中学(communal college，也译作"市镇中学")两类。国立中学的培养任务是帮助学生为升入大学做准备以及为军队输送军官。开设的课程有：法语、文学、古典语言、修辞学、数学、物理、化学、天文、地理和历史等。市立中学的办学水平低于国立中学，其办学目标是为地方政府培养官吏。

拿破仑非常重视军事、科技、师范教育，建立了一些著名大学校(les grandes ecoles)，这些学校为法国培养了一大批人才。

拿破仑时期的教育改革对法国近代国家教育制度的形成和教育的发展产生了积极的作用。

(二)波旁王朝复辟至法兰西第二帝国时期的教育

从1815年拿破仑复位到巴黎公社起义爆发，法国的政局动荡不安，教育出现了暂时的倒退，但是，由于资本主义经济发展的需要，法国教育总体上仍然向前发展。

在复辟王朝时期和七月王朝时期，法国工场手工业逐步被大机器生产代替，资本主义大工业迅速发展。经济发展的需要促进了初等教育和中等教育的发展。1833年，法国颁布了基本教育法，即《基佐法》(Loi Guizot)。该法案规定：每个乡镇设初等小学一所；6000人以上的城镇设高等小学一所；每个省设师范学校一所。该法案推动了初等教育的发展。到1848年，法国小学数量增加了约50%，学生人数增加了约80%。

在法兰西第二共和国时期，临时教育部部长卡诺(Hippolyte Carnot)①提出过实施免费普及的初等义务教育等民主主义国民教育法案。但是，卡诺的改革方案没有被采纳。路易·拿破仑·波拿巴执政后通过了《法卢法案》(Loi Falloux)，恢复了教会对初等学校的控制，政府加强了对大学的监督，教育出

———————————

① 卡诺(1801—1888)，温和的资产阶级共和党人，第二共和国临时政府教育部部长，制宪议会和立法议会议员，秩序党的反对者，反对拿破仑三世政府。

现了倒退。

在法兰西第二帝国时期，大银行家和大工业资本家集团执政。为了适应工商业发展的需要，政府对中等教育结构实行改革，恢复了国立中学和市立中学，分初级班和高级班。高级班实行文实分科。文科班注重古典语言，实科班强调现代外语和自然科学；1864 年后，法国开办实科中学，为工商业培养人才。女子和初等教育的管理仍然掌握在天主教教会手中。

(三)巴黎公社的教育改革思想

1871 年 3 月，巴黎公社成立。巴黎公社成立了教育委员会，在爱德华·瓦扬①的领导下着手教育改革。

首先，巴黎公社实行学校和教会分离，把宗教教育改成世俗教育。根据巴黎公社的命令，各区广泛宣传以世俗教育代替宗教教育的政策，清除学校中的教会人士、宗教教育措施和活动，加强科学教育和道德教育。巴黎公社的这项措施遭到了教会的抵抗。

其次，实行普及初等教育。巴黎公社决定，凡是 6～15 岁的儿童，不分民族和宗教信仰，都可入学。为了确保劳动人民子女的入学权利，公社实行免费的初等教育，并特别注意女子入学问题。

最后，提高教师的社会地位，改善教师的物质待遇。巴黎公社的措施极大地提高了教师的积极性，许多教师积极投入革命运动。

巴黎公社还重视职业教育和学前教育。

巴黎公社的教育政策虽然没有足够的时间实施，但它的一些改革措施在教育史上具有重大意义。

(四)19 世纪末的教育思想

巴黎公社失败后，共和党人认识到教育是巩固政权的重要手段。从政治

---

① 爱德华·瓦扬(1840—1915)，布朗基主义者，但他并未参加布朗基所创立的集团。在政治立场上，他更倾向于马克思主义。但当时的法国，社会主义流派众多，马克思的科学社会主义并没有得到广泛传播。

和经济利益出发，政府较重视教育事业的发展。

1. 公共初等教育与双轨制

政府颁布了一些推动国民教育的初等教育法。1879年，费里担任教育部部长后致力于发展初等教育事业。他于1881年6月和1882年3月颁布了两个初等教育法案，这两个法案确立了国民教育制度的义务、免费和世俗化原则，从而奠定了法国初等教育制度的基础。这两个法案规定：6～13岁为义务教育期；免除公立幼儿园和初等学校的学杂费；教会与学校分离，废除教会对学校的监督权和牧师担任教师的特权，取消公立学校的宗教课；等等。

1886年和1887年颁布的教育法案进一步规定了初等学校的统一课程，具体为：道德、阅读、书法、文法、算术、历史、地理、常识、手工、唱歌、图画和体育。这两个法案还涉及高等小学的学制和课程。高等小学是初等学校的延伸，其教育对象是劳动人民子女。这样一来，法国教育形成了平行的双轨制：一轨是为劳动人民子女准备的，从母育学校到初等学校再到高等小学和艺徒学校；另一轨是为上层阶级准备的，从家庭教育或中学预备班到中学再到大学或高等专科学校。

2. 中等教育观念的变化

人们对教育内容和方法进行了讨论，古典派和实科派之间的争论比较激烈。19世纪80年代后期，政府针对中等教育的情况组织了一系列调查，意识到实科教育的重要性。在这种思想背景下，法国中等教育的结构调整取得了一些进展。

第一，1891年现代中学出现。现代中学学制为六年，重视理科教学，不开设古典语言。

第二，建立公立女子中学网。按照1880年12月颁布的女子教育法案，政府开办了一些国立和市立女子中学。女子中学的修业年限为五年，课程包括法语、现代外语、历史、地理、理科知识、家政、手工等。

六、日本的教育发展与教育思想

(一)教育发展

19 世纪，日本教育发展深受两个因素的影响：一是 1853 年后日本被迫开放国门，二是产业革命。在这个背景下，资产阶级思想家与封建保守势力展开了激烈的斗争。尽管有阻力，但大势所趋，日本教育迅速发展。

1. 普通教育

1868 年，日本有藩学 240 所，其中开设数学课程的有 141 所，开设洋学课程的有 77 所，开设医学课程的有 68 所，开设天文学课程的有 5 所。理科学科在开设学科中占的比例，1800 年为 15%，1853 年增加到 35%。

在藩学中，洋学课程显著增加。1855 年，幕府将附设于天文台的洋书翻译机构扩为洋学所，1863 年改为开成所(东京大学的前身)，这里聚集了一批洋学人才。当时，京都、大阪、江户等地都有著名的洋学塾。

在初等教育方面，1868 年，以武士为对象的乡校有 125 处，供庶民子弟入学的乡学校、教谕所共 418 处。一般劳动人民的子女只能到寺子屋(私塾)学习简单的读、写、算知识。这类学校在明治初年共有 15530 所。

2. 职业技术教育

产业革命的兴起和发展有力地促进了日本近代资本主义的成长，同时对职业技术教育提出了迫切的需求。在殖产兴业政策的推动下，日本职业技术教育萌芽。1871 年，东京首设工学寮，建立了一所工业学校。1872 年，日本建立了造船学校。同时地方也设立了一些农业学校。但是，由于政府把发展高等教育和普及初等教育作为殖产兴业、富国强兵的应急措施，职业教育的发展速度缓慢。职业技术教育不能满足产业革命的需要，一些开明志士呼吁大力发展职业技术教育。

在井上毅的推动下，日本政府于 1893 年颁布了《实业补习学校规程》，1894 年颁布了《实业国库补助法》。《实业补习学校规程》规定：实业补习学校对从事各种职业者的儿童施以高等小学教育，同时以简易的方法授予职业所需要的知识技术。《实业国库补助法》规定：国库每年支出 15 万日元以奖励职业教育，并重点资助与军事工业有关的科学技术教育。

这两项法规的实施推动了日本实业教育的发展。到明治四十年前后，职业教育体制逐步形成。1900 年 2 月，明治政府颁布了《实业学校令》和相关专门教育的规程。

《实业学校令》规定：实业学校的目的在于向准备从事工业、农业、商业等实业的人施加必要的知识教育，实业学校分为工业学校、农业学校、商业学校、商船学校、实业补习学校。文部省在同年公布了《工业学校规程》《农业学校规程》《商业学校规程》《商船学校规程》《水产学校规程》等专门教育规程。

《实业学校令》及各种实业学校规程的颁布标志着日本职业技术教育制度的确立，这促使日本的职业技术教育走上了蓬勃发展的道路。

(二)19 世纪日本政府的教育变革思想

经过明治维新以及之后一系列资产阶级改革，日本从封建社会过渡到资本主义社会。为了适应政治和经济发展的需要，日本着手教育改革。这些改革在一定程度上促进了日本近代教育的发展。在改革过程中，自由主义和保守主义的争论和斗争没有停止过。这些改革集中表现在一些对教育发展有很大影响的法令上。

1.《学制令》

19 世纪上半叶，日本教育远远不能满足资本主义发展的需要。在明治维新时期，教育改革成为一项重要内容。

为了加强对全国教育的管理，1871 年 7 月，明治政府设立了全国教育领导机构——文部省，掌管全国各府县的学校和一切教育事业。次年，政府颁布《学制令》。《学制令》以法国教育制度为蓝本，参照英国、荷兰、德国、美国等国的教育制度，兼顾国学和汉学，试图贯彻"和洋结合"的兼容并包精神。

这是日本近代教育改革的开端。《学制令》强调学问是立身、治产、兴业的唯一手段。

《学制令》忽视了各地区、各学校的实际，也脱离了学生的能力水平，教学上缺乏灵活性，而且学生和家庭的负担过重。因此，《学制令》引起了民众的反对。迫于民众的呼声，《学制令》在1879年被废除。

2.《教育令》

1879年9月，日本政府颁布了《教育令》，明确规定学校的种类有小学校、中学校、大学校、师范学校、专门学校。小学校开设的课程有读书、习字、算术、地理、历史、修身等，传授初步的日常实用知识。同时，学校可以根据自身实际，开设绘画、唱歌、体操、物理、生物、博物等选修课程。《教育令》还特别强调小学校为女子开设缝纫课。中学校是实施高等普通教育的场所。大学校是传授法学、理学、医学、文学等高等专门学科知识的地方。师范学校以培养教员为目的。专门学校是传授某一门学科知识的教育机关。

自由主义是《教育令》的总基调。它在学校设置、义务教育年限、教育管理、教学内容等众多方面远比《学制令》自由。《教育令》的制定消除了《学制令》的某些弊端，例如，《教育令》更加尊重地方人民对自治、自由的要求，促进了教育的振兴与发展。

1881年12月，政府对《教育令》进行了修改。此次修改的特点是强化中央对教育的监督权力，明确规定公立和私立学校的创设、停办、就学资格、学期、授课天数和时数等的决定权归文部省所有。修改后的《教育令》的基本思想是国家强制办教育。以修改后的《教育令》为根据，文部省于1881年制定了《小学校教育纲领》，开始实行"三三二"制；同时制定了《中学教则大纲》，采取"四二"分段制。1881年5月，政府颁布《小学教则》，规定小学分为初、中、高三科，每科为三年。

这些改革为国家主义教育制度的确立奠定了基础，把日本教育推向稳步发展的道路。随着国家对教育干预程度的加深，在教学内容上，汉学的比重逐渐增大，以便教化人民，培养人民尊王爱国的志气。

3.《学校令》

1885年，森有礼就任伊藤内阁文部大臣。他从日本教育的实际出发，依据国家办教育的思想，拟定了一套国民教育制度与计划。1886年，日本颁布了《学校令》，包括《帝国大学令》《师范学校令》《中学校令》《小学校令》。

《帝国大学令》颁布于1886年3月。它规定：帝国大学主要进行学术和技术理论的教学与研究，由大学院及分科大学组成，大学院的任务是研究，分科大学的任务是教学，共设法科、医科、文科、理科四种。

《师范学校令》颁布于1886年4月。它规定：师范学校的目的在于培养教员应有的品德和学识，以及顺良、信爱、威重的气质，师范学校分为普通师范学校和高等师范学校两类。

《中学校令》同样颁布于1886年4月。它规定：中学承担双重任务，一是实施实业的教育，二是为升入高等学校实施预备教育。中学分为普通中学和高等中学两级。普通中学修业年限为五年，由地方设立和管理。高等中学修业年限为两年，由文部大臣直接管理。

《小学校令》也颁布于1886年4月。它规定：小学分四年制普通小学和四年制高等小学，对儿童实施普通教育。四年制普通小学为义务教育。1890年10月，日本对《小学校令》进行了修改，使《小学校令》更为灵活。

1894年6月，《高等学校令》颁布。它规定：把以前的高等中学改名为高等学校，高等学校专门教授科学知识，还可以在高等学校中设置为升入帝国大学服务的预科。

在森有礼的国家主义教育思想的指导下，经过反复修改，日本正式建立起充满国家主义的国民教育制度。

4.《教育敕语》

1889年，明治天皇举行大典，正式颁布宪法。宪法的颁布标志着日本君主立宪制的确立和资产阶级改革运动的终结。宪法的颁布引起了自由民权运动，民众对民主、自由的呼声日益高涨。对此，政府一方面采取镇压的政策，另一方面试图通过对人民的"教化"实现精神上的统治。以元田永孚为首的保守派一直反对政府的"欧化殖民政策"，提倡以孔子学说为基础的国教。他们试图利用天皇的权威限制自由主义。在这种背景下，天皇责成文部省起草《教育敕语》。1890年10月，《教育敕语》正式颁布。《教育敕语》指出：国体之精华在于天皇之德化与臣民之忠。它主张把忠、孝、仁、爱、信、悌等儒家思想与日本社会的伦理道理结合在一起，并利用日本的神道加以修饰，把三者融为一体。

《教育敕语》在日本近代教育史上有十分重要的地位。《教育敕语》的实施使天皇无论在政治上还是在道德上都成为绝对的权威，对日本教育发展产生了深远影响。到明治时代的中后期，日本教育由创立期进入国家主义教育制度确立期。日本国家主义教育制度的确立不仅是宪法的条款在教育上的体现，而且是日本社会政治经济发展的产物。

第二章

英国教育的发展

在 19 世纪的英国，与经济、政治和科技的发展相适应，初等教育、中等教育、高等教育、特殊教育、女子教育、师范教育以及教育行政体制等也都有了不同程度的发展。

第一节　初等教育的发展

一、时代背景：英国对大众教育的需求

19 世纪英国初等教育的发展深受 18 世纪下叶和 19 世纪初科学、技术、经济和政治发展的影响。18 世纪中叶之前，英国的城镇人口相对较少，大多数人都在乡村过着自给自足的生活。但是，在 18 世纪中叶以后，随着科学技术的发展，英国的经济条件发生迅猛变化。大规模机器生产、资本主义产业发展和工厂体系兴起，日常生活改变，城镇扩张，这些共同促成了工业革命。圈地运动导致大量农民失掉土地，他们涌入城镇的工厂，以赚取工资为生，进一步促进了工业革命。蒸汽机的广泛运用使得农村的家庭作坊被大机器工厂取代，迫使更多农民涌向城镇。政府救济和医疗技术的进步带来人口的增

加,而交通工具的发展,特别是蒸汽火车的出现,方便了农民迁移至城市。1760 年,除了伦敦、布里斯托和利物浦,英国城镇的人口都不超过 5 万人①,但随着工业革命的发展,英国城镇人口剧增。

到了 19 世纪,工厂体系的分工和劳动的专业化扩大了对劳动力的需求,于是更多农民向城市迁移。与此同时,工业扩张导致低工资、贫民区和童工出现。儿童通常在极为恶劣的条件下工作,工作时间很长,而且工业区的学校严重短缺。直到 1802 年,为了保护劳动者,英国才出台了《1802 年工厂法案》(Peel's Factory Act of 1802),保护和培训棉纺织厂的受雇者,特别对贫困儿童的身体状况和道德状况做出了规定。法案要求工厂厂主在贫困儿童从事学徒工作的前 4 年里(学徒工作总共为 7 年)为他们提供读写算方面的训练,并计入学徒每天的工作时间。1819 年,还有一个类似的工厂法出台。但是,总体上这类工厂法对贫困儿童实施教育的规定非常有限,效果也不好。1833 年,又一个工厂法出台,它规定禁止雇用 9 岁以下的儿童做工,13 岁以下的儿童每天不能工作超过 9 小时,每天应上课 2 小时,一周工作 6 天。这个法令虽然设置了监督员机制,但没有关于教育拨款的规定。

随工业化巨变而来的是社会的民主化,1832 年的《人民代表法案》(Representation of the People Act 1832)使百万中产阶级获得选举权,选民对自身及子女教育的需求增加。总体上看,英国社会、政治和经济的变化凸显了大众教育资源的匮乏。同时,一些英国人受到法国思想家卢梭及其追随者思想的启发,发起了争取自由的教育哲学思想运动,并且在许多社会运动和慈善运动中有所表达。在他们看来,人们必须看到儿童在漠视与危险中的糟糕状况,并且寻找改变这种状况的手段。在这个背景下,一些人将目光转向教育。

---

① H.C. Barnard, *A Shot History of English Education: From 1760 to 1944*, London, University of London Press, 1947, p.xvi.

二、19 世纪英国初等学校的类型

19 世纪，在英格兰和威尔士存在各种类型和名称的初等学校，既包括 18 世纪已出现的学校，也出现了一些新型学校，它们之间不是完全不同的，而是有所重叠的。这些学校基本上都由教会资助或私人捐款开办。在苏格兰，大多数公共学校是初等学校，同时在对儿童实施完初等教育后，苏格兰政府还会提供更高水平的教育，如数学和拉丁语，并且送 15 岁左右的青少年上大学。

(一)慈善学校

慈善学校主要帮助儿童学习某一特定职业的技能，帮助他们获得某种社会身份。它所招收的多是贫困儿童。它与捐赠学校不完全相同，后者主要面向中产阶级，讲授文法知识，并且其学生继续接受古典学科的高等教育，但两者有时是重叠存在的。慈善学校常以产业学校的形式存在，但进入 19 世纪后多以导生制的形式存在。

(二)家庭小学

这种学校是由年龄较大的妇女开办的私立学校，地点一般在开办者家里，主要招收 0～10 岁的儿童，主要讲授一些读和写的基础知识，也教女孩编织，但教育质量非常差。这类学校到 19 世纪 30—40 年代开始衰落。

(三)星期日学校／主日学校

星期日学校也称为主日学校，在 18 世纪后半叶就已经在英格兰出现。福音派教会人士罗伯特·雷克斯(Robert Raikes)于 1781 年在英格兰格洛斯特郡创办了星期日学校，随后这种学校在英格兰的不同教会推广开来。这种学校利用星期日童工和成年人的休息时间教他们阅读《圣经》，但并不教写作和算数。因此，星期日学校的目的是宗教化、社会化和道德化的，而不进行智能和知识方面的培养。到了 19 世纪，星期日学校运动扩散到许多工业型大城市，然后在许多工厂开展，成为工人及其子女的学习场所。

(四)产业学校

产业学校是为贫穷儿童提供手工活训练和初等教育的学校。在这种学校中,女孩学习纺织、纺纱、编织、针线活等,帮助学校准备学生的早餐,并学习洗衣等家务活;男孩学习钉鞋、制鞋、粗疏羊毛和园艺工作等技艺。学徒的作品出售后所得的资金用于学校开支和学生的餐饮。初等教育的内容主要是宗教教义。1846年,教育委员会开始拨款资助产业学校,并给教师提供报酬。

(五)导生制学校

导生制学校是19世纪英国初等学校的重要形式。它的教学内容也主要是《圣经》教义,但采用了与星期日学校不同的方法。这个方法由安德鲁·贝尔和约瑟夫·兰喀斯特在大约同一时期分别推广和践行(关于导生制,详见本书第三章第二节)。

(六)教会学校

1811年,英格兰和威尔士按英国国教原则促进穷人教育国民社(National Society for Promoting the Education of the Poor in the Principles of the Established Church throughout England and Wales,简称"国民社")成立。国民社创办的学校被称为教会学校,它还接管了18世纪由基督教知识普及社团(Society for Promoting Christian Knowledge)资助的慈善学校。经济援助随后跟进,如牛津大学和剑桥大学各捐赠了500英镑。到1830年,34.6万名儿童接受了由国民社创办的教会学校的教育。[1]获得国民社资助的条件是必须遵循贝尔制定的导生制,必须讲授英国国教的教义,并定期带学生在星期日做礼拜。

1808年,皇家兰喀斯特协会(Royal Lancasterian Association)建立,后更名为不列颠及海外学校社团(British and Foreign School Society),得到了非英国国

---

① H.C. Barnard, *A Short History of English Education: From 1760 to 1944*, London, University of London Press, 1947, p.67.

教教会的基督徒的支持，因为他们更愿意创建对教派没有要求的学校。随后，兰喀斯特的方法得到发展并传至欧洲大陆及英属殖民地。按照兰喀斯特的理念，一所教师培训学校在伦敦博拉夫大街成立，并设立了一所附属小学。由不列颠及海外学校社团资助的学校向所有教派的儿童开放，不提供特别教派的教义讲授，只要求儿童在星期日参加某个地方的礼拜。

(七)幼儿学校

1816年，罗伯特·欧文在苏格兰格拉斯哥附近的纽兰纳克为工人子女创立了幼儿学校。欧文曾经营棉花厂，但他于1829年退出实业界。作为一名社会主义者和教育环境论者，他将自己的教育理念付诸教育实践。他不仅为纽兰纳克的工人子女(5～10岁)建立了免费学校，而且建立了英国第一所幼儿学校，也是现代幼儿园(nursery school)的先驱。在工业区的工人可以把他们1岁半到2岁的孩子送入幼儿学校。幼儿学校除了看管孩子，还特别关注提升孩子的身体健康、道德及社会化水平的训练，也提供初级读写算课程，为孩子升入导生制学校做准备。幼儿学校的教学主要通过对话或事物展示进行，如动物图片的展示；同时，幼儿学校中孩子的活动以跳舞、唱歌和玩游戏为主。①欧文将英国的教育与欧洲大陆的教育实验成果结合起来。1818年，他还去以弗所拜访了裴斯泰洛齐，去霍夫威尔拜访了费伦伯格。

受欧文的影响，一个委员会在1818年和1820年分别于伦敦威斯敏斯特和斯皮塔弗德建立了两所幼儿学校。后者由萨缪尔·怀尔德斯平(Samuel Wilderspin)掌管。1823年，怀尔德斯平发表了《论教育贫穷幼儿的重要性》(On the Importance of Educating the Infant Children of the Poor)一文。这促成了1824年伦敦幼儿学校社团(London Infant School Society)的成立。这个社团成立的目的是为2～6岁的幼儿提供学校。怀尔德斯平被任命为该社团的代理

① H.C. Barnard, *A Short History of English Education: From 1760 to 1944*, London, University of London Press, 1947, p.70.

人。1836 年，内政和殖民机构［The Home and Colonial Institution，后改名为内政和殖民社团（Home and Colonial Society）］建立了许多幼儿学校，并且建立学院为幼儿学校培养教师。该社团的推动者梅约深受裴斯泰洛齐的影响。

（八）初等学校

戴维·斯道（David Stow）是格拉斯哥的一位商人，他决心改善格拉斯哥幼儿的贫困状况。1816 年，他创办了一所星期日学校。1826 年，他创立了格拉斯哥幼儿学校社团（Glasgow Infant School Society），并且与伦敦的怀尔德斯平建立了联系，这促使他考虑培养初等学校教师的问题。他于 1836 年创立了格拉斯哥师范讲习所（Glasgow Normal Seminary）。除此之外，斯道在英国首次讨论了 6 岁以上儿童教育的组织制度，在自己的著作中构想了一个初等教育体系。这个体系可分为起始部（2 或 3～6 岁）和少年部（6～14 岁）。然而，他的设想并没有得到广泛践行。当时多数初等学校的组织实际上分为两个阶段，即以 6 岁为止的低幼年级部以及 6～12 岁的高年级部。

1846 年，枢密院教育委员会（Privy Council's Committee for Education）秘书凯-沙图沃斯（James Kay-Shuttleworth）引进了教生制（pupil teacher system），以克服导生制带来的缺陷。但是，凯-沙图沃斯的努力效果并不好，因为多数初等学校由大学毕业生管理，他们主张以讲授知识为主，强调死记硬背的教学方法，忽视职业培训。另一个原因是当时英国商业和海上贸易发达，公司需要大量职员应对文案工作，并且相比于读写算培训，手工劳动培训更加费时费力费钱。

总之，贝尔、兰喀斯特、欧文、怀尔德斯平、斯道、凯-沙图沃斯等人都对英国 19 世纪的初等教育发展有所贡献，同时，来自欧洲大陆的卢梭、裴斯泰洛齐和费伦伯格的教育思想也对英国初等教育具有间接的影响作用。但是，总体上看，初等教育发展依然缓慢。

（九）乞儿学校

乞儿学校由朴次茅斯的鞋匠彭慈（John Pounds）创办，对贫困儿童进行照顾，并给予读写算方面的免费培训。此后，许多慈善家效仿其做法，开办了许多乞儿学校。1844 年，伦敦还成立了乞儿学校协会（Ragged School Union）。19 世纪 50 年代，一些乞儿学校对学生进行某种手艺的培训，得到了政府的资助。19 世纪 70 年代，一些乞儿学校被学校委员会接管。

（十）高等小学

高等小学是英国学校委员会允许开办的学校。1869 年《捐赠学校法》颁布之后，中等学校（主要是捐赠学校和文法学校）的数量依然非常有限，但想接受中等教育的人不断增多，只靠民间捐赠办学根本无法满足对中等学校数量的要求。学校委员会认识到了这种不足，于是在初等教育体系下，在初等学校开设高等班级，讲授高等课程（higher tops）。一些学校委员会建立高等小学，享受政府拨款和地方税的资助。实际上，这类学校的授课内容超过了初等学校读写算的范围和难度，扩展至拉丁语、数学、绘图和科学课程，即类似中等学校的课程内容。高等小学的生源多为工人或农家子女，他们在完成初等学校基本课程之后考入高等小学，并在 16 岁左右离校，一般不再继续接受高等教育，而是开始从事某职业谋生。由于高等小学多讲授中等学校的课程内容，再加上它享受政府拨款和地方税的双重资助，它与中等学校之间便形成了不公平的竞争关系，遭到了教会和民间捐赠团体的反对。1872 年，利兹学校委员会率先开设了一所高等寄宿小学，其他城市的学校委员会相继模仿，包括伦敦学校委员会。到 19 世纪 90 年代，英国已经有 63 所高等小学。[1]尽管 19 世纪 80 年代成立的格罗斯委员会认为高等小学属于初等教育系统，但 1894 年成立的布赖斯委员会则认为它实际上属于中等教育系统。

（十一）私人预备学校

英国社会中上阶层一般送其孩子上私人预备学校。这类学校招收 8 ~ 12

---

[1]　H.C. Barnard, *A Short History of English Education: From 1760 to 1944*, London, University of London Press, 1947, p.255.

岁男童,也属于初等教育学校。其功能主要是为中上阶层的男孩进入公学做准备。因此,私人预备学校具有教育发展和衔接的作用。这种学校的教育与面向社会下层的初等学校的终结性教育不同,初等学校具有社会分层的功能。

三、教会与政府对初等学校的干预

以上各类初等教育学校基本都是宗教团体和私人捐赠开办或垄断的。从教会层面看,以国民社为代表的英国国教教会认可对贫困儿童的教育,力图在每个教区设立一个教会学校。以不列颠及海外学校社团为代表的英国其他教会则以无教派方式办学,即不拘泥于某种教派对《圣经》的解读而进行教学。

从世俗层面看,面向贫困儿童的普及教育遭到了英国社会上层人士的反对。从 19 世纪开始,英国教育建立在一个等级制度之上。工人阶级几乎没有机会接受中等教育和高等教育,而当时普及教育的主要目的就是道德救赎、培养顺民,其余的教育则遭到广泛反对。社会上层人士所担心的是工人阶级和农民阶级掌握知识后会产生对自身阶级地位和生活的不满,从而带来社会动荡。此外,一些工厂雇主并不欢迎兴办学校教育,因为这使他们很难控制童工。

但是,渐渐地,督学越来越支持大众普及教育。同时,受工业革命的影响,英国在社会、经济和政治层面对大众教育的需求日益增加,政府开始对初等教育进行干预。1833 年,英国财政会议宣布为初等学校校舍建设拨款 2 万英镑。该款项拨给了英国国教主导的国民社和非英国国教主导的不列颠及海外学校社团,用于两个社团下面的学校的校舍建设。1839 年 4 月,英国政府建立枢密院教育委员会,凯-沙图沃斯被任命为首任秘书,它的成立是国家干预国民教育事业的开端。[1]该委员会的目的是处理影响教育人民的所有事务,

---

[1] 王承绪:《英国教育》,287 页,长春,吉林教育出版社,2000。

并且监督由议会投票通过的用于改善公共教育的资金的使用情况。[①] 1839 年 6月，英国政府同意枢密院教育委员会报告其对公共教育基金进行分配的状况。从 1839 年开始，政府对民众教育的资助金额从每年 2 万英镑提升到 3 万英镑。枢密院教育委员会还把拨款的使用扩展到不属于上面两个社团的学校，前提是每日的《圣经》阅读为课程的一部分。该委员会还提出了建立公立师范学院的计划，但是由于政府与教会无法就师范学院附属学校讲授的宗教内容达成一致，该计划搁浅了。枢密院教育委员会还委派了督学，他们为委员会收集准确信息并提供建议。1841—1852 年，政府通过了五个《学校校址法》（School Sites Act），并开启议会对贫困儿童教育的拨款。1855 年，议会又通过了《学校专款法》（1855 School Grants Act）以确保议会以教育为目的而拨的专款不作其他用途。这样一来，国家支持和资助初等教育的力度加大，入学人数有所上升，学生在校时间也有所延长。

可以说，此时政府与宗教团体共同参与初等教育的建设，并且政府初期主要采用"公助私立"的形式干预初等教育。

四、政府在初等教育中的地位

1867 年，英国城镇工人阶级获得了选举权，在此背景下，对具有选举权的工人及其子女进行教育成了一个政治问题。同时，英国各地的工会运动呼吁建立非宗教的全国教育体系。在此背景下，英国议会于 1870 年通过了由 W. E. 福斯特提出的《初等教育法》（Elementary Education Act），也称《福斯特法》。这项法律的内容包括：①把全国分为数千个学区，并设立学校委员会管理地方教育；②在缺少教会学校的地方，由地方选举产生的学校委员会以兴办学校为目的征收地方税，并接受中央拨款的资助；③对 5～12 岁的儿童实

---

① H.C. Barnard, *A Short History of English Education: From 1760 to 1944*, London, University of London Press, 1947, p.115.

施初等教育；④在国家办理的学校中不准开展具有教派色彩的宗教教育；⑤加强针对工人阶级子女的教育；⑥课程聚焦于读写算三项技能。

后来，1876年颁布的教育法案又规定父母有义务送子女入学。1880年的教育法案规定义务教育的年龄为5～10岁。1891年的教育法案规定实施免费的初等教育。1899年的教育法案又将儿童的离校年龄提高到12岁。到20世纪初，英国基本上普及了初等教育。

第二节　中等教育的发展

19世纪，英国社会中上层阶级一般送其子女去私人预备学校就读。这种学校的教育和以下层阶级为教育对象的初等学校的终结性教育不同。初等学校具有社会分层的功能，而私人预备学校招收8～13岁的男童，为他们进入更高教育阶段做准备，因此，私人预备学校具有教育发展和衔接的作用。这类学校的学生在学业结束后要参加普通入学考试(Common Entrance Examination)，通过竞争进入下一阶段的教育，即中等教育。19世纪英国中等教育的主要形式是文法中学和公学。

一、文法中学和公学

文法中学的历史可以追溯到罗马时代，其功能是教授拉丁语和希腊语等古典语言，这从它的名字也可以看出来。早期，它的资助者主要是主教或牧师、行会成员以及城市同业公会(City Livery Company)。有些文法中学是在宗教改革时期重新建立的。文法中学教师的教师执照也是由大教主授予的。

公学由英国宗教改革前的修道院学校(monastic school)和大教堂学校(cathedral school)发展而来。这类学校讲授基督教教义和古典学科课程，并且只招收男孩。从 6 世纪到中世纪末，英国出现了许多公学性质的学校，它们可以被视为古代公学。它们是教会的一部分，并由教会控制。温彻斯特公学由温彻斯特主教威廉·威克姆于 1382 年创建。威克姆在创办温彻斯特公学的同时也建立了牛津大学的新学院，以便让温彻斯特公学的毕业生能够进入牛津大学继续接受教育。受此启发，英国国王亨利六世于 1440 年创办了伊顿公学，作为当时剑桥大学国王学院的预备学校。

更多公学是由文法中学演变而来的。早期，这类学校多为依靠团体或个人捐赠的免费文法中学，为比较贫穷人家或平民的孩子提供教育。到了 16 世纪，这类学校得到越来越多的资助和捐赠，于是学校开始面向所有公众，用于公共用途。这里的"公"并非指国家资助，而是指面向所有能够支付学费的男孩家庭，不局限于基督教教会背景的家庭。如此，公学渐渐成为收学费的私立寄宿制男子学校。例如，建于 1567 年的拉格比公学起初就是一所地方性免费文法中学，后来随着捐赠的增加转变为一所面向全国招生的收费寄宿学校。此外，哈罗公学和什鲁斯伯里中学也有相似的发展历史。①

二、19 世纪文法中学与公学的情况

文法中学和公学自建立以来，经过文艺复兴，直到 18 世纪末，其课程一直是以拉丁语和希腊语为主的古典学科。随着时代的进步和科学的发展，开始有人质疑古典学科在教育中的实用价值。他们批判文法中学和公学只讲授传统课程而忽视对现代课程(如科学知识)的讲授的做法。比如，早在 17 世纪末，英国哲学家约翰·洛克就对传统学科进行了批评。19 世纪，这种反对的声音更加明显。1809 年，一篇名为《过多的拉丁语和希腊语》的文章有这样的陈述："英国男孩在 6 或 7 岁进入学校，他会一直处于教育的过程，直到 23

① H.C. Barnard, *A Short History of English Education: From 1760 to 1944*, London, University of London Press, 1947, p.15.

或24岁。在那么漫长的时间里,他唯一专注的事情就是学习拉丁语和希腊语——他几乎没有关于其他好事物的观念。"①

这一时期,来自公众的意见迫使地方公学机构考虑扩充其课程,特别是现代课程。有些文法中学和公学想要对其课程进行现代化改革,增加一些新的课程,但遭到了支持传统学科的人士的抵制。例如,利兹文法中学的管理者试图把学校捐赠的一部分用于讲授现代课程,包括法语和德语,以满足当地商业活动的需要。而在大法官法庭上,埃尔登大法官禁止利兹文法中学管理委员会增加包括算术、写作和现代语言等在内的"附加"课程,认为文法中学在建立之初就是专门讲文法的,只能讲授古典语言的文法课程,讲授其他课程则是非法的。这种观点直到1840年的《文法中学法》通过之后才渐渐消失。该法允许对文法学校完全是古典学科的课程进行修改,引入一些现代课程,但前提是只有在学校的现任校长去世之后才能对课程进行修改。因此,这对当时的文法学校课程的面貌改变不大。

19世纪上半期的公学除了课程的陈旧还存在其他问题。公学贯彻学长学弟制,即让高年级学生管理低年级学生,这种制度造成很多学生间的欺凌和争斗,引起了许多人对公学教育的批评。此外,当时的公学允许学校动用比较残酷的刑罚(如鞭刑)来惩罚违反校纪的学生,导致学生造反事件时有发生。公学的校舍和住宿状况也令人担忧。公学学生的道德风气更令人不满意。公学除了自身存在的这些问题,还遭受了外界的各种反对。19世纪初期,英国功利主义哲学思想十分流行,持有这种观念的人认为公学开设的古典学科并无多大实际用处;福音派教会信徒也批评公学教育并弘扬美德,这影响了那些送子女到公学的阶级。随着新兴工厂主阶级的出现,他们也对公学的课程和学校设施表示不满,因为他们希望自己的子女更有经济头脑。所有这一切

---

① H.C. Barnard, *A Short History of English Education: From 1760 to 1944*, London, University of London Press, 1947, p.20.

都迫使当时的公学进行改革。

三、公学的课程改革

在公学遭受公众批评的状况下，一些公学校长担起改革公学的重任。

塞缪尔·巴特勒于1798—1836年在什鲁斯伯里中学发起了课程改革。他将英语、地理、几何和英格兰历史纳入什鲁斯伯里中学的课程内容，并强调学生自由阅读的重要性。同时，他引入了记分和定期学校考试制度，旨在通过竞争激励学生升级。

托马斯·阿诺德则于1828—1841年在拉格比公学进行了改革。阿诺德的目的是"重树社会目的，教育出信仰基督的绅士"[1]。在保留古典学科的基础上，他将法语、数学、英语、德语、古代史和现代欧洲史纳入课程。阿诺德还在拉格比公学恢复了寄宿学校制度，这受到了中产阶级的欢迎，因为他们希望自己的子女接受良好道德的教育。这也催生了许多新寄宿学校的建立，这些新寄宿学校又被称为"股控学校"（proprietary schools）。寄宿制中等学校的出现满足了一部分中产阶级的需要，对中产阶级而言，旧式公学的学费太高昂。英国国教寄宿学校还为满足中产阶级内部不同层次的需求设立了不同的寄宿学校。可以说，股控学校发展迅速，成为一支强劲的中等教育新生力量。正如1868年汤顿学校调查委员会发表的报告所描述的那样："股控学校的教育特征非常明显……城市学校，不管是股控的还是捐赠的，都很快受到了公众的青睐，就像它们当初产生的目的那样。这种第三层次的中等学校当然不是没有用处的，它甚至可能比全国类似的学校更有用处。"[2]

阿诺德的公学改革影响了众多公学校长。在某种程度上，他使公学在当

---

[1] R. Williams, *The Long Revolution*, London, Chatto and Windus, 1961, p.137

[2] "Schools Inquiry Commission Report（Vol.1），" in J.W.Adamson, *English Education* 1789—1902, London, Cambridge University Press, 1930, p.273.

时批评声不断的情况下抵制了国家的干预，重新树立了形象，加强了捐赠学校和公学的独立地位，挽救了英格兰的公学制度。作为自由福音派基督徒，他主张公学招收不分教派的基督徒，进行不分教派的基督教教学，这使英国中等教育相较于初等教育而言更少受宗教问题的困扰。

四、公学改革的扩大

19世纪40年代，虽然科学已有很大的进步，西欧白话文学也有很大发展，但文法中学和公学依然抵制课程改革。①在许多方面，公学的课程依然没有被时代进步影响太多。但是，城市服务委员会（Civil Service Commission）和军事教育委员会（Board of Military Education）的建立迫使中等学校重视数学和现代语言。例如，切尔特纳姆学校专门设立分部，帮助男孩备考军事院校，或使之胜任政府官员、工程师等职位以及从事商业活动。这所学院的课程中只有一些拉丁语而没有希腊语，并且强调数学、科学和现代语言。爱德华·思林于1853—1887年任职于阿平厄姆学校。他在课程中给英语、音乐和艺术以非常重要的地位，并于1859年建立了英国公学中的第一个体育馆。

到19世纪50年代，公学的课程有了很大变化，这一方面是因为家长的施压，另一方面则是因为社会上各种考试的要求，如伦敦入学考试（London Matriculation Examination）、印度公务员考试（the Examinations for the Indian Civil Service）、牛津地方考试（the Oxford Local Examinations）、剑桥地方考试（the Cambridge Local Examinations）及师范学院考试（the Examinations of the College of Preceptors）。这些考试用于提升中产阶级的受教育水平和对教师的训练水平。此外，社会名人对课程改革的呼吁也是影响课程变化的因素。斯宾塞在《论教育》中批判了传统课程，强调了科学课程的重要性。1867年，由迪恩·

---

① Derek Gillard, "*Education in England: A History*,"参见英格兰教育（Education in England）网站。

法勒编著的《自由教育论文集》表达了对传统课程的不满，并强调了科学课程。赫胥黎在 19 世纪 60—70 年代大力主张课程应包括自然科学、道德、政治和社会生活理论、历史、地理、现代语言以及艺术。除此之外，英国政府也意识到法国和德国在中等教育、初等教育和技术教育方面都走在了自己前面。

除了课程与考试方面的变化，这一时期公学的收入也常有被学校工作人员私吞的现象，学校处于资金短缺的状态，学校教学质量也很低下，所用教材也极为陈旧。在这样的形势下，英国政府决定加强对中等教育的干预。1861 年，英国议会任命克拉伦敦委员对九所公学调查，包括伊顿公学、温彻斯特公学、威斯敏斯特皇家书院、切特豪斯公学、哈罗公学、拉格比公学、什鲁斯伯里中学、麦钱特·泰勒斯公学及圣保罗女子中学。该委员会的主要目的是对这些公学的收入、管理和所讲授的课程进行考察。这九所公学的共同之处在于它们在培养贵族和绅士阶层子女方面具有良好的声誉。

1864 年，该委员会向政府提交了报告，即《克拉伦敦报告》(Clarendon Report)。该报告赞扬了公学的纪律和道德基调以及在过去 25 年中的进步，肯定了古典学科的价值，但也提出教师的教学质量和学生的学习成绩并不令人满意。该报告对公学课程的设置进行了批评，认为公学忽视了现代语言、英语、自然历史和现代历史。该报告建议增加和加强数学、法语、德语、自然科学和音乐等现代课程，减少古典学科课程，缩短古典语文和文法的学习时间。该报告建议明确校长的权力范围。例如，所教内容以及每个教学科目的重要性是由管理委员会决定的，但如何教则是校长负责的事情。① 该报告还建议成立所有教师都参加的学校委员会。

基于此报告，1868 年，政府通过了《公学法》。《公学法》设立了国家公学管理机构，管理机构人员有权决定诸多事宜，包括入学、住宿措施、学费、

① Derek Gillard，"*Education in England: A History*,"参见英格兰教育(Education in England)网站。

教堂服侍、学期与假期、卫生条件、新课程、教师招聘、应对非住宿生的措施、校长的权力以及应对父母要求孩子免受宗教教育的措施等方方面面。该法令还指定了一些特别委员以监督学校的工作,并且在必要时代替管理机构制定规章制度。各个公学要向国家公学管理机构提交计划,计划最终要由国家批准。实际上,该法令是国家削弱公学独立性的一项措施。为了反对国家对公学校长权力的干预和控制,1869年,英国公学校长们召开了校长会议,规定只要学校达到一定标准,而且是"学校会议"的成员,就可被称为"公学"。这导致一些文法中学和私立学校纷纷改名为"公学",带来英国公学数量的快速增长。该法令成功使公学成为一个特殊阶层的学校,即上层阶级子弟的学校。

五、文法中学的改革

因为公学的状况已由克拉伦敦委员会考察,而劳工阶层的初等学校状况已由纽卡斯尔委员会考察,所以在1864年,政府组织了汤顿学校调查委员会,由汤顿领导,考察介于公学和劳工阶层的初等学校之间的其他所有学校。该委员会的目的是"思考并报告需要采取什么样的措施(如果有的话)以提高教育水平,特别关注所有捐赠,使其可以合理运用于学校教育"①。1868年,该委员会发表了《学校调查委员会报告》,又称《汤顿报告》。该报告总结道:"我们已经对大约800所捐赠学校的状况进行了彻底的考察;对147位证人进行了调查;对尽可能多的愿意提供信息的私立学校和股控学校的状况也已或通过书面传单,或通过我们的助理委员的直接调研进行了考察;并且我们考察了非常重要但一直被忽略的女子教育的问题。"② 据巴纳德的记载,该委员

---

① J.W.Adamson, *English Education 1789—1902*, London, Cambridge University Press, 1930, p.258.

② "1868 Schools Inquiry Commission Report," in J.W.Adamson, *English Education 1789—1902*, London, Cambridge University Press, 1930, p.259.

会实际上对 942 所中学进行了调查①，包括 782 所文法中学以及一些私立学校和股控学校。该报告指出：英格兰中等教育薄弱，分布不均；三分之二的英国城镇没有中等学校，而余下三分之一的城镇的学校则教育质量悬殊②；中等教育没有清晰的目标，课程也没有根据儿童的不同需求而进行合适的分层。

　　根据调查的结果，委员会提出建立中等教育国家学校制度。报告的第一卷依据不同社会阶层的需求，建议设立三个等级的学校：第一级学校（12 ～ 18 岁）针对上层中产阶级；第二级学校（12 ～ 16 岁）针对普通中产阶级家庭，特别是那些希望自己的孩子进入某些职业领域的家庭，这些职业是需要较早训练和特殊训练的，如医生、军人和工程师等；第三级学校是对下层中产阶级开放的。③报告指出，这三种等级的学校与英国的社会阶层划分是十分一致的。④第一级学校不必去掉古典学科课程，但课程应该扩充，包括数学、现代语言和科学等科目。第二级学校依然保留拉丁语教学，并且增加"一定数量的能够在实务中转化为实际用途的科目知识，在某些情况下这种知识为数学的基础知识，在某些情况下为自然科学知识，在某些情况为现代语言知识"⑤。第三级学校提供的教育依然是一般教育，而非技术教育或职业教育，课程类别包括语言、数学和自然科学。就这一级学校是否纳入拉丁语课程的问题，委员们有不同意见，但都同意将一门外语纳入课程。如此一来，第三级学校有可能成为初等教育结束后学生继续接受教育的通道。这在一定程度上反映

----

①　H.C. Barnard, *A Short History of English Education：From 1760 to 1944*, London, University of London Press, 1947, p.15.

②　R.Williams, *The Long Revolution*, London, Chatto and Windus, 1961, p.138.

③　"Schools Inquiry Commission," in H.C. Barnard, *A Short History of English Education：From 1760 to 1944*, London, University of London Press, 1947, pp.150-151.

④　H.C. Barnard, *A Short History of English Education：From 1760 to 1944*, London, University of London Press, 1947, p.151.

⑤　"Schools Inquiry Commission," in H.C. Barnard, *A Short History of English Education：From 1760 to 1944*, London, University of London Press, 1947, p.151.

了委员会对教育分层与英国社会状况的看法。《汤顿报告》指出:"我们的很多证据显示,总的来说教育中的社会差异目前是不能忽视的。绅士阶层的教育已经慢慢与其下面的阶层分离。很自然,他们应该不愿意与他们雇用的劳动力混在一起。就教育而言,这样的差异在日间学校无论如何都应该消失,但若让上面的权威机构消除这种差异,就可能不仅会做错,而且达不到这样的目的。"①三级学校都可保留宗教课程,但家长有权利让孩子不接受这种教育。该报告还指出中等女子教育的状况也很令人担忧。

《汤顿报告》建议建立中央行政管理委员会(Administrative Board)和地方管理机构(Provincial Authority)。在地方设立地方委员,定期视察捐赠学校并向中央报告。该报告还建议在中央设立考试委员会(Council of Examinations),加强对中学教学质量的管理。委员会借鉴医生职业资格制度,建议建立全国性的教师资格注册制度。该报告对后来英国重组中等教育奠定了基础,但在当时并没有产生即刻效应。1869年,政府出台《捐赠学校法》,但并没有把《汤顿报告》的许多建议纳入,只是聚焦在教育捐赠的议题上。此法颁布后,政府成立了三个捐赠学校委员会(Endowed School Commissions),代表政府为捐赠学校制订发展方案,并出台措施以更好地运用捐赠,同时尽可能扩充对女子中等教育的捐赠。《捐赠学校法》还规定父母可以以书面形式要求自己的孩子不参加宗教敬拜仪式或接受宗教教义教育;如果在其他课程中教师灌输了某种宗教教义,家长也可以投诉。1874年,捐赠学校委员会并入慈善委员会。

《公学法》和《捐赠学校法》虽然没有完全采纳两个委员会的建议,但它们的颁布促进了公学和文法中学的进步,推动了女子中等教育的发展。另外,初等、中等和高等教育之间的通道出现,因为捐赠学校既接受来自初等学校的学生,也向大学输送优秀毕业生。受到一些地方性考试制度的影响,捐赠

---

① "Schools Inquiry Commission Report," in J. W. Adamson, *English Education 1789—1902*, London, Cambridge University Press, 1930, p.269.

学校的课程也有所扩充，教学质量有所提高。

1894 年，布赖斯委员会对英国的中等教育再次进行调查，并发布了《布赖斯报告》。该报告指出，文法中学在捐赠和管理方面的改革已经在广大范围内开展，改革的效果即文法中学的课程已经处于变化过程中；中产阶级学校的特征加强，但也出现了一个狭窄的教育阶梯让工人阶级的子女有机会接受中等教育；中产阶级家庭女子的中等教育也取得了很大进步。[①] 但是，委员会也指出，由于贫穷、地理位置不同、校长管理不善、初等教育学校的竞争等原因，也存在学生人数不稳定的现象，有些学校的学生人数甚至有下滑趋势。该报告最为重要的贡献是指出当时英国中等教育的主要问题为教育行政机构之间缺乏协调性和连贯性。1899 年，英国成立了中央教育委员会（Board of Education），颁布了《中央教育委员会法》（Board of Education Act），统辖全国的初等教育、中等教育和技术教育。1902 年，英国政府又颁布了《教育法案》（Education Act），该法案废除了各地原有的 2500 多个学校委员会，成立了 318 个地方教育当局（Local Education Authority），作为地方教育行政机构；授权地方教育当局建立中等学校、中等专科学校和职业学校，做好本地区初等教育与中等教育的衔接工作，并用地方税收予以资助。在全国范围内，中央教育委员会监督中等教育的总体走向，但同时给地方教育当局以行动自由；地方教育当局负责管理所有类型的中等教育。如此一来，国家可以对中等教育进行更加统一的协调、管理和控制，国家教育行政管理体系得以建立。

---

① J.Lawson, H.Silver, *A Social History of Education in England*, London, Methuen & Co Ltd., 1973, p.335.

第三节 高等教育的发展

一、18 世纪末到 19 世纪初的牛津大学和剑桥大学

直到 19 世纪,英格兰仍然只有牛津大学和剑桥大学两所大学。两所大学在当时极为保守与传统。在组织管理上,这两所大学与英格兰教会的关系极为密切,其组织管理人员多由教会人员构成。1843 年,牛津大学大集会的成员宣言为:"牛津大学一直认为宗教是所有教育的基础。"①这一观念同样适用于当时的剑桥大学。在学术上,两所大学聚焦于古典人文学科和数学。学生大多为游手好闲的富家子弟,或者来自神职人员和专业人士家庭。他们中的一些人甚至不参加考试就可获得学位,即使要参加考试,学生应达到的标准也非常低。另外,这两所大学只向英格兰教会的教徒开放。在校风校纪方面,这两所大学的学风衰落,学生对学术缺乏兴趣,校园弥漫着浪荡奢侈之风。一些有识之士极力呼吁和主张对其进行改革。1825 年,剑桥大学和牛津大学颁布了《大学法令》(Universities Act),赋予校长委任巡查人员的权力,帮助大学维持安定而良好的秩序。

从 18 世纪后半期至 19 世纪中期,这两所大学进行了一系列改革,完善了考试制度,如设立了公开招考制度(Public Examination Statute),并增加了许多新的科目。这使得两所大学在 19 世纪提高了教学质量,并逐渐树立起较好的学术声誉。例如,牛津大学于 1800 年设立了公开招考制度;1807 年,牛津大学古典学荣誉学院和数学荣誉学院成立,出现了所谓"双一等"(double first)荣誉学位;1852 年,牛津大学的自然科学、法律和历史学院成立;1855 年,牛津大学建立了博物馆。剑桥大学在 1824 年之前只有一个荣誉学位考试

---

① J.W.Adamson, *English Education 1789—1902*, London, Cambridge University Press, 1930, p.70.

（tripos），而且仅限于数学学科，1824 年开始有古典学科的荣誉学位考试，但只对参加过数学荣誉学位考试的人开放；1848 年，剑桥大学开设道德科学和自然科学的荣誉学位考试。那时，牛津大学以古典学科见长，而剑桥大学则以数学学科见长。

尽管两所大学在缓慢的改革中有所变化，但基本上仍然是保守且贵族化的。到 19 世纪 30 年代，牛津大学和剑桥大学的公开招考制度虽然确立起来，但其实仍主要面向特定的社会阶层。这两所大学与英格兰教会关系密切，长期以来只招收英格兰教会信徒，非英格兰教会信徒不能入学。另外，这两所大学的课程以古典学科为主，忽视科学和实用知识，显得极为保守。这些弊端遭到社会各界的抨击。此外，两所大学的学费极其昂贵，只有富人、绅士等上层阶级的人才支付得起，所以生源也主要来自这一阶层。据记载，19 世纪 30 年代，牛津大学和剑桥大学的一个学生的年开销为 200～250 英镑，这相对于当时的消费水平来说是极为昂贵的。[①]

英格兰这两所大学的状况使许多人没有机会接受高等教育。想进入大学接受高等教育的人，或被两所大学设立的宗教考试挡在门外，或无法支付大学的开销，或没有感兴趣的课程。他们则对这两所大学进行了反对和批判，包括非英格兰教会的新教信徒、犹太人、罗马天主教信徒、世俗者、对科学更有兴趣的人以及注重实用的工厂主、实业家等。他们联合起来，试图建立一种新型高等教育机构，从而使那些不能进入牛津大学和剑桥大学的人有机会接受高等教育。在这一背景下，伦敦大学在英国建立。

二、现代大学的建立

针对牛津大学和剑桥大学生源为特定阶级以及课程设置保守等弊病，非

---

① H.C. Barnard, *A Short History of English Education: From 1760 to 1944*, London, University of London Press, 1947, p.98.

英格兰教会教徒、自由派人士、功利主义者、实业家和科学教育倡导者联合起来，组成一个非正式的联盟，致力于创建一种新式大学。1828 年建立的伦敦大学就是这种大学。同牛津大学和剑桥大学相比，伦敦大学具有一些前所未有的特征：它是一个股份制教育机构；招生不分教派，向非英格兰教会信徒开放，而且神学被排除在课程之外；学费很低，是牛津大学和剑桥大学的 1/10，面向广大中产阶级招生；对学生实行走读制而非寄宿制；教学语言为英语而非拉丁语，课程多为实用性学科而非古典学科；它的附属院校遍及英国，并且专门组织学位考试和学位授予。①

这带来的结果是，从 19 世纪中叶起，许多城市学院（civic colleges）出现，形成了大学学院运动（University College Movement）。先是 1851 年曼彻斯特建立了欧文斯学院，接着诺丁汉、雷丁、南安普顿、利兹、利物浦、谢菲尔德、伯明翰以及威尔士地区都成立了城市学院。它们由富商、实业家和公众捐资成立，侧重于工业和科技等实用学科的教学，培养经理、工程师和技术人才。这使牛津大学和剑桥大学的课程设置显得很落伍，于是，从 19 世纪 50 年代开始，牛津大学和剑桥大学开始设置更加广泛的课程，以应对时代和社会各界的需求。《1862 年牛津大学法案》为增加的学科教席制定了章程。《1871 年大学考试法令》放宽了牛津大学、剑桥大学和杜伦大学等古典大学对学生在教派方面的要求。

（一）伦敦大学的建立

在大都市建立一所大学的想法来自诗人托马斯·坎贝尔。他毕业于格拉斯哥大学，从事期刊编辑工作，而且他对德国柏林和伯恩的新型大学颇为关注。他在 1824 年就发起了自己的计划，并且于 1825 年在由政治家亨利·布

---

① 贺国庆、于洪波、朱文富：《外国教育史》，190～191 页，北京，高等教育出版社，2009。

鲁厄姆组织的一次聚会上提出了讨论。①随后，一个临时委员会建立，成员多为对古典大学持有不同意见的人士。组建者们"并没有将牛津大学和剑桥大学作为模范大学，而是将目光转向英格兰之外的能实现他们目的的院校。这些院校包括爱丁堡大学及其医学院、哲学院和政治经济学院，托马斯·杰弗逊的弗吉尼亚大学（建于 1819 年），以及一些德国大学"②。

1828 年，在伦敦高尔大街上，一所新型学院建立起来，它就是伦敦大学的前身。这是一个股份制教育机构，资助该学院的著名人士包括功利主义哲学家杰里米·边沁和詹姆斯·穆勒，政治家亨利·布鲁厄姆，教育学家乔治·伯克贝克，经验主义哲学家戴维·休谟，以及历史学家乔治·格罗特。这所学院以苏格兰和德国的教授制非学院式大学（professorial non-collegial universities）为模板。③该学院是一个非教派的教育机构，课程中并不设神学。它所设的课程多为科学科目以及现代实用学科科目，包括外国语、数学、物理、精神科学以及道德科学、法律、历史和政治经济学，而医学系是其开设的第一个系。1834 年，该学院还设立了一家附属医院。

由于该学院实行非寄宿制度，所以学费低廉，仅为牛津大学和剑桥大学的 1/10，而且该学院为学生提供牛津大学和剑桥大学没有的课程，因而受到了广泛欢迎。然而，由于彻底的世俗化，其也遭到了保守势力的反对。在此背景下，保守势力集团在 1828 年 6 月召开了一次会议，要求大学课程中不能没有英格兰教会和爱尔兰教会教义方面的知识。会议指出："一所综合型学院建立在大都市中，尽管文学与科学领域的不同学科成为讲授科目，但这所学

---

① J.W.Adamson, *English Education 1789—1902*, London, Cambridge University Press, 1930, pp.89-90.

② B.Simon, *The Two Nations and the Educational Structure* 1780—1870, London, Lawrence & Wishart, 1974, p.120-121.

③ J.W.Adamson, *English Education 1789—1902*, London, Cambridge University Press, 1930, p.89.

院要成为系统中的一个基本部分，向年轻人传授基督教教义，并由英格兰与爱尔兰联合教会来讲授。"①同时，会议通过决议请求国王成为这种学院的赞助者。在此背景下，1831年，国王学院在伦敦由英格兰教会建立，并获得了皇家特许证。国王学院要求校长、教授和学生都是基督徒。它包括一个高等学部(higher department)和一个中等学校。高等学部的课程包括：宗教和道德、古典文学、数学、自然哲学和实验哲学、化学、自然历史、逻辑、英国文学与作文、商务原理、普通历史、现代外国语言以及医学、法律等实用专业的科目。②

起初，高尔大街上的新型学院和国王学院都没有权力授予学位。1836年，高尔大街上的新型学院被重新命名为"大学学院"(University College)。此后，新的伦敦大学成立并获得特许证，可以给修习艺术、法律和医学的学生授予学位。凡是在大学学院或国王学院上课的学生都是伦敦大学的学位候选人。随着时间的推移，伦敦大学接受的学位候选人扩展至更多地散布于英国各地的教育机构的学生。伦敦大学原本期望成为一所讲授型大学，但实际上只有大学学院和国王学院是如此执行的，而且两所学院的教学具有明显的专业教育特征，即选修医学、法律及工程等实用专业的学生占大多数。随着附属学院的增多，伦敦大学无法控制各附属学院的教学，只能通过学位考试来控制和管理各附属学院。到1858年，伦敦大学被赋予权力，允许学生不再提供学习证明(Certificates of Studentship)，但医学专业除外。如此一来，伦敦大学最终成为一所考试型大学，而不再考查学生是否参加过某些课程的学习以及对某些课程的准备情况。1894年出台的《伦敦大学法案》规定，伦敦大学提供面向"外部"(external)学生的考试，即面向全国各地学生的考试，而且并不重视

---

① 转引自 J.W.Adamson, *English Education* 1789—1902, London, Cambridge University Press, 1930, p.91.

② 转引自 H.C. Barnard, *A Short History of English Education: From 1760 to 1944*, London, University of London Press, 1947, p.101.

教学和培训。学生只需要按照伦敦大学颁布的考试大纲独自学习，或者在当地机构接受教育和培训，然后参加通常设在伦敦的考试，就可以获得学位。同时，伦敦大学也提供面向"内部"(internal)学生的课程和考试，这些学生散布在不同学院或高等教育机构。到19世纪末，伦敦大学已经发展为一个包含20多个高等教育机构的团体。除了大学学院和国王学院，还有伦敦政治经济学院、皇家霍洛威学院等。

(二)现代大学的形成

英格兰两所古典大学的改革发展缓慢，许多举措也并不成功。随着对两所古典大学进行改革的呼声高涨，1852年，英格兰皇家委员会开展了对牛津大学和剑桥大学的考察，并发表了报告。在报告中，"委员们接受了对两所大学的最主要批评，即教学毫无效率。他们建议进行充分的教授制和讲座制安排，特别建议创立科学科目新教席。他们还提议完善大学的管理及考试体系。关于依然在两所大学发挥作用的宗教考试问题，他们则没有得出明确结论"①。

基于此，牛津大学出台了《1854年牛津大学法案》，剑桥大学出台了《1856年剑桥大学法案》。这两个法案规定，原来入学考试必有的宗教考试在大部分专业中都废止。到1871年，除神学专业外，所有专业都废止了宗教考试。两所大学还增加了新的教授席位，教授可以研究和讲授学院所没有的科目，但是导师并没有被教授取代。新的荣誉学校和荣誉学位考试设立，例如，在牛津大学，自然科学荣誉学位的设置始于1853年；法律和历史的荣誉学位也始于1853年(1873年又分为两个学位)；神学荣誉学位的设置始于1870年；东方语言、英语语言和文学、中世纪与当代语言也成为荣誉学位科目。学生人数有所增加，新的学院也相继成立。在这一时期，女子高等教育也开始发展(详见本章第五节)，而这与中等教育急需大量合格教师不无关系。

---

① J.Lawson, H.Silver, *A Social History of Education in England*, London, Methuen & Co Ltd., 1973, p.298.

在这一时期，英格兰出现了大学推广运动(University Extension Movement)，并且发展势头迅猛。大学推广运动是由剑桥大学的詹姆斯·斯图尔特发起的。他借助大学的教师资源创立了一种巡回授课的大学制度(peripatetic university)。大学教师到各地巡回教授课程，面向的学生主要是各地方的百姓、中产阶级等。在剑桥大学之后，牛津大学和伦敦大学也都开设了类似的课程，涵盖自然科学、历史、政治经济学、文学、艺术或建筑学、哲学等。[1]

19世纪英格兰的大学数量也开始增长。1832年，杜伦大学因一部议会法令的通过而得以建立，并在1837年获得皇家特许证。杜伦大学沿袭了古典大学的制度，仿效牛津大学和剑桥大学的寄宿制，成为英格兰第三所古典大学，但费用要低很多。同时，在这一时期，英国各地的许多大城市出现了更多的现代新型大学。1851年，欧文斯学院在曼彻斯特建立，成为曼彻斯特大学的前身。它是由当地商人约翰·欧文斯捐助成立的。该校主要为伦敦大学的学位考试提供课程和培训，最初以夜校为主、日校为辅的形式运行，后来随着捐款增多，规模有所扩大。1871年，该校开始招收女生。1874年，约克郡学院在利兹成立，主要讲授科学和技术领域的课程。1881年，利物浦大学学院成立，并于1884年与欧文斯学院合并成为联合大学(federal university)，名为维多利亚大学，并且可以独立于伦敦大学为学生颁发学位。1903年，维多利亚大学解散，此后，曼彻斯特、利兹和利物浦成立了各自的大学，各自颁发学位。1880年，一所由乔塞亚·梅奇创办的学院在伯明翰建立，它是伯明翰大学的前身。其宗旨起初是建一所只提供科学课程的大学，并排除文学和神学方面的教学与课程，但后来有所调整，该校也提供艺术和神学领域的课程。此外，在这一时期，其他一些城市的大学学院也相继发展为综合大学，如布里斯托、谢菲尔德和雷丁的大学学院，这些学院最初都只是为当地学生提供参加伦敦大学学位考试的培训。在升级为大学之后，它们都获得了办学许可

---

① 贺国庆、于洪波、朱文富：《外国教育史》，191～192页，北京，高等教育出版社，2009。

证，独立于伦敦大学。

在英格兰之外，1872 年，一所大学学院在威尔士的阿伯里斯特威斯建成。
19 世纪 80 年代，相似的大学学院在威尔士的卡迪夫和班戈建成。这三所学院
也为伦敦大学学位考试输送威尔士的考生。1893 年，这三所学院合并为一所
教学型大学。

由此可见，在英国，特别是在英格兰和威尔士地区，现代大学多发端于
各种类型的学院。它们早期的形成和发展大多源于私人捐助以及公司与地方
的支持，直到其财力充足到能够支撑一所大学的运营，其才获得国家的许可
而升级为大学。在此过程中，英国财政部门也开始拨款给地方资源不足的学
院。1889 年，英国财政部首次拨款 15000 英镑用于此项目，到 1902 年，拨款
升至 24000 英镑。[1]

由于学院大多建立在工业区，它们主要以发展实用和技术学科为办学初
衷，这影响了它们升级为地方大学后的课程和学科结构，即大学的科系也以
重视科学和技术学科为特征，如经济学、商科、工程、冶金、纺织、皮革工
艺、染色工艺、酿造业、农业和园艺等。这类地方性大学学费低廉，开放程
度与包容程度高，受到了各界人士的普遍欢迎。但是，这类新型大学也只具
有提供教学的单一功能，缺少了寄宿制大学作为教育团体而具有的文化陶冶
功能。正如巴纳德所言："只要学生住在自己家里或客居他处，来往于大学仅
是为了上课，就很难发展出团体生活，而这种团体生活可能是大学必须提供
的最具有教育性东西。"[2]

---

[1]　H.C. Barnard, *A Short History of English Education：From 1760 to 1944*, London, University of London Press, 1947, p.233.

[2]　H.C. Barnard, *A Short History of English Education：From 1760 to 1944*, London, University of London Press, 1947, p.234.

三、19 世纪英国高等教育思想的发展

说到 19 世纪对英国高等教育思想发展有所贡献的代表人物，就不能不提约翰·亨利·纽曼。纽曼是一位诗人、教育学家和神学家。他在 1820 年毕业于牛津大学三一学院，两年后成为牛津大学奥列尔学院院士，1824 年被授予英格兰教会的圣职，4 年后成为牛津大学教会圣玛丽教区的牧师，任职至 1843 年。在此期间，他逐渐被罗马天主教教会吸引，并于 1845 年正式加入天主教教会，后升任神父和红衣主教。1854—1858 年，他担任爱尔兰天主教大学的创校校长。他是一位传统派人士，其高等教育思想主要体现在《大学的理念》(*The Idea of A University*) 一书中。在这本书中，纽曼讨论了大学教育的性质、教学与科研之间的关系、各门学科与知识整体的关系、宗教和道德价值与人格教育的关系、神学与其他学科的关系、文学的教育功能及其与民族历史的关系、知识与学习的关系、知识与专业技能的关系、宗教与科学的关系等话题。注重实科的新型大学背离了英国高等教育几百年来形成的古典人文主义教育传统，使传统的英式大学理念受到了严峻的挑战。在此背景下，纽曼在此书中以古典人文主义者的身份，全面、综合地对大学教育的主要问题进行了理性反思。在大学的功能方面，纽曼明确提出科学研究与教学分离的主张，特别强调大学的教学功能。他认为大学教育应提供普遍性知识，也就是具有普遍意义的真理；同时，他反对大学进行狭隘的专业教育，主张大学应是一个使得各种知识彼此交流的机构，大学教育注定是博雅教育。他在《大学的理念》中写道："我认为这就是把普遍学习的场所作为教育之地的好处。博学的人们对各自的学问极为热情，他们的聚集以及彼此的竞争通过交流产生，同时也是为了智能的宁静而共同调整各自探索的学科的观点和联系。他们学会尊重、询问和帮助彼此。如此，一个纯洁且干净的纯粹思想的氛围得以创造出来，学生呼吸着它，尽管就学生自己而言，他仅从大量的学科中探

求几门而已。"① 他指出大学应该传授完整的知识，不能把神学排除在大学讲授的知识之外，因为在他看来，神学是所有真正教育的基础。正因如此，他认为教会具有设置和监管大学组织的功能。大学应当以传授知识为主，并以培养学生的理性为己任。他捍卫古典大学的寄宿制、学院制和导师制，认为在集体居住、生活和学习的共同体中，大学应成为教育场所而不是教学场所，也即让学生生活在代表整个知识领域的人群中，让学生处在一种充满普遍知识的、有利于智力发展的团体氛围中，从而让其进行自我教育。

这一时期另外一位对高等教育有较多思考的学者是马克·帕蒂森。他是牛津大学林肯学院的院长。他的大学教育思想与纽曼所持的观点正好相反，他是一位激进的改革派人士。他极为关注大学的改革问题，主张大学实行教授制教学（professorial system of instruction），反对导师制教学（tutorial system of instruction）。教授制教学在当时的德国和苏格兰已经较为普遍，也在伦敦大学开展，但是在牛津大学和剑桥大学并不受欢迎，因为导师制教学与古典大学根深蒂固的学院制难以分开，因此教授制教学对于这两所古典大学来说并不容易接受："让教授制教学成为大学的主干教育，让大讲座取代对书本的专门研修，将会破坏教育的心智修炼，这是为了一个非常让人质疑的好处而颠覆牛津大学所有能量和传统联系的做法。"②帕蒂森认为教授应该只给研究生授课，并且应该有充足的时间从事自己的研究。此外，就大学教育而言，帕蒂森对古典大学的学位教育水平表示不满，指出牛津大学只是一个昂贵的寄宿学校，并不能自诩对世界的知识有所贡献。同时，他更加重视研究而非教学。他抱怨牛津大学把本应该让学生独立研究的时间和精力都给了粗浅的教学。他曾写道："高等教育发挥功能的首要且必不可少的条件是综合、普遍和持续

---

① 转引自 J. W. Adamson, *English Education 1789—1902*, London, Cambridge University Press, 1930, pp.199-200.

② Oxford Tutor's Association, Report No.Ⅱ, in J. W. Adamson, *English Education 1789—1902*, London, Cambridge University Press, 1930, p.185.

的智力活动，并且这种活动指向人类知识的核心且适宜的目标……教师并不制定原则，他首先进入方法；他本人是一个考察者，并且邀请学生与他同行。"①

四、苏格兰的大学

同英格兰一样，苏格兰的大学也是古典大学，包括爱丁堡大学、格拉斯哥大学、阿伯丁大学和圣安德鲁斯大学。但是，苏格兰的大学在许多方面不同于英格兰的牛津大学和剑桥大学。第一，苏格兰的大学是公立机构，其运行经费部分由政府拨款。第二，苏格兰大学的世俗化和自由度较高。苏格兰的大学生源更具有多元性，贫困家庭、工人家庭和商人家庭的子女也有机会进入大学，而且入学考试中没有宗教考试。第三，从18世纪末到19世纪上半叶，苏格兰大学的水平远超英格兰大学，是英国的学术中心，特别是医学、道德哲学和自然哲学等领域。相关资料显示，1800年，爱丁堡大学的注册医学生有660人；19世纪30年代，格拉斯哥大学1/3的学生在医学系就读。而在英格兰，直到1828年，伦敦大学才首次开设医学系。②苏格兰大学的繁荣得益于其对知识的应用，以知识的应用促进知识的创造和进步。但是，在19世纪早期，工业革命的发展带来了苏格兰和英格兰在经济和文化上的大融合，"慢慢地，苏格兰启蒙运动衰退了，到了19世纪30年代则消失了"③。

---

① 转引自 H.C. Barnard, *A Short History of English Education: From 1760 to 1944*, London, University of London Press, 1947, p.142.

② R. O'Day, *Education and Society 1500—1800*, London, Longman, 1982, p.274.

③ W.B. Stephens, *Education in Britain 1750—1914*, Basingstoke, Macmillan, 1998, p.52.

第四节　特殊教育的发展[①]

一、盲人学校和聋哑学校

(一)盲人学校

英国第一所盲人学校为贫困盲人教授学校(the School of Instruction of the Indigent Blind),它于 1791 年建于利物浦。在该校,儿童与成年盲人一起接受音乐与手工技能方面的训练,并且没有性别上的限制,但主要以职业培训为主,没有真正意义上的教育。随后,苏格兰和英格兰的许多地区也有了类似的私人机构,如爱丁堡勤劳盲童救济院(the Asylum for the Industrious Blind at Edinburgh,1793)、布里斯托盲人救济院(the Asylum for the Blind at Bristol,1793)、伦敦贫困盲人学校(the School for the Indigent Blind in London,1800),以及诺里奇贫困盲人救济院和学校 (the Asylum and School for the Indigent Blind at Norwich,1805)。

到 19 世纪 30 年代,盲人职业教育增加了算术、阅读和写作,如约克郡盲人学校(The Yorkshire School for the Blind,1835)。伦敦盲人阅读教学社团(London Society for Teaching the Blind to Read,1838)所创立的学校为盲童提供普通教育,作为手工劳动训练的基础。这个社团还在埃克塞特和诺丁汉开设了分支机构。此后,伯明翰盲人综合机构(The General Institution for the Blind at Birmingham,1847)和曼彻斯特亨肖盲人救济院 (Henshaw's Blind Asylum at

---

① 本节信息的主要来源为 Derek Gillard,"Education in England：A History"的相关内容,参见英格兰教育(Education in England)官方网站。Gillard 的资料来源为玛丽·沃诺克(Mary Warnock)领导的一个政府组织的调查委员会于 1978 年发表的报告(Special Educational Needs)的第二章,这个委员会于 1974 年正式成立,专门对英国身心有障碍的儿童的教育状况进行全面深入的调查。Gillard 作品的另一个资料来源为 D.G.Pritchard, *Education and the Handicapped 1760—1960*, London, Routledge & Kegan Paul, 1963。

Manchester, 1838)都关注了普通教育课程和目标。

然而，在19世纪70年代以前，英国的盲人学校并不多，全国只有十二三个盲人培训中心，而且大部分盲人没有机会进入这些培训中心。

(二)聋哑学校

英国第一所聋哑学校是托马斯·布雷德伍德聋哑学院(Thomas Braidwood's Academy for the Deaf and Dumb)，它建于18世纪60年代的苏格兰爱丁堡。此后虽有聋哑学校建立，但总体来看19世纪英国聋哑学校的发展十分缓慢。

(三)盲聋儿童教育法律的颁布

19世纪中后期以前，英国一直没有关于残障儿童教育的规章制度。对残障儿童教育立法是在1870年《初等教育法》颁布之后。1874年，伦敦学校委员会在一所普通公立初等学校里设置了一个聋儿班，之后为此班培训专门的教师。类似的聋儿班随后出现了很多，并附属于普通学校。其他学校委员会也仿效这种模式建立聋儿班，但都没有对聋儿教育制定规章制度。盲童教育也是类似的情况。1874年，在苏格兰公立学校中已有盲童接受教育。1875年，伦敦学校委员会首次在普通初等学校中为盲童授课，随后出现许多附属于普通学校的盲童教育中心。

随着面向普通儿童的《初等教育法》颁布，为有特殊需求的儿童的教育立法也提上了日程。当时慈善组织社团(Charity Organisation Society)为争取盲童受教育的权利而活动，并认为学校委员会有提供这种教育的义务。聋儿教育权利运动也有组织加入，如聋人培训社团(Society for the Training of the Deaf)。1886年，盲聋人士皇家委员会(Royal Commission on the Blind and Deaf)建立，并于1889年发布了报告。该报告建议盲童在5～16岁接受义务教育，12岁时决定是继续接受技术教育还是学术教育；盲童混在普通班级中由普通教师进行教育，但要为他们中的一些人配置特别的寄宿学校。该报告还建议聋儿的义务教育年龄段为7～14岁，在独立的学校或独立的班级中开展聋儿教育；

聋儿教师的薪水要高于普通教师，教学要受政府的监督，教师在接受特殊培训前应该已是合格的普通教师。

该报告发表一年后，1890 年，苏格兰《盲聋儿童教育法》[Education of Blind and Deaf Mute Children（Scotland）Act]出台。1893 年，英格兰和威尔士也颁布了《初等教育法（盲聋儿童）》[Elementary Education（Blind and Deaf Children）Act]，旨在改善英格兰和威尔士盲聋儿童的初等教育。该法要求：学校领导机构为其所在区域的未受适当初等教育的盲聋儿童采取教育措施；父母有责任保证其盲聋子女接受适当的教育；父母要为这类教育提供一定资金；盲童在 5～16 岁接受教育，聋儿在 7～16 岁接受教育；政府拨款给有资格的机构开展特殊教育，学校要接受政府监督。

二、身体缺陷（physically handicapped）儿童和精神损伤（mentally defective）儿童的教育

（一）身体缺陷儿童的教育

在英国，第一个为身体有缺陷的儿童设立的学校是 1851 年在马里波恩建立的残障女孩之家及产业学校（Cripples Home and Industrial School for Girls），随后残障男孩之家（Home for Crippled Boys）在肯辛顿建立。类似于盲人学校和聋哑学校，这类学校为身体有缺陷的儿童进入某个行业做培训上的准备，学生主要来自贫苦家庭，并且靠出售一些物品来支撑他们在学校的开销。

（二）精神损伤儿童的教育

在 19 世纪中期以前，英国的精神损伤者多在济贫所和医务所接受看护。1847 年，第一所针对这类人群的机构在伦敦的海格特建立，即痴者收容所（Asylum for Idiots），其所接收的人员不分男女老幼。到 1870 年，英国类似的收容所有五个，但只有三个提供教育。后来，在这类收容所中，儿童与成人受到区别对待，对于一些被认为可以接受教育的人，工作人员会向他们传授

一些手工技艺，虽然这些工作人员都是没有经过训练的。

在苏格兰，第一个教育有精神损伤的人的机构于1852年建于苏格兰的巴尔多文，后来这个机构成为斯特拉斯马丁内医院（Strathmartine Hospital）。在爱丁堡也有一所类似的机构，后来成为皇家苏格兰国立医院。1862年，苏格兰《精神失常法》[The Lunacy（Scotland）Act]颁布，该法承认精神损伤者的需要，并为特定机构授予执照以看护和训练精神损伤儿童。

（三）身心有障碍儿童的教育措施

在1870年《初等教育法》颁布之前，身心有障碍儿童的教育需求很少受到关注，相关措施也很少。但是，在该法颁布之后，大量身心有障碍的儿童进入公立初等学校，一系列问题凸显出来，比如，有些儿童学习没有进步，教师缺少对他们的能力和需要进行评价的方法，教师的教学仅基于正常儿童的标准进行，教师因班级人数多而无法对课程进行分层，等等。

由于盲聋人士皇家委员会的职权范围覆盖所有特殊需要人士，它曾对身心有障碍的人士根据其障碍严重程度做了不同级别的鉴定，分为智弱者（feeble-minded）、低智者（imbeciles）和痴者（idiots）。随后，基于委员会的报告，英国慈善组织社团开始为制定针对身心有障碍人士的教育措施开展运动，并于1896年资助了提高智弱者福利全国联合会（National Association for Promoting the Welfare of the Feeble-Minded）。这个运动的基础是弗朗西斯·华纳对全国10万名在公立学校就读的儿童的调查。该调查指出，根据儿童的身心状况，大约1/100的儿童需要在特别设立的学校接受特殊照顾和培养。

1896年，城市济贫法学校委员会（the Metropolitan Poor Law Schools Committee）的报告呼吁为智弱儿童制定特别的措施，这使得慈善组织社团的运动获得了更多的支持。

1892年，莱斯特学校委员会为挑选出的智弱学生设立了特殊班，伦敦学校委员会为身体和心智有缺陷的儿童开设了一所学校，对他们进行特殊教学，但教学内容以职业活动为主，很少有普通教育的内容。

到 1896 年，伦敦有 24 所特殊学校，有 900 人入学。到 19 世纪末，除了伦敦学校委员会，还有 6 个学校委员会建立了特殊学校。

三、缺陷儿童(defective children)和癫痫儿童(epileptic children)的教育

1896 年，缺陷及癫痫儿童委员会由教育部建立，并且于 1898 年发表了委员会报告，讨论了如何评判儿童是否需要特殊教育措施。

委员会把心智较弱并伴有身体障碍的孩子统一归为缺陷儿童(defective children)。委员会建议，如果可能的话，有正常智商的缺陷儿童应该到普通学校接受普通教育。

学校领导机构要求为各自区域的缺陷儿童制定措施，并使 7～14 岁(有些情况是到 16 岁)的儿童接受义务教育；班级规模要小，要配备有资格的主任教师；助理教师不仅要有资格，还要接受进一步的培训；高年级的课程强调手工活与职业训练。

对于癫痫儿童，委员会建议在癫痫不常发作的情况下让他们加入普通班级；否则，学校领导机构要提供有食宿的特殊学校，或者为志愿者机构支付费用，用于照顾癫痫儿童。这种教育也是义务教育。

《1899 年初等教育(缺陷与癫痫病儿童)法》[1899 Elementary Education (Defective and Epileptic Children) Act]出台，赋予学校委员会权力，为缺陷及癫痫儿童提供教育。该法规定：①以教育部批准的公立小学的班级为特殊教育班级；②服务于居住在校外且距离特殊班级和学校很近的儿童；③为有缺陷的儿童建立学校；④父母应该确保上此类班级和学校的儿童已到 7 岁。

　　然而，此法颁布 10 年后，327 个地方教育当局①中只有 133 个行使了这项权力，因此，19 世纪末英国特殊教育的发展总体上是缓慢的。

第五节　女子教育的发展

一、19 世纪上半叶女子教育概览

　　早在 18 世纪，英国就已出现向女子开放的寄宿学校，这一做法延续到 19世纪。但总体上，19 世纪英国女子教育是缺乏、肤浅且不连贯的。一定数量的私立女子学校多为寄宿学校，条件非常恶劣，所授课程偏狭且缺乏科学性。这类学校的生源主要是中下层阶级普通家庭的女子，学校常常灌输一些与生活及精神无关的枯燥事实。课程内容主要包括基督教教义，读、写和语法，以及编织等家务活动；有时还讲授法语、意大利语、音乐和绘画；音乐、舞蹈和健身操等课程颇受欢迎。当时这类女子寄宿学校的教育目的主要是好的社交展示。

　　中上层阶级家庭的女子并不去学校接受教育，而是在家里接受家庭女教师(governess)的教育。这些女教师缺乏正规的教师训练，通常来自瑞士、法国和德国等欧洲大陆国家，如同英国维多利亚时期的小说经常写的那样：女子家庭教育并没有学术内容与深度，而是关注训练女子的行为举止。这样的教育一般是为女子的婚姻做准备的，使其成为一个成熟的女人而不是女学者。

　　可以说，1845 年前的女子教育主要强调和性别差异相关的教育。到 19 世纪中期，英国出现了女子教育改革运动，这场教育改革运动始于高等教育的

---

　　①　1902 年，英国政府出台了具有划时代意义的《教育法案》。该法案废除了 2500 多个学校委员会，成立了 318 个地方教育当局，作为地方教育行政机构；授权地方教育当局建立中等学校、中等专科学校和职业学校，做好本地区初等教育与中等教育的衔接工作，并用地方税收予以资助。

导向问题，然后延伸至中等教育领域。该运动与当时英国为女子争取更多经济和政治的独立自由的运动有关。正如亚当森所言："要求女子教育有较大的发展，并且在 70 年代和 80 年代留下印记，这是当时有关女子权利问题的一个阶段。"①这不仅体现为女性希望获得和男性一样的政治选举权，而且体现为女性希望在职场和经济上获得与男性一样的平等待遇。在一些支持女性平等的人士和女权运动者看来，这需要通过改革女子教育来实现。

这场教育运动主要涉及中上层阶级家庭的女子，主要范围是中等教育和高等教育。因为在当时的初等教育领域，女孩与男孩所受教育的差别已经不显著了。

二、女子中等教育的改革

1864 年，英国政府任命了汤顿学校调查委员会，汤顿担任主席，考察中等教育即介于公学和劳工阶层的初等学校之间的所有学校。汤顿学校调查委员会发现女子中等教育的配备非常缺乏。该委员会的报告指出：

不能否认的是，呈现在我们面前的女子教育的状况总体上并不令人满意。女子教育的匮乏可用有十足把握、毫无疑义、各不相同的言辞和权威的证据来证明，包括：不整洁与张扬的肤浅，忽视基础知识，对成绩付出过多时间，没有以明智和科学的方式来讲授，缺乏组织。这些可以充分表明我们从其整体方面发现的不足。②

报告还指出：

---

① J. W. Adamson, *English Education 1789—1902*, London, Cambridge University Press, 1930, p.323.

② "1868 Schools Inquiry Commission Report," in J. W. Adamson, *English Education 1789—1902*, London, Cambridge University Press, 1930, p.259.

通常情况下，我们看到非常少量的专业技能训练。但有大量的低级教材，无趣的作业，灌入大脑规则却不对原理加以解释的做法，对学习相对价值的错误评价，对效果的参照而不是对坚实价值的参照，填充或崇拜的倾向而不是强化精神。①

对改善女子教育的呼吁使 1869 年的《捐赠学校法》制定了一个条款：在本法之下制定的方案要尽可能采取措施把捐款扩展至女子。为了协助这个条款的实施，女子教育赠款使用改善协会（Association for Promoting the Application of Endowments to the Education of Women）成立，该协会为学校理事会提供信息与建议，让可供使用的基金较好地运用于女子教育。

随着女子中等教育运动持续开展并产生影响，女子教育的状况有所改善。在一些地方，若学校理事会用于男校的基金未被用尽，则会被用于建立新的女校。另外，也有一些学校改建成女校。例如，在布拉德福，部分用于文法学校的捐款被用来建立女子学校，提供博雅教育。此外，在贝德福德、伯明翰、罗切斯特及其他一些城市，类似的学校也相继建立。

在这一时期，弗朗西斯·玛丽·巴斯是女子中等教育的先驱和推动者之一。她在伦敦创办了家庭女子学校，后来发展为著名的北伦敦女子学院（North London Collegiate School）。1871 年，巴斯将学校转给一个理事会管理。她的学生成为首批参加公共考试和进入大学的女生，并且她们相继成为女子教育的先锋人物。

另一位女子教育先驱是多萝西娅·比尔，她于 1858 年成为切尔特纳姆女子学院（Cheltenham Ladies's College）的校长。经过她的努力，切尔特纳姆女子

① "1868 Schools Inquiry Commission Report," in J.W. Adamson, *English Education 1789—1902*, London, Cambridge University Press, 1930, p.259.

学院发展为一个多层级的女子教育机构，而不仅是中等教育机构。在这个教育机构中，较高的教育层级旨在帮助高年级学生进入下一教育阶段，获得高级证书并获取奖学金。中等教育层级则是中等学校，学生的年龄为 12 ～ 16 岁。较低的教育层级则是初等教育部门和幼儿园。①可以说，各个层级的教育都被这个学院涵盖。1879 年，该学院还设立了专门培养学校女教师的部门。

这一时期，私立捐赠女子学校兴起。1871 年，全国各阶层妇女教育改善联合会（National Union for the Improvement of the Education of Women of all Classes）成立，该联合会由玛利亚·格蕾（即威廉·格蕾夫人）及其同道共同设立。该联合会的目的在于提高廉价女子日间学校的基础水平，并通过给予女子自由教育和良好的艺术教学培训来提高女性教师的地位。1872 年，联合会提出了一个方案，打算建立女子日间公学（Public Day School for Girls），并由一个有限责任公司运作，即女子日间公学公司（the Girls' Public Day School Company），与英国男子公学相对应。这一团体的目的在于"为女孩提供尽可能好的教育，与英国公学提供给男孩的教育一致"②。这是女子日间公学理事会（Girls' Public Day School Trust）的前身。这个理事会的主要职责是筹建校舍，并完全独立地运营女子学校。1873 年，该理事会在切尔西开设了一所女子学校；1874 年，另一所女子学校在克洛伊顿开设。到 1891 年，在伦敦及其近郊以及英格兰主要郡府所在地共有 36 所女子日间公学。③这些学校大多效仿北伦敦女子学院，大多在上午讲授主科，下午的时间留给所谓副科，如音乐和艺术，这样的课程安排采用了比尔在切尔特纳姆女子学院的授课大纲。1878 年，以玛利亚·格蕾命名的培养中等学校女教师的玛利亚·格蕾培训学院（Maria

① H.C. Barnard, *A Short History of English Education: From 1760 to 1944*, London, University of London Press, 1947, p.180.

② J.W. Adamson, *English Education 1789—1902*, London, Cambridge University Press, 1930, p.334.

③ H.C. Barnard, *A Short History of English Education: From 1760 to 1944*, London, University of London Press, 1947, p.192.

Grey Training College)成立。

由女子日间公学理事会设立的高级中学讲授的内容极为丰富，涵盖宗教教义、记账、数学、英语(语法、作文和文学)、历史、地理、法语、拉丁语(或德语)、物理、绘画、唱歌、针线活及体操，甚至还有政治经济学。女孩最早可以7岁入学。在一些学校，基础希腊语成为想进入牛津大学和剑桥大学的女孩的必修课。这类学校通常会根据伦敦大学、剑桥大学和牛津大学的考试内容安排自己的课程。此外，1873年，牛津大学和剑桥大学建立了一个牛津和剑桥联合委员会(Oxford and Cambridge Joint Board)，该委员会组织的考试既可以作为中等学校的离校考试，也可以作为考查学生是否适合进入牛津大学和剑桥大学学习的考试。1876年，该委员会组织的考试允许女子参加，因此它也成为这类学校高年级学生的学习内容的依据。考试科目分为语言(古典与现代)、数学、科学以及历史和教义综合体共四大部分。

1889年，为在威尔士建立有组织的男女兼收的中等教育体系，《中等教育法》制定了规章制度。1895年，中等教育皇家委员会首次纳入女性会员。

三、女子高等教育的改革

改善女子高等教育的运动可以追溯到1843年家庭女教师慈善机构(Governesses' Benevolent Institution)的建立，其目的在于为家庭女教师提供考试体系和资格证书。F. D. 莫里斯就是在这一时期关注家庭女教师的教育改革家。为了能让英国的家庭女教师像瑞士和德国的家庭女教师一样获得专门的教师训练，并且获得教师资格，他希望家庭女教师慈善机构能举办类似的教师职业资格考试。

F. D. 莫里斯寻求国王学院教授的帮助，于1848年在伦敦建立了女王学院。当时这是一所组织较为松散的学校，主要提供一些讲座性质的课程。该校主要招收年满 14 岁的女孩，但实际上也招收成年女性。① 女王学院为女子设置的课程采用了为男子设置的传统课程，包括英语、德语、法语、拉丁语、意大利语、历史、地理、自然哲学、教学方法、神学、艺术和数学等。每门课程都由在该领域有专长的教师讲授。这所学院是世界上第一所为女子授予学术资格的学院，是第一所被授予皇家特许证的女子学院。现在学院的赞助者是英国女王伊丽莎白二世。

1849 年，英国第一所女子高等学院——女子学院（The Ladies' College）——由社会改革家和反奴隶制运动家伊丽莎白·耶瑟尔·里德在伦敦建立。1866 年，该校改名为贝德福德学院。1869 年，贝德福德学院获得了皇家特许证。1900 年，贝德福德学院成为伦敦大学的一部分。

1860 年，艾米丽·戴维斯向北英格兰公众呼吁：应该向女子开放更多的职业，并且女子教育应该得到改善和提高。她担任建于 1862 年的女子获得大学入学考试资格委员会（Committee for Obtaining the Admission of Women to University Examinations）的名誉主席。1866 年，她在伦敦推动了地方女教师协会（Local Societies of Schoolmistresses）的运动。1867 年，艾米丽·戴维斯又成为为女子创办新学院委员会（Committee for Establishing a New College for Women）的名誉主席。戴维斯的目的在于使女子获得和男子一样的接受高等教育的机会，并且不因为其是女子而降低条件和标准。1869 年，戴维斯在英格兰希钦创办了一所寄宿制女子学院，首次招收了六名女生。该学院的课程都针对剑桥大学的学士学位初考（previous examination）和学位考试而设置，其宗旨是："不时地运用最便捷和有效的努力，以使学院学生获得剑桥大学学位考试的参考资格，并且从总体上让学院与剑桥大学保持联系。"②戴维斯说服剑桥大学准

① H.C. Barnard, *A Short History of English Education: From 1760 to 1944*, London, University of London Press, 1947, p.184.

② J.W.Adamson, *English Education 1789—1902*, London, Cambridge University Press, 1930, p.329.

许她的女子学院的学生从事学位论文写作。1872年,该女子学院的三名学生达到了剑桥大学的要求,被授予了荣誉学位。同年,该学院整合后成为格顿学院(Girton College),具有英国国教色彩,戴维斯成为首任校长。1873年,该学院搬迁到剑桥近郊格顿。

另一位女子高等教育改革先驱是A. J. 克拉夫小姐。她试图在英格兰北部的许多城镇组织由大学教师为女子授课的运动。英格兰北部城镇女教师协会采纳了她的建议,并且邀请剑桥大学三一学院的詹姆斯·斯图尔特开设"教学理论与方法"课程。1867年10—11月,斯图尔特还在利物浦、曼彻斯特、谢菲尔德和利兹举办了面向女教师和成年女学生的讲座,听众达550人。可以说,斯图尔特的这些讲座开启了大学推广运动。克拉夫小姐在利物浦开展了推动地方女教师协会成立的活动,在曼彻斯特、纽卡斯尔等地出现了类似的组织。由于克拉夫小姐的呼吁,1867年11月,北英格兰改善女子高等教育委员会(the North of England Council for Promoting the Higher Education of Women)成立,克拉夫小姐成为该委员会的首任名誉主席。该委员会的宗旨是:仔细思考影响中上层阶级女子教育改善与发展的问题,并且向若干协会与社团提供改善与发展女子教育的计划。[1]克拉夫小姐的主要目的是让教师和想以女教师为职业的女子有机会听大学教授专门提供给她们的讲座,并且能够参加社会认可的大学考试。克拉夫小姐于1871年在剑桥建立了一所女子学院,首次招收了五名女生,并于1876年迁至纽纳姆大楼(Newnham Hall),创立了纽纳姆学院(Newnham College)。这所学院对打算参加专为女子设立的高等地方考试(Higher Local Examination)的女子进行教学。

1865年,作为女子获得大学入学考试资格委员会的名誉主席,艾米丽·戴维斯说服剑桥大学接受女子参加其举办的地方考试。1869年,剑桥大学首

---

① J. W. Adamson, *English Education 1789—1902*, London, Cambridge University Press, 1930, p.327.

次举办面向年满 18 岁的女子的女子考试（Women's Examination），后来更名为高等地方考试，但当时剑桥大学并不向女子授予学士学位。这个考试成为女王学院和贝德福德学院在校生积极准备的一项考试。19 世纪 70 年代，剑桥大学开始在校内面向女子开设讲座，帮助她们准备女子考试，渐渐形成了一个讲座协会。1876 年，该协会更名为提升剑桥女子高等教育协会（Association for Promoting the Higher Education of Women in Cambridge）。1881 年，剑桥大学允许来自格顿学院和纽纳姆学院的女生参加其组织的荣誉学位考试，但依然不授予她们普通学位，也不允许她们参加获取普通学位的考试。

1870 年，牛津大学允许女子参加牛津地方考试。1875 年，牛津大学又为女子设立了专门的高等地方考试，并在两年后举行了首次考试。1878 年，当地的女子教育协会建立，其目的在于参照牛津大学的考试来建立与维系一种特别的课程讲授系统。①于是，1897 年，萨默维尔学院（Somerville College）和玛格丽特夫人学堂（Lady Margaret Hall）由此协会建立。随后，1886 年成立的圣休学院（St. Hugh's College）和 1893 年成立的圣希尔达学院（St. Hilda's College）也加入该协会的行动。

1869 年，伦敦大学举行了第一场面向女子的综合考试。1870 年，伦敦大学学院的课程向女子开放。1878 年，伦敦大学的所有考试和学位都向女子开放。这一时期新建的大学在教学、薪水和学位上并无太大的男女差异。例如，建于 1871 年的纽卡斯尔科学学院（Newcastel College of Science）兼收男女生，建于 1880 年的联邦维多利亚大学（Federal Victoria University）允许招收男女生并授予学位，建于 1881 年的利物浦大学学院也招收女生。1892 年，苏格兰的四所大学也效仿了此做法。1893 年，威尔士联邦大学（Federal University of Wales）也紧随其后。此后，北爱尔兰都柏林的三一学院以及新建的英格兰的

① J.W.Adamson, *English Education 1789—1902*, London, Cambridge University Press, 1930, p.333.

大学也开始招收女生并授予学位。不过，牛津大学正式招收女生的时间是
1920 年，而剑桥则更晚。[①]

第六节　师范教育的发展

英国正式的教师培训始于 19 世纪初。在这之前，服务于中上层阶级的教
师通常是拥有牛津大学、剑桥大学的学位或有教会职位的人员。这种拥有古
典大学学位或神职的教师一般服务于中等教育。服务于中下层阶级的教师只
需要能写会算，这类教师一般服务于初等教育。可以说，19 世纪英国专门的
师范教育主要表现为培养初等教育师资，可以大体分为导生制时期和教生制
时期；对中等教育教师的培训虽然在 19 世纪后半期已出现，但其发展并不顺
利，甚至出现势头减弱的迹象。

一、导生制的教师培训模式

英国工业革命的发展使得对劳动力的要求不断提高，也对初等教育的普
及提出了急切的需求。在此背景下，从 19 世纪初开始，英国进入为工人阶级
子女组织的大众教育时代，对初等教育教师的数量提出了更高要求。19 世纪
20—40 年代，英国不同教派的教会创办了住宿制教师培训学院。它们零星出
现，以满足对初等教育师资的需求。但这些学院的师范生只有很小的学术和
知识方面的提升，满足不了这一时期对初等教育教师的大量需求。[②] 19 世纪

---

① H.C. Barnard, *A Short History of English Education: From 1760 to 1944*, London, University of London Press, 1947, p.187.

② Wendy Robbinson, "Teacher Training in England and Wales: Past, Present and Future Perspectives," *Education Research and Perspectives*, 2006, 33(2), p.21.

30 年代，随着贝尔和兰喀斯特的导生制的普及①，很多教师培训学院认为未来的初等教育教师将以导生制为模式进行教学，所以教师培训也要遵循导生制的机制开展。19 世纪 40 年代以前，英国初等教育的师资培训主要是在宗教团体资助和私人捐赠下开展的。它们通过设在初等学校的"模范学校"或"模范中心"培养熟悉和适应导生制的初等教育教师。

导生制是一种用类似于师傅带徒弟的方式培训教师的制度。导生类似于学徒，每天用规定的时间跟随教师学习教学技能和专业知识，然后指导班里的其他学生。早在 17 世纪，英国国教教会下属的慈善学校就开始以学徒制的方式培训教师，即在校长的监督下，让年龄大一些的学生承担教学任务，如果这些学生在教学中显示了足够的才能，就会被指定为学徒，并在有经验的教师的指导下学习教学技能和技巧。这成为英国导生制的前奏，并为后来导生制的出现奠定了基础。② 1791 年，贝尔为了解决教师缺乏的问题，在印度马德拉斯军事男孤儿学校中借鉴了印度"古儒学校"的方法，并在此基础上选择班级中年长且聪明的儿童来协助教师教其他学生。兰喀斯特于 1798 年在英国伦敦南沃克地区开办了一所慈善学校，也采用了年长学生担任教师的方法，并把这种方法写在他的《教育改良：它关系到社会的产业工人阶级》一书中，但此时兰喀斯特并不知道贝尔也在推广类似的方法。他们都宣称，如果运用导生制，一个教师就可以管理一千名小学生。随着导生制的推广，导生制初等学校在英国越来越多。

导生制初等学校的普及使由宗教团体组建的短期且基础的本校师资培训在初等学校中出现。这种师资培训贯彻执行导生制的教学和管理方法，从而让较少的教师教导数量庞大的学生。用导生制进行教学和管理的教师通常会在大教室里把数百名学生按座位分组，每排(组)有 10 多名学生，教师从中选

---

① 参见本章第一节有关导生制学校的内容和第三章第二节的相关内容。
② 单中惠：《西方教育问题史》，286 页，北京，人民教育出版社，2011。

出一名成绩较好、年纪较长的学生担任导生。导生每天要很早到校,教师先为他们讲授教学内容,然后导生到各自的组中把刚刚学的内容教给其他学生,导生还要对小组成员进行测验。除了专门负责教学的导生,还有负责其他教育管理的导生,例如,收作业的导生,报告学生出勤情况的导生,负责学生升级和降级的导生,等等。在导生的选择和任用上,教师会进行严格的考察,并且候选人要展示自己能够胜任这一职务。教师每天除了用 2 小时对导生进行知识传授,还要对导生进行教法训练,时间为 1～3 个月。导生有明确的分工。兰喀斯特把导生分为 6 种:书写的导生,检查的导生,管理考勤的导生,教学的导生,维护石板的导生,一般的导生。后来,他又增加了管理秩序的导生和助理导生。贝尔的分类为导生、助理导生和互助导生。导生负责指导助理导生,检查互助导生和后进生的学习情况;助理导生负责监督互助导生,帮助一般学生学习、复习功课;互助导生负责一般学生的学习辅导。教师要帮助和监督导生,确保教学和学校管理正常进行。导生制还设有严格的奖惩条例。①

导生制的教师培训模式对解决英国急需初等教育教师的问题有缓解作用,并且在普及大众教育方面发挥了推动作用,在教学和管理方面也比传统教学方法更规范和进步。但是,到 19 世纪 40 年代,以导师制为取向的师范教育在英国遭到越来越多的批判。因为作为导生的学生既要指导其他学生学习,又要承担管理班级的责任,还要完成自己的学习任务,所以他们的压力非常大,无法很好兼顾各项工作。此外,学生很难仅通过教师给予的短暂培训和指导就成为一名合格的教师,他们大多只是简单重复和背诵教师所讲授的内容,这造成了教学质量低下。1861 年的《英格兰民众教育状况调查委员会报告》(Report of the Commissioners Appointed to Inquire into the State of Popular

---

① 单中惠:《西方教育问题史》,287～288 页,北京,人民教育出版社,2011。

Education in England）指出，导生制培养出的教师的水平令人担忧。[1]同时，以导师制为取向培养出的教师在数量上依然无法满足初等教育的需求。

　　导生制虽然一时缓解了英国初等教育教师短缺的问题，但它本身存在严重的教育质量问题。在此背景下，渐渐地，一些新的师范学院出现。1836 年，苏格兰人戴维·斯道仿照德国的师范讲习所模式，在苏格兰建立起格拉斯哥师范讲习所。该师范学校虽然与英格兰的教师培训学院有相似之处，但它还讲授一些教学技艺，并把专业训练与普通教育结合起来。[2]此外，1840 年，在伦敦，枢密院教育委员会秘书詹姆斯·凯-沙图沃斯等人组建了巴特西师范学校（Battersea Normal School），它也是一所新型教师培训学校。由于受到教会的阻挠，枢密院教育委员会建立公立师范培训学院的计划落空。在这一背景下，凯-沙图沃斯和他的朋友们决定自己建立一所私立师范学校，这就是巴特西师范学校。该校设想的任务是：调和来自较低阶级的人习惯的简朴生活、其智力成就的水平、有关方法的知识以及教学的技能，从而使选出的学生成为初等教育的高效能教师。[3] 该校采用了裴斯泰洛奇的教学理念，模仿了普鲁士的师范讲习所的办学模式。当时导生制依然是不列颠及海外学校社团所办的教师培训学院的主要模式，教学方法以灌输为主。凯-沙图沃斯在巴特西师范学校极力劝阻其学生未来在初等学校中使用导生制，并亲自讲授教育理论与教育实践。巴特西师范学校很快就成为宗教团体所办的教师培训学院的范例。"到 1845 年，在英格兰和威尔士有不少于 22 所教会办的教师培训学院。在后来差不多 50 年的时间里，初等教育教师的培训都在寄宿学院里开展，由民间

----

[1] *Report of the Commissioners Appointed to Inquire into the State of Popular Education in England*, *Vol. I*, London, Her Majesty's Stationery Office, 1861, p. 99.

[2] H.C. Barnard, *A Short History of English Education: From 1760 to 1944*, London, University of London Press, 1947, p.73.

[3] H.C. Barnard, *A Short History of English Education: From 1760 to 1944*, London, University of London Press, 1947, p.118.

社团经营，按照凯-沙图沃斯在巴特西师范学校制定的方法，并且由国家补贴开办。"①这些师范学院学制为三年，前两年在学校学习，最后一年去学校实习。总之，19世纪40年代教师培训学院的兴起意味着人们意识到导生制教学质量低下的弊病，也意识到教育的效能有赖于训练有素的教师。但是，不可避免的问题是，教会举办的教师培训学院以讲授宗教内容为主，以宣传宗教信仰为主要目的，并不重视学科知识和教学技能的培养。

贯穿19世纪，以导生制为取向的教师培训制度一直存在，到20世纪早期导生制才被废除，以应对扩大了的中等教育师资培训。此后，教师培训主要转向基于大学和学院领导权的模式，并且延续到20世纪80年代晚期。

二、教生制的教师培训模式

人们质疑新出现的教师培训学院能否使新手教师承担工作的重任，能否培养出达到较高学术及专业水平的教师，以服务于不断扩大的初等教育。此外，导生制学校的课程起初与产业学校相似。凯-沙图沃斯意识到导生制学校有严重缺陷，为了消除导生制带来的弊端，凯-沙图沃斯为初等教育改进了教学和管理制度，提出了教生制。英国教生制的出现为当时初等教育培养成人教师开拓了一条新渠道。

凯-沙图沃斯深刻认识到初等教育的教育质量有赖于优秀的教师，所以他特别关注教师培训问题。1838年，凯-沙图沃斯开始了教生制实验。他从内政部筹得每年500英镑的资金，用于支付他从斯道的格拉斯哥师范讲习所引进的教师的薪资，教师都在位于伦敦诺伍德的一所济贫法学校工作。凯-沙图沃斯在那里建立了工作坊，并提供设备，还参照费伦伯格在瑞士的穷人学校的模式办学。他引入了教生制。学校一半的教学内容是手艺训练，并且向女生

---

① H.C. Barnard, *A Short History of English Education: From 1760 to 1944*, London, University of London Press, 1947, p.119.

讲授家务劳动。学校取得了很大成功，并且吸引了大批观摩者。为了进一步改革教师培训模式，凯-沙图沃斯于 1846 年制订出一个方案，在《枢密院教育委员会备忘录》(The Minutes of the Committee of Council on Education)中正式确立了教生制和教师资格证制度。由于凯-沙图沃斯本人曾赴欧洲大陆考察教师培训制度，在荷兰见过类似教生模式的教师培训方法，所以他的这个方案部分采纳了欧洲大陆的教生制，并改良了英国的导生制。另外，教师资格证制度在英国师范教育史上也具有非常重要的意义。亚当森曾这样评价："1846年对'有资格的教师'(certificated teacher)的规定使得公立初等学校教师成为教师职业中人数最多且组织良好的部分。通过获取公开设定的资格，他们被赋予了社会认可的身份，这种身份给他们一种专业凝聚感，而这恰恰是当时教师群体所缺乏的。"[1]

作为初等教育教师培训模式，教生制与导生制类似，在很大程度上都是"师父带徒弟"的学徒模式。在当时特定的社会环境下，它既是为了提高初等教育标准，又是为了扩大教师培训学院的生源。教生是受契约约束的被挑选出来的初等教育毕业生。他们从 13 岁开始接受培训，培训时间为 5 年，并且都在初等教育内部的封闭系统中进行。由于社会经济等方面的原因，教生的生源多来自工人阶级家庭。政府为教生提供薪水。培训教生的教师必须是主任教师(head teacher)，并且可获得政府补助。当时的教生制规定，主任教师如果带 1 名教生，他可获得政府 5 英镑的补助；主任教师带 2 名教生，则可获得 9 英镑的补助；此后每加 1 名教生，补助则另加 3 英镑。

教生每年要接受皇家督学的审查。通常教生每天参加 3.5 小时的教学和管理实践活动以及课堂观察活动，还要接受来自主任教师的每天 1.5 小时(每周 7.5 小时)的学业教导；教生每天还要另花时间准备学校的教学工作和自己

---

[1] J.W.Adamson, *English Education 1789—1902*, London, Cambridge University Press, 1930, p.476.

的学术工作。每年年底，教生要参加皇家督学监督实施的年考，考试内容按照规定好的分层级的课程大纲来设定，5年成绩合格者可获得结业证书。在教生学徒期的最后阶段，他们要参加考试以申请女王奖学金(Queen's Scholarship)。考试通过者可进入教师培训学院学习，每年接受国家颁发的奖学金，并通过3年的学习最终获得国家颁发的教师资格证。当时有少数教生成功进入教师培训学院，未成功进入的教师则被赋予在公务系统获得小职位的优先权。未被教师培训学院录取的教生把在教生期间的训练作为其专业训练，修完5年学业后获得结业证书，可以继续从事初等教育教师职业。这种没有教师资格证的教师被称为助理教师。国家每年都拨款资助在教师培训学院接受培训的教生，所以教生可以获得薪酬。从教师培训学院获得教师资格的教师，除了从学校管理者那里得到薪水，还会根据教学水平从政府那里获得奖金，并且能得到园艺和工作坊等方面的政府补助。从教至少15年的教师可退休，并能享受政府养老金计划。[1]

　　凯-沙图沃斯于1846年提出的方案得到了英国政府的大力支持。到1847年，这个方案获得了10万英镑的支持，1848—1850年增至12.5万英镑。[2]教生制的规模也不断扩大。1847年，全国只有200名教生；到1861年，教生的数量达到13871名。[3]教生制显然比导生制更具优势：它填补了离开初等教育的学生和进入教师培训学院学生之间的教育空白；教生是初等教育毕业生，缓解了导生在兼顾教学、管理和学业方面的压力；教生跟随主任教师，上课时学习教学技能，下课时学习学术知识，专业素养提高；教师资格证制度使教师职业获得官方认可，类似于国家公职，提高了教师的社会地位，而与此

---

① 参见 Minutes of the Committee of Council on Education: With Appendices, 1846, Vol. I, London, Her Majesty's Stationery Office, 1847.

② H.C. Barnard, A Short History of English Education: From 1760 to 1944, London, University of London Press, 1947, p.123.

③ H.C. Barnard, A Short History of English Education: From 1760 to 1944, London, University of London Press, 1947, p.216.

相随的经济待遇和养老金计划增加了教师职业的吸引力，来自贫困家庭的子女踊跃争取教生资格，保障了师范生生源。随着助理教师人数的增加，1851年以后，英国建立了助理教师制度。助理教师每人每年能获得25英镑(男性)或20英镑(女性)的资助。助理教师在学校工作满3年后可以参加教师资格证考试，但教师获得资格证后其资助金并不能相应地提高。这一制度极大地稳定了教生队伍。1861年针对英国普及教育状况的《纽卡斯尔报告》也认为教生制总体上是非常好的制度。

但是，随着教生人数增加，国家财政的负担加重。《纽卡斯尔报告》建议改变对教生的资助方式，即按成绩支付教生薪水。1862年，政府又出台了《修正法案》(Revised Code)，规定按照教生读写算的成绩确定财政拨款，并大大削减了教生制的各种补助。同时，政府规定教生的工作时间每天不能超过6小时，接受主任教师指导的时间为每周5小时。教生的课程内容也被压缩，只要求教生学习与他们日后所讲的小学课程相关的内容。这一规定也在教师培训学院实施。这一法案使教生人数极大地减少，影响了教生培养的质量。到1866年，教生的数量已经下降了1/3甚至更多，以至于女王奖学金考试的标准不得不降低。[1]但是，1870年《初等教育法》颁布之后，受初等教育学生人数猛增，对初等教育教师数量的要求又再度提升。为了打破初等教育教师短缺的僵局，政府再次增加对教生制的拨款。这使教生数量有所回升，特别是皇家督学可推荐在职的无证教师获得教师资格的措施使助理教师的数量急速上升，但这也带来了人们对初等教育质量的担忧。

随着19世纪70—80年代教育资源日益丰富，原有的教生制被新设立的学校委员会视为狭隘的方式。学校委员会认为教生制在专业发展、学术教导和学术理念方面质量差、标准低，具体表现为：教生常遭到主任教师的劳动

① H.C. Barnard, *A Short History of English Education: From 1760 to 1944*, London, University of London Press, 1947, p.216.

剥削，且接受主任教师教导的时间不能得到保证；主任教师对教生的指导和培训缺乏标准和稳定性，使教生结业时的水平参差不齐；最为突出的问题为将教生的学术培训完全托付给主任教师是否明智，教生的质量依赖于主任教师的工作效率和个人良心。学校委员会的回应是：对教生的学术培训可以另起炉灶，建立教生中心(pupil-teacher center)。

到19世纪70年代，为了弥补原有教生制的缺点，小规模的教生班级渐渐发展为教生中心。1874年，利物浦学校委员会首次尝试建立英国第一个教生中心。随后，伦敦、伯明翰等英格兰大城市的学校委员会也纷纷在初等学校之外设立教生中心，将教生集中起来进行培训，起初主要是利用夜间和周日的时间进行授课。教生中心的建设主要由地方学校委员会负责，规模和设施因所在地不同而各不相同。教生中心的资金来源主要是中央和地方政府给予的财政拨款。

教生中心建立后，教生的教学技能培训依然在学校进行，而学术培训和理论学习则在特别指定的教生中心开展，于是渐渐形成了教生中心和地方学校合作的模式。教生中心的教师由初等教育专业的精英教师担任。在那里，教生会获得学术知识和专业方面的训练。虽然这一新模式依然是学徒制模式，但它明确了对教师专业及学术标准的责任。1878年，政府出台了相关的教育修正条例，将教生的培训期从5年缩减至4年，准入年龄从13岁提升至14岁，教生在学校的工作时间限定在每天3～6小时，每周不超过30小时。1880年，英国政府正式肯定了教生中心的合法地位，允许培训教师由中心自行聘请，授课教师可以不是初等学校的主任教师。1882年的教育修正条例又将教生每周的教学工作时间减少为25小时，将更多的时间留给在教生中心的学术培训，并要求中心的教师在算术、地理、语法和历史学科上进行重点培训。[①] 1884 年，教育部不仅废除了强制教生在课后接受教育的规定，还将他们的教学工作时间减少到每天 3 小时，要求教生在教生中心的学习出勤率至少要达到每周 5 节课。也就是说，教生一天的工作时间有一半在学校，而另一半在教生中心听课。因此，教生中心成为一种特殊的日间学校。[②]此时教生中心还没有成为全国趋势，但到 19 世纪末，已有超过半数的教生依附于教生中心。教生中心也向中等教育的水平发展，1902 年《教育法案》颁布后，一些教生中心发展为市镇的中等学校。与此同时，许多乡村学校和不富裕的教派学校依然维持旧有的教生制模式。

到 19 世纪 80 年代，教生制慢慢走向了衰落。英国政府成立了格罗斯委员会，对国家支持的公立初等教育进行调查。委员会的多数派认为虽然教生制存在问题，但也没有更好的教师培养制度可以替代它；委员会的少数派则认为教生中心培养的教师质量很差。在提高初等教育教师质量的要求下，格罗斯委员会主张在大学或学院培训教师，并且建立教育学系以促进教育学术研究，其动机是在教育教学领域推动学术标准的确立。这一政策倾向使教生制受到了进一步冲击。

三、新型教师培训模式的出现

寄宿制教师培训学院一直承担着培训通过女王奖学金考试的教生并为英国初等学校提供有资格的教师的任务。这类教师培训学院并不是没有问题的：它们在学制、专业教育与普通教育的比例、课程内容的难易程度等方面差异很大，而且在教学方面主张死记硬背、肤浅和凭经验讲授的方法。在格罗斯委员会调查英国学校期间，全国有 43 所这类学院，全部是民间举办的，大多

---

① *General Report on the Instruction and Training of Pupil-Teachers*, *1903—1907*, *with Historical Introduction*, London, Wyman and Sons Limited, 1907, p. 9.

② H. C. Dent. *The Training of Teachers in England and Wales 1800—1975*, London, Hodder and Stoughton Ltd., 1977, p. 26.

数由英国国教教会创办，其他新教教派及天主教教派学校的师资培养设施和
资源十分有限。①还有一个实际问题是：许多学院无法为通过女王奖学金考试
的教生提供良好的住宿条件。在这一背景下，格罗斯委员会的少数派建议，
教师培训学院应该接受日间上课的学生，对这些学生也不应设置教派的限制。
于是，渐渐地，这一时期出现了日间教师培训学院（Day Training College），区
别于纯粹寄宿制的教师培训学院。与教生制培养模式不同，日间教师培训学
院的学制为三年，培养教师的过程更加强调学术性而非教学技能的训练。格
罗斯委员会还希望日间教师培训学院"利用那些愿意协助师资培训的大学学院
和其他高等教育机构的资源，并鼓励在那些大学学院建立教育学系，可以通
过和当地的学校委员会联合的方式，也可以独立进行"②。1890 年，政府制定
了规则，规定由政府管理对日间教师培训学院的资助，同时将日间教师培训
学院与大学及大学学院联合起来，共同培养初等教育教师。这是英国师范教
育史上一个非常重要的里程碑，这个举措也是国家进一步加强控制初等教育
的表现。教育部授权大学或大学学院建立教师培训部，在此就读的学生可以
攻读大学学位课程；大学从日间教师培训学院选拔的学生也可以在大学攻读
学位课程。很快，伦敦大学国王学院、曼彻斯特大学欧文斯学院以及其他几
所学院都设立了教师培训的部门。剑桥大学在 1891 年设立了一个大学日间培
训学院（University Day Training College），牛津大学在 1892 年设立了同类型的
分部。到 1901 年，英国有 17 个类似的大学部门。③ 在日间教师培训学院与大
学及大学学院联合的培养模式中，虽然其主要目的是培养初等教育教师，但
师范生也能修得学位，并且和他们的专业联系起来。于是，这一时期的英国

---

① H.C. Barnard, *A Short History of English Education: From 1760 to 1944*, London, University of London Press, 1947, p.219.

② H.C. Barnard, *A Short History of English Education: From 1760 to 1944*, London, University of London Press, 1947, p.219.

③ H.C. Barnard, *A Short History of English Education: From 1760 to 1944*, London, University of London Press, 1947, p.220.

慢慢出现了几条教师培养的新路径,如 2 ~ 3 年的教师课程以及 1 年的大学课程(最终扩展为 4 年),这满足了许多学生既想获得学位又想获得教师资格的需求。同时,旧式寄宿制教师培训学院仍存在。在 19 世纪末,英国出现了双轨制的教师培训。

然而,新型教师培养模式的出现和发展并不意味着教生制在英国立即消失。事实上,到 1900 年,教生制培养的初等教育教师依然是英国初等教育教师的主要来源。1896 年,英国政府成立部门委员会(the Departmental Committee),由皇家高级首席督学夏普任委员会主席,负责全面调查教生制的具体状况并提出改革建议。1898 年,该委员会发布了报告,对教生的选拔、资格、工作、培训和改革建议等方面做了全面的总结和评价。由于日间教师培训学院培养出了更优秀的教师,为了提高教生的学术水平,报告建议将中等教育的教学科目和教学标准添加到教生的培训内容中,使教生培训具有中等教育的性质,同时将教生的年龄、资格和薪酬的标准也提高到中等教育的水平。[1]

从此报告发布一直到 20 世纪初,教生的培训开始中等教育化。1902 年《教育法案》颁布后,随着中等学校的兴起,越来越多家长把子女送到中等学校而不是教生中心。中等学校的毕业生如果有志于当教师,可以直接进入教师培训学院,他们被称为公费师范生(bursar)[2];也可以在毕业后直接进入初等学校实习;还可以一边在中等学校学习,一边在初等学校实习,此即实习教师制度(Student Teacher System)。[3] 1903 年以后,教生中心的组织、课程、

---

① "Hansard 1803—2005, Pupil Teacher System,"参见英国国会议事录数据库官方网站。

② 公费师范生为 16 ~ 18 岁有志于成为初等教育教师的学生,他们在中等学校接受为期 3 年的教育,并得到国家的资助。公费师范生与教生最大的不同是:前者不需要将教育时间划分为学术教育和实践教育两部分,而是以全日制的形式在中等学校接受教育,然后直接进入教师培训学院。

③ 实习教师通常是完成 3 年及以上的中等教育,年龄至少为 17 岁,并有志于成为初等教育教师的学生。在完成中等教育后,他们前往初等学校实习 1 年;或者一边在中等学校读书,一边去初等学校实习。和教生一样,实习教师需要签订相应的合约,保证至少 1 年的实习时间。在实习结束后,他们可以选择考入师范学院继续学习,或者成为没有教师资格证的助理教师。

教员开始受到教育部门更加严格的审查和监管。从 1905 年开始，教生制很快被公费师范生和实习教师制度取代。在 1909 年，时任教育部部长沃尔特·朗西曼宣称："教生制正在从全国消失。"①尽管有个别地方仍然存在一些教生，并且一直持续到第二次世界大战爆发，但绝大多数地方在第一次世界大战爆发前就没有教生了。

四、中等教育教师专业培训的发展

19 世纪前后，在英国中等学校担任教师的人多为拥有牛津大学和剑桥大学等古典大学学位的人，或者是具有教会身份的人，但他们并没有教师资格证书。②在 19 世纪的大部分时间里，英国中等学校对于其师资的专业培训问题并没有太大兴趣。1846 年，汤顿学校调查委员会在完成了对中等学校的调查后，开始考虑中等教育校教师的专业培训问题。但是，由于委员会内部意见不统一，教师内部意见不统一，中等教育教师的专业培训问题很难达成一致意见，委员会最后建议设立一种考试制度，考察那些想成为中等教育教师的人所具有的资格；通过考试的人的名字会被公示，他们成为登记在册的中等学校教师。

1846 年，一个名为教师学院(College of Preceptors)的机构在伦敦建立；该机构又被称为教师学会(Society of Teachers)。它不同于教师培训学院，在很大程度上是一个考试机构，虽然它的注册功能和培训功能一直存在。这个组织的宗旨即"特别保证那些正在或想要在英格兰和威尔士的私立学校从事教育事

① H.C. Dent, *The Training of Teachers in England and Wales 1800—1975*, London, Hodder & Stoughton Ltd., 1977, p. 56.

② W.Robbinson, "Teacher Training in England and Wales：Past, Present and Future Perspectives," *Education Research and Perspectives*, 2006, 33(2), p.21.

业的人们有一个权威的注册记录"①。为了这个目的，学院建议"为教师提供设施以让他们获取扎实的专业知识"②，并且提供一个能为教师赋予资格的考试委员会。在此背景下，1849 年，政府给教师学院颁发了特许证。教师学院为这一时期英国中等学校教师的正式考试和资格认证创建了一个体系。教师学院颁发教师文凭，涵盖专业能力与学术能力领域，还安排了教育理论与实践方面的课程。1872 年，教师学院设立了英格兰第一个教育学教授教席，授予了约瑟夫·佩恩。

1879 年，教师培训集团（Teacher's Training Syndicate）在剑桥设立。它提供相关课程，并设置了一项关于教育理论、历史和实践的考试，但它没有涉及教学方面的训练。讲座与考试的开展得益于 1885 年剑桥女子培训学院的措施，而该校由弗朗西斯·玛丽·巴斯支持设立。在切尔特纳姆女子学院，萝西娅·比尔也创建了一个类似的培训部门。女子日间公学的初衷是为实习教师日后从事中等教育教师职业提供训练。女子日间公学理事会的创始人玛利亚·格蕾也致力于筹建一个女子教师培训学院，该学院于 1878 年成立，名为玛利亚·格蕾培训学院。可见，这一时期女子教师专业培训的发展与这一时期女子中等教育的大进步密切相关。③

进入 19 世纪 90 年代，英国出现了更多的城市中等学校，它们大多由原来的教生中心发展而来，或者由初等教育系统下的高等小学④演变而来，所以原来初等教育体系中的员工成为中等学校的员工。⑤这类城市中等学校的增加

① J.W.Adamson, *English Education 1789—1902*, London, Cambridge University Press, 1930, p.477.

② J.W.Adamson, *English Education 1789—1902*, London, Cambridge University Press, 1930, p.477.

③ 参见本章第五节"女子教育的发展"。

④ 高等小学是学校委员会允许开办的初等学校，但实际上其授课内容超过了初等学校的范围和难度，类似于中等学校的课程内容。

⑤ 1902 年《教育法案》颁布之后，这一现象更加突出。

不仅导致对有资格的中等教育教师的需求增加，而且模糊了初等学校教师培训和中等学校教师培训的界限。同一时期，许多日间教师培训学院成为大学或学院里的教育系，其培训初等教育教师的职能扩展到培训中等教育教师的职能。例如，1895年，纽卡斯尔科学学院设立了中等教育教师资格证（Certificate for Secondary Teachers）培养机制；1896年，牛津也开设了面向中等教育教师的考试和文凭，其设立的考试考查应考者的教育理论、历史知识和实践水平。但到19世纪末，英国大学和学院对中等教育教师的培训并不成功，不但没有更大的发展，反而走向了衰落。①

第七节　教育行政体制的发展

19世纪30年代，英国政府开始干预一直由教会垄断的初等教育，采用公助私立的方式资助初等学校的校舍建设。1839年，英国政府成立了枢密院教育委员会。它的成立是国家干预国民教育事业的开端。② 为了更好地了解和管理各个地方的学校对财政经费的使用情况及其办学质量，枢密院教育委员会设立了督学制度，即由女王（枢密院）委任一批皇家督学到全国各地，代表中央政府视察所有接受公款补助的学校，调查中央拨款的具体使用情况，向教育机构负责人提供教育咨询，每年撰写教育评价报告并汇报给中央政府，同时提出相应的建议。皇家督学只对地方的教育工作提供批评、表扬或建议等评价性反馈。在一定程度上，皇家督学提交给枢密院的教育评价和建议对英国教育的改革发展走向起着决定性作用。在这一时期，政府与教会争夺对初

---

① J.W. Adamson, *English Education 1789—1902*, London, Cambridge University Press, 1930, pp.493-494.

② 王承绪：《英国教育》，267页，长春，吉林教育出版社，2000。

等学校的控制，这使国家教育行政体制一直发展缓慢。

1856 年，英国政府建立了教育部，取代了枢密院教育委员会。19 世纪后半期，英国的三个教育委员会建立了以阶级为根基的教育行政体制，每个委员会与某个特定阶级相关。以这些委员会的调查报告为基础，英国政府出台了一系列教育法案，慢慢形成了英国国家教育行政体制。

第一个调查报告为《皇家公学调查委员会报告》(Royal Commission on the Public Schools Report)，又称《克拉伦敦报告》。该报告关注公学的状况，政府基于此报告于 1868 年通过了《公学法》，实施面向贵族阶层子女的教育(即所谓绅士教育)。

第二个为《学校调查委员会报告》，又称《汤顿报告》。该报告由汤顿学校调查委员会发表，关注文法学校。基于此，政府于 1869 年出台了《捐赠学校法》，指向中产阶级子女的教育。

第三个为《英格兰普及教育状况皇家委员会报告》(The Royal Commission on the State of Popular Education in England Report)，又称《纽卡斯尔报告》。基于此报告，政府最终形成《初等教育法》，为初等教育提供规章制度。

一、克拉伦敦委员会

克拉伦敦委员会又称皇家公学调查委员会，成立于 1861 年，主席为克拉伦敦，负责考察伊顿公学、温彻斯特公学、威斯敏斯特皇家书院、切特豪斯公学、圣保罗女子中学、麦钱特·泰勒斯学校、哈罗公学、拉格比公学和什鲁斯伯里中学这九所著名公学，包括基金会的管理、学习内容和教学状况等，最终于 1864 年形成了《克拉伦敦报告》。该报告将这些公学界定为一个独特的公学集团，并建议公学的课程应包括古典学科、数学、现代语、自然科学、历史、地理、绘画和音乐。克拉伦敦委员会还明确了学校管理董事会和校长的责任。①

《克拉伦敦报告》为1868年《公学法》的出台奠定了基础，促进了公学的发展。该法以提高公学的效能为目标。新的公学董事被赋予了权力，可定夺学校各项事宜，包括入学、住宿措施、学费、卫生条件、教师招聘、校长的权力等。克拉伦敦委员会还任命了许多特别委员以监督公学的工作，并且在校董不能制定法规时承担此责任。

二、汤顿学校调查委员会

在1864年，英国政府组织了汤顿学校调查委员会，汤顿为主席，考察介于公学和劳工阶层的初等学校之间的所有学校。汤顿学校调查委员会的任务是思考并汇报提高中等教育水平的措施。委员会主要考察了文法中学以及一些股控学校和私立学校，共942所。调查内容涉及经费来源、男女生情况以及家长对子女的教育期望等。他们发现中等教育资源匮乏，分配不均；2/3的英格兰城镇没有任何种类的中等学校，剩下的1/3的城镇中等学校水平参差不齐；中等教育似乎缺乏明确的目的观，也没有对课程进行适当的分层以适应在不同年龄段离开学校的学生的需求。

汤顿学校调查委员会在1868年发布了《汤顿报告》。该报告建议在既有捐赠学校的基础上建立英国中等教育行政体系。他们设想了中等学校教育的三个等级。

第一级学校以12～18岁的上层中产阶级家庭的孩子为对象，提供博雅教育，课程以古典学科为主，包括拉丁语和希腊语，帮助贵族和资产阶级家庭的孩子打好基础，以便未来升入大学，或从事其他传统职业。第二级学校以12～16岁的普通中产阶级家庭的孩子为对象，课程除拉丁语外，还有现代英

---

① 《克拉伦敦报告》的具体内容可参见夏之莲：《外国教育发展史料选粹》上册，294～299页，北京，北京师范大学出版社，1999。

语和外语、数学和自然科学，以培养医疗、工程和商务等领域的人员以及军人和公务员为目的。第三级学校以 12 ～ 14 岁的下层中产阶级家庭的孩子为对象，课程除了讲授一些法语和拉丁语，以英语、初等数学、自然科学、历史和地理等实用学科为主，以培养小农场主、小商人和高级工匠为目的。汤顿学校调查委员会把这一级的学校定为中等学校，因为 1860 年的《初等学校法》规定的离校年龄是 12 岁。如果第三级学校与初等学校有一定程度的连接，那么一些劳动阶层的孩子就有可能受到中等教育。

基于此报告，1869 年，政府出台了《捐赠学校法》，并对捐赠学校做了界定。捐赠学校不包括 1868 年《公学法》提到的九所公学，而是指全部或部分靠捐赠手段办理的学校。该法委派了三个捐赠学校委员会，负责监督并在必要的情况下重建这些学校的信托基金。该委员会的委员们起草了政府针对捐赠学校的计划，把捐赠延伸至女子教育，并赋予父母权利让其子女免受宗教教育。①

三、英格兰普及教育状况皇家委员会

(一)《纽卡斯尔报告》

1858 年，纽卡斯尔被任命为英格兰普及教育状况皇家委员会(The Royal Commission on the State of Popular Education in England)的领导，该委员会的目的为"调查英格兰公共教育的现状，并汇报采取何种措施以扩展安全且廉价的为各阶层的人民服务的初等教育"②。10 个助理委员在 10 个地区开展了调查。1861 年，该委员会发布了《英格兰普及教育状况皇家委员会报告》，亦称《纽

---

① 《汤顿报告》的具体内容可参见夏之莲主编：《外国教育发展史料选粹》上册，299 ～ 306 页，北京，北京师范大学出版社，1999。

② H.C. Barnard, *A Short History of English Education: From 1760 to 1944*, London, University of London Press, 1947, p.126.

卡斯尔报告》。① 调查发现导生制学校依然存在，教生制虽然处在初始阶段，但被证明是成功的。该报告指出穷困阶层接受普及教育的儿童与全国人口的比例为 1：7.83②，而这个比例与其他欧洲国家的相应数据不相上下。③

该报告指出英格兰和威尔士的普及教育的实际效能非常低下，教师所讲授的内容极为粗浅，学生在读写算等方面的学习结果并不理想。报告同时指出初等学校的教学质量有很多问题，大多数学生没有受到良好且有效的教育，教师倾向于忽视年幼的儿童，并将其委托给教生管理。学生离校年龄小，在校时间短或不规律。在该报告考查的学校中，大约 29% 的儿童为 10 岁以上，19% 的儿童为 11 岁以上。委员们关于政府资助普及教育的意见并不一致，一些人"基于政治和宗教立场甚至反对政府干预教育"④。但他们也注意到，欧洲主要国家和北美都提供了基于纳税人税款的公立教育。该报告对英国初等教育提出了许多改善建议，委员们认为英国当时的幼儿学校(离校年龄为 7 岁)非常实用。

1859 年，罗伯特·洛就任教育部副部长。他对公共教育发展持一种经济理论的观点，导致了英国普及教育发展迟缓的局面。为了改善英格兰普及教育状况皇家委员会调查呈现的问题，1862 年，教育部颁布了《修正法案》，规定教育部的拨款不仅基于当地自愿的努力而定，而且基于持照教师所教学生的到校情况而定，还根据每个学生参加的由督学组织的读写算考试的结果而定，即所谓"按效果付酬"。教师的退休金、对设备的拨款、教生的薪水以及

---

① 《纽卡斯尔报告》的具体内容可参见夏之莲：《外国教育发展史料选粹》上册，282～286 页，北京，北京师范大学出版社，1999。

② H.C. Barnard, *A Short History of English Education: From 1760 to 1944*, London, University of London Press, 1947, p.126.

③ G.M.Young, W.D. Hancock, *English Historical Documents XII (1), 1833—1874*, London, Eyre & Spottiswoode, 1956, p.892.

④ G.M.Young, W.D. Hancock, *English Historical Documents XII (1), 1833—1874*, London, Eyre & Spottiswoode, 1956, p.894.

给教师学院的拨款都有所削减。这导致教生在数量上大幅度减少，教生制的效能也大大降低。①

（二）1870 年的《初等教育法》

19 世纪后半期，越来越多人意识到公立教育的必要性。这一时期的公众人物如斯宾塞和赫胥黎等的思想也激起了人们对公共教育的兴趣。然而，工厂依然对童工有很大需求。虽然 1843 年《工厂法》（Factory Act）以及 1864 和 1867 年的政府条款都规定父母应送其子女接受规定时长的初等教育，但逃避入学依然是容易的。而且儿童在乡村被农民雇用的现象也极为普遍。可以说，当时英国儿童的教育状况令人担忧。

政府于 1870 年出台了《初等教育法》。由于该法由掌管教育署的议员 W. E. 福斯特起草，故也称《福斯特法》。福斯特的提议是："完善当前民间自愿办学的体制，填补不足，在无须花钱也能办事的地方节省公款，尽量获得家长的帮助，尽量获得公益人士的合作与支持。"②1870 年的《初等教育法》并非建立一个全新的教育体系，而是与旧有的民办学校的一种妥协。如巴纳德所言："它为民间自愿办学、学校收费和私人捐助留下了空间。"③该法没有让教会参与公立教育体系的建设，但是并没有带来政教分离的局面。

在教会办学问题上，政府仍然支持教会办学，但也开始加强对初等教育的控制。1870 年的《初等教育法》基于城市行政区或教区，把全国分为许多学校区域（school districts）。伦敦是一个独立的学校区域。教育部先在各个学校区域进行考察，决定还有多少校舍是必需的。如果有欠缺，国家允许各教派教会在 1870 年年底之前向议会申请款项，用于建设、扩建、修缮初等学校校

---

① H.C. Barnard, *A Short History of English Education：From 1760 to 1944*, London, University of London Press, 1947, p.132.

② H.C. Barnard, *A Short History of English Education：From 1760 to 1944*, London, University of London Press, 1947, p.135.

③ H.C. Barnard, *A Short History of English Education：From 1760 to 1944*, London, University of London Press, 1947, p.135.

舍，但不能从地方税中获得用于此目的的资助。如果教会在某些地方没有能
力建校，那么地方政府就可以通过当地选举产生的学校委员会建校和办学，
受到来自地方税收和中央拨款的双重资助。妇女有资格成为学校委员会成员；
学校委员会每届任期为3年。学校委员会还有权力委任官员，加强5～12岁
儿童的出勤率。儿童在地方学校委员会办的学校上学，父母需要为其交学费，
作为学校教师的讲课费，但每周不会超过9便士。

  1870年的《初等教育法》特别就宗教教育问题做了规定。该法第七部分这
样规定："任何在学校就学或继续在学校就学的儿童不被要求去或不去星期日
学校上课，去或不去任何宗教场所敬拜；也不被要求参加在学校或其他地方
的任何宗教仪式或关于宗教话题的讲座，而且儿童的父母可以使其子女从这
样的仪式或讲座中退出；如果退出，他们也不被要求在其父母所属宗教团体
举行宗教仪式的那天来上学。"①在学校委员会办理的学校或民办学校中，宗
教教义的教学不是政府给学校拨款的条件，这一条完全是出于对世俗课程和
教学的考虑制定的。

  按照此法，假如国家初等教育体系成形，教会就无法获得国家资助来建
设校舍，也就失去对初等教育的垄断。这刺激了教会抓紧利用国家专款建立
起大量的教会学校，而这也是政府建立学校委员会的一个目的，即刺激民间
力量自愿办学。从该法颁布到1870年年底，各教派教会向政府提交的校舍建
设款项申请达3342个，但只有1600个申请获得了成功；而在1870年之前的
几年里，申请数量每年平均只有150个。②在此后15年里，英国国教教会学校
和天主教教会学校的数量猛增，同时上教会学校的儿童人数升至200万。但
教会对因数量激增的学校而产生的经费力不从心，他们对地方学校委员能接

---

  ① H.C. Barnard, *A Short History of English Education: From 1760 to 1944*, London, University of London Press, 1947, p.136.

  ② H.C. Barnard, *A Short History of English Education: From 1760 to 1944*, London, University of London Press, 1947, p.138.

受地方和中央的双重资助表示不满。面对这个问题，1888 年，格罗斯委员会建议政府对教会学校的世俗性课程给予国家资助，这个建议被收入 1902 年的《教育法案》。该法案规定，学校委员会建立的公立初等寄宿学校不进行具有教派色彩的教学；国家资助的民办教育体制的学校不再强迫儿童参加宗教性的教学；所有政府资助的学校都必须接受道德条款（conscience clause）；对于地方学校委员会建立的学校和民办教育体制的学校来说，监督和加强宗教教学不是获得政府资助的条件。

1870 年的《初等教育法》标志着国家层面开始关注全国儿童的教育，成为之后横跨 20 多年的国民初等教育体系建设的开始。该法颁布后，英国出现了 2500 个学校委员会。这个法案并没有使初等教育成为免费义务教育，虽然众多学校委员会在一定程度上向这个方向努力。该法规定的初等教育是终结性且水平较低的，而不是完备教育中的一个阶段。到 19 世纪末，英国有半数儿童上的公立初等学校是由学校委员会建立的，而在城市区域这类学校的入学儿童人数更多。

从此以后，英国双轨制的初等学校体制成形。一条轨道是选举产生的学校委员会办理的学校。这类学校是世俗的、非教派的。它们由地方当局建立，由地方税和中央拨款共同维持。另一条轨道是民办学校。它们大多由一些教派的教会建立。它们的建立基于捐赠或捐款，并依靠捐款和国家拨款来维持办学，但不受到地方税支持。它们由经理管理，但经理不是选举产生的。两种学校都可能收学费。①

（三）地方学校委员会时期

1870 年后的 20 多年里，英国又出台了一系列法案，使国家教育行政体系不断改善。1880 年的教育法案使初等教育成为义务教育，规定非法雇用 10 ～

———————

① H.C. Barnard, *A Short History of English Education: From 1760 to 1944*, London, University of London Press, 1947, p.137.

13岁儿童的行为将受到惩罚。1891年的初等教育法案规定初等教育免收学费。此外，1876年和1900年的教育法案也对1870年的《初等教育法》有所补充。

四、国家教育行政体系的建立

为了进一步改善国家教育行政体系的混乱状况(administrative muddle)①，1894年，中等教育皇家委员会成立，由詹姆斯·布赖斯领导，其目的在于完善英格兰中等教育体系，使其稳固而灵活。② 1895年，该委员会出台了一份报告，被称为《布赖斯报告》。该报告指出，当时英国中等教育的核心问题是教育行政机构之间缺乏协调性和一致性，而这种混乱主要是由于缺乏良好的组织，是"分散且没有联系的力量造成的，不同机构之间处于没有必要的竞争状态，经常有重叠性劳动，并产生在金钱、时间和劳动上的浪费"③。因此，该报告指出，应该设立一个中央权威机构，而且这个权威机构"不是控制，而是监督这个国家的中等教育；不是凌驾于或取代地方行动，而是努力在不同的提供中等教育的机构之间实现协调与配合，而这些在当前的中等教育中是缺乏的"④。该报告同时呼吁开展对中等学校教师的专业培训。基于此报告，英国政府于1899年出台了《中央教育委员会法》。该法令采纳了《布赖斯报告》的建议，建立了中央教育委员会，作为负责教育事务的政府部门，取代了原来的教育部、科学和艺术部。中央教育委员会还负责监督中等学校，并设立

① J.W.Adamson, *English Education 1789—1902*, London, Cambridge University Press, 1930, p.447.

② H.C. Barnard, *A Short History of English Education: From 1760 to 1944*, London, University of London Press, 1947, p.239.

③ H.C. Barnard, *A Short History of English Education: From 1760 to 1944*, London, University of London Press, 1947, p.238.

④ H.C. Barnard, *A Short History of English Education: From 1760 to 1944*, London, University of London Press, 1947, p.240.

了一个咨询委员会(Consultative Committee)，制定关于教师注册的规章，并为中央教育委员会就教育事务提供建议。同时，该法规定的义务教育离校年龄从 1893 年的 11 岁提高到 12 岁。中央教育委员会的建立标志着英国有了自己的国民教育体系，统辖初等教育、中等教育和技术教育。但是，地方教育管理问题依然存在。

为了解决地方教育管理的问题，20 世纪初，参照《布赖斯报告》的建议，英国政府于 1902 年出台了一项具有划时代意义的《教育法案》。该法案废除了2500 多个学校委员会，成立了 318 个地方教育当局，作为地方教育行政机构。其中 120 个地方教育当局既负责中等教育又负责初等教育。但它们对初等教育的监督权则给予另外一部分地方教育当局。每个地方教育当局要任命一个教育委员会，委员会成员主要来自市政委员会，也包括教育界人士，并且必须有女性成员。该法令授权地方教育当局建立中等学校、中等专科学校和职业学校，同时做好本地区初等教育、中等教育和高等教育的衔接工作，并且用地方税收予以资助。每个地方教育当局被要求"考虑他们地区的教育需求，并采取对他们来说有价值的措施，并在咨询了中央教育委员会的建议后提供或帮助提供初等教育以外的教育，改善所有形式的教育之间的协调性"[1]。地方教育当局的权力还包括教师培训、提供奖学金、为学生提供学院与招待所的住宿费用等。正如巴纳德所言："1902 年《教育法案》颁布，一个协调一致的国家教育体系终于出现了，并且因组织缺欠而产生的混乱也终于结束了。"[2]

---

① H.C. Barnard, *A Short History of English Education: From 1760 to 1944*, London, University of London Press, 1947, pp.246-247.

② H.C. Barnard, *A Short History of English Education: From 1760 to 1944*, London, University of London Press, 1947, p.247.

第三章

英国的儿童教育与贫民教育思想

　　19 世纪初期的英国随着资本主义的发展，许多社会问题出现，贫苦儿童的教育就是其中之一。在这种社会背景下，一些英国教育家及教会人士对这个问题予以关注，不仅提出了自己的见解和主张，而且建立了各种形式的小学，其中较著名的是导生制学校。在这些教育家和教会人士中，最有影响的人物是艾吉渥兹父女以及贝尔和兰喀斯特。英国儿童教育和贫民教育思想的出现与传播在一定程度上推动了 19 世纪上半期英国初等教育的发展和改善。

第一节　艾吉渥兹父女的儿童教育思想

一、艾吉渥兹父女的教育活动

　　理查德·洛弗尔·艾吉渥兹出生于英格兰的巴斯，后在爱尔兰定居，曾就读于牛津大学。他原是卢梭的信徒，曾按照卢梭《爱弥儿》中的教育方法养育自己的第一个男孩，但未获成功，"其子理查德竟成了蛮横无理的顽童"①。

---

① 滕大春：《外国近代教育史（第二版）》，268 页，北京，人民教育出版社，2002。

这就促使艾吉渥兹去探索更有效的教育方法。他的第二任妻子施耐德对教育问题也很感兴趣，她认为教育是一门实验科学，坚持每天写日记，把自己对孩子成长过程的观察和思考记录下来。她去世后，艾吉渥兹将她的日记继续写下去。这些日记中的很多材料后来成为艾吉渥兹教育著作的重要内容。艾吉渥兹还于 1806 年参加了调查爱尔兰教育的委员会。他被其女儿玛丽亚·艾吉渥兹评价为"无论在口头上还是在行动上，都是最先掌握培根所说的教育的实验方法的人"①。玛丽亚·艾吉渥兹也是教育家和作家。

艾吉渥兹父女的代表作是他们合著的《实际教育》(*Practical Education*)，又译《实用教育论》或《实践教育》等，该书于 1798 年首次出版。关于写作目的，该书的前言有阐释：

> 我们选用《实际教育》这一书名是要指出，我们完全依赖实践和经验。在教育艺术领域要取得任何进步，都必须耐心地将它转变为一门实验科学。对这一工作的困难和范围，我们具有充分的认识，并且我们无意妄称在这一方面已经取得了很大的进步，因为即使经过许多代人的努力，这一工作也不见得能完成。我们奉献给公众的只是我们的实验结果，其中许多例子甚至就是实验本身。②

该书收集了许多事实资料、观察记录和格言警句等，在英国影响很大，劳伦斯曾这样评价："这本书简单明确地提出了现代教育思想和实践的重大原则……它对今天的学校还十分有用。"③此外，理查德·艾吉渥兹还著有《专业

---

① S.J.Curtis, M.E.A.Boultwood, *A Short History of Educational Ideas*, University Tutorial Press Ltd., London, 1963, p.384.

② S.J.Curtis, M.E.A.Boultwood, *A Short History of Educational Ideas*, University Tutorial Press Ltd., London, 1963, p.384.

③ [英]劳伦斯：《现代教育的起源和发展》，纪晓林译，170～171 页，北京，北京语言学院出版社，1992。

教育论文集》(*Essays on Professional Education*),论述对准备担任教士、教师和政治工作者的人的教育。玛丽亚·艾吉渥兹则著有《道德故事》(*Moral Tales*)等,这些书具有较深远的道德内涵,在英国空想社会主义者欧文创办的学校中很受欢迎。①

二、论儿童的玩具和游戏

《实际教育》一书的第一章专门论述玩具。艾吉渥兹父女推荐"使用规则的木制物体以及各种立方体和球状物作为孩子们的玩具"②,还建议让儿童开展放风筝、推铁环等游戏活动。他们认为,这些玩具和游戏可以引导儿童思考。对此,艾吉渥兹父女做了详细的阐述:

儿童们可以从选择得当的玩具中学到许多东西,而且反应和观察的习惯是与娱乐和高兴的想法联系在一起的。有个玩推铁环的9岁男孩问:"为什么一个圆环或圆盘在转动时不会倒下,一停下来立即就倒?为什么没把圆边把正时,它也会倒下来?"这个孩子边玩铁环边想这个问题,一位最有学识的教师难道不该充分利用他的这种理解力吗?③

当一位书呆子教师看见孩子专心地看纸风筝时,他会发表"高见":"孩子们不能像看风筝一样专心地学语法,可悲可叹啊!"他可

① [摩洛哥]摩西:《世界著名教育思想家》第三卷,梅祖培、龙治芳等译,233页,北京,中国对外翻译出版公司,1995。
② [英]劳伦斯:《现代教育的起源和发展》,纪晓林译,177页,北京,北京语言学院出版社,1992。
③ [英]劳伦斯:《现代教育的起源和发展》,纪晓林译,172页,北京,北京语言学院出版社,1992。

能还要对孩子这种天生的惰性和贪玩的恶习感到愤怒，肯定要与孩子进行一番持久战。有识之士则会以不同的眼光看待此事，在这种贪玩的习性中，他能辨别出孩子热爱科学的征兆。他不去叹息孩子天生的惰性，他会佩服孩子在追求知识时所表现出的主动性，他会感到他有责任去指导这一主动性，向孩子提供材料以进行新的结合，使孩子或者让孩子使自己进入一个新的境界，在此境界中，孩子可以进行有益的观察，获得买不到、教不了的经验。①

艾吉渥兹父女认为，游戏与工作或学习的界限不是绝对的，可以在游戏中对儿童进行教育。他们指出：

因为孩子们在游戏时特别努力，所以我们要让他们在工作时游戏……如果游戏不是通常所说的任务，那么毫无疑问，在游戏时孩子们可以学到许多东西……当孩子们对某一事物感兴趣时，他们会全力以赴争取成功。只要他们的注意力开始集中在某一件事情上，不论这是什么事情，他们便不再是无所事事地游戏，而是在积极地工作。②

劳伦斯认为，艾吉渥兹父女这段话反映了一条教育哲理。他说："《实际教育》一书中的许多原则都预示了福禄培尔的观点，主要是阐明和发现游戏作为教育手段的价值。"③这个评论是有道理的。

---

① ［英］劳伦斯：《现代教育的起源和发展》，纪晓林译，173 页，北京，北京语言学院出版社，1992。
② ［英］劳伦斯：《现代教育的起源和发展》，纪晓林译，174 页，北京，北京语言学院出版社，1992。
③ ［英］劳伦斯：《现代教育的起源和发展》，纪晓林译，171 页，北京，北京语言学院出版社，1992。

三、论儿童的兴趣

艾吉渥兹父女认为，儿童的兴趣是他们学习的起点，教师要善于发现儿童的兴趣。艾吉渥兹父女指出：

> 如果一个活泼的孩子不喜欢读书，那么他一看见书便会表现出一种笨拙的愚蠢和冷漠。在这种对书毫无兴趣的情况下，我们不能强加给他任何书本或任务，而应该观察他在自己最喜欢的娱乐中的表现，注意他的兴趣所向，无论这是什么样的兴趣，我们都要加以培养。不必让他坐在书桌前，这样做便可以引导他去思考并且获得丰富的知识，也可以实现与乐趣相关的精神专注，养成能应用的习惯。当他再拿起书时他便会发现，许多他过去不懂的书中的知识现在他全都明白了……①

因此，艾吉渥兹父女认为，教师可以把各种知识与年轻人直接感兴趣的工作联系起来。例如，如果一个孩子正在玩造房子，我们便可以利用这个机会教他砖是怎样制作的，拱门和拱窗是怎样制成的，拱心石和基石的作用是什么，如何把各个部分拼起来造成一栋房子，等等。

在培养儿童早期的理解力时，教师首要的任务是使儿童注意力集中，或者说要引起他们对成人期望他们所做的事的兴趣。

艾吉渥兹父女虽然强调兴趣在儿童学习中的重要性，但并不提倡"兴趣主义"。他们指出："真理是这样的：不努力是掌握不到有用的知识的。长时间的注意是艰苦的，但若没有这种艰苦努力，儿童就不能获得精美的知识。"②

---

① ［英］劳伦斯：《现代教育的起源和发展》，纪晓林译，173页，北京，北京语言学院出版社，1992。

② 滕大春：《外国近代教育史(第二版)》，268～269页，北京，人民教育出版社，2002。

重视儿童的学习兴趣并不意味着在学习中儿童无须通过个人努力克服困难。艾吉渥兹父女注意到了这一点。

四、论培养儿童的能力

艾吉渥兹父女重视在教育中发展儿童的想象、思维、创造等各种能力。他们提出：

> 让一个不爱思考的孩子死记硬背由教师编写的机械的定理并不难，但是，一个爱思考的孩子却不那么听话，他会停下来，皱起眉头，踌躇不决，向教师提问题，让人感到别扭，认为他很倔强……他并不满足于看着教师在黑板上画线写数，看着教师带着魔术师那种傲气进行各种神秘的运算。一个敏锐的孩子并不满足于仅仅知道某一问题的答案或者听教师说"对"，他坚持要知道为什么这是对的。
>
> 数学的主要目的与教育的其他方面一样，要在一个含糊的信念中把理解力保存下来。①

艾吉渥兹父女认为，在教育中只储存知识是不够的，关键是要把所学的知识当作想象和判断的材料加以选择和组合，并运用于解决实际问题。在一般的教学模式中，保持性记忆力的训练甚多，而回忆性记忆力的训练甚少。当孩子们在阅读国王史、战争史和胜利史时，当他们死记硬背编年表和地理课文时，他们的创造性和理智的本领就处于绝对被动的状态，这样，他们所学到的知识也不能与现实生活中的情况联系起来。这一系列知识可能是孩子在经历痛苦和劳动之后才装在记忆中的，但是，他们只有照当时死记硬背的

---

① ［英］劳伦斯：《现代教育的起源和发展》，纪晓林译，178 页，北京，北京语言学院出版社，1992。

顺序才能回忆起来，而不是按照应用的顺序来回忆。显然，学生走入社会之后，他们之间的重大差别主要取决于他们对自己知识的应用，而不取决于其拥有知识的量。

艾吉渥兹父女对于学习知识和运用知识之间的关系的理解有合理之处。

五、论对教师的要求

艾吉渥兹父女认为教师应该具有广博的知识并掌握正确的教学方法。理查德·艾吉渥兹明确提出：

> 任何人在获得任教资格以前，都必须具有准确地回忆自己如何学习的能力。他必须能一步步地回到自己学习的起点，必须有能力耐心地、沉着冷静地引导学生沿着同样的学习道路前进。他必须不仅掌握自己的思想和习惯形成的方法，而且拥有多种多样的人类思想的经验。他不能认定所有人的智力活动完全是以同样的方式进行的。他绝不能想当然地认为只有一种教学方法，并且这种方法适用于所有人。给他留下深刻印象的类比，或对他来说表达得极为清楚的思想，对他的学生来说可能是陌生、混乱的。他绝不能认为这是因为学生不专注、愚蠢或固执，而应理解真正的原因，即不同人有不同的观念联结方式，以及由于性情差异和教育经历不同而形成的不同思维习惯。他必须熟悉各种性情的人的习惯：动作慢的，动作快的，有发明能力的，有探究才能的，等等。他必须因材施教。还有更必不可少的：一名教师不仅应懂得自己能教的特定科目，而且应懂得与这一科目有关及这一科目所依赖的各方面知识。①

---

① 徐辉、郑继伟：《英国教育史》，201～202页，长春，吉林人民出版社，1993。

首先，教师要让儿童按他们自己的方式去活动或学习。

决不能打断婴孩的活动。当他希望动手时，我们不应该不耐烦地让他走路；当他兴致勃勃地学走路，专心致志地像走绳索的人一样学习身体的平衡时，我们不能突然制止他，非让他去学那些贫乏无味的词汇。当孩子忙于他力所能及的实验时，我们不应该打断他的思路，不能完全制止他通过自己的经验获取知识。①

其次，对于儿童自己可以做到的事情，教师不要包办代替。

当一位愚蠢的保姆看到孩子要拿或举起什么东西时，她马上跑过去："噢，小乖乖，你别拿，别动！我给你来拿，我来！"如果这个孩子要试一下推与拉、滚与滑、楔子和杠杆之间的区别，这位过于勤快的保姆又会急忙跑过去显示一下自己的力学知识："别动，乖乖，别动！不是那样做，我来做给你看。"②

对此，艾吉渥兹父女批评道："教育过度的危险性甚至比教育不足的危险性更大……我们不能把发现的步骤一股脑儿都告诉年轻人，我们要时不时停下来，看看他们能否自己想出来。这样做，我们的学生往往可以出乎我们的意料而获得成功。"③

再次，过早地强迫儿童去学习某些书本知识，其结果可能适得其反，使

① [英]劳伦斯：《现代教育的起源和发展》，纪晓林译，174页，北京，北京语言学院出版社，1992。
② [英]劳伦斯：《现代教育的起源和发展》，纪晓林译，175页，北京，北京语言学院出版社，1992。
③ [英]劳伦斯：《现代教育的起源和发展》，纪晓林译，175页，北京，北京语言学院出版社，1992。

儿童的气质和理解力受到本质上的伤害,以致儿童在今后的学习中可能永远沉不下心。

> 有人怀着一种虚荣心,一心希望别人说他的孩子比邻居的孩子读书早,这种人不值一提。因为就算他的要求被满足,他的孩子比一般孩子认字早,这种得意也不可能长久……问题是儿童要能应用所学的知识,而不在于早几年或迟几年拥有这些知识。①

最后,在儿童教学中,教师要善于使用教具。

> 在教授数学时,边长为半英寸的立方体有极大的优越性,孩子的小手一下子便可以把它们抓起来。它们可以任意组合,孩子的眼睛也能很容易地一下子数清它们。思想也有意识地被引导去思考这些组合,孩子不仅联想到简单的数字,而且联想到它们的数量和形状。借助这些不同形状产生的术语,如正方形、立方体等,也更加容易理解。当孩子学到正方形或立方体时,也更加容易记住有关的数字。这要比仅仅根据某些定律公式进行教学的效果更佳。②

艾吉渥兹父女的教育思想是19世纪初期英国重要的教育思想之一。他们的理论以对儿童的直接观察为基础,为了解儿童的思想方式提供了依据。他们虽然曾受到卢梭教育思想的影响,也曾受到苏格兰哲学以及英国哲学家里德和斯图尔特的启发,但并不亦步亦趋,而是提出了自己独特的见解,这也

---

① [英]劳伦斯:《现代教育的起源和发展》,纪晓林译,175页,北京,北京语言学院出版社,1992。

② [英]劳伦斯:《现代教育的起源和发展》,纪晓林译,177页,北京,北京语言学院出版社,1992。

体现了英国教育家的务实性。正如孔佩雷对玛丽亚·艾吉渥兹的评价："艾吉渥兹这位英国小姐有非凡的实践智慧。"①此外，理查德·艾吉渥兹还对英国当时流行的古典主义教育提出了批评，他于 1809 年 10 月在《爱丁堡评论》上发表的文章指出："对几乎每一个受过教育的英国人来说……古典学习是主要的科目。没有人怀疑或打听他花费如此长的时间做的事情是否有价值……在人们中间很自然地形成了某种虚荣心，并成为一种共同的追求。古典著作中的一些段落成为那些所谓学者的格言，通过它们，那些学者得以与不识字的人或未受教育的人区分开来。希腊文和拉丁文几乎莫名其妙地成为一个有教养的人的唯一标准。"②总之，艾吉渥兹父女在世界教育(尤其是儿童教育)历史中留下了浓重的一笔。

第二节 贝尔和兰喀斯特的贫民教育活动与思想

一、时代背景和教育实践活动

英国于 18 世纪 60 年代至 19 世纪 30 年代末进行了产业革命。教育家安德鲁·贝尔和约瑟夫·兰喀斯特生活在这一时期。

当时，随着产业革命的进行，生产的发展要求对成年工人和童工进行一定的教育和训练，以使他们既掌握一定的文化技术知识，同时养成遵守社会秩序的习惯。然而，这时英国的初等教育仍和以前一样，是由教会及私人办理的，属于一种所谓慈善事业，国家并不过多干预。据统计，这一时期英国各教派建立的各种形式的小学共有 10595 所③，而贝尔和兰喀斯特所倡导的导

---

① [法]孔佩雷：《教育学史》，张瑜、王强译，382 页，济南，山东教育出版社，2013。
② 单中惠：《西方教育问题史》，139 页，北京，人民教育出版社，2011。
③ 滕大春：《外国教育通史》(第三卷)，23 页，济南，山东教育出版社，2011。

生制学校,就是其中著名的一种类型。

贝尔于 1753 年出生于苏格兰的圣安德鲁斯。他的父亲是一位理发师。贝尔的学校生活并不快乐,因为当时的学习方法主要是背诵,但他的记忆力较差,所以经常遭教师鞭打。这可能是他后来在自己的学校里坚持采用一种较为人道、仁慈的纪律的原因之一。1769 年,贝尔进圣安德鲁斯大学学习。毕业后,他于 1774 年前往美国弗吉尼亚州。1779 年,贝尔进入富有的种植园主布拉克斯顿家,成了一名家庭教师。1781 年,贝尔带着布拉克斯顿的两个儿子回到圣安德鲁斯。他一边用心照看这两个孩子,一边继续自己的学业(后来他获得了圣安德鲁斯大学医学硕士学位),直到 1784 年 7 月。在两个孩子回美国后,贝尔于 1784 年 12 月被任命为英国国教牧师。

1787 年 6 月,贝尔到达印度马德拉斯,后被任命为英国卫戍部队牧师,并担任马德拉斯军事男孤儿学校的监督。该学校是一所半官方的慈善学校,为士兵中的孤儿开设。由于贝尔喜爱管理和教学工作,他在工作中投入了巨大的精力。因为该校教师短缺,教师能力也差,教学质量差,所以大约从 1791 年起,贝尔选择年长且成绩好的学生(即导生)帮助教师做教学工作,从而使一名教师可以在一个教室内同时教上百名学生。

采用导生制以后,学校的纪律与教学均发生了许多变化。贝尔在马德拉斯生活了 9 年,过得十分愉快,但由于健康原因,他于 1796 年 8 月离开印度了回到英国。在回英国前,他向孤儿学校的董事们递交了一份工作报告,题为《在靠近马德拉斯的埃格拉兰特的莫尔救济院中所做的一项教育实验》,简称《一项教育实验》(An Experiment in Education),后于 1797 年 10 月出版。

回英国后,贝尔发传单描述自己的实验。也有教育史学家认为贝尔是在《一项教育实验》的报告中提出导生制的。①

---

① [英]奥尔德里奇:《简明英国教育史》,诸惠芳、李洪绪、尹斌苗译,76 页,北京,人民教育出版社,1987。

回英国后，贝尔先后担任牧师、教区长等职。1811年，英格兰和威尔士按英国国教原则促进穷人教育国民社成立，贝尔被任命为首任社长。国民社是英国国教教会为推行贝尔的教学方法而建立的机构，它在英格兰和威尔士各地建有分会，至1833年，共有100多万儿童在国民社办的学校学习。[①]贝尔的方案在慈善学校中试验成功。1816年夏（一说1814年），贝尔赴欧洲大陆旅行，曾亲访裴斯泰洛齐及其学校，对裴斯泰洛齐的教育实践极感兴趣。此后，贝尔历任医院院长、大教堂牧师等职。其间，他修订旧书，编写新著，参观与视察学校。1832年，贝尔病逝，被葬于威斯敏斯特教堂。他把大笔遗产捐给了苏格兰的教育设施。贝尔的主要著作还有《教育指南》等。

兰喀斯特于1778年出生于英国南沃克的肯特街，小时受过一定的学校教育。他14岁时去牙买加，希望从事针对黑人的教育工作。回英国后，他成为一名贵格会牧师，同时在学校以教书为生。1798年，他在其父亲的住所开办了他的第一所学校，后因场地太小，学校于1801年迁入巴勒路的校舍，它能容纳350名贫困家庭的男孩。因学生人数太多，兰喀斯特又雇不起助手，大概在1800年，他想到了采用由懂得较多的学生教懂得较少的学生的办法。他在一个班里委任许多导生管理班级；导生们承担班级里的不同任务，包括教学、考勤、管理图书等，同时还有一个总导生管理其他导生。导生们共同使一个人数庞大的班级运行，而教师只要管理好所有导生就可以。这种方法在一定程度上解决了当时初等学校学生人数剧增但教师短缺的问题。因此，导生制一定程度上是将工厂中的劳动分工方法用于班级的教学和管理。

1803年，兰喀斯特出版了《教育改良：它关系到社会的产业工人阶级》一书，简称《教育改良》(Improvements in Education)，他在书中描述了导生制，同

① 顾明远：《教育大辞典》第十一卷，152页，上海，上海教育出版社，1991。

时阐述了自己的计划。① 1805 年 8 月，他受到英国国王乔治三世的接见，兰喀斯特向乔治三世递交了《教育改良》一书，介绍了他的教学制度，并提出了要求。乔治三世对他加以赞赏，并给他每年 100 英镑的捐助。乔治三世当时说："我高度赞成你的制度。我的愿望是这个国家的每一个贫困儿童都能学会阅读《圣经》。"②

乔治三世的赞助坚定了兰喀斯特的信念，他开始极力推广其教学制度。他用 600 英镑捐款建造了两所学校。为了更好地将导生培养成教师，兰喀斯特让他们免费与自己生活在一起，但这让他陷入了负债困境。1807 年 5 月，兰喀斯特因"滥用他人钱财"而被捕入狱。出狱后，他花了 6 个月的时间在农村发表演讲，介绍他的制度并建立学校。1808 年 1 月，兰喀斯特回到伦敦，这时他遇到了对穷人的教育感兴趣的 W. 科斯顿(W. Corston)和 J. 福克斯。他们组成了一个委员会，旨在为穷人的孩子提供教育、衣物和医疗保健。在之后的三年中，兰喀斯特主要从事讲学和建校工作，而委员会则尽力增加收入、缩减开支。由于需要更多的教师，并且兰喀斯特原来的债务还未偿清，委员会决定与更多慈善者建立合作关系。到 1810 年 12 月，委员会增加了 44 人。后来，兰喀斯特和委员会之间就财务问题发生了纠纷。1814 年 4 月，他从巴勒路学校辞职。带着在新世界开始新生活的希望，兰喀斯特于 1818 年移居美国。他四处讲演、建校，后因浪费再度负债。1825 年，兰喀斯特迁居委内瑞拉。1827 年后他在加拿大和美国生活，继续实验他的教学制度。兰喀斯特于 1838 年 10 月在纽约逝世。

贝尔和兰喀斯特两人曾保持友好的关系。贝尔的《一项教育实验》于 1800 年传到兰喀斯特手中，此书给予了兰喀斯特很大启示。后来，他在《教育改

---

① ［英］奥尔德里奇：《简明英国教育史》，诸惠芳、李洪绪、尹斌苗译，76 页，北京，人民教育出版社，1987。

② David Salmon, *The Practical Parts of Lancaster's Improvements and Bell's Experiment*, Cambridge, Cambridge University Press, 1932, p.ix.

良》中表示十分感激贝尔的帮助。1804 年 11 月，兰喀斯特写信给贝尔，详细说明了自己所遇到的困难，希望得到具体的指点，贝尔遂邀请他会面。两人于 1804 年见面，兰喀斯特赞扬贝尔创造了导生制，贝尔则赞扬兰喀斯特对导生制的完善做出了贡献。但是，因为贝尔和兰喀斯特在宗教派别上存在分歧，所以当时英国出现了两大教育集团，并出现了不同的教会学校。

二、导生制

导生制又称贝尔—兰喀斯特制，即教师挑选一些年长且成绩较好的学生充当助手(导生)，先给他们讲授教材内容，再让他们教别的学生。教师把学生分成若干小组，但并不是只先教一部分学生，而其他学生在等待中浪费时间。它使教学能够在许多小组中同时进行，这在当时显然是一个创举。

导生制的具体做法大致有以下几方面。

(一)年级与班级的划分及管理

贝尔和兰喀斯特在总的分级原则上是相同的，即根据学生已有的知识程度来划分年级。

在兰喀斯特的学校里，学生的阅读课共分成八级：不识字母的学生被编为第一级，学习 A、B、C 等单字母；识字母但不识或不会拼双字母(如 ab、cd 等)的学生被编为第二级；依此类推，第三、第四、第五级的学生分别学习三个字母、四个字母、五个及以上字母组成的单词。第六、第七、第八级分别读《圣约》、《圣经》和精选文本。算术课共分为十二级，包括加法(第二级)、混合加法(第三级)、减法(第四级)、混合减法(第五级)、乘法(第六级)、混合乘法(第七级)、除法(第八级)、混合除法(第九级)等。学生在分级之前都要接受考试。一位阅读能力强但算术成绩差的学生可以在学习阅读时上高年级班，在学习算术时上低年级班，反之亦然。据兰喀斯特说，在他的学校里，3/4 的学生在学习阅读和算术时不在同一年级上课。① 如果从上阅读课转为上算术课，班级重组的时间不会超过 5 分钟。

至于班级的规模，兰喀斯特的学校每班有 10～20 名学生，贝尔的学校每班有 24～36 名学生。

兰喀斯特的学校设有管理整个学校教学的导生。新生入学时，专门负责这方面事务的导生检查新生的学习情况，然后根据其程度将其编入相应的班级。全校任命一位导生为阅读学习的总督察员，其主要职责是根据全校所有阅读班级的学生名单，检查每个学生是否达到升级的标准，经检查合格的学生便可升级。此外，各班设一名导生。

在贝尔的学校里有三种导生：导生、助理导生和互助导生。导生和助理导生由教师从高年级优秀学生中选择，也可由各班学生选举产生。各班学生分为互助导生和普通学生，前者成绩较好，后者成绩较差，实行“一帮一”式的互助。在排座位时，成绩最好的互助导生和成绩最差的普通学生坐在一起，成绩排第二的互助导生和成绩倒数第二的普通学生坐在一起，依此类推。互助导生和普通学生的位置并非固定不变，而是根据学生成绩的变化发生变动。经过努力，学习成绩超过同座互助导生的普通学生可以成为新的互助导生，而原来同座的互助导生则成为普通学生。贝尔认为，这种排座方法能促使学生互相竞争。班级的导生(每班一人)的主要任务是指导助理导生(每班一人)，检查互助导生和普通学生的学习情况及班级秩序，还要检查全班学生背诵课文。助理导生的任务是承担班级的教学工作，监督和帮助互助导生与普通学生学习。能胜任工作的助理导生也可以升为导生，同时承担导生和助理导生的任务。教师的职责则是管理和检查学校工作的各个方面，以保证学校工作正常运转。

---

① David Salmon, *The Practical Parts of Lancaster's Improvements and Bell's Experiment*, Cambridge, Cambridge University Press, 1932, p.19.

(二)教学方法

贝尔和兰喀斯特的学校主要采用沙盘教学法、缀字教学法和纸板教学法。

1. 沙盘教学法

该方法主要在低年级阅读课上使用。上课时，学生坐在长凳上，面前是一张 1 英尺①高的桌子，桌沿钉着松木框架，围成盘形模样(约 36×10 平方英寸②)，盘中散有铺平的干沙(1/2 英寸③深)。每张桌子前坐几名学生，其中有一名导生，另有两名或两名以上普通学生，以便互帮互学。导生先用右手食指在沙盘上写一个字母，然后让其他学生模仿着写，到其他学生不指导也能写这个字母时，就模写另一个字母。贝尔认为，这种方法简便易行，深得儿童喜爱；但他也认为，中高年级学生还应掌握使用铅笔和石板的技能。

2. 缀字教学法

这是一种通过拆字学习字词拼读的方法。例如，在学习单音节词 blunt 时，学生先一个个地念字母，然后再读出该词。学生学会该词的拼读后，合上课本，先读出整个词，然后再按拼写顺序读出字母。双音节和多音节词的读法一样。这种方法的原理还适用于课文阅读和算术教学。

3. 纸板教学法

这种方法主要在兰喀斯特的学校使用。它不仅适用于阅读课，也适用于算术课，并且低年级和高年级均可以用。上课时，导生将所教课文写在纸板上，再将纸板挂在墙上，学生集队面墙而立。最优秀的学生站一号位，最差的学生站末号位。提问时，一号位的学生先答，如答不出，就往下轮，谁先答出，一号位即让给谁。导生只在所有学生都答不出时才进行讲解。兰喀斯特指出，这种方法的最大优点是促使学生相互竞争、努力学习。

---

① 1 英尺约为 0.3048 米。
② 1 平方英寸约为 6.4516 平方厘米
③ 1 英寸约为 2.5400 厘米。

(三)奖励与惩罚

兰喀斯特把奖励和竞争联系起来。在他的学校里,教学过程同时是竞争过程,例如,纸板教学法中学生站的位置就是学习成绩的标志。此外,优秀的学生还可获得"阅读优秀""缀字优秀""写字优秀"等各种奖章,或者获得小车、陀螺、风筝、图画、小球、书籍、笔甚至银表等奖品。当学生从一个班升到另一个班时,也可获得奖励,导生也有权获得同样的奖励,以激励他帮助同学取得进步。有的学生还能得到在校园内带着奖品游行的荣誉。

兰喀斯特的学校还制定了严厉的惩罚措施。各班导生都备有小卡片,用以记录学生的犯错情况。一旦学生犯错,教师和导生即对他进行惩罚。惩罚的手段有戴木枷和纸高帽游行示众,被吊在教室的袋子或篮子里并忍受同学的嘲笑、奚落,等等。但据兰喀斯特说,学校实际上很少使用这些惩罚手段。

在贝尔的学校中,奖惩权由一个小评判团来行使。小评判团由导生和优秀生共10多人组成,它对表现好的学生进行奖励,奖品有日常使用的衣物、食品等,也有名誉上的表扬,银质徽章则由校长在年度考查中颁发。小评判团也对犯错误的学生实施有节制的惩罚,如关禁闭和鞭打等。

三、导生制的影响

导生制主要有五个优点。第一,省资金。导生制学校的教学设施很简陋。例如,兰喀斯特曾计算过用石板代替练习本的费用情况:60个孩子用石板一年只需要3英镑,而用练习本做同样的练习则需要99英镑。兰喀斯特的学校每个学生每年只花费0.35英镑即可入学;贝尔的学校每个学生每年只花费约0.21英镑即可接受教育。第二,省师资。兰喀斯特曾声称一名教师可以管理一所有1000名小学生的学校;贝尔则认为一名教师可以管理邻近10所千人规模的学校。① 导生制在某种程度上缓解了初等学校学生数量大而教师缺乏的问题。而且导生制学校的确普及了初等教育，取得了很大的社会性成就。②第三，学生的学习积极主动。导生制学校由于在教学中引入了竞争机制，不仅学生个人之间有竞争，班级之间也有竞争，这就能充分调动学生学习的主动性。第四，有助于学生能力的培养。导生起初只负责其他学生的学业，后来又有负责簿本的导生、报告缺课情况的导生、调查缺课原因的导生等。大家分工合作，许多学生受到了锻炼，提高了管理能力。第五，扩大了受教育者的范围，使广大贫困儿童受到最低要求的教育。

上述优点正是导生制受到欢迎和得以推广的主要原因。1808 年，英国成立了皇家兰喀斯特协会③，它和 1811 年成立的国民社的目的都是推行导生制。1820 年，约有 20 万儿童在 1500 所导生制学校里学习。④ 到 19 世纪 30 年代，导生制学校已遍及英国各地，导生制被用于初等教育，有时也被用于中等教育。⑤ 1833 年，英国国会表决通过了财政大臣阿尔索普提出的教育补助金方案，即批准一笔不超过 2 万英镑的款项，以补充私人捐款的不足，把这项拨款和私人捐款一起用于建造校舍和对大不列颠的贫民阶级子女进行教育。⑥ 后来这笔钱每年都专门拨给上述两个团体的学校。

在法国，导生制又被称为相互教学法（mutual instruction）。⑦ 据法国教育

---

① ［英］奥尔德里奇：《简明英国教育史》，诸惠芳、李洪绪、尹斌苗译，76 页，北京，人民教育出版社，1987。

② H.C. Barnard, *A Short History of English Education: From 1760 to 1944*, London, University of London Press, 1947, p.68.

③ 1814 年改名为不列颠及海外学校社团。

④ J.B.Thomas, *British Universities and Teacher Education: A Century of Change*, The Flamer Press, London, 1990, p.1.

⑤ ［英］奥尔德里奇：《简明英国教育史》，诸惠芳、李洪绪、尹斌苗译，75 页，北京，人民教育出版社，1987。

⑥ ［英］奥尔德里奇：《简明英国教育史》，诸惠芳、李洪绪、尹斌苗译，78 页，北京，人民教育出版社，1987。

⑦ ［法］孔佩雷：《教育学史》，张瑜、王强译，386 页，济南，山东教育出版社，2013。

家加布里埃尔·孔佩雷说,一位名叫戈尔捷的法国大主教在 1792 年就把相互教学法介绍到英国伦敦,这比贝尔把它从印度引入英国要早几年。所以他说:"贝尔和兰喀斯特是相互教学法的传播者,这已经得到了人们的公认。""事实上,他们并非这种教育模式的发明者,他们只是使这种教育模式流行起来。我们在印度或者法国可以追溯到相互教学法的起源。"①孔佩雷还说:"相互教学法在巴黎一些学校的应用一直持续到 1867 年,在很长一段时间内享有盛誉。"②在法国的复辟王朝时期,相互教学法取得了巨大的成功,"它已经成为一种时尚,甚至达到狂热的程度"③。

此外,导生制还流传到美国、意大利、瑞士、比利时、加拿大、俄国等国家。大约在 1809 年,导生制被介绍到美国,兰喀斯特还亲自到美国宣传和推广导生制。兰喀斯特的教学法于百日王朝时传入法国,到 1828 年,法国已有约 600 所导生制学校。德国教育家赫尔巴特于 1814 年专门写了《论贝尔式教学方法》一文④,对贝尔及兰喀斯特的教学方法做了分析,还把他们和裴斯泰洛齐的教学方法做了比较。

导生制在当时促进了英国及其他国家初等教育的发展,同时它也是英国师范教育的雏形。1847 年,在导生制的基础上,英国建立了教生制,即在初等学校中挑选出优秀的 13 岁少年充当教师的助手,以艺徒制的方式边学边教,5 年期满可任正式教师。另外,导生制对于当今世界的全民教育仍有可供借鉴的地方,例如,实行勤俭办学,争取社会捐款,提倡学生之间互帮互学,学生自我管理,等等。

当然,导生制也有其缺陷和历史局限性。

---

① [法]孔佩雷:《教育学史》,张瑜、王强译,387 页,济南,山东教育出版社,2013。
② [法]孔佩雷:《教育学史》,张瑜、王强译,387～388 页,济南,山东教育出版社,2013。
③ [法]孔佩雷:《教育学史》,张瑜、王强译,388 页,济南,山东教育出版社,2013。
④ 全文见 [德]赫尔巴特:《赫尔巴特文集·教育学卷二》,284～286 页,杭州,浙江教育出版社,2002。

第一，贝尔和兰喀斯特的办学都是为英国教会教育服务的。在当时的英国，普通学校教育几乎是宗教教育的同义语，正如恩格斯在《英国工人阶级状况》一书中所指出的：

高教会成立了自己的国民学校①，每一个教派也都成立了自己的学校，它们这样做的唯一目的就是要留在本教派教徒的孩子，如果可能的话，还要从其他教派那里把可怜的孩子争取过来。结果是，宗教，而且恰好是宗教的最无聊的一面，即对异教教义的辩驳，成了最主要的课程，孩子们脑子里塞满了各种无法理解的教条和神学上的奥义，从很小的时候就激起教派的仇恨和狂热的迷信，而一切理性的、精神的和道德的教育却被严重地忽视了。工人不断要求议会建立纯世俗的公共教育制度，而把宗教教育交给各教派的神职人员去管，但是到目前为止，还没有一届内阁同意采取这类措施。这是必然的。内阁大臣是资产阶级的驯服的奴仆，而资产阶级又分成无数的教派；每个教派都只有在他们能够使工人同时接受这个教派所特有的教条作为抗毒素的时候，才同意工人受教育，否则，让工人受教育是危险的。②

第二，儿童的互教互学在家中是很平常的事，而家长和儿童所期望的是在学校中直接接受成人教师的教导。如果教学工作都委托给了导生，那就几乎谈不上正规的教育了。因为无论导生的学习成绩相较于其他普通学生来说多么优秀，都比不上正式的教师。

第三，导生制学校难以教给学生系统的、充分的知识，强调廉价而忽视

---

① 即贝尔派的学校。
② 《马克思恩格斯全集》第一卷，424～425页，北京，人民出版社，2009。

教育质量。

第四，导生制的教学方法机械，标准低下，班级人数过多，教育理想贫乏。

所以，随着国家逐渐参与普通教育事业，以及师范教育的发展和办学条件的改善，到1840年以后，导生制学校就逐渐没落并最终消亡了，因为它所赖以存在的基础逐渐消失了。正如美国教育哲学家和教育史学家约翰·S.布鲁巴克所说："导生制教学方法做出了历史性贡献，赢得民众对学校的支持。因为从表面上看，似乎公共教育可以保持很低廉的成本和费用。尽管如此，导生制教学方法还是很快就淡出人们的视野，因为民众很快认识到，导生制难以提升教学的质量。"①

孔佩雷在对相互教学法(即导生制)进行分析时说："相互教学法的历史表现出三个重要事实：一是在唤醒民众对教育问题的关注方面发挥了鼓动作用；二是在特殊情况下使用的权宜之计，没有绝对的评价标准；三是如果把这种权宜之计转变成适用于任何情况的万能的'教育制度'，这是具有风险的。"②

---

① [美]布鲁巴克：《教育问题史》，单中惠、王强译，227页，济南，山东教育出版社，2012。
② [法]孔佩雷：《教育学史》，张瑜、王强译，403页，济南，山东教育出版社，2013。

第四章

英国功利主义教育思想

法国教育家孔佩雷指出："英国哲学具有实验的和实践的特点，体现出实证主义和功利主义的倾向，对教育也产生了重大影响。"[①]功利主义教育思想是在19世纪20—30年代英国激进主义运动中出现的。其主要代表人物是边沁、詹姆斯·穆勒和约翰·穆勒。尽管功利主义者对教育的主张并不完全一致，但一般来讲，他们要求每一个人都享有受教育的权利，主张教育的目的是幸福，提出普及初等教育以及改革中等和高等教育，实施多方面的教育，重视道德教育，提倡功利主义伦理观。功利主义对19世纪英国社会改革产生了深刻的影响，对此时英国教育的发展也产生了重要的影响。

第一节　边沁的教育思想

杰里米·边沁是英国功利主义学派的创始人。他出生于一个富裕的律师家庭，幼年时聪慧好学，有"神童"之称。"据说他在3岁时已读毕保罗·拉潘

---

① ［法］孔佩雷：《教育学史》，张瑜、王强译，406页，济南，山东教育出版社，2013。

的八大卷《英格兰史》(*History of England*),并已开始学习拉丁文。"①边沁的父亲对儿子的教育极其严厉,所采用的教学法"令人窒息"②。1755 年,7 岁的边沁入威斯敏斯特皇家书院,5 年后毕业;1760 年 6 月,12 岁的边沁入牛津大学女王学院,主要学习逻辑学,3 年后获学士学位;1763 年入林肯法学院攻读法律;1766 年,18 岁的边沁获硕士学位。

边沁结束学业后从事律师工作。当时司法界的腐败状况令他不满,于是他不久后便结束了律师生涯,主要致力于研究法理学和政治。他的代表作之一《道德与立法原理绪论》(*An Introduction to the Principles of Mroals and Legislation*)于 1789 年出版,该书首次系统地阐述了功利主义原理的主要内容和基本特征,奠定了边沁在功利主义伦理学和法理学领域的权威地位。此外,边沁的主要著作还有《义务论》(*Deontology*)、《行为的原动力》(*Springs of Action*)等。

一、功利主义伦理观

(一)人性规律和功利主义基本原理

边沁认为,趋乐避苦是人性的一条普遍规律,也是功利主义伦理学的基本出发点。对此,他在《道德与立法原理绪论》一书中做了充分的阐述。他说:

> 自然把人类置于两个至上的主人——"苦"与"乐"的统治之下。只有它们两个才能够指出我们应该做些什么,以及决定我们将要怎样做。在它们的宝座上紧紧系着的,一边是是非的标准,一边是因果的链环。凡是我们的所行、所言和所思都受它们支配:凡是我们所作一切设法摆脱它们统治的努力,都足以证明和证实它们的权威

---

① [美]杜兰:《世界文明史》,幼狮文化公司译,315 页,北京,东方出版社,1999。
② [美]杜兰:《世界文明史》,幼狮文化公司译,315 页,北京,东方出版社,1999。

*之存在而已。*①

边沁指出：

　　所谓功利，意即一种外物给当事者求福避祸的那种特性，由于这种特性，该外物就趋于产生福泽、利益、快乐、善或幸福(所有这些，在目前情况下，都是一回事)，或者防止对利益攸关之当事者的祸患：痛苦、恶或不幸(这些也都是一回事)。假如这里的当事者泛指整个社会，那么幸福就是社会的幸福；假如具体指某一个人，那么幸福就是那个人的幸福。②

边沁又指出：

　　功利原则指的就是：当我们对任何一种行为予以赞成或不赞成的时候，我们是看该行为是增多还是减少当事者的幸福；换句话说，就是以该行为增进或者违反当事者的幸福为准。这里，我说的是对任何一种行为予以赞成或不赞成，因此这些行为不仅要包括个人的每一个行为，而且要包括政府的每一种设施。③

按照功利原则，凡能增进当事者快乐的行为在道德上都被称为"善"，在政治上则被称为"正义"，在法律上可被称为"权利"。

后来，边沁感到"功利"一词的含义还不够明确，特别是它"不会使我们

---

① 周辅成：《西方伦理学名著选辑》下卷，210～211页，北京，商务印书馆，1987。
② 周辅成：《西方伦理学名著选辑》下卷，212页，北京，商务印书馆，1987。
③ 周辅成：《西方伦理学名著选辑》下卷，211～212页，北京，商务印书馆，1987。

想到利益攸关的人的数目"①，而道德原理只有突出人的数目才可能最大限度
地帮助形成是非的标准。于是，他主张用"最大多数人的最大量幸福"一说来
代替"功利"一词，并把"最大多数人的最大量幸福"原理作为功利主义学说的
最基本原理。② 因此，功利原则和功利主义又分别被称为最大幸福原则和最大
幸福主义。

至于个人利益与社会利益的关系，边沁认为，社会利益就是组成社会之
所有单个成员的利益之总和。因此，"不了解个人利益是什么，而侈谈社会利
益，是无益的"③。这里，边沁提倡以个人利益为基础的社会利益，并试图用
哈特利的联想主义心理学原理去协调个人利益与社会利益。边沁认为，当人
们在追求个人幸福时，由于观念联想的作用，也会关心他人的幸福。因为人
们追求快乐主要是追求快乐的数量，而这种数量和快乐的广度有关，即和分
享快乐的人数有关；享受快乐的人越多，个人享乐的量也就越大。因此，个
人快乐量的增加与社会幸福量的增加是一致的，越追求个人利益，增加个人
的快乐量，则越能最大限度地增加享乐人数，从而促进最大多数人的最大量
幸福。

边沁提出的功利主义原理是有针对性的。第一，它是针对封建的禁欲主
义道德原则的。边沁指出：

> （禁欲主义原则）同功利原则一样，也是以任何一种行为趋向于
> 增加或减少当事者的幸福为准来决定对之褒贬的；不过方式正相反；
> 这种原则之赞成行为是以它们趋向于减少当事者幸福为准的，它之

---

① 周辅成：《西方伦理学名著选辑》下卷，211页，北京，商务印书馆，1987。

② 周凯敏：《十九世纪英国功利主义思想比较研究》，17页，上海，华东师范大学出版社，1991。

③ 周辅成：《西方伦理学名著选辑》下卷，212页，北京，商务印书馆，1987。

反对行为是以它们趋向增加当事者幸福为准的。①

禁欲主义原则只是统治者愚弄被统治者的工具，它"从来不曾，也从来不能为任何活着的人所坚持奉行。只要让地球上 1／10 的居民坚持奉行它，不超过一天，就会把地球变成地狱了"②。

第二，边沁的理论是针对道德上的神学原则的。在边沁看来，这种神学原则只是教士们所信奉的道德原则。

> 它把一切都扯到上帝的喜悦上去。但什么是上帝的喜悦呢？上帝又不跟我们说话，也不给我们写信(他现在就不)。那么我们怎么知道他喜悦什么呢？这实际上是：说这种话的人自己喜欢什么，就说上帝喜悦什么。于是，所谓上帝所喜悦的(启示除外)无非是也必然是这个人(不管他是谁)自己所喜悦的。③

因此，这种神学原则就是虚伪的、骗人的。

边沁的功利主义原理有几点值得注意。其一，他力图达到利己与利他相统一，因此，功利主义和一般的利己主义或纯粹的个人主义不同。其二，他把社会利益解释为个人利益的总和，即所谓"公益合成说"，这在理论上说不通，因为社会的共同利益和社会成员的个人利益是有区别的。社会虽然是由个人组成的，但社会一旦组成，就有了不同于某一个人利益甚至违背个人利益的共同利益，集团、阶级也是如此。例如，以资产阶级为例，个别资本家的利益总是尽可能少发工资、多获利益，至于工人能否生存，能否养育健康

---

① 周凯敏：《十九世纪英国功利主义思想比较研究》，217 页，上海，华东师范大学出版社，1991。

② 周辅成：《西方伦理学名著选辑》下卷，217 页，北京，商务印书馆，1987。

③ 周辅成：《西方伦理学名著选辑》下卷，221 页，北京，商务印书馆，1987。

的、有一定文化的后代，他们是不予考虑的。但从整个资产阶级来讲，工人阶级能否生存及养育有一定素质的后代则是重要的，因此，从长远和整体来看，必须在一定程度上限制工人劳动时间，提供必要的工资。

(二)道德估算原理

为了能具体贯彻自己所提出的功利原则，边沁把数学计算方法引入伦理学，提出了道德估算原理，即通过对快乐和痛苦的数量进行数学运算或统计，从而判定一个行为的总趋向到底是快乐还是痛苦。为了确定痛苦与快乐的总量，边沁提出了七个价值因素或价值元：①强度；②持久性；③确定性；④时间上的迫近性或遥远性；⑤继生性，即"苦乐之后随之产生同类感受的机会，也就是乐后之乐、苦后之苦"①；⑥纯度，即"苦乐之后不产生相反感受的机会，也就是不产生乐后之苦、苦后之乐"②；⑦范围，即"苦或乐扩展所及的人数，或者换句话说，受苦乐影响的人数多少"③。而具体的计算则分为不同类型，较为复杂。

边沁的道德估算原理主要把快乐的数量作为衡量善恶的标准，但他忽视了快乐的质量。对于这一点，约翰·穆勒进行了必要的补充。

(三)道德制裁

伦理学还往往涉及这样一个问题：是什么力量或原因促使人们去遵守道德准则？又是什么力量或原因约束人们不去违背道德准则？对此，边沁认为存在四种有关道德的制裁，也就是道德的约束力。

第一，自然的制裁。例如，一个人过有节制的生活，保持身体健康，则心情愉快；反之，纵欲过度，染上疾病，则会受到折磨。

第二，政治的制裁，如法律的制裁。

---

① 周辅成：《西方伦理学名著选辑》下卷，226页，北京，商务印书馆，1987。
② 周辅成：《西方伦理学名著选辑》下卷，226页，北京，商务印书馆，1987。
③ 周辅成：《西方伦理学名著选辑》下卷，227页，北京，商务印书馆，1987。

第三，道德或公众的制裁。这类似于舆论的褒贬。

第四，宗教的制裁。例如，个人出于对上帝或教会的畏惧而不敢作恶。

以上四种制裁都是外在的制裁。它的意义在于肯定了社会因素对于维持道德的作用，而它的不足是忽视了培养人的道德自觉性。因此，约翰·穆勒提出要培养良心，即道德的内部制裁力。

总体来说，边沁的功利主义伦理观有一定的合理性，对于西方的道德教育产生了一定的影响。

二、对教育问题的看法

边沁的《功利主义示范学校》(*Chrestomathia*)中有许多有关教育的论文。另外，他的《论编纂法典与社会教育》一书也和教育问题有关。

边沁是19世纪初英国资产阶级激进派的代表人物，他在政治和伦理上主张人的权利平等，要求社会改革，还把工人阶级的教育看作解放资本的一个必要手段。因此，他和一些思想家(包括法学家布莱克斯顿、经济学家亚当·斯密和约翰·穆勒等)一起大声疾呼，要求给所有人提供教育的机会。边沁曾投身于缩短工时、制定和修改英国工厂法的斗争，以争取使童工受到一定的教育。

在提倡初等义务教育的同时，边沁还要求改革当时的中等和高等教育。例如，他曾在《功利主义示范学校》中提出创建一所以功利主义原则为基础的新型中学的方案。这所中学是为中上层人士的孩子办的。它提供一种百科全书式的教育，教学内容既有古典的内容，也有自然科学的知识和职业技术方面的训练，但这一办学方案最终并没有得到实施。在高等教育方面，牛津大学和剑桥大学已不能适应19世纪初英国社会发展的需要(原因一是古典教育仍占统治地位，二是师生必须信奉英国国教)，对此，出于科学进步等方面的考虑，边沁和詹姆斯·穆勒等人一起大力支持在伦敦创办一所新的大学。

1828年，一所新型学院诞生，它和1831年成立的国王学院于1836年合并成为新的伦敦大学。在筹建伦敦大学时，边沁已年近80岁，故他并未公开参与有关创建工作的讨论，但很可能参与了幕后的讨论，实际上也曾给予财力上的支持，并且伦敦大学的创办者们"实践了边沁的许多思想"[1]，因此，边沁被列为伦敦大学的建校先驱之一。[2] 可以说，边沁在英国高等教育发展史上留下了他的足迹，起了促进作用。

边沁是一名社会改造者。18世纪80年代在俄国旅居期间，他在弟弟的协助下完成了他的监狱制度改革方案，这是他后来整个政治体制改革方案的一部分。边沁设计了一种"圆形监狱"，主张废除体罚，通过适当的劳动和教育去改造罪犯。他认为，应对罪犯进行必要的教育，包括基础文化知识、宗教道德和生产技艺等方面的教育，这样不但可以改变罪犯的精神面貌，还可以使他们出狱后能凭自己的文化知识和一技之长谋取正当的职业，改过自新。边沁的计划当时并未受到英国政府真正的重视，但受到了其他国家的关注。19世纪初，俄国沙皇亚历山大一世在彼得堡率先建造了一座"圆形监狱"；1920年，美国伊利诺伊州也建造了一座类似的监狱。因此，有人称边沁是"监狱制度现代化的先驱者"[3]。

边沁还提出了许多有关教育工作的原则，如取消体罚、让学生自治等。

边沁对19世纪英国空想社会主义者欧文在苏格兰的教育实验也表示赞赏。

---

[1] 王承绪：《伦敦大学》，22页，长沙，湖南教育出版社，1995。
[2] 王承绪：《伦敦大学》，17页，长沙，湖南教育出版社，1995。
[3] 周凯敏：《十九世纪英国功利主义思想比较研究》，79页，上海，华东师范大学出版社，1991。

第二节　詹姆斯·穆勒的教育思想

詹姆斯·穆勒是英国功利主义经济学家、历史学家及联想主义心理学的代表人物。他出生于苏格兰农村的小手工业者家庭。他于 1790 年进入爱丁堡大学，后获硕士学位。毕业后他当过几年家庭私人教师和学校教师。1802 年，他前往伦敦，次年创办了《文学杂志》，同时从事写作。1819 年起，他在东印度公司任职，历时 10 余年。1836 年 6 月，他因患肺病在伦敦去世。詹姆斯·穆勒的主要著作有：《英属印度史》(*History of British India*，简称《印度史》，1818)、《政府论》(*Essay on Government*，1820)、《政治经济学要义》(*Elements of Political Economy*，1821)、《人类心理现象分析》(*Analysis of the Phenomena of the Human Mind*，1829) 等。此外，他的许多论文被收入《大英百科全书》(*Encyclopedia Britannica*)第五版的增补本(1825)作为条目，主要内容涉及政治、法理学和教育等。

一、论观念联想与功利

詹姆斯·穆勒在他的心理学和哲学著作《人类心理现象分析》中发展了英国哲学家休谟、哈特利等人的联想主义心理学理论。他力图用观念联想的心理学原理去解释一切心理现象，并进而论证功利主义的伦理观。哲学家索利曾指出，詹姆斯·穆勒在《人类心理现象分析》中"为功利主义的上层建筑打下了心理学基础"[1]。由此可见，詹姆斯·穆勒关于观念联想的学说是他的功利主义观的理论基础。

詹姆斯·穆勒认为，一切心理现象都源于感觉，观念则是感觉所留下的摹本、影像，而观念互相联合(联想)就产生更复杂的观念。他说：

---

[1]　[英] 索利:《英国哲学史》，段德智译，242 页，济南，山东人民出版社，1992。

例如，我看见一匹马，那是一个感觉。立刻我就想到这匹马的主人，那就是一个观念。它主人这个观念又使我想起他的官职；他是一个大臣，那是另一个观念。大臣的观念又使我想起国事，这样引起我的一大串关于政治的观念。忽然听到请用晚餐了，这是一个新感觉，跟着就是对于晚餐和同席的人的观念，同席者和食物的形象又是另一种感觉；这些感觉又引起无数观念。别的感觉又不断横插进来，引起其他观念。这个过程总是这样发展下去。①

但是，詹姆斯·穆勒认为，联想只是观念与观念之间机械地联合，这是他的理论缺陷。

在詹姆斯·穆勒看来，在联想原则支配下，每个人都能够从自爱联想到爱他人，从个人的快乐联想到他人的快乐、社会的快乐，这样，利己与利他就能在观念联想的基础上统一起来。

二、论教育目的

詹姆斯·穆勒的教育思想集中体现在他为《大英百科全书》所写的题为《教育》的长篇论文中。他的教育目的论体现了他的功利主义思想。

詹姆斯·穆勒在《教育》中的第一句话就是："教育的目的是使个人尽可能成为幸福的工具，先是为他自己，接着是为其他人。"②他这里所讲的教育的目的实际上有两个：一是追求个人的幸福，二是为他人谋幸福。

(一)关于个人的幸福

詹姆斯·穆勒认为，个人的幸福并不意味着去追求每一种快乐或满足每

---

① 蓝德：《西方心理学家文选》，唐钺译，1页，北京，科学出版社，1959。

② W. H. Burson, *James Mill on Education*, Cambridge, Cambridge University Press, 1969, p.41.

一个短暂的欲望。相反，它意味着要抵制某些欲望、克制某些快乐，从而追求那些能带来更大的满足以及尽可能多的幸福的愿望和快乐。因此，他认为必须培养节制和坚忍的品德，节制是抵制欲望和激情的力量，坚忍则是承受痛苦的能力。詹姆斯·穆勒说：

> 如果一个人在本性上有任何欲望使他去追求与对幸福的最有效追求相矛盾的东西……罪恶就产生了。那么，对一个人的欲望和愿望来说，能够确保他防止冲动并能够经常去追求他所认可的东西的最佳方法，就是必须使他去谋求尽可能多的幸福。这就是古代哲学家所说的节制。①

在詹姆斯·穆勒看来，只有借助节制，人们才能获得尽可能多的快乐，因为一般来说，满足短暂的欲望不会带来持久的快乐，反而阻止了对持久快乐的追求；要想获得幸福，就必须追求持久的快乐。约翰·穆勒曾这样评价他的父亲詹姆斯·穆勒：

> 他在道德标准上是伊壁鸠鲁②学派的，也就是功利主义的，将行为产生的是快乐还是痛苦作为决定是非的唯一标准。但是他又不贪图快乐……他认为大多数生活中的失败都是过分重视快乐的后果。因之，希腊哲学家所指的广义的克制——就是所有欲望必须止于适度这一点上——对他来说同对那些希腊哲学家一样，几乎是教育箴言的中心要旨。③

---

① W.H.Burson, *James Mill on Education*, Cambridge, Cambridge University Press, 1969, p.63.

② 伊壁鸠鲁(Epicurus，公元前341年—公元前270年)，古希腊哲学家。

③ [英]穆勒：《约翰·穆勒自传》，吴良健、吴衡康译，36页，北京，商务印书馆，1987。

总之，詹姆斯·穆勒主要强调的是教育人们学会放弃眼前的利益，而去追求长远的利益和幸福。

(二)关于他人的幸福

詹姆斯·穆勒认为，教育在引导受教育者去追求自己的幸福的同时，还要把他们培养成为尽可能给他人谋求幸福的人。他说："一个人可以影响他人的幸福，或者避免伤害他人，或者做有益于他人的事。避免伤害他人就叫公正；有益于他人则称为慷慨。公正和慷慨是适于一个人促进同伴幸福的两种品质。"①

在詹姆斯·穆勒看来，为了能给他人谋求幸福，每个人必须考虑自己的行为对他人的影响。每个人应该具有能产生最大量的快乐的行为，但不必过多考虑是谁享受这快乐。显然，谋求他人幸福的教育目的所包含的不仅是普遍幸福的理想，还有平等的原则——每个人都平等地值得我们考虑的原则。幸福必须不仅要扩展到最大限度，还必须公正地分派。

对于詹姆斯·穆勒来说，第一个目的——教育为了个人的幸福——不仅是一种目的，也是一种手段。它是达到第二个目的的必要措施。因为自己必须先体验过真正的幸福，否则就不知道带给他人什么。但是，归根结底，詹姆斯·穆勒指出："公共利益的意识——形成这种意识并赋予它形式，是良好教育的最终目的。"②詹姆斯·穆勒这方面的思想也影响了他的长子约翰·穆勒，后者也认为教育有利于培养利他主义的倾向以及其他高尚的道德情操。

此外，詹姆斯·穆勒还论述了行动的动机。他认为，动机是重要的，教育要培养人正确的动机。

詹姆斯·穆勒的教育目的论后来遭到法国社会学家和教育家涂尔干的批

---

① W. H. Burston, *James Mill on Philosophy and Education*, London, The Athlone Press, 1973, p.104.

② W. H. Burston, *James Mill on Philosophy and Education*, London, The Athlone Press, 1973, p.122.

评。涂尔干指出，詹姆斯·穆勒的教育目的乃是使个体成为一个为自己和同样的人谋幸福的工具，这种说法不能令人满意，因为"各人都是用自己的方式对幸福做出评价的，幸福主要是一种主观的事物。这样的表述使教育目的成为不确定的，因而使教育本身也成为不确定的，其原因就在于它让各人随意做出解释"①。

三、论教育对人的心理的影响

詹姆斯·穆勒认为，教育的目的是幸福，而幸福要依赖两个东西：直接地说，它取决于人的身体；间接地说，它取决于人的心理及人的心理品质。就身体和保健来说，这主要是医生等人所要专门研究的问题；而人们应如何采用各种可能的手段，通过各种可能的途径，来使心理适应教育的目的，这才是教育所要研究的问题。詹姆斯·穆勒认为，其中有两个问题值得考虑：其一，教育应使人具有哪些心理品质（心理品质就是实现幸福这一目的的手段或途径）？其二，为了培养有关的心理品质，应实行哪些教育？

（一）教育所要培养的心理品质主要是智力、节制、公正和慷慨

詹姆斯·穆勒认为，人最重要的心理品质就是智力，但他所讲的智力和现在心理学讲的智力不同。他所讲的智力包含两个方面：知识和洞察力。人们为了获得幸福，就要具有丰富的知识，但仅有知识是不够的，还必须有选择和辨别的能力，而这就是洞察力。对于一个人来说，知识和洞察力两者缺一不可。"知识提供材料，而洞察力对此施加影响；知识表明事实存在，而洞察力使知识得以最大地利用；知识表明什么可行、什么不行，而洞察力在适当的时候抓住任何适合某一特定目的的手段，并把这些手段统一起来。"②

---

① 张人杰：《国外教育社会学基本文选（修订版）》，2 页，上海，华东师范大学出版社，2009。

② W.H.Burson, *James Mill on Education*, Cambridge, Cambridge University Press, 1969, p.63.

詹姆斯·穆勒所讲的节制不同于宗教上为了取悦上帝、遵奉信条而对快乐进行的克制。它主要指抵制一时的嗜好，追求持久的快乐。这包括抵制即时的快乐和抵制痛苦两种力量，而抵制痛苦也就是坚忍。[①]

詹姆斯·穆勒把公正和慷慨合称为"仁慈"。智力和节制都指选择可能的方式改正错误，以获得个人的幸福。而为了给他人以幸福，就必须做到公正和慷慨，即不做有害于他人的事（公正）和做有益于他人的事（慷慨）。

以上所讲的节制、公正和慷慨实际上也是詹姆斯·穆勒功利观的有关内容。

(二)要实行多方面的教育

这里首先要说明的是，詹姆斯·穆勒在题为《教育》的论文中所讲的教育不是仅指学校教育，而是指一个广义的概念——所有对人的成长起作用的环境或条件。从他的文章中可以看到，他明显地受到洛克、爱尔维修的教育决定论、环境决定论的影响。

詹姆斯·穆勒认为，人所处的环境主要有两类：物质环境和精神环境。

物质环境包括两个方面：一是身体的健康状况、年龄、性别及气质等，詹姆斯·穆勒认为人身体的状况和人的心理是有联系的；二是外部环境，如食物、气温、空气、劳动、活动、休息等。人们应该创造和利用有利于人的发展的物质环境和条件。

精神环境主要指四个方面的教育。首先是家庭教育，它指家人早期对儿童的各种影响，是人的性格形成的基础，其重要性不言而喻。詹姆斯·穆勒指出，有一条关于人性的规律，即人们最先获得的感受会产生最大的结果或影响，它们久而久之就成了习惯（这种习惯也就是人的基本品质），因为儿童

---

① W.H.Burson, *James Mill on Education*, Cambridge, Cambridge University Press, 1969, p. 64.

的心理是柔嫩的，容易受到外部的影响。① 他主张让儿童从一开始就受到真实和自然的教育，即让儿童认识事物的本来面目和秩序。例如，家长往往竭力避免儿童遭受各种痛苦，而实际上生活中既有快乐也有痛苦，于是儿童长大后就难以面对痛苦，所以应让儿童从小对痛苦有所体会。詹姆斯·穆勒强调要从幼年起逐步培养儿童的智力、节制、公正和慷慨等心理品质。其次是技术教育，詹姆斯·穆勒有时称之为学术教育或自由教育。② 在詹姆斯·穆勒看来，那些有利于人的智力发展、有利于劳动人民子女掌握手工技艺的都属于技术教育。再次是社会教育，即社会环境对人的影响。詹姆斯·穆勒认为，社会（尤其是它的政治体制）对每个人的思想和行为方式有很大影响，但关键是要对每个社会成员产生好的而不是坏的影响。最后是政治教育，即政治环境（政治机器）对人的影响。社会教育和政治教育有重复之处。

尽管詹姆斯·穆勒提出要进行上述四个方面的教育，但他并没有对具体的教育内容及方法进行详细阐述。

对当时的一些教育现实问题，詹姆斯·穆勒也阐述了自己的观点。

第一，主张社会平等，要求普及初等教育。詹姆斯·穆勒认为，儿童和少年应该接受教育，如果他们在十五六岁之前就参加劳动而不接受足够的教育，就会使一个国家的生产力和经济发展受到损失。他还指出，如同我们要求穷人和富人一样具有公正、节制和诚实的品质，我们也应使穷人和富人的智力得到同样的发展，也就是使他们受到同样的教育。

第二，支持导生制。由于当时普及教育的一个难题是学生人数多和学校、教师数量少的矛盾，因此，为了解决这一问题，詹姆斯·穆勒和边沁一样赞成导生制。然而，詹姆斯·穆勒不同意贝尔派以国教控制教育的主张，而支持

---

① W.H.Burson, *James Mill on Education*, Cambridge, Cambridge University Press, 1969, p.92.

② W.H.Burson, *James Mill on Education*, Cambridge, Cambridge University Press, 1969, p.44, 103.

兰喀斯特派的办学思想，即实行不分宗教派别的学校教育。为此，他于1812年在《慈善家》(*Philanthropist*)杂志上发表了题为《学校面向大众，而不只面向教士》(Schools for All, in Preference to Schools for Churchmen Only) 一文。

第三，提倡感觉教育。詹姆斯·穆勒认为，人的心理现象起源于感觉，因此，教育要从感觉开始。

《詹姆斯·穆勒论教育》(*James Mill on Education*)一书的作者伯森对詹姆斯·穆勒的教育思想给予了较高的评价，认为《教育》是"用英语写的、最好的有关教育的论文之一""明确地把教育理论建立在心理学的基础上"①。

当然，詹姆斯·穆勒的教育思想也有矛盾的地方。例如，在《教育》中，他虽然也提倡体育，但又说智力发达的伟人往往身体很弱，因此，体力强壮可能对道德和智力产生不利影响，这显然是错误的。

詹姆斯·穆勒不仅提出了一些教育思想，而且亲自参与教育实践活动。这主要表现在两方面。一是支持创办伦敦大学。在建校过程中，他"代表边沁主义和各方面的进步力量，与伦敦商业区的商界和财界人士经常往来"②，以寻求他们的支持。他也是伦敦大学第一个校务委员会的二十四名成员之一，而且是一个积极的成员。二是他依照自己的意见，亲自承担对其长子约翰·穆勒及其他子女的教育工作，而且把约翰·穆勒培养成著名的学者。这在约翰·穆勒的自传中有较详细的记载。

第三节　约翰·穆勒的教育思想

约翰·斯图尔特·穆勒是英国哲学家、经济学家、逻辑学家。他出生于

---

① W.H.Burson, *James Mill on Education*, Cambridge, Cambridge University Press, 1969, p.40.

② 王承绪:《伦敦大学》，20页，长沙，湖南教育出版社，1995。

伦敦，是詹姆斯·穆勒的长子，在父亲的严格教育下长大（詹姆斯·穆勒对约翰·穆勒的教育方法与边沁的父亲对边沁的教育方法如出一辙）。1820—1821年，约翰·穆勒随边沁的弟弟塞缪尔·边沁游学法国。1822—1826年，约翰·穆勒邀集一批志同道合的青年成立了一个"功利主义学社"（Utilitarian Society），学习和研讨边沁的学说。1823年5月，他在父亲的安排下到英国东印度公司的《印度通讯》（India Correspondence）检察官公署任职，1856年升为主任，1858年辞职。1865年，约翰·穆勒作为威斯敏斯特地区的代表被选为英国议会下议院议员，1868年落选去职。1873年，约翰·穆勒在法国去世。

约翰·穆勒是一位大思想家，其代表著作有：《逻辑学体系》（A System of Logic）、《政治经济学原理》（Principles of Political Economy）、《论自由》（On Liberty）、《代议制政府》（Considerations on Representative Government）、《功利主义》（Utilitarianism）、《奥古斯特·孔德和实证主义》（Auguste Comte and Positivism）、《威廉·汉密尔顿哲学的研究》（An Examination of Sir William Hamilton's Philosophy）、《在圣安德鲁斯大学的就职演说》（Inaugural Address at the University of St. Andrews，简称《演说》）、《论妇女的从属地位》（The Subjection of Women）、《自传》（Autobiography）等。其中和教育有关的主要是《演说》与《自传》。

一、论国家的教育职责

约翰·穆勒在作为下院议员的三年中就社会改革（包括教育改革）在议会中做了许多重要讲演，他把工人阶级的教育看成解放资本的重要手段，提倡民众教育和妇女教育，呼吁实施初等义务教育。马克思说，约翰·穆勒是"力图使资本的政治经济学同这时已不容忽视的无产阶级的要求调和起来"[①]。

约翰·穆勒虽然要求国家推行义务教育，但他作为资产阶级个人主义者，担心政府过多地干预个人的生活，所以不赞成政府设置学校和过分干预教育。

---

① 马克思：《资本论（纪念版）》第一卷，17页，北京，人民出版社，2018。

他认为，给儿童选择教育场所和举办学校应由家长和私人来处理，政府不宜侵犯这种自由。在《论自由》一书中，约翰·穆勒指出，人们现在把国家应当教什么、应当怎样施教等难题转成党派论战的主题，徒然地把应当用于实施教育的时间和劳力消耗在关于教育的争吵上；其实，只要承认强行普遍教育的义务，这些难题就一概可告结束。政府只需要决心要求每个儿童都受到良好教育，并不必自己操心去办这个教育。父母想让子女在哪里得到怎样的教育，这可以随他们的便。国家只需要帮助家境比较困难的儿童付学费，对完全无人支付学费的儿童代付全部入学费用。他认为，由国家强制教育是一回事，由国家亲自指导教育是完全不同的另一回事；人们所列举的反对国家教育的一切理由对于前者并不适用，对于后者则是适用的。他反对把人民教育的全部或大部分权利交在国家手里。约翰·穆勒强调：

> 要由国家主持一种一般的教育，这无非是要用一个模子把人们都铸成一样；而这个模子又必定是政府中有势者——无论是君主、是牧师、是贵族，或者是现代的多数人民——所乐取的一种，于是就不免随其有效和成功的程度而相应地形成对于人心并自然而然跟着也形成对于人身的某种专制。这种由国家设置和控制的教育，如果还有存在之余地，也只应作为多种竞赛性的实验之一而存在，也只应以示范和鼓舞其他教育机关达到某种优良标准为目的来进行。实在说来，只有当整个社会状态落后到不能或不想举办任何适当的教育机关而非由政府担负起这项事业不可的时候，在"两害相权取其轻"的考虑之下，才可以让政府自己来主持学校和大学的业务；正如一国之内若没有某种形态的私人企业适于担负工业方面的重大工作，政府便可以自己举办联合股份公司的业务。但是一般说来，如果国内不乏有资格能在政府维护之下举办教育事业的人士，只要法律既

规定实行强迫教育，国家又支付贫寒子弟助学金，以保证办学不致得不到报酬，那么，他们就会能够也会情愿根据自愿原则办出一种同样良好的教育的。①

显然，在约翰·穆勒看来，政府或国家的教育职责应只限于推行强迫教育并提供资助，而不必直接办学校和过分干预教育事业，以免破坏英国由私人或宗教和慈善团体办学校的传统，同时也可确保学生个性的充分自由发展。他的这种思想在当时有一定的代表性。1870年的《初等教育法》中折中的"填补空缺"（由公办学校填补教会学校的不足）的原则就和这种思想有关。

二、论自由教育

约翰·穆勒曾于1865年被选为苏格兰圣安德鲁斯大学的名誉校长。根据苏格兰大学的传统，名誉校长一般由校外著名人士担任，由学生选举，主要任务是代表学生发声和保护学生利益。约翰·穆勒当时因正忙于议会选举和其他政治事务，他在圣安德鲁斯大学的就职演讲一直推迟到1867年才进行。他对190名学生演讲了约两小时，主要内容是大学教育和自由教育的问题。

约翰·穆勒把教育分成三类：一是基础教育，二是自由教育或普通教育，三是专业教育或职业教育。

约翰·穆勒认为，基础教育应主要由中小学负责。但在当时的苏格兰，很多中学没能很好地履行自己的职责，没能充分地讲授青年所需要的各门学科的知识，结果大学不得不做许多本来应由中学承担的工作。② 英格兰学校的情况则更糟。因此，约翰·穆勒提出，英国的学校教育必须改革。

约翰·穆勒认为，大学应实施自由教育（普通教育）。大学教育的主要任

---

① ［英］密尔：《论自由》，许宝骙译，125～127页，北京，商务印书馆，2017。
② 任钟印：《世界教育名著通览》，800页，武汉，湖北教育出版社，1994。

务是培养学生的智能，加强他们的哲学修养。而专业教育最好由法律、医学、工业等专门学院进行。对此，他在《演说》中做了详尽的阐述。约翰·穆勒指出：

> 大学不是进行专业教育的场所。大学并不打算传授人们谋生所需要的某种特殊的知识。大学的目的不是培养能干的律师、医生或工程师，而是培养有能力和有教养的人。应该在大学之外设立提供专业教育的公共机构。最好能设立法学院、医学院，还有工程学院和工艺学院。①

他认为，专业人才从大学学到的东西不应是专业知识，而是如何运用专业知识的指南，即以普通文化之光照亮某一专业技术之路。没有受过普通教育的人也许能胜任律师工作，但如果他们要成为有哲学头脑的律师——他们要求并且能够理解事物的原理，而不仅仅死记硬背事情的某些细节——那么他们就必须受过普通教育。对大学生而言，他们应该学习的是如何使他们的知识条理化，即考察每一种知识和其他知识以及和所有知识之间的联系；把在不同地方获得的人类的各种知识联结在一起；观察所有的知识是如何联结在一起的，注意我们是如何从知识的某一部分追溯到另一部分的，了解较深奥的知识如何说明较浅显的知识，以及浅显的知识如何帮助我们理解深奥的知识；懂得各种实际存在的事物为何具有许多不同的特性，每一门科学为何只能解释自然界的一小部分，而我们如果要真实地认识自然界，就必须研究整个自然界。

他指出，大学教育"包括从哲学的角度出发学习各门科学的方法和了解人类理智的发展形式。必须教育学生在考察自然界时学会归纳自己的思想，必

---

① [英]密尔：《密尔论大学》，孙传钊、王晨译，15页，北京，商务印书馆，2013。

须使他们懂得：人类是如何发现有关世界的真相的，通过什么检验方法能判断是否真正发现了这些真相。无疑，这是自由教育的王冠和顶点"①。

总之，在约翰·穆勒看来，大学教育就是在中小学知识教学的基础上，向学生讲授关于知识的基本原理，讲授普通文化的各种要素。② 这就是自由教育，它对专业教育有一种指引方向的作用。值得指出的是，从某种意义上，约翰·穆勒所讲的自由教育与专业教育的关系有点类似于当今所讲的普通教育和专业教育的关系。现在高校越来越重视对学生的普通教育，强调打好基础、拓宽专业。从这一点来说，约翰·穆勒的观点既有超前意识，也有一定的合理性。但是，他把大学和专业性学院截然区分开来，这一点并不一定正确。

对于当时英国教育界进行的古典教育和科学教育的争论，约翰·穆勒在《演说》中也提出了一些意见。他说：

> 这场争论把有关人士分成两派：教育的改革派和保守派。争论不休的问题就是有关古代语言和现代科学技术之间的问题，即普通教育应是古典的（请允许我使用这一较常用的措辞）还是科学的……我承认，这一问题在我看来，就像画家应学习描线还是学习着色这样一个问题，或者用一种更随便的说法，这一问题就像裁缝应做上衣还是做裤子这样一个问题。我的回答是：两者都要。一种好的教育难道不应包括文学和科学两部分吗？科学教会我们思考，而文学教会我们表达自己的思想，难道我们不需要这两种教育吗？一个人如果缺少其中一种教育，那他就是一个可怜的残疾人。我们不必问

① ［英］密尔：《密尔论大学》，孙传钊、王晨译，17 页，北京，商务印书馆，2013。
② ［英］密尔：《密尔论大学》，孙传钊、王晨译，17 页，北京，商务印书馆，2013。

自己这样的问题：语言重要还是科学重要？①

约翰·穆勒不同意某些"教育改革家"完全以科学教育取代古典教育的观点(在这一点上，约翰·穆勒小时候受到的严格的古典教育对他具有很大的影响)。他说：

> 我感到惊奇的是，许多教育改革家对人类的学习能力估计过低。他们认为，学习科学是必不可少的，我们目前的教育忽视了科学教学(这话虽不全对，但有一定道理)；他们又认为，既要保留普通教育那些现有主要的教学内容，同时增加他们所希望增加的科学教学的内容，这是不可能的。②

但是，约翰·穆勒接着指出：

> 经验已证明，语言教学的方式是可以改进的，如果在我们的古典中学里采用所有新的措施，就不会再有人这样说：教学拉丁文和希腊文占了大量的学习时间，因此使学生无法学习任何其他知识。如果一个男孩学习希腊文和拉丁文像学习现代语那样容易和迅捷，就是说，先通过练习说和背诵通晓词汇，然后开始学习语法规则(儿童年龄稍大些后学习语法可以事半功倍)，这样的话，一个普通的学生远在毕业之前就能够流利地和饶有兴趣地阅读一般的拉丁文或希腊文的散文或诗歌，就能够获得有关希腊文和拉丁文语法结构的足够的知识，就能够还有充足的时间去学习科学知识……我可以自信

① [英]密尔：《密尔论大学》，孙传钊、王晨译，19～21页，北京，商务印书馆，2013。
② [英]密尔：《密尔论大学》，孙传钊、王晨译，22～23页，北京，商务印书馆，2013。

地说，如果用适当的方法来教希腊文和拉丁文，那就不必为了确保有足够的时间讲授其他知识而把这两种古典语言从学校课程中排除出去。①

因此，在约翰·穆勒看来，学生既要学习文学(包括古典语言)，又要学习自然科学，只要教学方法得当，两者可以也必须兼顾。在古典语言方面，他提倡阅读古希腊和古罗马思想家的原著；在自然科学方面，他提倡学习数学、化学、物理、生理学、心理学等。此外，他还要求学生学习政治学、法律、政治经济学等社会科学。

第四节 功利主义教育思想的特点与影响

19世纪是英国资产阶级的改革时代。随着工业革命的深入，英国工业资产阶级的经济实力已超过土地贵族阶级，但他们在政治上仍无地位，仍遭受贵族阶级的控制。因此，工业资产阶级要求重新分配政治权力，要求改革议会选举制度，要求政治体制全面改革。工人阶级虽与工业资产阶级有阶级矛盾，但他们在某些方面也有共同的利益和要求。例如，为了争取普选权和改革议会制度，工业资产阶级和无产阶级曾共同掀起了19世纪二三十年代的激进主义运动。正如恩格斯所说："工人的激进主义是和资产阶级的激进主义携手并进的。宪章曾是他们的共同口号。"②而功利主义就是在这一过程中发展起来的。因此，功利主义是英国19世纪改革时代的产物，同时它对改革运动产生了深刻的影响。功利主义三位代表人物——边沁、詹姆斯·穆勒和约

---

① 任钟印：《世界教育名著通览》，801页，武汉，湖北教育出版社，1994。
② 《马克思恩格斯文集》第一卷，464页，北京，人民出版社，2009。

翰·穆勒——先后成为这一改革时代的思想领袖。

19世纪英国资产阶级所进行的改革也涉及了上层建筑的各个领域。作为这一改革的理论表述,功利主义是一个较庞大的理论体系。它以伦理学为基础,同时涉及法理学、政治学、经济学、教育学等学说。从教育史的角度来说,此时形成了功利主义的教育思潮。这一教育思潮的代表人物除上述三位功利主义学者外,斯宾塞和亚历山大·贝恩也被包括进去,因为他们的教育思想也都具有功利主义倾向。①

功利主义教育思想的特点与影响主要有两个方面。

第一,功利主义者以追求最大多数人的最大量幸福为理想,因此要求每个人都能享受教育。不过,他们虽然要求政府推行普及教育,但并不赞成政府直接办学校和过分干预教育。因为功利主义者往往也是个人主义者,他们往往过分重视儿童的自由和权利,担心政府在教育上的过多干涉会妨碍儿童个性的自由发展。例如,斯宾塞的《社会静力学》(Social Statics)一书中有一章题为"国家教育",专门阐述他在这一问题上的观点。他说:"我们关于国家职责的定义禁止国家管理宗教或慈善事业,同样,我们这个定义也禁止国家管理教育。"②斯宾塞指出:"从长远来看,消费者的兴趣不仅是所消费的东西的优质的有效保证,而且是最好保证……选择教育这种商品,像选择所有其他商品一样,可以安全地让买主自行处理。这样推论不是合理的吗?"③在他看来,学校应由私人或某些团体去办,而学生上什么样的学校则让家长去选择。在这个问题上,约翰·穆勒的观点也是如此。

功利主义者的这一主张在英国教育发展中具有承上启下的作用。一方面,

① [法]孔佩雷:《教育学史》,张瑜、王强译,407页,济南,山东教育出版社,2013。
② [英]斯宾塞:《斯宾塞教育论著选》,胡毅、王承绪译,216页,北京,人民教育出版社,1997。
③ [英]斯宾塞:《斯宾塞教育论著选》,胡毅、王承绪译,219页,北京,人民教育出版社,1997。

它的形成是由于受到了英国教育由私人或教会等团体举办这一传统的影响；另一方面，这一特点也对当时英国的教育法律产生了一定的影响。但是，随着资本主义经济的发展以及强制义务教育的推广，由政府创办公立中小学乃至高等学校已是大势所趋。

第二，功利主义理论以伦理学为基础和主要内容，因此，在教育上十分重视道德教育。例如，约翰·穆勒及其后继者花费了不少精力去研究道德良心形成的心理机制和培养道德习惯的途径。斯宾塞则专门写了题为《德育》的论文，并收入他的《教育论：智育、德育和体育》(Education: Intellectual, Moral and Physical，简称《教育论》)一书。功利主义伦理学及功利主义德育论对后世的影响是深远的。其一，功利主义伦理学在理论上有许多后继者，包括杜威的实用主义伦理学以及 20 世纪 60 年代至 80 年代的当代功利主义(诸如准则功利主义和行为功利主义等)。其二，功利主义伦理学对当今各国的道德教育(包括学校教育)有一定的启示，可帮助我们更好地认识诸如道德和利益、市场经济对道德的要求、道德的约束力等问题。

但是，功利主义教育思想的内部并非完全一致。在一些问题上，不同学者之间也有争论。例如，边沁和约翰·穆勒主张既要实行科学教育，又要保留古典教育；但斯宾塞则只要求进行科学教育，彻底否定古典教育。

第五章

英国古典人文主义教育思想

19 世纪的英国强调以古典著作为课程核心内容的古典人文主义教育思想十分流行，并在文法学校和公学以及古老大学中占据了主导地位。在 19 世纪前半期的英国，古典人文主义教育思想以拉格比公学校长托马斯·阿诺德、希腊学研究者和古典教育家理查德·温·利文斯通为代表人物。到 19 世纪中期，面对科学教育运动的兴起与科学教育思想的发展，爱尔兰都柏林天主教大学校长纽曼出版了《大学的理想》（*The Idea of a University*）一书，他从古典人文主义思想传统出发，为古典人文主义教育思想的复活提供了活力，并成为此时古典人文主义教育思想的代表人物。柯蒂斯和博尔特伍德在他们合著的《1800 年以来的英国教育简史》（*An Introductory History of English Education Since 1800*）一书中指出：提倡古典人文主义教育思想的那些人相信，古典教育有可能恢复自由教育的最初精神，其全部目的和目标就是扩大与更新古典学习的整个内容，以便使学生趋于"智力的卓越"；很清楚的是，古典理想在这一时期是通过诸如托马斯·阿诺德、诺克斯等人复活的；同样清楚的是，为这一复活提供活力的是纽曼于 1852 年的讲演①。这些论及大学教育的讲演表明了

---

① 即《大学的理想》。

古典理想的继续和发展。①

第一节　古典人文主义教育在 19 世纪英国的影响

　　工业革命以后，随着经济的发展、社会的进步、民主的扩大以及新中产阶级的出现，英国的教育也得到了较大的发展。自然科学的伟大进步遍及欧洲大陆并影响到英国，科学发明和创造以一种令人惊讶的速度前进，新的科学思想被应用于工业。例如，1830 年，英国工业生产在国民经济中的比重已超过农业；到 1850 年，钢铁、纺织等行业已率先实现机械化，尤其是蒸汽发电机的推广使英国开始走向电气化时代。但是，古典教育的传统势力在 19 世纪的英国仍然十分强大，并对学校教育领域产生了重要的影响，学校课程内容仍以古典人文主义学科为基础。这样一来，17 世纪发端于英国的近代科学以及由科学的发展而形成的众多分支学科并没有进入 19 世纪英国学校课程，更谈不上在学校课程中占据主导地位。正如柯蒂斯和博尔特伍德所指出的："英国社会、政治和工业领域的变化是如此之大，几乎应该称之为'革命'了，但学校和大学却没跟上这种新发展。"②可见，无论从何种意义，当时英国的学校和大学都没能对社会和经济的进步以及科学的革命做出迅速的反应，远远落后于时代发展的需求。

　　在中等教育中，文法学校和公学的课程以古典学科为主，拉丁文和希腊文仍是主要内容，这种做法旨在使学生在古典知识方面打下扎实的基础，从而顺利进入以牛津大学和剑桥大学为代表的古老大学。根据科学家和教育家

① S. J. Curtis, M. E. A. Boultwood, *An Introductory History of English Education Since 1800*, London, University Tutorial Press Ltd, 1960, p.131.

② S. J. Curtis, M. E. A. Boultwood, *A Short History of Educational Ideas*, London, University Tutorial Press Ltd., 1965, p.425.

赫胥黎的观点,在"古典学科"这个标题下的科目主要有古代希腊和罗马的语言、文学、历史及地理等。① 由于古典人文主义教育思想的影响和传统的习惯势力,这些学校对实用科目(包括自然科学)是忽视的,自然科学在课程中毫无地位。例如,在伊顿公学中,拉丁文和希腊文占据了大部分教学时间。1835—1866年担任温彻斯特公学校长的莫伯利也坚持传统的古典人文主义教育理论和方法,他认为这样可使教学更加有效。文法学校和公学的课程明显具有狭窄的古典人文主义特征,这也是英国绅士教育的特征之一。即使后来文法学校和公学的校风衰落,贵族和资产阶级家庭也会聘请家庭教师给自己的孩子提供进入古老大学所必需的古典人文主义教育。在一些地区,还出现了由英国圣公会开办的规模小但校风较好的私立古典学校。

在高等教育领域,在19世纪前半期,一些古老大学为了保护自己的生活方式,与当时的社会生活越来越分离。牛津大学和剑桥大学等一些古老大学完全忽视自然科学方面的研究,古典人文主义学科在课程中占据统治地位。例如,当时牛津大学有20所独立学院,但在课程方面,除古希腊柏拉图和亚里士多德的哲学体系外,不教近代哲学;除希罗多德、修昔底德、提图斯·李维和塔西佗撰写的历史书籍外,不教近代史;只学习拉丁文和希腊文两种语言;尽管教数学,但对自然科学是忽视的。牛津大学和剑桥大学等古老大学之所以顽固地坚持古典人文主义教育传统,主要是因为它们要使学生"掌握古典文学或数学方面的知识。它们仍然重视教旧的东西,而不重视探索新的东西。这种教育,作为一种至高的智力训练,作为目的本身,作为培养真正的绅士的手段,作为所有体面职业的最好的基础训练……被证明是正确的"②。有学者指出:"古典著作学习构成了牛津大学教育的基础……古典文

---

① [英]赫胥黎:《科学与教育》,单中惠、平波译,69页,北京,人民教育出版社,1990。

② [英]奥尔德里奇:《简明英国教育史》,诸惠芳、李洪绪、尹斌苗译,163页,北京,人民教育出版社,1987。

学是牛津大学的重要科目……有一种大学制度将更有价值，但是其名称的光
辉却更少。"①因此，当欧洲一些国家和美国的大学已成为研究机构，并通过
科学院来拓展智力领域时，英国大学的目的基本上仍是使男孩成为绅士。纽
曼指出："公学中，学生们几乎全是读拉丁文，以致他们在进入大学后所做的
事不过是再读一遍这些书而已……古典式的教育渗透了他们的心灵……他们
的心里充满着古典的形象与榜样。"②一位德国学者于 1843 年对英国高等教育
进行考察后这样写道："我们的大学培养了一些科学方面的学者或参与实际生
活的人……英国的大学则相反，它们仍满足于自己在国家生活中开出的最初
且最有特色的花朵，即一种受过良好教育的绅士。"③阿什比也指出："这一时
期，牛津大学的绝大多数课程甚至与 14 世纪的教学内容没有什么区别，仍以
古典人文主义教育为中心。"④

　　针对古典人文主义教育在英国的影响，1808—1810 年，一些英国学者在
《爱丁堡评论》上发表了一系列评论文章，尖锐地抨击牛津大学和剑桥大学等
古老大学的传统做法，指出它们固守一种过时且不适当的古典人文主义课程，
阻碍了英国科学和商业贸易的进步。

　　艾吉渥兹于 1809 年 10 月在《爱丁堡评论》上发表的评论文章指出："对几
乎每一个受过教育的英国人来说……古典学科都是主要科目。没有人去怀疑
或打听他花费如此长的时间做的事情是否有价值……在人们中间很自然地形
成了某种虚荣心，并成为一种共同的追求。古典著作中的一些段落成为某些
学者的格言，通过它们，那些学者得以与不识字的人或未受教育的人区分开

---

① J.H.Newman, *The Idea of a University*, New Haven & London, Yale University Press, 1996, p.114.

② 钱乘旦、陈晓律：《在传统与变革之间——英国文化模式溯源》，374 页，杭州，浙江人民出版社，1991。

③ V. A. Huber, *The English Universities*, London, William Pickering, 1843, p.320.

④ E. Ashby, *Technology and the Academics*, London, Macmillan, 1936, p.9.

来。希腊文和拉丁文几乎莫名其妙地成为一个有教养的人的唯一标准。"①

从牛津大学毕业的史密斯也发表了评论文章对古典教育模式进行尖锐的批判。他指出,在英国学校教育中,对古典著作的学习太多,古典著作被视作最好的文体样式。史密斯强调:"在人们心里的偏见是如此之大,这对英国人来说是极为普遍的……学生在学校里所谈论的全是拉丁文诗句……公众认为,这是一个有知识的人,一个学者,一个博学的人……古典教育培养想象太多,而培养其他心灵习惯又太少。它采用一种雅致的方式培养许多年轻人,但在自然赋予他们的能力上是完全没有价值的。"②他还指出:"每个英国人必须用半生精力来学拉丁文、希腊文。古典课程学习据说是用来培养天才的,因此不容改动……一所大学长期以来干着无用的事情,当要干些有用的事情时反而显得丢脸了。"③在史密斯看来,教育的实质性效用是最重要的,当我们鉴赏人类所有知识的时候,我们应该不断且执着地追求其有用价值。

牛津大学奥里尔学院院长科普尔斯顿曾概括了《爱丁堡评论》当时对古老大学的批判:一是古典教育成为它的唯一事业,二是雅致的想象是唯一能得到培养的,三是以古典文学为核心的教育是局限的、谬误的,四是关于推理能力的练习是不受鼓励的。④科普尔斯顿的概括确实反映了古典人文主义教育在19世纪英国的影响。但是,作为古典人文主义教育的支持者,科普尔斯顿认为古典著作最适合心灵的培养,因此是唯一需要认真学习的;如果效用是好教育的标准,那么,提供关于人性知识的古典著作的效用比提供关于自然现象的自然科学的效用更大。他反驳说,有人认为牛津大学的课程对古典著

① F. McGrath, *The Consecration of Learning: Lectures on Newman's Idea of a University*, Dublin, Gill and Son Ltd., 1962, pp.8-9.

② F. McGrath, *The Consecration of Learning: Lectures on Newman's Idea of a University*, Dublin, Gill and Son Ltd., 1962, p.10, 24.

③ F. McGrath, *The Consecration of Learning: Lectures on Newman's Idea of a University*, Dublin, Gill and Son Ltd., 1962, p.10, 24.

④ 张泰金:《英国的高等教育:历史·现状》,20页,上海,上海外语教育出版社,1995。

作给予了过多的注意，这其实是不真实的。

针对《爱丁堡评论》的这些批评，牛津大学和剑桥大学以及维护古典人文主义教育的保守派（如科普尔斯顿和戴维森）发起了反击，他们拼命为古典人文主义教育辩护，旨在捍卫牛津大学和剑桥大学的古典教育传统。

由于古典人文主义教育在英国的影响仍然十分深刻，20 多年后，《爱丁堡评论》再次对牛津大学和剑桥大学进行了抨击。以数学家和天文学家汉密尔顿为代表的一批学者对牛津大学和剑桥大学的批判要比 19 世纪初期史密斯等人的批判多得多。1852 年，汉密尔顿把他自己发表过的一些文章汇集成书出版，书名为《论英国大学的改革》（ *On a Reform of the English Universities* ）。他清楚地论述了大学的双重职能：既作为自由教育的机构，又作为专业教育的训练场所。

面对这种批判，纽曼作为古典人文主义教育的维护者也进行了反击。他在自己的讲演中捍卫牛津大学，其观点与科普尔斯顿和戴维森在反击《爱丁堡评论》的批判时所提出的观点一致。因此，加兰曾这样指出："无论如何，纽曼首先和最重要的身份是一个'牛津人'。"[1]作为一个对教育问题感兴趣的观察者，纽曼在 1863 年写道："教育自始至终是我所考虑的范围。"[2]他对大学教育问题的思考延续了在几十年前就开始的关于大学职能和作用的论争。在这场论争中，纽曼与他在牛津运动中的一些朋友是最突出的古典人文主义教育的捍卫者。

1867 年，在纽曼的《大学的理想》出版 9 年之后，以哈罗公学教师法勒为首的一些公学和大学教师出版了题为《自由教育论文集》一书。在这本论文集中，他们公开支持在学校教育领域继续古典人文主义教育，但同时对古典人

---

① M. M. Garland, *Newman in His Own Day // The Idea of a University*, New Haven & London, Yale University Press, 1996, p.266.

② H.Tristran, *John Henry Newman: Autobiographical Writings*, London, Sheed and Ward, 1956, p.259.

文主义教育做了一些批评性的评论。其中一位牛津大学教授问道:"难道古典
著作阅读就是学习希腊文和拉丁文,或者希腊文和拉丁文学习就是阅读古典
著作吗?"①剑桥大学的一位教授在他关于古典教育理论的文章中强烈呼吁在
英国学校里教英语。

第二节　托马斯·阿诺德的教育思想

　　教育家托马斯·阿诺德曾担任拉格比公学校长,积极提倡和实施古典人
文主义教育与基督教教育,把培养基督教绅士作为理想的教育目标。"他坚信
任何比较广泛的教育制度都应该建立在基督教人文主义的基础之上。"②作为
古典人文主义教育的代表,托马斯·阿诺德对 19 世纪的英国教育,特别是对
公学的发展,产生了很大的影响。

一、生平与教育活动

　　托马斯·阿诺德于 1795 年出生在英国怀特岛的考斯。他的父亲威廉·阿
诺德是一位专业人员,其母亲马莎·阿诺德对孩子的成长颇为关心。因此,
托马斯·阿诺德从小就受到了良好的教育。他先在威尔特郡沃明斯特上小学,
后又升入温彻斯特公学学习。

　　1811 年,托马斯·阿诺德进入牛津大学基督圣体学院读书。他对牛津镇
十分着迷,觉得它是一个理想的学习场所。托马斯·阿诺德曾因拉丁文和英
文成绩优秀而获得奖学金。在大学里,他结识了一批朋友,并建立了深厚的

---

① F. W. Farrar, *Essays on a Liberal Education*, London, Macmillan, 1867, p.73.
② S. J. Curtis, M. E. A. Boultwood, *An Introductory History of English Education Since 1800*, London, University Tutorial Press Ltd., 1960, p.112.

友谊。这是托马斯·阿诺德在大学里的重要收获，因为这批朋友为他后来的事业发展提供了很大帮助。

1815 年大学毕业后，托马斯·阿诺德开始在牛津大学奥里尔学院工作。1819 年，24 岁的托马斯·阿诺德发现自己在大学的前途有限，便离开了奥里尔学院，并与内兄一起招收了一些学生在家里教学。后来，在朋友鼓动下，他于 1828 年应聘并担任了拉格比公学的校长，这是托马斯·阿诺德的重大人生转折。

在英国公学中，成立于 1567 年的拉格比公学一直默默无闻。托马斯·阿诺德担任校长后采取了一系列改革措施，使拉格比公学一跃成为英国著名公学之一。在拉格比公学，阿诺德以培养基督教绅士为办学目标，强调在培养基督教绅士的教育中品性教育和知识教育并重，认为教师的主要职责在于培养学生的求知欲望。他推崇苏格拉底教学法，认为这种方法可引导学生掌握原理而非死记硬背。作为一位古典主义者，托马斯·阿诺德把古典语言和文学作为拉格比公学的核心课程；同时他还强调把希腊文和拉丁文作为拓展学生知识面的工具，进而使历史、诗歌、哲学、伦理学成为拉格比公学的重要课程。此外，托马斯·阿诺德还非常重视拉格比公学的体育活动。拉格比公学在托马斯·阿诺德的领导下所进行的这些改革很快就传播到其他公学，阿诺德在英国公学教育史上留下了重要的一笔。

1835 年，托马斯·阿诺德被聘为伦敦大学评议会委员。后来，他因不满伦敦大学没有将《圣经》作为学位考试的科目而辞去该职务。1841 年，牛津大学聘其为历史钦定讲座教授。1842 年，托马斯·阿诺德在牛津去世。

托马斯·阿诺德的主要著作有《罗马史》(*History of Rome*)、《现代史导论》(*Introductory Lectures on Modern History*)和《布道》(*Sermons*)等。他的教育论述主要为三篇文章——《拉格比公学》(Rugby School)、《论公学的纪律》(On the Discipline of Public School)和《论知识的分类及相互关系》(On the Divisions of and Mutual Relations of Knowledge)。此外，他还有许多教育论述散见于他的讲演稿和书信中。赫尔大学教育学院的 T. W. 班福德将一部分演讲和书信整理成册，编成《托马斯·阿诺德论教育》(*Thomas Arnold on Education：A Selection from His Writings*)一书。① 班福德还以编者的身份专门写了序和导言。这本著作被列入剑桥教育史文本和研究(Cambridge Texts and Studies in the History of Education)系列丛书，1970 年由剑桥大学出版社出版。

二、论古典人文主义教育

托马斯·阿诺德是古典人文主义教育的积极提倡者。他强调："我想要培养的是这样一种人，即基督教绅士。"②因此，托马斯·阿诺德在担任拉格比公学校长期间，他大力推行古典人文主义教育，在学校课程中强调古典课程。从 1834 年拉格比公学每周教学时间分配表(如表 5-1 所示)中，我们可以看出古典课程在拉格比公学中的地位。

表 5-1　1834 年拉格比公学每周教学时间分配表③

学　科	每周教学时数／小时
古典课程	17.75
历史和地理(主要是古代部分)	3.5
数学	2.75
法语	2.75
圣经④	2

① 该书的中文版《阿诺德论教育》由人民教育出版社于 2016 年出版。
② J. J. Findley, *Arnold of Rugby：His School Life and Contribution to Education*, Cambridge, Cambridge University Press, 1925, p.52.
③ T. W. Bamford, *Thomas Arnold on Education*, Cambridge, Cambridge University Press, 1970, p.22.
④ 这门课的时间安排是机动的。由于其许多内容具有语言和历史课程的性质，因此也被认为是古典课程。此外，学生还要定期到学校的小教堂参加活动，上坚信礼课等。

续表

学　科	每周教学时数／小时
选修①	2
总学时	30.75

对于托马斯·阿诺德偏重古典课程的做法，人们提出了种种疑问。针对这些疑问，托马斯·阿诺德在1834年写了一篇文章，阐述了自己的观点，并回答了人们的问题。

(一)关于古典课程的价值

有人提出疑问：在公学里，在人生这么重要的一段时间里，是否有必要花那么多时间去学习与现实生活没有直接联系的古典课程？另有人提出疑问：为什么在拉格比公学里希腊史和罗马史受到重视的程度超过了英国史和法国史？为什么荷马和维吉尔的作品比莎士比亚和弥尔顿的作品更受重视？还有人提出疑问：英国、法国、意大利及德国有许多哲学家、诗人和历史学家，其地位可以与古希腊和古罗马的学者相提并论，为什么他们在拉格比公学的课程中没有受到重视？对于这些疑问，托马斯·阿诺德从坚持古典人文主义教育的立场做了回答。

托马斯·阿诺德认为，古典课程应该是智力训练的基础。他告诉学生，如果将希腊语和拉丁语从学校中剔除，他们会将学习局限于当前一代人和上一代人的观点，他们将丢失许多世纪的经验，让他们以为人类是在15世纪才出现的。阿诺德认为，如果只有少数饱学之士研究古典语言，那么古典语言对大众心智的影响不会超过东方学者的著作，其影响只限于他们自己的小圈子。一般而言，过了几代人之后，就基本不会有人了解古希腊和古罗马了。虽然古希腊人和古罗马人没有蒸汽机、印刷机、航海罗盘、望远镜、显微镜、火药，但是，在道德和政治方面，在那些最能决定人类品质的方面，他们与

---

① 选修课有音乐，偶尔有自然史的讲座，不过要另外收费。

当下的人有许多相似性。阿诺德提出,人们将亚里士多德、柏拉图、修昔底德、西塞罗和塔西佗,都称为古代作家,这是不恰当的,他们实际上是今人的同胞,是今人的同代人。①

为了进一步说明古典人文主义教育的意义,阿诺德还强调了古人优于今人之处。他提出,那些古典作家"为智力旅行者们所称道的高明之处在于,他们所进行的观察是一般人无法企及的,他们所察觉到的事物是我们无法用自己的眼睛看到的,他们提出结论的依据好像是从我们这个时代获得的,而且他们所提供的信息又是多么新颖、多么富有魅力,他们所提供的大量新的、恰当的事实又都具有无限的价值"②。在阿诺德看来,古典作家的著述是揭示文明化的人类本质的伟大科学,这种科学值得今人花时间去钻研和学习。有人提出质疑:现实社会中的成年人往往把古希腊和古罗马著作丢在一旁,甚至把学过的东西都忘掉了,这种情况足以证明早期的古典人文主义教育是毫无现实意义的。对此,阿诺德反驳说,如果教育制度不能使人们保住他们所掌握的知识,如果人们把古希腊和古罗马著作丢在一旁,那么他们的确可能忘掉了他们所学到的知识,但这并不等于古典人文主义教育没有意义。他强调,即使古典人文主义教育的效果不明显或难以为人察觉,其依然有效果和作用——人们在青少年时期接受古典人文主义教育时所体会和理解的思想与观念会深藏于他们的心灵。

(二)关于古典课程的教学

阿诺德非常重视古典课程教学。他认为,人们对古典课程的质疑实际上是对古典课程教学效果的质疑。因此,他认为"古典教育应当审慎地进行"③。

---

① [英]阿诺德著,[英]T. W. 班福德编:《阿诺德论教育》,朱镜人译,61页,北京,人民教育出版社,2016。

② [英]阿诺德著,[英]T. W. 班福德编:《阿诺德论教育》,朱镜人译,62页,北京,人民教育出版社,2016。

③ [英]阿诺德著,[英]T. W. 班福德编:《阿诺德论教育》,朱镜人译,62页,北京,人民教育出版社,2016。

同时，他还对拉格比公学古典课程的教学提出了若干具体建议和要求。

一方面，阿诺德对古典课程的教师提出了要求，希望他们模仿古希腊、古罗马历史学家和哲学家的风格，同时要求他们必须熟悉现代史和现代文学。在他看来，只有这样，古典课程的教师才能胜任其教学工作。阿诺德认为，如果一位教师只懂得古典作品而对现代作品了解不深，他就不可能向其学生传递古典作品的精髓。阿诺德强调说："过去的知识是有价值的。没有它，今日的和明日的知识必将有所缺陷。"①但是，"只是单纯地为了了解过去才了解过去，而不联系我们身边正在发生的事情，完全与世隔绝，而且因概念含混不清和理解有误导致对古典著作的曲解，假使如此，学习古典著作的确劳而无功，那些反对者也许能得到彻底的原谅"②。

另一方面，托马斯·阿诺德对古典课程的教学方法提出了一些要求和建议。

一是反对逐字逐句解释希腊文和拉丁文。这种教学方法在当时是流行的方法，从低年级到高年级都是如此。阿诺德认为，把希腊文和拉丁文单纯作为语言学习虽然重要，但更为重要的是帮助人们去理解和使用它们，去欣赏它们的魅力和美妙。希腊文和拉丁文是一种高度完美的语言典范，人们要应用其蕴含的知识就必须将它们变成自己的语言。为此，他要求每一堂希腊文和拉丁文课都必须成为一堂英文课，使每一篇古典作品的翻译成为一篇即席而成的英文作文练习，并探讨如何用自己的语言简洁、清楚、生动地表达原作者令人倾慕的思想。阿诺德强调，采取逐字逐句解释希腊文和拉丁文的方法不仅无法达到上述效果，而且对学生掌握知识和运用英文也是有害的。它会使学生习惯于玩文字组合游戏，习惯于寻找外国语来替换本国语，其结果

---

① ［英］阿诺德著，［英］T. W. 班福德编：《阿诺德论教育》，朱镜人译，62 页，北京，人民教育出版社，2016。

② ［英］阿诺德著，［英］T. W. 班福德编：《阿诺德论教育》，朱镜人译，62 页，北京，人民教育出版社，2016。

就是学生解释的每一句话都既非希腊文又非英文,让人觉得滑稽可笑。

二是十分重视古典课程中的翻译练习。托马斯·阿诺德认为,古典课程中的翻译练习既是衡量学生能力和知识的尺度,又能促进他们对原文的理解,并能提高运用语言的能力。因为在翻译过程中,学生可以学会根据原文作者的年龄和性格去选择词汇与语言风格。例如,在翻译荷马的作品时,学生知道只能使用撒克逊语。又如,学生知道用编年史的语言和风格来翻译希罗多德的作品,知道可以用现代英语去翻译德摩斯梯尼、西塞罗和恺撒的作品。

为了使古典课程的教学富有成效,托马斯·阿诺德主张,教师的头脑应始终保持活跃的状态。教学是一个动态而非机械的过程,教师的头脑越是充满生机和活力,就越能清醒地把握他所教的一切,从而很好地哺育学生的头脑。此外,托马斯·阿诺德还提出,教师应当是一名学生,他强调:"只有每天都学习的人才适合当教师。"①因为不学习,人们的头脑就会停滞,"一旦头脑停滞了,他就绝不可能给其他头脑带来任何新鲜的信息"②。在托马斯·阿诺德看来,"只有那些自学能力极强的人才能成为别人极佳的教师"③。

在论述古典人文主义教育的价值及古典课程的教学方法的同时,托马斯·阿诺德还对当时拉格比公学和社会上一些急功近利的教育观做了抨击。有人认为,学校应当教给学生一些现代史和现代文学方面的知识,因为这些知识对学生更有用。托马斯·阿诺德则认为这是一种浮躁心理的表现,是时代的弊病之一。他强调:"人类不能只在看到果实的情况下才播种,而忘掉'只有

---

① [英]阿诺德著,[英]T. W. 班福德编:《阿诺德论教育》,朱镜人译,56页,北京,人民教育出版社,2016。
② [英]阿诺德著,[英]T. W. 班福德编:《阿诺德论教育》,朱镜人译,56页,北京,人民教育出版社,2016。
③ [英]阿诺德著,[英]T. W. 班福德编:《阿诺德论教育》,朱镜人译,56页,北京,人民教育出版社,2016。

播种才有收获'这一基本规律。"①他还说："将学生制造成存储资讯的奇才绝不是一种智慧。我们的智慧和职责在于使他们的每一种官能都可以在适当的时期得到磨炼，先是记忆力和想象力，然后是判断力，用方法装备他们，激起他们自我改善的欲望。"②在托马斯·阿诺德看来，古典人文主义教育对于培养基督教绅士是最适合的。

三、论基督教和基督教教育

托马斯·阿诺德是一位虔诚的基督教教徒。他认为，耶稣基督的神性是不可怀疑的；教会本身是一个有用且必需的机构，但它是人为的，因此人们可以对它提出批评。在托马斯·阿诺德看来，批评并非表示敌意，而是一种关心和爱护的表示。但他坚决反对任何改变教会的本质和动摇教会独立性的做法。他认为，所有这些企图都是一种背叛。

托马斯·阿诺德希望教会采取积极的态度在国家事务和公民生活中发挥作用。为达到这一目的，他主张教会应当进行改革：礼拜日教堂应整天开放，应在不同的时间提供不同的服务，由不同的牧师主持不同的仪式，从而使宗教渗透生活的每一方面。在托马斯·阿诺德看来，一个国家的公民应当忠于法律，也应当忠于道德律，道德律在英国就是基督教的品性，因此，所有英国公民都应当具备基督教教徒的品性。

托马斯·阿诺德认为，既然英国公民都应当成为基督教教徒，英国的教育就应当为培养基督教教徒服务，属于基督教教育。他在 1828 年给友人 J. 塔克的信中这样写道："我的想法是使拉格比公学成为基督教教育的场所。同

① ［英］阿诺德著，［英］T. W. 班福德编：《阿诺德论教育》，朱镜人译，67 页，北京，人民教育出版社，2016。
② ［英］阿诺德著，［英］T. W. 班福德编：《阿诺德论教育》，朱镜人译，67 页，北京，人民教育出版社，2016。

时，如果可能的话，我的目的是培养基督教教徒……"①为了实现他的基督教教育理想，托马斯·阿诺德十分重视拉格比公学学生的神学课程学习，力图使学生将基督教——英国国教精神——置于一切之上。

当然，培养基督教教徒并不是基督教教育的最终目的。托马斯·阿诺德认为，基督教教育的真正意义在于"使他们了解和热爱上帝，了解和憎恨邪恶，使自然界的一切朝着上帝设计的终极目标发展，使他们掌握最高的真理，培养他们热爱至高无上的上帝的情感"②。在他看来，基督教教育不仅"可以为人们打开天堂的大门，而且可以将他们领入天堂"③。

托马斯·阿诺德认为，基督教教育仅靠教会的从属机构是无法进行的。学校也同样无法对儿童进行基督教教育。在学校里教儿童学习《圣经》和《教理问答》并不等于进行宗教教育。在托马斯·阿诺德看来，解救人的灵魂的工作不会这么简单，它要比捐几英镑或数百英镑、盖一间校舍以及任命一位教师复杂得多。学校里教儿童学习《圣经》和《教理问答》只能算初级的宗教教学，其结果只是让儿童了解教义、福音，学会唱赞美诗，但这些不能算作宗教教育。阿诺德反复强调："学校肯定可以进行宗教教学，但不能因此确定它们在进行宗教教育。"④在他看来，宗教教学和宗教教育是不同的事务。宗教教学只能使人了解宗教，但并不能保证每个人都信仰上帝、热爱上帝。然而，宗教教育要使人们热爱上帝。托马斯·阿诺德说："对一个人进行基督教教育就是要使他热爱上帝、了解上帝、信仰上帝。"④

---

① A. P. Stanley, *Life and Correspondence of Thomas Arnold*, London, Ward, Lock & Co., 1900, p.311.

② [英]阿诺德著，[英]T. W. 班福德编：《阿诺德论教育》，朱镜人译，23 页，北京，人民教育出版社，2016。

③ [英]阿诺德著，[英]T. W. 班福德编：《阿诺德论教育》，朱镜人译，23 页，北京，人民教育出版社，2016。

④ [英]阿诺德著，[英]T. W. 班福德编：《阿诺德论教育》，朱镜人译，24 页，北京，人民教育出版社，2016。

托马斯·阿诺德还认为，基督教教育的实施及其目的的实现需要教会与全社会的共同努力。在他看来，只有当全社会的人都行动起来，才能实施真正的基督教教育。为此，托马斯·阿诺德告诫家长，即使将孩子送到学校，他们仍肩负着基督教教育的重任。他对家长说："我们需要记住的是，即使我们将孩子送到学校读书，把孩子的教学委托给了教师，我们也不能放弃教育的任务。"①在托马斯·阿诺德看来，孩子在校外接受的基督教教育往往比他们在学校里接受的基督教教学更加生动和有力。他特别指出，家长对孩子的影响往往会超过学校教学的影响，因此，家长的不良行为，如懒散、贪图享乐、脾气暴戾或其他缺点，都会对自己的孩子产生深刻的影响。从某种意义上讲，家长的这些不良行为是基督教教育的一种障碍。

尽管托马斯·阿诺德只承认学校里进行的是宗教教学，但在谈到学校里的基督教教育时，还是提了几点实施意见。第一，学校里的所有课堂教学应通力合作，以确保基督教教育的实施。第二，教师应当为学生做出表率，使其言行符合基督教教义；教师还应当努力使学生的言行符合教义要求，并能使学生相互影响。托马斯·阿诺德认为，"如果教师能成功地做到这一点，那么他的学校就会成为真正的基督教教育的场所"②。

在托马斯·阿诺德竭力提倡基督教教育的同时，英国社会中也有人对基督教教育持冷淡的态度，这使他感到十分痛苦。托马斯·阿诺德觉得，要想实现基督教教育的目的，首先需要一种热情，而这种热情源于对善的热爱和向往，源于对基督教信仰的坚定不移。他认为，如果产生了怀疑倾向，就必须用意志去克服它；如果意志也解决不了问题，那就要用祈祷来摆脱这种怀疑倾向。总之，在托马斯·阿诺德看来，对基督教和基督教教育是不允许有

---

① ［英］阿诺德著，［英］T. W. 班福德编：《阿诺德论教育》，朱镜人译，24 页，北京，人民教育出版社，2016。

② ［英］阿诺德著，［英］T. W. 班福德编：《阿诺德论教育》，朱镜人译，2 页，北京，人民教育出版社，2016。

丝毫怀疑的。这也与他培养基督教绅士的教育目标紧密联系在一起。

四、论公学的管理与纪律

托马斯·阿诺德担任拉格比公学校长达14年，对公学教育做了许多研究，在公学教育改革方面也做了不少尝试。在托马斯·阿诺德的教育思想中，除古典教育和基督教教育思想外，还有以下两个重要方面。

第一，关于公学的管理，即公学教师和校长的职责问题。

在谈到教师的地位时，托马斯·阿诺德对英国教师未能获得像德国教师和法国教师那样的地位感到愤愤不平。他强调："教师在英格兰还没有获得社会的尊重。在公众的心目中，它还未能获得自由职业的地位。"①托马斯·阿诺德认为，为了提高公学教师的地位，要将教师的职业和牧师的职业联系起来，使教师既能教书又能胜任牧师工作，"因为在英格兰，牧师职业被普遍认为属于绅士的职业"②，有着较高的地位。实际上，托马斯·阿诺德在这里强调的是学校应由教会来办，其所认为的"理想教师是具有杰出的智力才能的牧师"③。在他看来，由教会的牧师办学，既可达到提高教师地位和使教师得到社会尊重的目的，又可使家长放心。"对于牧师办的学校，家长们有安全感。因为他们将孩子托付给的人至少受过正规的教育，而且一般说来，这些教师也一定是正派的人。"④

在谈到公学校长的职责时，托马斯·阿诺德认为，公学校长在处理教育

---

① [英]阿诺德著，[英]T. W. 班福德编：《阿诺德论教育》，朱镜人译，46页，北京，人民教育出版社，2016。

② [英]阿诺德著，[英]T. W. 班福德编：《阿诺德论教育》，朱镜人译，46页，北京，人民教育出版社，2016。

③ S. J. Curtis, M. E. A. Boultwood, *An Introductory History of English Education Since 1800*, London, University Tutorial Press Ltd, 1960, p.113.

④ [英]阿诺德著，[英]T. W. 班福德编：《阿诺德论教育》，朱镜人译，47页，北京，人民教育出版社，2016。

事务方面应具有独立的、不受干涉的权力。他指出，如果哪位校长不具有这种独立性，"我就要明确地劝告他不要担任此职务"①。在托马斯·阿诺德看来，把公学教育事务的管理权委托给不熟悉教育理论和实际的人去行使是一个错误。就公学的管理原则来说，托马斯·阿诺德认为，他的拉格比公学是一个"联邦"，其管理原则是教会学生管理自己。他曾说："我的最大愿望是教会我的男孩们自我管理。"②因为这个方法比校长管理学生更有效。只有当学生没有能力管理自己的时候，才需要校长的管理。

第二，关于公学的纪律问题。

在谈到公学的纪律时，托马斯·阿诺德曾对拉格比公学男生的缺点进行了研究，并将这些缺点归纳为六条："第一，属于直接地贪图口腹之欲的邪恶，诸如醉酒以及《圣经》禁止的其他与醉酒相关的行为。第二，撒谎成风——大部分人都在撒谎，而所有的人又予以默认。第三，恃强凌弱。困扰身体羸弱者和思想单纯者的烦恼来自强者的凌辱，如果他不能像周围的人一样变得粗俗并学会以牙还牙，他的生活将是不幸的。第四，故意违纪——憎恨所有权威，故意破坏规则，并以此为乐。第五，懒散闲荡，每个人都力图尽可能少做事情，整个学校风气不正，一旦有男孩学习勤奋和进步便会受到嘲弄。第六种邪恶是拉帮结派。男孩宁可受邪恶伙伴约束，也不愿意与上帝或者与善良同伴交往。"③托马斯·阿诺德将这六种缺点称为"邪恶"。

为了防止学生出现恶行、纠正其缺点，拉格比公学的纪律制度纳入了体罚以及低年级学生为高年级学生服务的规定。托马斯·阿诺德专门为这两条纪律做了辩解。他认为，家长和教师出于纠正学生缺点的目的而实施体罚是

---

① ［英］阿诺德著，［英］T. W. 班福德编：《阿诺德论教育》，朱镜人译，53 页，北京，人民教育出版社，2016。

② ［英］阿诺德著，［英］T. W. 班福德编：《阿诺德论教育》，朱镜人译，54 页，北京，人民教育出版社，2016。

③ ［英］阿诺德著，［英］T. W. 班福德编：《阿诺德论教育》，朱镜人译，40 页，北京，人民教育出版社，2016。

必要的。有人以温彻斯特公学鞭笞学生效果不佳为证批评拉格比公学的体罚制度，托马斯·阿诺德对此做了反驳。他认为，温彻斯特公学鞭笞学生的缺陷并不是其残酷性，而是鞭笞次数太频繁且每次鞭笞太轻。在阿诺德看来，鞭笞可以使学生感到痛苦和不适，从而对学生起到惩戒作用。所以他坚决反对完全取消体罚，不赞成完全废弃鞭笞措施。但是，他也认为公学校长的职责在于运用智慧，尽力避免采取这种措施。在托马斯·阿诺德看来，最理想的是用道德动机的力量来取代体罚。因为随着儿童年龄的增长，道德原则对儿童的影响力越来越强烈，所以体罚应当逐渐减少。至于低年级学生为高年级学生服务的规定，托马斯·阿诺德认为，这是寄宿制公学实行有效管理的一个重要措施，是学生实行自我管理的好办法。在这个制度下，低年级学生在为高年级学生服务的同时又受到高年级学生的监督和管理。他强调："如果你开办了一个大型寄宿制学校，就必须建立一种服务制度，否则，你就不可能做到有效的管理。"①

第三节　利文斯通的教育思想

英国古典教育家理查德·温·利文斯通是著名希腊学研究者，也是古典自由艺术课程（classical liberal arts curriculum）的领军人物。他在古典教育领域提出了许多观点，一生主要致力于研究和介绍古希腊和古罗马大师们的经典著作。利文斯通不仅对古希腊经典著作的教育价值给予了高度评价，认为"忽略古希腊文化的教育绝不是完整的教育"②；而且对古罗马著作的教育价值高

① ［英］阿诺德著，［英］T. W. 班福德编：《阿诺德论教育》，朱镜人译，82 页，北京，人民教育出版社，2016。

② R. W. Livingstone, *The Pageant of Greece*, Oxford, Clarendon Press, 1923, p.v.

度赞赏，认为经典著作折射出的古罗马人的品格与古希腊人的精神同样值得后世研究和效仿。①

一、生平与著作

利文斯通于 1880 年出生在英国利物浦。其父亲是英国国教牧师，母亲是爱尔兰贵族的女儿。利文斯通曾就读于温彻斯特公学，后进入牛津大学新学院学习。大学期间，他的古典学科成绩优等。大学毕业后他留在牛津大学工作。1905—1924 年，他担任过牛津大学基督圣体学院的研究员、导师和图书馆员；1917—1918 年，兼任伊顿公学助理教师；1920—1922 年，同时承担古典文学委员会工作。1920 年，利文斯通成为首相古典著作委员会(the Prime Minister's Committee on the Classics) 成员，担任过《古典文学评论》(*Classical Review*) 的编辑。1924—1933 年，利文斯通担任贝尔法斯特女王大学副校长。②在他的领导下，贝尔法斯特女王大学的学术地位得到巩固，经费状况明显好转，他也因此在 1931 年受封爵士。1933 年，利文斯通回到牛津大学，担任基督圣体学院院长。1944 年，他在剑桥大学开设了以"柏拉图和现代教育"为题的里德讲座(the Rede Lecture)③。1944—1947 年，他担任牛津大学副校长。此外，他为殖民地官员开办了暑期学校，积极发展并推广部分时间制的在职继续教育。

利文斯通于 1950 年退休。此后他应加拿大金斯顿女王大学和美国普林斯顿大学校长的邀请前往两所大学讲学。1960 年，利文斯通去世，终年 80 岁。

---

① 利文斯通十分欣赏昆体良的一句话："希腊人用言语教我们如何生活，罗马人则以身示范如何生活。"他在《保卫古典教育》一书第四章的开篇引用了这句话。

② 英国大学的副校长是大学的实际负责人，相当于执行校长的角色，而校长则是名誉的，并不具体负责大学的管理工作。

③ 里德讲座是剑桥大学开设的以罗伯特·里德爵士命名的系列讲座。1668—1856 年每年举办 3 次，1858 年后改为每年 1 次。讲座内容主要为逻辑学、哲学和修辞学。

利文斯通的研究成果颇丰。除《保卫古典教育》外，还著有：《希腊天才及其对我们的意义》(*The Greek Genius and Its Meaning to Us*)、《希腊的理念和现代生活》(*Greek Ideals and Modern Life*)、《苏格拉底画像》(*Portrait of Socrates*)、《柏拉图和现代教育》(*Plato & Modern Education*)、《论教育》(*On Education*)①、《教育与时代精神》(*Education and the Spirit of the Age*)②和《虹桥》(*The Rainbow Bridge*)。此外，他还编辑了《希腊的遗产》(*The Legacy of Greece*)、《希腊的庆典》(*The Pageant of Greece*)和《希腊的使命》(*The Mission of Greece*)等。

二、论精神教育的重要性

利文斯通认为，教育领域十分宽泛，但主要分为三个部分。这三个部分分别对应人类生活的基本需要。在他看来，"凡是人都必须维持生活——不是那种简朴的生活，而是条件所能允许的最好的生活"③，因此，教育必须包含职业的因素。此外，人还要成为良好的社会成员，懂得美好生活的含义，于是教育需要包含社会的因素，或者古希腊人所说的政治因素及精神因素。与这三种因素相对应，社会也就需要职业教育、社会教育和精神教育。职业教育旨在谋生；社会教育旨在培养公民；精神教育旨在铸造品格，引导人们懂得什么是"好的生活"，也可以称之为品格教育。利文斯通认为，前两种教育的重要性比较容易察觉，也容易受到人们的重视。因为"社会的效率取决于职业技术教育，社会的凝聚力与社会的延续性则多半要取决于社会教育或政治

---

① 《论教育》是先前出版的两本书——《教育的未来》(*Future in Education*)和《漂浮世界的教育》(*Education for A Drift World*)——的合订本，由吉尔德斯利夫(Gildersleeve)作序。

② 这本著作收集了他在加拿大金斯顿女王大学和美国普林斯顿大学的讲演稿，于1952年由牛津大学出版社出版。

③ 任钟印：《世界教育名著通览》，1334页，武汉，湖北教育出版社，1994。

教育"①。精神教育的重要性则容易遭到忽略，但精神教育非常重要。利文斯通强调千万不能忽略精神教育，如果忽略，"会导致最致命的后果，这种后果也许长期不为人们所察觉，一个国家可能会不知不觉地染上一种暗疾并深受其害，并因病情不明而告不治"②。在他看来，正是因为精神教育最容易被社会忽略，所以也是最需要重视的。

三、论古典教育的价值

在利文斯通看来，古典教育的价值体现在为精神教育服务上。他认为，人类社会文化需要科学，没有科学的人类文化是不健全的，但科学不等于文化。科学和医学一样，人类没有医学就很难保持健康，可有了医学并不等于有了健康。他强调道："我们所拥有的科学知识，包括自然科学和社会科学的知识，为我们规定了航程，搭载着人性的游艇行驶在这段航程中，但是驶往何处却无人知晓，而且还少了风力相助。"③在这样的情况下，人类必须拥有深邃的洞察力和卓越的见识，以把握前行的方向。而要做到这一点，"眼光必须超越（并非忽视）科学、技术、经济学、社会学、工艺学以及那些有'职业倾向'的科目"④。在利文斯通看来，培养这种洞察力和卓越见识的任务唯有古典教育能担当。

在科学受到高度重视的时代，有人认为一个国家如果注重古典教育便会影响该国科学的发展，甚至有人提出，古典教育应当对英国"科学的贫困"负责。⑤ 对于人们的疑虑和责难，利文斯通以德国为例进行了辩解和反驳。他告诉人们，德国人之所以变得"科学"，不是因为在他们的高等教育中科学占重

---

① 任钟印：《世界教育名著通览》，1335 页，武汉，湖北教育出版社，1994。
② 任钟印：《世界教育名著通览》，1335 页，武汉，湖北教育出版社，1994。
③ 任钟印：《世界教育名著通览》，1335 页，武汉，湖北教育出版社，1994。
④ 任钟印：《世界教育名著通览》，1335 页，武汉，湖北教育出版社，1994。
⑤ [英]R.W. 利文斯通：《保卫古典教育》，朱镜人译，2 页，北京，人民教育出版社，2017。

要地位，而恰恰是因为德国中等教育比其他国家更加古典化。1900年以前，在德国大学预科中，拉丁语和希腊语是必修课。1911年以前，在德国40万中学生中，有24万人学习拉丁语必修课。即便在现代理科中学中，自然科学的比重也不高，"低年级学生每周25课时中，自然科学只占2课时；在高年级学生每周31课时中，也只有6课时用于自然科学"①。对于为什么重视古典教育的德国会成为"科学"的民族，利文斯通引用了一些著名科学家的感悟，证明在智能相同的情况下，受过古典教育的学生由于受到的思维训练更好，他们的理解能力和科学能力更强。"对于工程师、植物学家、动物学家、矿物学家、化学家和物理学家而言，在校系统学习拉丁语课程是最有价值的。"②利文斯通最后得出的结论是："古典教育绝不是通往'科学'的国家道路上的障碍物……尽管将古典著作列为中等教育必修科目，尽管绝大多数青年人是在古典学校中接受训练的，一个民族依然可能成为'科学'的民族。"③

利文斯通历数了古典课程的若干价值。

其一，古典课程的学习有利于学生价值观念和态度的形成。利文斯通认为教育是一种教导，"又是一种气氛，它不是零碎知识的取得和成绩的集合，而是一般无意识地造就一种观点和态度"④。在这一方面，古典课程具有重要的作用。他引用著名化学家霍夫曼的话做了进一步论证："无论在数学、现代语言还是自然科学方面，寻求替代古典语言的努力迄今为止都是不成功的，在经过长期且徒劳的搜寻之后，我们总是最终回到历经数世纪检验的结果上来，即学习古代语言、文学和艺术作品是对青年进行理智训练的最灵验的工

---

① [英]R.W.利文斯通：《保卫古典教育》，朱镜人译，3页，北京，人民教育出版社，2017。
② [英]R.W.利文斯通：《保卫古典教育》，朱镜人译，5页，北京，人民教育出版社，2017。
③ [英]R.W.利文斯通：《保卫古典教育》，朱镜人译，3~4页，北京，人民教育出版社，2017。
④ [英]劳伦斯：《现代教育的起源和发展》，纪晓林译，320页，北京，北京语言学院出版社，1992。

具。"①利文斯通之所以引用著名科学家的话作为论据，是因为科学家的声明不是偏爱经典的人的自夸，而是其几十年实践经验的深刻感悟，这样可能更具有说服力。

其二，古典课程可以培养学生灵活的头脑，陶冶学生的心灵。利文斯通反对古典教育对科学家无用的观点，强调古典教育对包括科学家在内的所有人都有价值。他强调道："教育的主要目的在于训练心智的灵敏度，使人能够迅速了解其他人的观点。显然，在涉及与人打交道的问题上，没有哪种能力比这一能力更为需要的了。能够在特定的时候抛弃自己的观点，能够以其他阶级、其他种族或其他类型的人的眼光去审视世界，对于商人和政治家而言都是不可或缺的能力……我们要通过文学教育训练人们达成和谐见识的能力。首先，通过文学和历史的学习，人可以学会将自己放在其他人、其他种族和其他时代中考察自己，和其他人打成一片，以了解其他人的意见和感觉。如果他能长期坚持这样做，他一定会敏捷地抓住他人与自己不同的观点，明白他人之所想，且能使自己适应他人的想法。在这一方面，自然科学绝不可能给我们以帮助。"②他赞成托马斯·阿诺德的长子、英国诗人马修·阿诺德的观点，即人文学科"不仅教我们评判，而且教我们欣赏"③；"文学就是一个想象力火焰永不熄灭的国度，它照亮了这个世界"④。比如，想象力丰富的散文和诗歌可以帮助我们充满想象地看待世界。因此，利文斯通呼吁："我们不能把青年完全托付给数学，让他们生活在缺乏情感的抽象世界之中，或者将他们托付给科学，整日研究自然世界各种现象的缘由，相反，我们应当将他

---

① [英]R.W.利文斯通：《保卫古典教育》，朱镜人译，5页，北京，人民教育出版社，2017。

② [英]R.W.利文斯通：《保卫古典教育》，朱镜人译，26～27页，北京，人民教育出版社，2017。

③ [英]R.W.利文斯通：《保卫古典教育》，朱镜人译，28页，北京，人民教育出版社，2017。

④ [英]R.W.利文斯通：《保卫古典教育》，朱镜人译，33页，北京，人民教育出版社，2017。

们托付给文学，托付给人文学科的倡导者，希望青年人学会用他们认识世界的方法去看世界，了解他们的快乐、崇高的思想和灵感。"①

其三，了解西方文明的源头有助于深刻地认识现代问题。利文斯通认为，了解了西方文明起源，便会理解为什么西方文化与印度文化、中国文化有差异，便会了解政治、高尚、帝政、帝国、市政当局、联邦制、戏剧、历史、宗教等现代概念的来源。他指出，如果有了古代文明的知识，人们就不会不知道是谁先把人类命运的研究称为哲学，不会不知道今天法制的大量内容以及算术、几何、天文学、气象学、医学和其他科学内容的来源，也不会不知道今天大量公共建筑和教堂风格的起源。利文斯通承认，"摒弃希腊人也是完全可能的。不读莎士比亚，人们完全可能生活下去"②，但是，学习古典课程会对当下的生活产生影响。他认为："了解世界历史渊源的人会理解他今天生活的这个世界，其生活会更加安全，步伐会更加坚定。他不会屈服于别人的言辞恐吓，因为他了解他们的历史，他也不会对现存的制度表示过度的尊重或轻视，因为他清楚这些制度是如何形成的。"③利文斯通提醒人们，在青年时就要学习古典文学，否则将来会后悔不已，如普希金后来那样，"常常为没有接受过古典教育而懊悔地揪自己的头发"④。

其四，学习古典课程有助于吸取经典作家智慧的营养。利文斯通引用德国卡尔斯鲁厄理工学院教授们的话："我们要读柏拉图和亚里士多德的著作，有一条很简单的理由，即在他们所涉猎的学科里，他们是顶峰级人物，正如

---

① [英]R.W.利文斯通：《保卫古典教育》，朱镜人译，37页，北京，人民教育出版社，2017。

② [英]R.W.利文斯通：《保卫古典教育》，朱镜人译，88页，北京，人民教育出版社，2017。

③ [英]R.W.利文斯通：《保卫古典教育》，朱镜人译，47页，北京，人民教育出版社，2017。

④ [英]R.W.利文斯通：《保卫古典教育》，朱镜人译，117页，北京，人民教育出版社，2017。

在莎士比亚在他自己的文学里一样。他们是为数极少的能够让我们惊奇的作家，无论我们怎样高度评价他们，每重读一遍都会感觉到，他们比我们曾经想象的还要伟大。"①

其五，学习古典课程可以培养阅读古典著作的兴趣。利文斯通认为，一些人之所以批评古典教育，甚至与之为敌，是因为他们从未接受过古典教育。如果这些人学习过经典著作，他们对古典课程的态度便会大不一样。因为古典著作有诱人的魅力，只有不了解的人才可能不喜爱它。在他看来，古典文学好比老酒，读懂之后便会喜爱它。"饮过陈年老酒的人不会青睐新酒，他会说：'酒还是陈年的好。'我们学习古典著作的道理不也同样吗?"②

不过，尽管古典课程具有重要的价值，但利文斯通承认不是所有人都需要或都适合学习古典课程，因此，也不应该强迫对希腊文毫无兴趣和没有接受能力的人学习希腊文。他引用柏拉图的话对他的这一观点做了解释："你绝不能指望一个人高雅且愉快地去从事一个令他痛苦不堪的职业，或者说，你能期望一个人能够高雅且愉快地去从事他总是事倍功半的职业吗?"③但是，他认为应保证有能力并且愿意学习希腊文的学生有学习希腊文的机会，因此，他建议在英国大学里开设希腊文必修课。但他又觉得，如果这样做，结果可能还是只有少数贵族能够学习希腊文，所以最好在高中就开设希腊文课，为来自各个阶层的高中生提供学习希腊文这一无价财富的机会。

四、论古典语言的价值

利文斯通认为，古典语言是有价值的。首先，古典语言是许多学科研究

---

① [英]R.W. 利文斯通:《保卫古典教育》，朱镜人译，115 页，北京，人民教育出版社，2017。

② [英]R.W. 利文斯通:《保卫古典教育》，朱镜人译，42 页，北京，人民教育出版社，2017。

③ [英]R.W. 利文斯通:《保卫古典教育》，朱镜人译，165 页，北京，人民教育出版社，2017。

的基础。他提出,没有希腊语,"任何关于欧洲的法律和历史、拉丁系语言,甚至英语、爱尔兰语的专门研究都是不可能的"①。其次,古典语言是人们成才的必要基础。他以德国诗人歌德、英国诗人雪莱、英国哲学家和经济学家穆勒及英国诗人马修·阿诺德等为例,证明学习古典语言的重要性。他说,提到"这些人的名字不能不使人想起古典语言,因为这些语言对他们思想的形成是一种主要的力量"②。最后,学习古典语言有助于领悟古典著作的精髓。利文斯通认为,学习古典著作原著和通过翻译学习古典著作的效果是不一样的。针对人们的疑问——我们有极佳的英文译本,为什么还要花费这么多时间费力地学习这两种已死亡的语言?最重要的是,为什么要学习令人难受的拉丁文和希腊文散文以及语法和动名词的变换?③ ——在《保卫古典教育》一书中,利文斯通承认,有的译文与原作者的意图几乎没有差别,甚至有些译文比原文还有所增色,但他强调,凡涉及柏拉图作品,涉及天才的诗人和散文作家,译文便难以令人满意,尤其是柏拉图的著作,译文无法充分反映其思想,更无法表现其风格的魅力。还有诗歌,翻译要想体现原有的情感是困难的。他甚至认为:"如果企图通过翻译唤起原作想激起的情感的话,诗歌的翻译是不可能做到的。"④利文斯通在阐述了古典语言的价值之后断言,在文化贫乏的工业时代,由于从希腊语折射出的希腊精神,即对真、美、正义等美德的追求,是人类美满的生活所必需的,"因此人们将不会让它消灭"⑤。

利文斯通还认为,希腊语和拉丁语有着不同的价值。拉丁语的主要作用是工具性的,因为大多数英文字母来自拉丁语,一个英国人如果学会一点拉

---

① 王承绪、赵祥麟:《西方现代教育论著选》,277 页,北京,人民教育出版社,2001。

② 王承绪、赵祥麟:《西方现代教育论著选》,275~276 页,北京,人民教育出版社,2001。

③ [英]R.W. 利文斯通:《保卫古典教育》,朱镜人译,146 页,北京,人民教育出版社,2017。

④ [英]R.W. 利文斯通:《保卫古典教育》,朱镜人译,149 页,北京,人民教育出版社,2017。

⑤ 王承绪、赵祥麟:《西方现代教育论著选》,278 页,北京,人民教育出版社,2001。

丁语，就能更加正确地使用自己的语言，而且也会受到一些启发。然而，希腊语与拉丁语的工具性价值有所不同，"希腊语对于思想的陶冶更为重要"①。在利文斯通看来，从希腊语折射出的希腊精神具有强大的力量。也正是因为希腊语的精神力量强大，希腊语才具有顽强的生命力，出现"野火烧不尽，春风吹又生"的现象。利文斯通通过列举历史上希腊语三次得到恢复的情况来证明希腊语的价值。具体来讲，罗马人征服希腊导致希腊语在西欧社会一度消失之后，希腊语一共有过三次恢复的现象。第一次和第二次分别发生在中世纪和文艺复兴时期，第三次发生在 19 世纪。其中，第三次与前两次明显不同，它的推动者已经不是为了"恢复一种不使用的语言，也不是转向希腊人那里寻求实际的知识，因为在这方面他们已经更好地具备了，但要追求的是某种更为珍贵的东西，即智慧"②。此外，利文斯通还强调，人们掌握了希腊语后可以更好地研究希腊文化，并从中获得至少两种好处。一是可以得到鼓舞，"凡是研究希腊文化的人都会在艺术、建筑、文学、思想、政治、人类的道德和生活各方面的巨大成就中，以及由于跟创造这些成就的人生活在一起而得到鼓舞"③。二是从希腊思想中寻求解决现代问题的方法。"研究希腊文化的人还理解到生活的大部分的根本问题，这些问题并不具有像它们在近代社会和思想里所表现的那样复杂的形式，而只是极其简单的形态。就以柏拉图为例吧，每个时代都发现一些对生活的新态度，其实柏拉图都早已看到了。"④

五、论古典课程的教学方法

利文斯通认为，学习古典课程不是一件轻松的事，需要采用合适的方法。

其一，学习古典课程要循序渐进。两种古典语言不要同时学习，应当一

---

① 王承绪、赵祥麟：《西方现代教育论著选》，276 页，北京，人民教育出版社，2001。
② 王承绪、赵祥麟：《西方现代教育论著选》，278 页，北京，人民教育出版社，2001。
③ 王承绪、赵祥麟：《西方现代教育论著选》，283 页，北京，人民教育出版社，2001。
④ 王承绪、赵祥麟：《西方现代教育论著选》，283 页，北京，人民教育出版社，2001。

门门地学。对第二种古典语言的学习应当晚些进行。学习内容的拓展与变化应当循序渐进。利文斯通认为,在选择学习内容和重点时应当考虑学生理解能力和欣赏能力的发展。在他看来,在第六学级及之后的阶段,学生的心智已经发育成熟,能够开始欣赏古典著作真正的伟大和价值了,他们对语言掌握的熟练程度使他们能够完全理解更宽泛的领域。随着这些变化,教育必须相应地变化以适应他们的需要,比如,给学生布置一些作业,这些作业不仅要有更大的难度,而且要引起他们的新兴趣。正在成长的新器官需要一种新的食物。学生必须学习古典著作中的理念、教训以及它们对于现代社会的意义,以弥补那种只适合 15 岁学生的古典教育的形式训练①的不足,并最终在相当大的程度上取代它。这种变化应当缓缓地进行,应当适应学生能力的发展,在学生进入大学之前完成。到变化完成之时,"幼稚的东西"应当被丢弃了,古典教育的重点应当从形式训练转向古典著作的内容。当我们需要教授 18 岁及以上的年轻人时,如果我们依然将重点放在语法、作文和奖学金考试上,我们就全然忽略了他们心智和兴趣的发展,忘记去更换他们的精神食粮。②

其二,掌握语法是学习古典语言的秘诀。利文斯通认为,古典语言与英语等现代语言不同。英语的语法是人为的,英国人已懂得这一语言,因此没有分析的必要。而拉丁语则不同,必须先掌握语法才能学习语言。其原因在于拉丁语的语法与其表达的思想是一致的,几乎无例外现象。此外,拉丁语语法的逻辑性强,句子组合严密,还可以锻炼学生精准表达思想的能力。

其三,通过翻译练习来学习古典语言。利文斯通认为,在古典语言学习中,翻译练习虽然很难,但是无可替代的。古典语言和英语的互译可以帮助

---

① 形式训练(formal training),又可称为心智训练,强调官能训练和能力发展。
② [英]R.W. 利文斯通:《保卫古典教育》,朱镜人译,168～169 页,北京,人民教育出版社,2017。

学生掌握古典语言和英语的准确含义。因为一些古典语言的词汇很难在英语中找到对应的词，如"狂热""异教徒""英雄主义"等，这就需要学生先明确词语的含义，之后才能翻译。尤其是散文作品的翻译，因为"在做希腊文散文翻译时，大部分时候需要用英语中不同风格的、新的和具体的语言再思考……将它们更加清晰地表达出来……进行这种练习，一小时所花费的精力要超过其他任何智力活动。即使如此，也不会让人感到惊奇。因为心智的每一种力量都得到了淬炼。用一种新的具体的形式来表达真实含义，想象力得到了淬炼；不让原著思想有任何损失，精确性得到了淬炼；将零散的部分统合成一个逻辑连贯的整体，逻辑性得到了淬炼"①。

第四节　纽曼的教育思想

神学家和教育家约翰·亨利·纽曼被视为 19 世纪英国古典人文主义教育思想的主要代表。他关于教育的代表作《大学的理想》对知识、自由教育及高等教育等问题进行了比较系统且深入的论述，对英国古典人文主义教育和高等教育产生了重要的影响。"几乎所有人文主义教育家都会引述纽曼的《大学的理想》。"②

一、生平和著作

纽曼于 1801 年出生在英国伦敦。他的父亲约翰·纽曼是一位银行家，母亲杰米玛·富尔蒂尼是法国胡格诺派教徒的后裔。

---

① ［英］R.W. 利文斯通：《保卫古典教育》，朱镜人译，156 页，北京，人民教育出版社，2017。

② S.E.Bowman, *John Henry Newman*, New York, Twayne Publishers Inc., 1972, p.123.

1808年，7岁的纽曼被送入伊林学校读书，这是一所在当时颇有声誉的私立寄宿学校，在这里，他受到了严格的早期古典教育。纽曼自幼表现出较高的天赋，11岁时就试图撰写散文和诗句。伊林学校的校长尼古拉斯曾回忆，纽曼在学习中的进步是其他任何学生所不能相比的。受父母和学校教师的影响，纽曼开始接受福音派教会的观点，其中司各特所著的《真理的力量》(*The Force of Truth*)对他的影响最大。此外，他也从阅读《圣经》中得到了很大的乐趣。

1816年，纽曼被录取为牛津大学三一学院的学生，但到1817年，16岁的他才开始在牛津大学学习。纽曼的导师是肖特。在大学期间，纽曼上了各式各样的课程，并博览群书。1820年11月，纽曼毕业并获得了学士学位。

大学毕业后，纽曼于1822年4月被选为牛津大学奥里尔学院院士。"这是他一生的转折点"①。1824年，纽曼发表了他的第一篇文章，论述了古罗马学者西塞罗的思想，并称西塞罗为"世界上最伟大的写作大师"②。1825年3月，纽曼被任命为圣阿尔本学院副院长。1828年，他又成为牛津圣玛丽教堂副主教，在那里布讲了著名的《大学训诫》(University Sermons)。1832年12月至1833年7月，纽曼赴地中海地区进行了一次访问旅行。

1833年，纽曼参与并领导了著名的牛津运动(The Oxford Movement)。这是19世纪30年代英国基督教圣公会内部以牛津大学为中心发起的改革运动，旨在反对圣公会内部的新教倾向，坚持古代尤其是古希腊、古罗马的理念，复兴唯理智论，恢复天主教的思想和惯例。这场运动基本上是对早期教会领袖著作的特点和意义的一种重新发现。为了指导这场运动，纽曼主编了90本《时代书册》(*Tracts for the Times*)，并于1841—1843年出版，其中24本是他

---

① J. H. Newman, "Apologia pro Vita Sua," D. J. De Laura, *Newman's Chronology*, London, W. W. Nortor & Company, 1968, p.xiii, 58.

② Ian Ker, *The Achivement of John Henry Newman*, Minnesota St. Paul, University of Notre Dame Press, 1990, p.152.

亲自撰写的。"事实上，这场运动是以权威为基础的……《时代书册》本身具有深刻的教育和社会的含义。"①纽曼自己回忆说："在很大程度上，我的原理是通过比我年轻的朋友得到传播的。"②

1838年7月至1841年7月，纽曼担任了《不列颠评论》(The British Critic)杂志的编辑。纽曼认为，这段时间是他"一生中最幸福的时间"③。牛津运动后，纽曼开始怀疑基督教圣公会的正统性，并于1843年9月辞去牛津圣玛丽教堂副主教的职务。与此同时，他于1845年10月在利特摩尔加入了罗马天主教会。同年11月，纽曼出版了《基督教原理的发展》(The Development of Christian Doctrine)一书。1848年，他在伯明翰创建了天主教布道所。

1851年7月，纽曼应爱尔兰大主教卡伦的邀请，同意担任都柏林天主教大学校长。在爱尔兰大学委员会的要求下，一个包括纽曼在内的小组领导起草了《关于爱尔兰天主教大学组织的报告》(Report on the Organisation of the Catholic University of Ireland)，并于1851年10月发表。都柏林天主教大学于1852年11月3日正式开办。任职期间，纽曼负责编辑每周一版(1855年3月后改为每月一版)的《天主教大学公报》(The Catholic University Gazette)，刊登关于这所大学的新闻和文章，其中不少文章是他自己撰写的。

与此同时，纽曼在1852年就知识、自由教育和大学教育问题做了五次讲演，又发表了五篇文章，阐述对一所理想的大学、一种理想的教育以及"绅士"教育的观点和看法。这些讲演和文章汇集成册，于1852年出版，书名为《关于大学教育范围和性质的论述》(Discourses on the Scope and Nature of University Education)。此外，纽曼还就大学科目的问题发表了许多讲演，并于1858

① R. Aldrich, *In History and In Education*, London, The Woburn Press, 1996, p.60.
② J. H. Newman, "Apologia pro Vita Sua," D. J. De Laura, *Newman's Chronology*, London, W. W. Nortor & Company, 1968: p.xiii, 58.
③ J. H. Newman, "Apologia pro Vita Sua," D. J. De Laura, *Newman's Chronology*, London, W. W. Nortor & Company, 1968, p.xiii, 59.

年将其中的十篇汇集成册出版，书名为《关于大学科目的讲演和论文》（*Lectures and Essays on University Subjects*）。1873年，他把以上两本合成一卷出版，书名为《被界定和说明的大学的理想》（*The Idea of a University Defined and Illustrated*）。这本书后来改名为《大学的理想》并闻名于世。至1889年，《大学的理想》一书已出版了九版。纽曼强调，这本书"所提及的那些观点已成为我的整个思想体系，似乎就是我自己的一个组成部分"①。应该说，纽曼关于教育的观点是他整个生活经验的产物。

由于都柏林天主教大学内部保守势力的阻挠和反对，纽曼的一些想法和主张无法真正实现，因此，他于1858年11月愤然辞去校长职务，宣布与这所大学完全断绝关系。

辞职后，纽曼回到伯明翰继续著书立说。为了反驳责备他的批评者，如曼宁大主教、金斯利牧师等，纽曼于1864年撰写了自传体的《为自己的一生辩护：我的宗教观点的历史》（*Apologia pro Vita Sua：History of My Religion Opinions*），详细且坦诚地叙述了自己宗教信仰变化的过程，因而受到了天主教内外人士的普遍赞誉。

1878年，纽曼被选为牛津大学三一学院的名誉院士。同年4月，他赴意大利罗马拜会罗马教皇利奥十三世。1879年，罗马教皇任命纽曼为罗马天主教会红衣主教。

1890年8月，纽曼因肺炎在伯明翰去世。

二、论知识

在长期的教会布道和大学教育实践中，纽曼首先对人类社会的知识问题进行了论述，并提出了自己的看法和主张。美国学者沃德曾指出："我们为什

---

① J. H. Newman, *The Idea of a University*, New Haven & London, Yale University Press, 1996, p.16.

么寻求知识？知识的评值是什么？知识的效用是什么？假如我们……真正去考虑的话，我们会在纽曼的著作中发现对这些问题的很有启发性的回答。"①

纽曼是以整体的眼光来看待人类社会的知识的。他认为，知识种类很多、范围很广，例如，人的知识、神的知识、实用的知识、理智的知识等。在《大学的理想》一书中他这样写道："当我说到知识时，我意指一些知识是智力的，一些知识抓住了那些通过感觉而看到的东西，一些知识对事物进行了观察。"②但是，纽曼又强调所有知识是一个整体，个别的科学是它的一个部分。在他看来，所有的知识分支是相互联系、交融合一的，因为知识的问题在本质上是统一的。"当知识分得越来越细时，它将不再被称为'知识'。"③因此，纽曼认为，对于一个人来说，既需要学习有用知识，又需要学习自由知识。他曾强调，就知识而言，"在一种情况，它被称为有用知识；在另一种情况，它被称为自由知识。一个人可以同时在这两个方面受到培养……当有用知识是真理的占有时就是有影响的，当自由知识是真理的理解时就是美丽的"④。

尽管纽曼认为不要否认有用知识的必要性或贬低它的好处，指出没有它生活就不能继续下去，我们应该把日常的幸福归功于它，但是，纽曼更强调维护自由知识的价值和尊严，把自由知识看作一种"绅士"的知识。在他看来，"有不少注释者是关于古典著作的，有不少注释者是关于基督教《圣经》的，我们是从他们那里成长起来的"⑤。关于何谓自由知识，纽曼说："既是工具又是

① J. H. Newman, *The Use of Knowledge*, New York, Appleton-Century-Crofts Inc., 1948, p.viii.

② J.H.Newman, *The Idea of a University*, New Haven & London, Yale University Press, 1996, p.84.

③ J.H.Newman, *The Idea of a University*, New Haven & London, Yale University Press, 1996, p.76.

④ J.H.Newman, *The Idea of a University*, New Haven & London, Yale University Press, 1996, p.150.

⑤ J.H.Newman, *The Idea of a University*, New Haven & London, Yale University Press, 1996, p.84.

结果的知识，被称为自由知识。"①因此，自由知识并不是为了哪一种特殊用途而存在，但对人终身有用。在纽曼看来，荷马、色诺芬、贺拉斯的著作都是自由知识的标志，是学生应当学习的早期著作。因为"长期的经验表明，对古希腊、古罗马诗人、历史学家和哲学家著作的阅读能达到这样的目的，那就是最好地加强、改善和丰富智力的力量"②。纽曼强调："我们重新提起希腊和雅典时，总是怀着喜悦的和受其影响的心情。正是在那块举世闻名的土地上，我们认识到智力文化和学校的源泉。"③在智力文化方面，"我们可以求助于古希腊和古罗马的古典著作"④。在他看来，古代学者的经典著作不仅教育了他们那一代人，而且教育了在那之后的所有时代的人。

纽曼还主张重视英国文学的价值。在他看来，英国文学是英国民族的文学，意指它的古典著作以及古典著作所给予英国的东西。"我们不能取消它们，我们不能否认它们的力量；我们不能写一个新的弥尔顿或一个新的吉本。"⑤

在纽曼看来，古典著作的作者不仅是民族的，而且是属于民族生活中某个特定时期的，但其所使用的语言已延续了一个更长的时期。他举了一个例子：几百年里，在学者使拉丁文达到尽善尽美程度后，拉丁文已成为一种活生生的语言，因此，它在第二个漫长的时期里成了欧洲人交往的工具。纽曼甚至指出："从整体来看，与其说古典著作在阻拦事情更新的方面产生影响，

① J.H.Newman, *The Idea of a University*, New Haven & London, Yale University Press, 1996, p.102.

② J.H.Newman, *The Idea of a University*, New Haven & London, Yale University Press, 1996, p.149.

③ J.H.Newman, *The Idea of a University*, New Haven & London, Yale University Press, 1996, p.175.

④ J.H.Newman, *The Idea of a University*, New Haven & London, Yale University Press, 1996, p.176.

⑤ J.H.Newman, *The Idea of a University*, New Haven & London, Yale University Press, 1996, p.186.

不如说其在激励竞争或引起反应方面起作用。"①

　　对于知识的价值，纽曼是持肯定态度的。他认为，知识或称为科学，或称为哲学。纽曼曾这样说："没有知识，就没有真正的文化。哲理性是以知识为先决条件的，它要求大量的阅读，或者收集广泛的信息资料，从而保证我们对严肃的问题提出观点；没有这样的知识，即使是最有独创性的心理也可能被迷惑、被讥笑、被驳倒、被难住，并不能得到任何有用的结果或任何可靠的结论。"②因此，"知识是心灵扩展的必不可少的条件，也是实现它的工具。这一点不仅不能被否认，而且要永远强调"③。纽曼把它视为第一原理。在他看来，如果一个人不能很好地进行阅读或具有广泛的信息资料，那么，他就没有什么能被称为"心灵文化"（culture of mind）。

　　纽曼还强调了知识与美德的关系。他说："去开启心灵、改善心灵和丰富心灵，去了解、领会、掌握、支配和使用知识，是一个仅能用智力来了解的目的……我认为，仅能用智力来了解的目的也就是美德培养的目的。"④当然，纽曼更强调神学知识对美德的作用，因为它来自一种鼓舞人的、更新精神的和有条理的原理，有助于治愈一个受伤的心灵。

　　纽曼认为，所有得到培养的知识既是为世俗目的的，也是为永恒目的的。假如它趋于世俗的目的，就称之为有用知识；假如它趋于永恒的目的，就称之为宗教知识或基督教知识。纽曼说："忽视任何一种知识，无论是人文知识

　　① J.H.Newman, *The Idea of a University*, New Haven & London, Yale University Press, 1996, p.196.

　　② J.H.Newman, *The Idea of a University*, New Haven & London, Yale University Press, 1996, p.94.

　　③ J.H.Newman, *The Idea of a University*, New Haven & London, Yale University Press, 1996, p.95.

　　④ J.H.Newman, *The Idea of a University*, New Haven & London, Yale University Press, 1996, p.90.

还是神学知识……那就不是知识，而是无知。"①

但是，在所有知识中，他最强调神学知识的重要性。因为作为关于上帝的一种原理的神学肯定是知识的一个分支，所以"神学是一种真正的科学，我们不能排斥它"②。纽曼强调："智力的文化不仅与社会的和主动的职责有关，而且与宗教有关。受过教育的心灵可以在一定意义上说是宗教的。"③通过人对神学知识的学习和掌握，宗教可以深刻且不可思议地对人产生一种持续的影响，唤醒其心灵。因此，"宗教原理是知识，从整体感觉上说，就如牛顿的原理是知识一样"④。

当然，纽曼指出，自然科学与神学这两方面的知识是有区别的。这种区别在于："自然科学是实验的，神学是传统的；自然科学是更丰富的，神学是更严谨的；自然科学是更大胆的，神学是更可靠的；自然科学是进步的，神学是相对不变的；自然科学是未来的想象，神学是忠于过去的。"⑤但是，纽曼又指出，自然科学与被适当理解的神学之间很少有真正的冲突，所有科学知识的真理在被适当地试验和陈述时能被教会吸引。神学与自然科学并不是对立的，而是紧密联系的。"神学与其他知识有关，其他知识也与神学有关。"⑥因此，在纽曼看来，神学在自然科学的进步中不会有令人担心的阻碍

---

① J.H.Newman, *The Idea of a University*, New Haven & London, Yale University Press, 1996, p.59.

② J.H.Newman, *The Idea of a University*, New Haven & London, Yale University Press, 1996, p.46.

③ J.H.Newman, *The Idea of a University*, New Haven & London, Yale University Press, 1996, p.127.

④ J.H.Newman, *The Idea of a University*, New Haven & London, Yale University Press, 1996, p.39.

⑤ J.H.Newman, *The Idea of a University*, New Haven & London, Yale University Press, 1996, p.209.

⑥ C.F.Harrold, *John Henry Newman: An Expository and Critical Study of His Mind*, *Thought and Art*, London, Longman, 1945, p.101.

作用。作为一位被罗马教皇钦封的红衣主教，纽曼就宗教和神学知识提出以上观点并不令人奇怪。

三、论自由教育

在 19 世纪的英国，自由教育是一个被众多学者讨论的问题。很多维护古典人文主义教育的学者都使用自由教育一词。例如，托姆布里奇公学校长诺克斯撰写过题为《自由教育》(Liberal Education)的文章，哈罗公学教师法勒出版过《自由教育论文集》一书，与此同时，很多提倡科学教育的学者也使用自由教育一词，例如，科学家和教育家赫胥黎就做过题为《在哪里能找到一种自由教育》(A Liberal Education, and Where to Find it)的讲演。然而，他们对自由教育问题有着不同的解释和看法。

在西方教育史中，自由教育作为一种正统的教育观念发端于古希腊。最早提出自由教育的概念的是古希腊哲学家亚里士多德。当时，只有奴隶主贵族等"自由民"才能享有自由教育的权利。因此，自由教育以自由学科为内容，以"自由民"的需要为目的。对于有闲暇的"自由民"来说，最适合他们的教育便是自由教育。在中世纪，在神学笼罩下的七种自由艺术(seven liberal arts)被认为体现了自由教育的观念。在文艺复兴时期，人文主义教育家从反对宗教束缚和要求个性解放的目的出发，提出了以古典语言和文学为主要内容的教育。到 18 世纪末，自由教育一般被理解为一种以古典著作学习为基础的教育，自由教育与古典教育变成了同义词。这种观念作为一种正统的教育观念，在此后几个世纪的西方社会和教育中产生了持续的重要影响。

纽曼也对自由教育进行了论述。他的《大学的理想》一书往往被看作自由教育理想的权威论述，但是，纽曼并没有跟随亚里士多德去规范自己对自由教育的看法。他认为，自由教育是一种理智的训练，是心灵的普遍培养。纽曼强调："从本质上讲，自由教育仅仅是理智的训练，因此，它的目的不是别的，恰恰就是培养卓越的智力。"①在他看来，自由教育或自由探究是对一个人的心灵、理性和思考的锻炼。自由教育与"奴隶般的工作"是对立的，心灵在体力劳动、手工业工作中根本没有地位。因此，"商业和手工劳动不能纯粹地被称为'自由的'，重商主义的职业从根本上看不是自由的"②。在自由教育这一训练过程中，它不是趋于一些特别的或附属的目的，或者一些专门的职业和专业，而是使理智为了其自身的适当目的以及为了其自身最高的文化而得到训练。在纽曼看来，理智的完善显然是自由教育的结果。自由教育无疑有助于培养人的一些品质，例如，自由、公正、镇静、适度、智慧等。通过自由教育，不仅理智得到训练，而且心灵处于变化的需要之上。

纽曼认为，经过自由教育训练的理智不会是部分的，不会是排他的，不会是鲁莽的，不会是困惑的，而是坚韧的、镇定的、崇高的。因为它在每一件事情开始时都能看到其结果，在每一个结果出现时都能看到其起因，在每一个障碍出现时都能看到其规律，在每一个延误出现时都能看到其极限。在纽曼看来，这样的理智正是通过自由教育来达到尽善尽美的。"它(理智)能够从不同的现象中找出普遍规律，能够找出事物的特性，能够按照原则行动，并且能够发现事物的因果关系。总之，它能够进行哲学思辨。"③作为一位古典人文主义教育家，纽曼特别强调自由教育在理智训练和促进智力卓越中的作用。可以说，"'卓越的智力'是纽曼自由教育概念的王冠"④。

正因如此，纽曼强调："教育是一个更高级的词——它意指在我们心理本

① J.H.Newman, *The Idea of a University*, New Haven & London, Yale University Press, 1996, p.90.

② J.H.Newman, *The Idea of a University*, New Haven & London, Yale University Press, 1996, p.81.

③ J.H.Newman, *The Idea of a University*, New Haven & London, Yale University Press, 1996, p.56.

④ C.F.Harrold, *John Henry Newman: An Expository and Critical Study of His Mind, Thought and Art*, London, Longman, 1945, p.143.

质上的一个行动，以及一种品质的形成。"在他看来，自由教育的目的并不仅
仅是传递知识或者讨论与知识有关联的问题。"制作鸟的标本或演奏乐器是一
种优雅的娱乐活动……但那不是教育；那并不形成或培养理智。教育是一个
高级的词——那就是为知识的准备，以及与那种准备相称的知识的传递。"①
因此，自由教育不是只学习和运用所学的知识，不是只阅读许多书籍和研究
许多科目，而是引导心灵趋向真理。不言而喻，纽曼否认自由教育的价值是
任何效用的、专业的或职业的，但他也强调使人的理智更加完善的自由教育
能使一个人为更多的专业或职业做准备。他并没有否认专业或职业训练的价
值和需要，而强调专业或职业训练必须有一种自由教育作为先导。从这个意
义上讲，纽曼的自由教育与其说是一种自由学科的教育，不如说是心灵的训
练和培养。

　　纽曼认为，自由教育作为一种好的社会成员的训练，其目的是培养绅士。
他强调说："自由教育并不是培养基督教徒，也不是培养天主教徒，而是培养
绅士。作为一位绅士，他具有一种经过训练的理智，一种文雅的举止，一种
公正的、公平的和不带偏见的心理，以及一种高尚的和谦恭的生活行为。"②
在英国教育史上，16世纪以后，培养绅士一直是英国传统学校教育的理想目
标，因此，维护古典人文主义教育的纽曼也不可避免地继承了这一理想目标。
在他看来，培养绅士的自由教育无疑是有助于公众生活和上流社会的。可以
说，纽曼教育事业的目的就是培养绅士，他本人也总以绅士的身份来发表
讲演。

　　关于绅士的定义，纽曼曾这样写道："几乎可以说，他是一个从未遭受痛
苦的人。这种叙述既是文雅的，又是正确的……真正的绅士在行为举止上小

---

　　① J.H.Newman, *The Idea of a University*, New Haven & London, Yale University Press, 1996, p.143.

　　② J.H.Newman, *The Idea of a University*, New Haven & London, Yale University Press, 1996, p.89.

心地避免在与他们共命运的那些人的心里引起一种不和谐或慌乱。"①绅士不是傲慢的、说话轻率的或爱争辩的,而是一个在理智上受到很好训练的人,从而具有才智卓越、趣味雅致、坦率公正、沉着镇静、行为高尚、彬彬有礼等品质。纽曼认为,具体来讲,一位绅士能学会观察事物和进行思考,以发现什么是哲理性的东西,并抛弃不相干的东西;他能做好准备去担任任何有声誉的职位,熟练地掌握任何科目;他知道如何与他人交往,如何使他自己进入他人心里,如何影响他人,如何与他人相互理解,以及如何宽容他人;他能与每一个阶层的人都有共同的话题,知道什么时候说话和什么时候保持沉默;他既能与他人交往,又能倾听他人的想法;他既能恰当地提出问题,又能及时地获得答案,同时在行动上也是敏捷的;他是一个令人高兴的伙伴,也是一个能依靠的同伴;他知道什么时候严肃和什么时候轻松,并具有一种真正的机智,使他既能轻松雅致,又能严肃认真;他具有一种在公开场合帮助自己以及在隐退的时候支持自己的才能。对于纽曼所论述的绅士,教育学者哈罗德指出:纽曼主张的自由教育旨在培养绅士,即一个经济上独立、具有良好教养和有闲暇时间的人;他提出的一个受过教育的人实际上是一个"自由的个人",但更接近于西塞罗时代的罗马绅士的模式。② 另一位教育学者亚德勒指出:纽曼的观点在很多方面与柏拉图哲学家教育的完美结果相同,因为他们都把教育看作一个文明的过程,正是这个过程使人最充分地适应他所生活的社会,因此,纽曼提出了绅士的理想。③

就自由教育的内容来说,纽曼认为,由于古典的学习比科学的学习更重

① J.H.Newman, *The Idea of a University*, New Haven & London, Yale University Press, 1996, p.145.

② C.F.Harrold, *John Henry Newman: An Expository and Critical Study of His Mind*, *Thought and Art*, London, Longman, 1956, p.92.

③ J. H. Newman, *Select Discourses from The Idea of a University*, edited by May Yardler, Cambridge, Cambridge University Press, Introduction, 1955, p.xxvii.

要，因此，应该主要学习古典语言和文学以及古代历史和哲学，理智的训练
包含对古希腊和古罗马著作的学习。纽曼强调："阅读荷马成为一个绅士所受
的教育……色诺芬给我们介绍了一个年轻人应该从内心了解的《伊利亚特》和
《奥德赛》这两本书……它们是最早被放到男孩手中的著作。"①他还说："荷马
和亚里士多德与他们身边的诗人和哲学家一起，成为所有时代的人的教师，
而且拉丁文占据了主导地位，并使世界的教育得以继续……通过拉丁文，理
智训练的传统得以传播……我想，很值得注意的是，那些古典著作如此快地
成为学校中的教科书。"②针对当时一些学者在《爱丁堡评论》上发表的攻击牛
津大学以及批判古典人文主义教育的文章，纽曼反驳说："我将给你们展示，
一种自由教育如何真正且完全地成为一种有用的教育，尽管它不是一种专业
的教育。当然，好的是一回事，有用的是另一回事，但是，我把它作为一条
原则提出来，可以使我们少很多忧虑，尽管有用的未必总是好的，但好的总
是有用的。好的不仅是好的，而且能再产生好的，这是它的属性之一。凡是
卓越的、美好的、完善的、合乎其自身需要的事物不可避免地要外溢，把自
身的美好散布到周围……假如理智是我们如此卓越的组成部分，以及它的培
养是如此卓越，那么，它本身就不仅是美好的、完善的、可敬的和崇高的，
而且从真实和高雅的角度来说，它肯定对拥有者本人和他周围的人是有用
的……因此，我认为，假如一种自由教育是好的，它必然也是有用的。"③纽
曼甚至说，《爱丁堡评论》上那些文章所说的"有用的"，恰恰就是他所说的
"好的"或"自由的"。纽曼曾说："古希腊永远使我的心在跳动。"④到 68 岁时，

---

① J.H.Newman, *The Idea of a University*, New Haven & London, Yale University Press, 1996，p.172.

② J.H.Newman, *The Idea of a University*, New Haven & London, Yale University Press, 1996，p.173.

③ J.H.Newman, *The Idea of a University*, New Haven & London, Yale University Press, 1996，p.117.

④ I.Ker, *John Henry Newman: A Biography*, Oxford, Clarendon Press, 1988，p.71.

他这样写道："我有生之年唯一的文体老师就是西塞罗。我想，我应该把一种伟大的理想归于他……而不是其他人。"①正因如此，哈罗德指出："纽曼在《大学的理想》一书中处处表现出真正的亚里士多德的方式。"②蒂尔尼也指出："纽曼的《大学的理想》是扎根于古希腊教育传统的。"③很清楚的是，纽曼关于自由教育的观点表现出十分明显的复古主义倾向。教育学者刘易斯·梅认为，纽曼无疑是一个与时代不合的人，因为他想尽力回到古代雅典去。④ 鲍曼则指出："古典教育的信徒能够求助于纽曼的支持。"⑤

四、论大学教育

在担任都柏林天主教大学校长的实践中，纽曼不仅对大学教育问题进行了认真的思考，而且对大学教育问题进行了深入的论述。他曾这样说："一个激起如此大兴趣、引起如此多讨论的问题，就是大学教育的问题……这个问题是必须进行讨论的，而且它在我心里一直占据支配的地位。"⑥

在《大学的理想》一书的前言中，纽曼明确地写道："大学是一个教普遍知识的场所。这意味着，一方面，大学的目的是理智的而不是道德的；另一方面，大学是以传播和推广知识而不是以知识发展为目的的。假如大学的目的是科学和哲学的发现，就很难理解为什么一所大学应当有学生；假如大学的

---

① T. Mozley, *Reminiscences Chiefly of Oriel College and Oxford Movement*, London, Longman, 1882, p.477.

② C.F.Harrold, *John Henry Newman: An Expository and Critical Study of His Mind, Thought and Art*, London, Longman, 1945, p.108.

③ J. H. Newman, *University Sketches*, Dublin, The Richview Press, 1856, p.xix.

④ A. V. Judges, *Pioneer of English Education*, London, Faber and Faber Ltd., 1952, p.129.

⑤ S.E.Bowman, *John Henry Newman*, New York, Twayne Publishers Inc., 1972, p.123.

⑥ J.H.Newman, *The Idea of a University*, New Haven & London, Yale University Press, 1996, p.15.

目的是宗教训练，就很难理解它如何成为文学和科学的所在地。"①把大学界定为"一个教普遍知识的场所"是纽曼关于大学教育思想的一个关键论点。在他看来，大学教育应当正确和彻底地教学生普遍知识，因为"大学只能通过教所有的知识分支来教一切知识，而没有其他的方法"②。大学这一名称意味着在它的范围内包括所有知识，存在不同的知识种类或领域。因此，纽曼强调，大学是为传授普遍知识而设立的，是为学生学习普遍知识而设立的。

鉴于大学的职责是教所有知识，因此，纽曼认为，大学不能排除作为一个知识领域的神学。他强调："没有神学的大学教育完全是没有哲理性的。"③他还说："宗教真理不仅是普遍知识的一个部分，而且是它的一个条件。我可以这样说，把宗教真理排除在外，就完全是拆解大学教育的网状结构。"④当然，纽曼也说得很清楚，这并不是要把一所大学变成神学院。

针对当时英国乃至欧洲大陆对大学职能的看法，纽曼认为，大学的职能是使智力文化成为它自己的直接范围，或者说大学从事智力教育。他强调："一所大学，考虑到它是一个教育场所，大约不会超出获得许多科目大量知识的场所的范围。"⑤因此，一所大学是"智慧的中心，世界的灯塔，信仰的代理人，以及正在成长的一代人的母校"⑥。虽然纽曼反对大学教育过早地分专

① J.H.Newman, *The Idea of a University*, New Haven & London, Yale University Press, 1996, p.3.

② J.H.Newman, *The Idea of a University*, New Haven & London, Yale University Press, 1996, p.118.

③ J.H.Newman, *The Idea of a University*, New Haven & London, Yale University Press, 1996, p.39.

④ J.H.Newman, *The Idea of a University*, New Haven & London, Yale University Press, 1996, p.57.

⑤ J.H.Newman, *The Idea of a University*, New Haven & London, Yale University Press, 1996, p.93.

⑥ J.H.Newman, *The Idea of a University*, New Haven & London, Yale University Press, 1996, p.16.

业，但他又指出，当他在反对专业或科学知识作为大学教育的有效目的时，并没有假设趋于专业或职业的学习以及从事它们的人是无用的。纽曼强调，一位大学教授应当对大学职能有正确的看法，否则，他就"违背了哲理性深处的一种要求，而且对大学教育应当教什么这一点是无知的。他也就不再是一位教自由知识的教师，而是一个狭隘和偏执的人"①。

纽曼认为，大学正是通过教普遍知识来使得学生的心智得到发展。他强调："一所大学的作用是把智力文化教给学生……大学教有才智的人在所有问题上很好地思考，去追求真理和掌握真理。"②他又说："一般来说，一所大学是一个逐步了解它的学生的母校，而不是一个铸造厂，或者一个造币厂，再或者一种单调的工作。"③因此，一所大学真正的和适当的目标，不是学习或获得，而是在知识的基础之上练习思考或推理，或者可以称之为哲理性。

在纽曼看来，大学不同于其他科学团体或学会。针对一些人对"大学是为传授普遍知识而设立的"的批评，纽曼反驳说："有人认为大学这样做会牺牲科学，这种看法是不正确的。我们不能借口履行大学的职责，而把大学引向不属于它本身的目标，因为我们能马上联想到许多其他机构比大学更适合作为促进哲理性探究和拓展知识领域的场所。例如，在意大利和法国，各种声誉较高的文学和科学学会就经常以各种委员会或大学的附属机构和代表的身份与大学保持联系。又如，在查理二世时代诞生、现设于牛津大学的皇家学会，以及在我们这一时代出现的阿什摩林博物馆和建筑学会等。"④纽曼认为，大学的性质和哲学史都告诉我们，在大学与科学团体或学会之间应当进行这种

---

① J.H.Newman, *The Idea of a University*, New Haven & London, Yale University Press, 1996, p.50.

② J.H.Newman, *The Idea of a University*, New Haven & London, Yale University Press, 1996, p.92.

③ J.H.Newman, *The Idea of a University*, New Haven & London, Yale University Press, 1996, p.104.

④ J.H.Newman, *The Idea of a University*, New Haven & London, Yale University Press, 1996, p.5.

智力劳动分工。因为教学和发现既是两种截然不同的职能，也是两种截然不同的才能。一般来说，一个人兼具这两种才能的情况是不常见的。整天忙于向学生传授自己现有知识的人未必有闲暇或精力去获得新的知识，探究真理的人往往喜爱隐居和平静的生活。最伟大的思想家在进行研究时总是专心致志的，不允许自己的工作被打断，而对课堂教学和公开讲课多少有些退避。因此，在纽曼看来，在大学中教学与科研两方面的职能是有冲突的，不应当同时存在。对一所大学来说，它应只保留教学的功能。

纽曼还指出，大学应当根据其制定的标准去工作。他曾这样说："制定正确的标准，然后根据这个标准进行训练，并促进所有学生根据其不同的才能去达到这个标准，我想，这是一所大学的职责。"①因此，在担任都柏林天主教大学校长期间，纽曼就大学的职能、科目及管理问题做了一系列讲演，提出了关于大学需要做什么、实际上可以做什么以及应鼓励和创造什么的设想。总之，在他看来，大学应当在有用的哲学基础上进行整顿。

纽曼还认为，大学以传授普遍知识为职能，这意味着大学是为学生而设立的。他强调："当教会创办一所大学时，它并不出于爱护才能、天赋或知识自身的理由，而是为了它的孩子的精神幸福以及宗教影响和利益，为了训练他们更好地履行各自的生活职责，把他们培养成更聪明、更能干和更活跃的社会成员。"②他还说："理智的训练对于个人来说是最好的，也使他最有能力去履行社会职责……假如一个实际的目的必须被指定为一所大学的方针，那么，我认为，就是训练好的社会成员。"③在纽曼看来，"一所大学不是不朽的诗人和作家的诞生地，也不是学派创立者、殖民地领袖或国家征服者的诞生

---

① J.H.Newman, *The Idea of a University*, New Haven & London, Yale University Press, 1996, p.109.

② J.H.Newman, *The Idea of a University*, New Haven & London, Yale University Press, 1996, p.5.

③ J.H.Newman, *The Idea of a University*, New Haven & London, Yale University Press, 1996, p.125.

地。它并不指望有亚里士多德或牛顿、拿破仑或华盛顿、拉斐尔或莎士比亚，尽管这样的奇迹以前在大学里出现过。另外，它也不满足于培养批评家或实验者、经济学家或工程师，尽管这也在它的范围之内。但是，一所大学的训练是实现一个重要且普通目的的一种重要且普通的方法。它旨在提升社会的智力风尚，培育公众心理，净化民族的道德情趣，给民众的热情提供真正的源泉，给时代的思想提供拓展和节制，有益于政治力量的运用，以及使个人生活中的交往雅致"①。

纽曼强调，作为一种自由学习的大学教育应当提供一种自由教育，教学生以古典语言和文学以及古代历史和哲学为主要内容的自由知识。他说："假如我们知道大学是什么，考虑到它的基本思想，那么，我们就必须让自己来到欧洲文化最早的和最受人赞美的家乡以及欧洲文明的源泉，来到辉煌且美丽的古希腊雅典。"②他还说："我所说的大学教育意指一系列扩大范围的阅读，它应当涉及有才智人士的权威著作或通常所说的古典著作。"③对此，特纳在《阅读〈大学的理想〉》一文中清楚地指出："纽曼要使他的听众相信，他们的儿子应当不仅受到在一所天主教大学中的教育，而且受到自由教育，但不是一种专业教育。"④加兰在《纽曼在他自己的时代中》一文中也明确指出，纽曼所论述的"大学的目的在于给学生提供一种'自由教育'……通过这个过程，学生将成为'文明的'人，并获得人文主义思想和知识中最好的东西——那就是古典文化"⑤。

---

① J.H.Newman, *The Idea of a University*, New Haven & London, Yale University Press, 1996, p.125.

② J.H.Newman, *The Idea of a University*, New Haven & London, Yale University Press, 1996, p.17.

③ J.H.Newman, *The Idea of a University*, New Haven & London, Yale University Press, 1996, p.158.

④ J.H.Newman, *The Idea of a University*, New Haven & London, Yale University Press, 1996, p.xiv.

⑤ J.H.Newman, *The Idea of a University*, New Haven & London, Yale University Press, 1996, p.272.

此外，纽曼认为，在大学里应当为知识本身的目的而追求知识。在《大学的理想》一书中，第五篇讲演的题目就是《知识本身即为目的》（Knowledge Its Own End）。纽曼强调："当有人问我大学教育的目的是什么，以及我设想的应当传授的自由知识或哲理性知识是什么，我会回答：我已说过的话充分地表明，它具有一个非常明确的、真正的和充分的目的……知识能够成为它自身的目的。"①在他看来，知识之所以是真正高贵的、有价值的和值得追求的，是因为它内部含有一种科学或哲学过程的胚芽。自由知识本身就如人体健康本身既是好的东西也是有用的东西一样。纽曼认为，这就是"知识本身即目的"的理由，也是它可以被称为自由知识或绅士的知识的理由。

纽曼还认为，在大学教育中，学生不应被动地汲取知识，而应主动地进入知识领域，积极地学习和掌握知识。因此，大学要形成一种理想的学习环境，使学生在代表整个知识领域的人中间去审视所有知识。只有这样，学生才能受到一种真正的和有意义的教育，认识到大学教育的职能是理智的训练，以及学习知识并不是被动地接受那些零星的和烦琐的细节。通过大学提供的自由教育，学生"将来会处于这样的一种智力状态，即能够从事任何学科的研究或从事任何职业"②。

纽曼最后认为，大学教育制度应当有利于教师对学生的影响。因此，他在《大学的兴起和进步》（Rise and Progress of University）一文中强调：一种学术制度若没有教师个人对学生的影响，那就是一个北极的冬天；它将产生一个冰封的、失去活力的、铸铁般的大学，仅此而已。纽曼这样说的目的是使大学成为一个提供自由教育的场所，一个"教普遍知识"的场所。

---

① J.H.Newman, *The Idea of a University*, New Haven & London, Yale University Press, 1996, p.78.

② J.H.Newman, *The Idea of a University*, New Haven & London, Yale University Press, 1996, p.118.

第六章

英国科学教育思想

在 19 世纪中期英国科学教育运动中产生的科学教育思想，旨在对传统的古典人文主义教育提出挑战。就英国科学教育思想而言，以哲学家和教育家赫伯特·斯宾塞、生物学家和教育家托马斯·亨利·赫胥黎为主要代表人物。斯宾塞在《教育论》中，赫胥黎在《科学与教育》(*Science and Education*)中，都尖锐地批判了传统的古典人文主义教育，重视科学知识，提倡科学教育，极大地推动了欧美国家学校教育课程和方法的改革，并在世界范围内产生了很大影响。教育史学家孟禄在他的《教育史教本》(*A Text-Book in the History of Education*)中把斯宾塞和赫胥黎的工作联系起来，认为他们共同为教育带来了科学倾向，同时指出："在 19 世纪，在那些极力促进科学需要的人中，第一个人，至少是对英国人的思想最有影响的人，就是斯宾塞。"[1]当代教育史学家柯蒂斯和博尔特伍德明确指出，在 19 世纪的英国，"反对古典人文主义教育的那些学者是……托马斯·亨利·赫胥黎和赫伯特·斯宾塞"[2]。

---

[1]　P.Monroe, *A Text-Book in the History of Education*, New York, The Macmillan Company, 1925, p.684.

[2]　S. J. Curtis, M .E. A. Boultwood, *An Introductory History of English Education Since 1800*, London, University Tutorial Press Ltd., 1960, p.143.

第一节 19 世纪科学教育运动的兴起和发展

19 世纪中期，随着进化理论和自然科学在诸多知识领域的科学研究中得到验证和支持，各种自然科学进一步发展并逐渐成为社会生活的必需，强调科学知识和重视自然科学教育成为时代的精神，自然科学知识逐渐在学校课程中占据重要的位置。近代科学教育进入了一个新的时期，一场规模颇大且影响广泛的科学教育运动兴起，人们跟随着"科学教育之父"培根的脚步，对传统的古典人文主义教育进行了尖锐的批判。这意味着启蒙运动时期科学领域的伟大尝试在 19 世纪进一步扩大，以进化理论为发展顶峰的生物科学取得了巨大成就。教育史学者劳森和西尔弗指出："这场科学教育运动是通过 19 世纪五六十年代诸如赫胥黎这样的人以及斯宾塞《教育论》的出版而开展的。这是 19 世纪为把现实主义和科学引入学校教育领域的最激烈的斗争。"[1]

19 世纪以后，社会进步和工业化进展促使自然科学发展得越来越快，各种发明创造日益增多。例如，自然科学领域的三大发现——能量守恒和转化定律、细胞学说、进化论；又如，汽船、听诊器、蒸汽火车头、收割机、电报机、海底电缆、麻醉剂、缝纫机、煤油灯、打字机、电话机、白炽灯、无线电等。人们把它们应用于生产劳动、交通运输和日常生活等方面，极大地促进了生产力的发展，推动了社会的前进。各种科学领域的伟大成就使自然科学在人类的认知世界中获得了很大的期望和权威。这一切标志着 19 世纪是科学和发明大发展的世纪，19 世纪也因此被世人称为"一个不可思议的世纪"。到 19 世纪中期，科学发展与工业革命已经在一些欧美国家的社会生活中引起了很大的变化，这些变化也波及了学校教育。

---

[1] J. Lawson, H. Silver, *A Social History of Education in England*, London, Methuen & Co Ltd., 1973, p.303.

尽管古典人文主义教育自文艺复兴后在相当长的时期内影响着欧洲国家的学校教育，在学校教育领域占统治地位，但是，从近代科学教育的发展来看，科学教育自培根时代起取得了缓慢但稳固的进步。在 19 世纪的德国和美国，科学知识已进入学校课程。在高等教育方面，德国的哥廷根大学、吉森大学以及其他一些大学在 18 世纪末 19 世纪初设立了科学讲座和实验室；美国一些大学的课程也开始趋向科学，并创设了专门的科学院，科学由一般介绍的科目逐渐发展为占据主导地位的科目。在中等教育方面，德国的实科中学在 19 世纪后地位日趋稳固，并为政府所承认；美国的中学更加重视科学教育，增设科学课程，扩大自然科学的内容，包括物理学、化学、动物学等，并改进教学方法。在初等教育方面，德国和美国的小学从 19 世纪初起普遍有实施初步科学教育的倾向，例如，美国在 1837 年发行了第一本供小学生使用的生理学课本。关于 19 世纪自然科学的发展与影响，教育史学家伯茨在他的《西方教育文化史》(*A Culture History of Western Education*) 一书中有一段简要而清晰的论述："19 世纪知识领域的一个重大事件，是自然科学的各个领域的兴起，并取得了非常重要的地位以及影响力。在自然科学领域里，也许最有创新性的发现是由欧洲人创造的……在 19 世纪初期，许多科学家不是反对进化论的观点，就是试图证明进化论与宗教信仰之间没有必然的矛盾……渐渐地，由于科学研究的比重逐渐加大，学术界里自然科学和文学之间的争论也取决于自然科学。大学和学校的课程开始接受科学学习，它起初还处于次要地位，之后逐渐处于平等地位，最后则处于主导地位……在 19 世纪初期，人们对于自然科学已经产生了强烈的兴趣。以传播自然科学知识为目的的团体在整个国家骤然增多，而且成千上万的人通过研究所、图书馆、书籍以及演讲的方式，更加近距离地接触自然科学。与此同时，科学家自己也关注这个运动。一些科学家更喜欢认为，自然科学具有一种让知识分子精英在大学的实验室研究的特殊作用。"①

　　然而，就英国而言，虽然在 19 世纪 40 年代已基本完成了工业革命，到 19 世纪中期工业生产进入蓬勃发展的时期，并在世界市场上占垄断地位，对外贸易已深入世界各地，但英国人喜欢保护陈规，古典主义教育势力特别强大，因此，与德国和美国相比，英国社会忽视科学知识和科学教育，古典人文主义仍控制着学校教育，各级学校科学教育的实施情况是十分糟糕的。在关系到国家发展和经济繁荣的应用科学方面，英国就更为落后。总之，当时英国教育制度的缺点在于："它为了花而忽略了植物，为了想美丽就忘了实质。"②人们总习惯于把古典语言和古典学科看作最有价值的知识。在高等教育方面，虽然在 18 世纪中期剑桥大学已设立了一些自然科学讲座，但各种自然科学及实验室的工作直至 19 世纪中期才开始。直到 1869 年，科学课程才在牛津大学和剑桥大学得到肯定。可以说，英国大学的教育表现出一种与当时的科学进步和教育改革的精神极不相称的状况。1850 年，英国的皇家官员们在关于牛津大学情况的报告中指出："正如一般所公认的，牛津大学和整个国家都因缺乏一些把自己的生命献给科学研究和具有科学教育倾向的学者而遭受了极大损失。包含深刻研究的书籍在牛津大学发行得那么少，这实质上削弱了它作为一座学府的特点，也阻碍它继续受到国家的重视。"③"多数英国大学生仍停留在……对科学教育的基础知识一无所知的状态上。"④就中等教育来说，英国的中学也没有因工业革命以及经济上的变化而有所改变，学校对科学知识没有什么兴趣，课程与科学之间几乎没有什么关系；除了教授一些阅读和书写，都是古典学科范围内的科目。它们的"共同特征是拉丁文和希

　　① [美]伯茨：《西方教育文化史》，王凤玉译，519 页，济南，山东教育出版社，2013。引用时有改动。

　　② [英]斯宾塞：《斯宾塞教育论著选》，胡毅、王承绪译，80 页，北京，人民教育出版社，1997。

　　③ E.P. Cubberley, *The History of Education*, Boston, Houghton, 1920, p.773.

　　④ [英]赫胥黎：《科学与教育》，单中惠、平波译，144 页，北京，人民教育出版社，1990。

腊文的教学占统治地位。消耗在拉丁文和希腊文教学上的时间达全部教学时间的2/3"①。1868年，大约有750所受政府资助的中学没有提供科学教育。一位中学生在毕业时可能从来没有学习过近代地理、近代历史和近代文学等科目，更不要说近代自然科学的科目。"他可能从来没有听说过地球围绕着太阳旋转。"②"装饰主义"的传统习惯势力在学校教育领域如此强大，以至于"一些被发觉把希腊文学中人名的重音读错就会脸红的人，或是认为说他不知道一个半神话人物的传说事迹就是侮辱的人，却毫不羞愧地承认不知道欧氏管在哪里，脊椎神经有什么作用，正常脉搏是多少次或肺是怎样充满空气的"③。至于初等教育，则书生气太重，注重实际太少，一直到1865年都还没有任何方面与科学知识的新世界有联系。这些情况都充分说明当时英国的大学和普通学校的课程存在严重的轻重倒置的情况，使得一个人在他的一生中虽然十有八九用不到拉丁文和希腊文，但他还"必须硬背拉丁文和希腊文，也不是因为这些语文有内在价值，而是免得他因不懂这些语文而丢脸，是为了使他受到'绅士教育'，是因为这标志着某种社会地位，并且因此能受人尊敬"④。因此，正如当代教育史学家鲍恩所指出的："科学仍学校课程中最被忽视的领域。由于在物理学、化学和其他自然科学方面已取得的进步以及对以经验为根据的研究方法的日趋重视，这个问题显得更突出了。"⑤可以说，"在19世纪中期，科学和技术教育的缺乏已成为一个严重的问题"⑥。

当然也应该看到，自然科学的迅速发展和工业技术的巨大进步客观上也

---

① 曹孚：《外国教育史》，221页，北京，人民教育出版社，1979。

② [英]赫胥黎：《科学与教育》，单中惠、平波译，66页，北京，人民教育出版社，1990。

③ [英]斯宾塞：《斯宾塞教育论著选》，胡毅、王承绪译，65页，北京，人民教育出版社，1997。欧氏管，即耳咽管。

④ [英]斯宾塞：《斯宾塞教育论著选》，胡毅、王承绪译，54页，北京，人民教育出版社，1997。

⑤ J. Bowen, *A History of Western Education*, London, Methuen & Co Ltd., 1981, p. 305.

⑥ P. Gordon, D. Lawton, *Curriculum Change in The Nineteenth and Twentieth Centuries*, London, 1978, p.17.

影响了英国社会和学校教育，促使其不得不随着时代的潮流而进行一些变革。例如，皇家化学学校和采矿学校分别于 1845 年和 1851 年成立。又如，1848 年在爱丁堡开办的一所中等学校的课程内容就包括地理、数学、物理学、化学、生理学和博物学等；此后，在伦敦、曼彻斯特、伯明翰、利物浦等城市也陆续开办了这样的学校，为把科学知识引入学校课程做了实际的努力。在这个推进科学知识和科学教育的运动中，值得一提的是，1853 年英国国会成立了科学与工艺局，科学与工艺教育的发展得到了政府的资助。1859 年后，凡设有物理学、化学、动物学、植物学、地质学、矿物学或其他应用科学的班级和学校，都能获得来自科学与工艺局的津贴。正如美国教育家布鲁巴克指出的："19 世纪，科学由于自身对现实主义、自然主义和功利主义的决定性作用而受到课程制订者的关注。为了满足功利主义需要，必须在课程中为科学留有一席之地，这在工业革命的发源地英国表现得尤为突出。"[1]

因此，在当时的英国，人们就是否应该实施科学教育这一问题发生争论。这种争论是在 19 世纪三四十年代开始的。实际上，在 19 世纪前半期，随着近代科学教育的发展，在欧洲一些国家存在截然相反的两种主张：一种主张强调科学的进步，要求改革学校教育和促进科学教育实施；另一种主张则维护文艺复兴以来一直影响着欧洲国家学校教育的古典人文主义教育传统。这两种主张之间展开了论战。由于国情特殊，英国的这种论战比其他国家更为激烈。斯宾塞在他的《自传》(*An Autobiography*) 中写道，当他的那篇题为《什么知识最有价值?》的论文发表时，"论文中最主要的论点即古典语言和古典学科的教学应该让位于科学的教学，在十个有教养的人中间有九个认为这简直是荒谬的"[2]。这场涉及大学、中学乃至小学教育的广泛争论实质上关系到科学知识与古典语言和古典文化的价值和重要性的问题。就其源头来说，这一争论在培根的时代就已开始。

---

① ［美］布鲁巴克：《教育问题史》，单中惠、王强译，274 页，济南，山东教育出版社，2012。
② H. Spence, *An Autobiography*, London, Williams, 1904, p.20.

　　1859 年，著名生物学家达尔文的《物种起源》一书问世，提出了进化论，这不仅是世界科学史上的一件大事，而且对英国思想界和教育界产生了极大的影响。在英国的这场论战中，参与的思想家和社会人士中有不少具有广博的科学知识且有较高的声誉，如斯宾塞、赫胥黎、边沁及法拉第等，他们积极提倡科学知识和科学教育。其对立面是以纽曼为代表的顽固维护传统古典人文主义教育的保守派。提倡科学知识和科学教育的人对古典人文主义教育的传统知识观和教育观进行了分析与批判，强调教育改革趋向科学的思想，并领导了实施科学教育的运动。

　　在对传统古典人文主义教育进行批判的学者中，最杰出的代表人物是斯宾塞和赫胥黎。斯宾塞曾写了一系列关于教育问题的论文：题为《智育》的论文发表在 1854 年 5 月号的《北不列颠评论》上；《德育》和《体育》两篇论文分别刊载在 1858 年 4 月号和 1859 年 4 月号的《不列颠季刊》上；其最著名的论文《什么知识最有价值？》则发表在 1859 年 7 月号的《威斯敏斯特评论》上。这些文章直接论述了科学知识的价值及其在学校教育中的重要性，以及如何进行智育、德育和体育，他的笔调是尖锐且激烈的。这四篇论文后来于 1861 年以《教育论：智育、德育和体育》为题汇集成书出版，简称为《教育论》，并闻名于世。赫胥黎不仅参加科学教育实践活动，而且就科学教育问题发表讲演和撰写论文，积极提倡科学知识和科学教育思想。这些讲演和论文于 1893 年以《科学与教育》为题汇集成书出版，并得到广泛传播。

　　在 19 世纪英国科学教育运动中，斯宾塞和赫胥黎尖锐地批判了传统古典主义教育，强调科学知识和科学教育，推动了初等教育、中等教育和高等教育改革，因而成为英国科学教育思想的杰出人物。哈佛大学校长埃利奥特曾指出，斯宾塞是"一个真正的教育先锋"。当代英国教育史学家柯蒂斯和博尔特伍德则指出："赫胥黎全身心地投入了科学教育的斗争。"[①]赫胥黎本人也在

① S.J.Curtis, M.E.A.Boultwood, *An Introductory History of English Education Since* 1800, London, University Tutorial Press Ltd, 1960, p.13.

他的《自传》中指出，他一生努力追求的目标，就是促进自然科学知识的发展，尽自己所能去推动科学研究方法在生活一切方面的应用，以及普及科学知识，发展和组织科学教育。

第二节 斯宾塞的教育思想

英国哲学家、教育家赫伯特·斯宾塞对传统古典人文主义教育进行了尖锐的批判，提出了"科学知识最有价值"的卓越见解，制定了以科学知识为核心的课程体系，极大地推动了近代英国以及欧美其他国家科学知识和科学教育发展。

一、生平和著作

1820 年，斯宾塞出生于英格兰中部德比郡的一个乡村教师家庭。他的祖父、父亲和叔父都是学校教师。因为从小身体病弱，斯宾塞幼时在学校读书的时间不多。但他受父亲威廉·乔治·斯宾塞的影响，十分喜爱对自然界进行观察。有时候，斯宾塞和父亲的学生一起做物理和化学实验。

13 岁时，斯宾塞寄居在他叔父汤姆斯·斯宾塞家里，并在其任教的学校里读书。他对数学和机械学等课程十分喜爱，却厌恶拉丁文和希腊文。在读了 3 年预备课程之后，斯宾塞拒绝了叔父送他去剑桥大学读书的建议，又回到父亲身边继续自学。

1837 年夏天，斯宾塞已满 17 岁。在父亲的安排下，他在自己曾经就读的那所学校担任辅导教师，但只做了 3 个月。这是斯宾塞一生中在学校教育实践方面仅有的经验。同年秋天，斯宾塞去铁路局工作，同时继续进行研究，思考如何改进技术设计和方法，并亲自进行各种实验。可以说，正是早期对科学知识的兴趣和信念，促使斯宾塞后来形成"科学知识最有价值"的见解，并极力促进科学教育的发展。

在这期间，自然科学家莱尔的《地质学原理》一书给斯宾塞留下了深刻的印象，这对他后来的著述活动以及哲学思想体系的形成产生了决定性影响。

从1842年起，除1844—1846年再次承担铁路局的工作外，斯宾塞专注于学术研究，并为英国各杂志撰稿。1843年，他出版了第一本政治论著，题为《政府作用的范围》。1848年，斯宾塞成为英国金融资产阶级重要杂志《经济学家》的编辑和审稿人。1850年，斯宾塞出版了《社会静力学》一书，其中有斯宾塞后来系统阐述和发展的哲学思想体系的萌芽。1852年，斯宾塞出版了《发展假说》(*The Development Hypothesis*)。《社会静力学》和《发展假说》主要是关于进化论的社会学著作。

1853年，斯宾塞的叔父汤姆斯·斯宾塞留给他一份遗产，这样他就有了基本的生活来源，此后他便辞去了《经济学家》杂志的工作，专心投入写作，"成为一名'职业'作家"[1]。

1848年，斯宾塞曾想根据裴斯泰洛齐的教育原理开办一所学校，但未能实现。后来，他积极参与在英国进行的科学教育与古典主义教育之间的激烈论战，1854—1859年在杂志上发表了四篇论文，阐述自己在科学知识和科学教育方面的见解。斯宾塞阅读了培根、夸美纽斯、卢梭和裴斯泰洛齐等许多著名哲学家和教育家的著作，从中汲取了体现时代潮流的思想，再加上他本人对当时的英国教育制度进行了认真观察和深刻分析，因此，他对传统古典主义教育的抨击最为尖锐，对"什么知识最有价值"这个问题回答得最为明确，对以科学知识为核心的学校课程体系表述得最清楚。1861年，这四篇论文汇编出版，成为他的教育代表作。

---

[1] [摩洛哥]摩西：《世界著名教育思想家》第四卷，梅祖培、龙治芳等译，109页，北京，中国对外翻译出版公司，1996。

1855 年，他出版了《心理学原理》(*The Principles of Psychology*)，把进化论应用于心理学研究。1859 年达尔文的《物种起源》出版后，斯宾塞试图根据进化论的原理解释一切自然现象和社会现象，打算撰写一部概括人类所有知识的多卷本《综合哲学》。1862 年，他出版了《第一原理》(*First Principles*)；1864—1867 年写成了《生物学原理》(*The Principles of Biology*)上下两卷；1870—1872 年写成了《心理学原理》上下两卷；1879—1893 年写成了《伦理学原理》(*Principles of Ethics*)上下两卷；1876—1896 年写成了《社会学原理》(*Principles of Sociology*)三卷。到 1896 年时，斯宾塞终于完成了这个庞大的思想体系。当时，包括英国著名科学家在内的 82 人联名给斯宾塞发了一封高度赞扬的贺信。他被誉为学术界的"思想泰斗"，也被称为"没有受过学校教育的近代亚里士多德"。①

1871 年后，斯宾塞被剑桥大学等大学授予名誉博士学位，并被巴黎科学院等聘为国外院士，但他谢绝了所有荣誉。

1903 年 12 月，斯宾塞在伯莱顿去世。

二、教育预备说

针对当时英国学校教育中"装饰主义"的传统习惯势力，斯宾塞尖锐地指出："我们所追求的都是装饰先于实用。不只在过去，在我们现代也差不多一样：那些受人称赞的知识总是放在第一位，而那些增进个人福利的知识倒放在第二位。"②他还指出，传统的古典主义教育"习惯势力就是这么大！在我们

---

① A.M.Kazamias, *Herbert Spencer on Education*, Upper Soddle River, Prentice Hall, 1966, p.15.

② [英]斯宾塞：《斯宾塞教育论著选》，胡毅、王承绪译，54 页，北京，人民教育出版社，1997。

教育中装饰就是这样可怕地胜过了实用"①。在斯宾塞看来，传统古典主义教育在"装饰先于实用"的原则下，安排课程内容时很少考虑它们是否真正对一个人的心智发展和社会进步有好处。例如，在女子教育方面，"舞蹈，举止文雅，弹钢琴，唱歌，绘画，这些占了多大分量！如果你问为什么学意大利文和德文，你就会看出，在一切借口之下，真正的理由是认为懂得这些语言才像个贵妇人"②。斯宾塞认为，尽管科学知识是近代社会生活成为可能与继续发展的基础，但并没有人关注这个真理，而是忽略了它，这就使得比其他一切都重要的科学知识的学习极少受人注意和重视。同人生事业和社会生活有着最密切关系的科学知识，在学校课程中几乎是完全被忽视的。斯宾塞认为，如果这样的情况继续下去，近代英国就会同封建时代一样。

斯宾塞还分析了英国学校教育追求"装饰先于实用"的原因，他指出，在传统古典主义教育的影响下，英国学校教育"所考虑的不是什么知识最有真正的价值，而是什么能获得最多的称赞、荣誉和尊敬，什么最能取得社会地位和影响，怎样表现最神气"③。

由此出发，斯宾塞在西方教育史中第一次明确地提出了"教育预备说"的观点。他强调："怎样生活？这是我们的主要问题。不是单纯从物质意义上，而是从最广泛的意义上来看待怎样生活……怎样对待身体，怎样培养心智，怎样处理我们的事务，怎样带好儿女，怎样做一个公民，怎样利用自然界所供给的资源增进人类幸福，总之，怎样运用我们的一切能力使对己对人最为有益，怎样去完满地生活。这个既是我们需要学的大事，当然也是教育中应

① [英]斯宾塞：《斯宾塞教育论著选》，胡毅、王承绪译，65页，北京，人民教育出版社，1997。

② [英]斯宾塞：《斯宾塞教育论著选》，胡毅、王承绪译，55页，北京，人民教育出版社，1997。

③ [英]斯宾塞：《斯宾塞教育论著选》，胡毅、王承绪译，56页，北京，人民教育出版社，1997。

当教的大事。为我们的完满生活做准备是教育应尽的职责；而评判一门教学科目的唯一合理办法就是看它对这个职责尽到什么程度。"①在斯宾塞看来，教育就是教导一个人怎样生活，使他获得生活所需要的各种科学知识，为他的完满生活做好预备。

斯宾塞主张科学应该在教育中占据一个极其重要的位置，因为它对人的生活的主要方面的预备作用比古典文学更有效。② 为了达到为完满生活做好预备的目的，我们要根据这个目的来选择教学内容和方法，重视科学知识的学习。因为"学习科学，从它的最广义看，是所有活动的最好准备"③。

三、科学知识最有价值

在 19 世纪的英国，尽管很多人都说为青年谋生做准备的教育很重要，但几乎没有人去探究学校教育要教些什么才能做好这一准备。针对这种状况，斯宾塞明确提出，在科学教育与古典主义教育之间的争论中，首先要解决知识的比较价值问题。他强调："至关重要的问题并不在于这个那个知识有无价值，而在于它的比较价值。"④"这是一切教育问题中的重要问题……在能够制定一个合理课程之前，我们必须确定最需要知道些什么东西……我们必须弄清楚各项知识的比较价值。"⑤

斯宾塞认为，有的知识有内在价值，有的知识有半内在价值，有的知识

---

① [英]斯宾塞：《斯宾塞教育论著选》，胡毅、王承绪译，58 页，北京，人民教育出版社，1997。
② R. F. Butts, L. A. Cremin, *A Cultural History of Western Education*, New York, Hole, 1955, p.420.
③ [英]斯宾塞：《斯宾塞教育论著选》，胡毅、王承绪译，92 页，北京，人民教育出版社，1997。
④ [英]斯宾塞：《斯宾塞教育论著选》，胡毅、王承绪译，57 页，北京，人民教育出版社，1997。
⑤ [英]斯宾塞：《斯宾塞教育论著选》，胡毅、王承绪译，58 页，北京，人民教育出版社，1997。

有习俗上的价值。在确定知识的学习次序时，首先要弄清楚知识的价值并加以分析和比较。他提出："合理的看法是：在其他情况相等时，有内在价值的知识，必须放在具有半内在价值或习俗上价值的知识前面。"①"价值最大的给予最大注意，价值小些的就注意少些，价值最小的就最少注意。"②虽然在学校里设置的课程没有一门是一点价值都没有的，但由于学生在校学习的时间是有限的，就需要对所学习知识的价值进行比较，把有限的学习时间花在最有价值的知识上。当然，斯宾塞也认为，必须找到一些方法来估计每一种知识的价值，并且尽可能地弄清楚哪些知识最值得注意以及哪些知识在将来生活中有用。

就教育的任务而言，斯宾塞明确指出，就是教导一个人怎样生活，训练一个人在各种活动中能够完满地生活，获得为完满生活做好准备所必需的一切知识。因此，在他看来，确定知识的比较价值就是确定哪些知识对我们最有用处。斯宾塞认为，从完满生活的目的出发，知识的比较价值可以排出一个次序：关于直接保全自己的知识，关于获得生活必需品养活自己的知识，关于家庭幸福的知识，关于社会福利的知识，关于培养各种艺术爱好和欣赏的知识。对于学校教育来说，确定一个一致的比较价值标准是非常重要的，因为它是安排课程内容的基础和出发点。因此，斯宾塞强调："我们有责任把完满的生活作为要达到的目的摆在我们面前，而经常把它看清楚；以便我们在培养儿童时能慎重地针对这个目的来选择施教的科目和方法。"③

根据知识的比较价值标准，斯宾塞在知识的价值方面阐明了一种崭新的观点，就是这段极其简略而又非常明确的话所表达的："什么知识最有价值，

① [英]斯宾塞:《斯宾塞教育论著选》，胡毅、王承绪译，62页，北京，人民教育出版社，1997。
② [英]斯宾塞:《斯宾塞教育论著选》，胡毅、王承绪译，61页，北京，人民教育出版社，1997。
③ [英]斯宾塞:《斯宾塞教育论著选》，胡毅、王承绪译，58～59页，北京，人民教育出版社，1997。

一致的答案就是科学。这是从所有各方面得来的结论。为了直接保全自己或是维护生命和健康，最重要的知识是科学。为了那个叫作谋生的间接保全自己，有最大价值的知识是科学。为了正当地完成父母的职责，正确指导的是科学。为了解释过去和现在的国家生活，使每个公民能合理地调节他的行为所必需的不可缺少的钥匙是科学。同样，为了各种艺术的完美创作和最高欣赏所需要的准备也是科学。而为了智慧、道德、宗教训练的目的，最有效的学习还是科学。"①在他看来，生活在工业时代的每个人都需要科学知识和素养，从而对自己所从事的职业以及与社会活动有关的事物和过程进行理解。斯宾塞还强调："如果科学被抛弃，那么一切知识必然随之被抛弃。"②

在科学知识与人类活动的关系上，斯宾塞认为，世界上的一切活动都离不开科学知识。在近代社会中，人们都在从事商品的生产、加工和分配活动，"而商品的生产、加工和分配的效率又靠什么呢？就靠运用适合这些商品各种性质的方法，靠在不同情况下相当熟悉它们的物理学的、化学的或生命的特性；那就是依靠科学"③。因此，如果我们缺乏科学知识，就会有这样或那样的损失，而且损失有时会非常大。特别是在近代自然科学迅速发展并日益应用于实际生产，以及生产过程不断科学化的情况下，缺乏科学知识会使我们的损失更经常且更大。在斯宾塞看来，这种情况在每一个地区、每一个民族中都是存在的。科学知识使人们能够熟悉事物的构成，使自然顺从人们的需要。

在科学知识与艺术的关系上，斯宾塞强调："没有科学，既不能有完美的

① [英]斯宾塞：《斯宾塞教育论著选》，胡毅、王承绪译，91 页，北京，人民教育出版社，1997。
② [英]斯宾塞：《斯宾塞教育论著选》，胡毅、王承绪译，202～203 页，北京，人民教育出版社，1997。
③ [英]斯宾塞：《斯宾塞教育论著选》，胡毅、王承绪译，65～66 页，北京，人民教育出版社，1997。

创作，也不能有充分的欣赏。"①因为美学一般以科学原理为根基，而且只有熟悉这些原理，美学的工作才能完全成功。他曾举例说："一个从未做过科学探讨的人对于他四周的诗意大部分是茫茫无知的。一个在青年时代未曾采集过植物和昆虫的人对于乡间小道树丛能引起的莫大兴趣就懂不到一半。没有寻找过化石的人就很少知道发现那宝藏附近有些什么带诗意的联想。"②因此，科学不仅本身富有诗意，而且科学能让人在那些看上去茫茫无知的地方开辟出一些富有诗意的领域。

在科学与教育的关系上，斯宾塞认为，科学发展史上的一种正确理论必然会在教育上制造一种巨大的结果，并通过教育在文化上产生巨大的影响。在他看来，科学作为学校课程的内容，对学生来说具有最大的价值。因为"只有天才和科学结了婚才能获得最好的结果"③。首先，它表现在科学实际上给学生提供了广大的园地去练习记忆。因为在学习和记忆许多科学知识时，学生已经进行了适当的练习和实验。科学学习对记忆的训练要比语文学习优越得多，同时训练了理解。其次，它表现在科学有助于培养学生的判断力。因为科学学习经常要求学生用自己的理智去判断实际研究的每一个步骤，进行仔细的分析、比较和判断，"合理的思维习惯只能通过普遍地学习科学才能养成"④。最后，它表现在科学能够锻炼一个人坚毅和诚实的品质，使他获得独立性。因为科学学习要求学生必须自由地检验，而不是单纯根据权威来接受科学的真理。在学生还未见到一件事的真实性之前，他不被要求去接受，但在科学的真理面前，他会愿意放弃自己同科学的真理相冲突的成见。

---

① [英]斯宾塞：《斯宾塞教育论著选》，胡毅、王承绪译，18 页，北京，人民教育出版社，1997。
② [英]斯宾塞：《斯宾塞教育论著选》，胡毅、王承绪译，85～86 页，北京，人民教育出版社，1997。
③ [英]斯宾塞：《斯宾塞教育论著选》，胡毅、王承绪译，84 页，北京，人民教育出版社，1997。
④ [英]斯宾塞：《斯宾塞教育论著选》，胡毅、王承绪译，234 页，北京，人民教育出版社，1997。

四、论以科学知识为核心的课程体系

斯宾塞认为，在制定学校课程体系之前，首先应该按照重要程度把人类社会生活的几种主要活动进行分类和排序：一是直接保全自己的活动，二是获得生活必需品而间接保全自己的活动，三是目的在于抚养和教育子女的活动，四是与维持正常社会政治关系有关的活动，五是在生活中的闲暇时间满足爱好和感情的活动。同时，在上述分类和排序的基础上，把教育也排列成一个合理的次序，即准备直接保全自己的教育，准备间接保全自己的教育，准备做父母的教育，准备做公民的教育，以及准备从事生活中各项文化活动的教育。然后，由此出发，并按照"教育预备说"和"科学知识最有价值"的观点，制定一个合理的以科学知识为核心的课程体系。在斯宾塞看来，只有这样，学生才能在有限的学习时间里学习最需要知道和掌握的知识，为完满的生活做好准备。

斯宾塞提出的课程体系包括五个部分。第一部分是生理学、解剖学课程。这是阐述生命和身体健康规律，直接保全自己或维护个人的生命和身体健康，并使人保持精力充沛和具有饱满情绪的知识。在斯宾塞看来，这是合理的学校课程体系中最重要的一部分，因为关于生命和身体健康规律的知识比其他任何知识都重要。

第二部分是除阅读、书写、计算以外，开设逻辑学、几何学、力学、物理学、化学、天文学、地质学、生物学、社会学等课程。这是与生产及商业等活动有直接关系的知识，可以使人们提高生产等活动的效率，以获取最大利润来间接地保全自己。

第三部分是心理学、教育学（包括一部分生理学原理）课程。这是正确地履行父母的职责和更好地抚养教育子女所需要的科学知识，也是教育艺术的依据，以正确地对儿童实施教育。在斯宾塞看来，父母如果缺乏这方面的知识，那么在其子女的发展和教育上就会问题百出。

第四部分是历史课程。历史实际上是一门描述的社会学,学生在学习历史后可以了解过去和现在的国家生活,了解社会义务,以一个社会公民的身份合理调节自己的行为。斯宾塞认为,在学习历史时不仅要了解帝王、战争、宫廷阴谋的历史,更要知道并研究社会的自然历史知识。

第五部分是了解和欣赏自然、文化、艺术(包括绘画、雕刻、音乐、诗歌)知识的课程。这是获得闲暇时间的休息和娱乐所需要的知识,目的是建立起一种有健全文化的生活。但是,斯宾塞指出,这一部分应该服从于其他部分科学知识的传授。

由此可见,斯宾塞制定的课程体系所包括的方面是比较广泛的,同时,以自然科学知识为核心这一点也是十分清楚的。这样一个重视科学知识和科学教育的课程体系无疑冲破了当时英国社会和教育界传统习惯势力的束缚,使得学校课程与现实的社会生活密切联系,体现了时代的潮流,代表了科学发展的方向。

五、论教学的方法原理

从以科学知识为核心的学校课程体系出发,斯宾塞坚决反对古典人文主义教育的传统教学方法。他指出,从前流行的死记硬背的办法已越来越不受人们欢迎,某些旧方法一定会被淘汰,而一些新方法一定会建立起来。但是,斯宾塞认为,新的教学方法必须建立在儿童心理的基础之上,适合儿童心智演化的自然过程。因为儿童的"心智演化有个自然过程,干扰它就会发生损害;我们不能把人为的形式硬加在一个正在发展的心智上;心理学也给我们提出一个供求规律,而我们要不出毛病就必须遵守它"[1]。在他看来,教学内容和方法的安排必须配合儿童能力的演化次序和活动方式。这是进行教学的

---

[1] [英]斯宾塞:《斯宾塞教育论著选》,胡毅、王承绪译,95页,北京,人民教育出版社,1997。

根本原理，也是教学的一个秘诀——知道怎样聪明地安排教学时间。

为了使学生更好地学习、更快地掌握科学知识，斯宾塞在教学必须适合心智演化的自然过程的前提下提出了一些教学的方法原理。

第一，从简单到复杂。斯宾塞指出，儿童的心智是不断发展的，因此，在教学开始时应该教少数几门科目，然后逐步增加，最后才可以所有科目齐头并进。与此同时，课程和教材的安排，无论在细节上还是在全局上，也都应该从简单到复杂。

第二，从不确切到确切。斯宾塞指出，教学内容和方法应该从粗糙的概念开始，然后得到确切的完整概念和科学公式。把确切的概念教给尚未发展的心灵是做不到的，即使能做到也没有好处。

第三，从具体到抽象。斯宾塞指出，教学应该从具体的事例开始。在科学教育中，实物教学是极其重要的。教学不应该局限于学校和教室里的事物，而应该扩展到更大范围的事物，包括田野、山岭、海洋里的事物。实物教学也不应该在儿童早期结束时就停止，而应该持续更长的时间，包括青年期，也会不知不觉地转入博物学家、科学家的调查研究。在他看来，这是实施科学教育时所必须坚持的。

第四，儿童所受的教育必须在方式和安排上同历史上人类的教育一致。斯宾塞指出，应该研究一下人类文化中的方法，以指导我们确定正确的教学方法，并按照人类心智发展的步骤来引导每一个儿童的心智发展。

第五，从实验到推理。斯宾塞指出，在教学中应该要求学生先观察、实验，然后在充分观察和经验积累的基础上进行推理。教师应该十分重视系统地培养学生的观察力。

第六，引导儿童自己进行探讨和推论。斯宾塞指出，只有通过儿童的自我主动性，通过他的第一手经验和发现，科学知识才能被掌握。因此，为了取得最好的教学效果，在教学过程中，教师应该尽量少给学生讲，而尽量多引导他们去发现。因为"学生自己得来的任何一项知识,自己解决的任何一个问题,由于是他自己获得的,就比通过其他途径得来的更彻底地属他所有"①。

第七,在学生中间形成一种愉快的兴奋。斯宾塞指出,教师在教学中应该注意引起学生的兴趣,如果硬塞一些他们不感兴趣和不能消化的知识,就会使他们的心智产生病态,甚至对一切知识产生厌恶。因此,教师应该努力用引人入胜的方式来介绍知识,使获得知识成为愉快的事情。

其中,最为重要的是,整个教学过程既应该是一个自我教育的过程,也应该是一个愉快的教育过程。斯宾塞明确指出:"如果前者包含了心智成长的科学的主要概括,后者就是培养心智成长的艺术的重要信条。"②

六、《教育论》的广泛流传与影响

《教育论》一书是斯宾塞对自己的科学教育思想最全面且最深刻的阐述。这本书于 1861 年出版,很快就在英国引起了很大的反响。教育史学家奎克把斯宾塞的《教育论》称为最有可读性的著作以及最重要的著作之一。据统计,1878—1900 年,《教育论》在英国出售了约 4.7 万本,成为当时英国阅读最广泛的教育著作。此后,《教育论》被译成法文、德文、俄文、荷兰文、西班牙文、意大利文、丹麦文、瑞典文、匈牙利文、波希米亚文、希腊文、阿拉伯文、梵文、日文和中文等文字出版发行,在许多国家广泛流传。

在美国,斯宾塞主义在知识界广为流行。据统计,从 19 世纪 60 年代初到 1893 年年底,包括《教育论》在内的斯宾塞的著作共出售了约 36.9 万本。由于《教育论》一书的发行以及斯宾塞本人于 1882 年对美国的访问,包括杜威

---

① [英]斯宾塞:《斯宾塞教育论著选》,胡毅、王承绪译,128 页,北京,人民教育出版社,1997。

② [英]斯宾塞:《斯宾塞教育论著选》,胡毅、王承绪译,127 页,北京,人民教育出版社,1997。

在内的许多美国教育学者都以某种形式受到了斯宾塞科学教育思想的影响。斯宾塞以及他的科学教育思想在 19 世纪后半期在美国受欢迎的程度甚至超过了在英国的情况。

在日本，尽管不及在美国的盛况，但斯宾塞主义于 19 世纪后半期也在知识界盛行了一段时间。斯宾塞的《教育论》与他的科学教育思想对日本学校教育的改革也产生了较大的影响。

20 世纪以后，斯宾塞的思想在欧美国家的影响曾一度减弱，但他的《教育论》一直为欧美国家教育理论界所重视。

当然，也有人对斯宾塞的《教育论》提出了比较尖锐的批评意见。例如，孔佩雷在他的著作《教育学史》中指出《教育论》存在七点"根本谬误"①。

第三节 赫胥黎的教育思想

英国生物学家、教育家托马斯·亨利·赫胥黎不仅是进化论的勇敢捍卫者和宣传者，而且是科学教育的积极提倡者和组织者，对近代英国以及其他欧美国家的科学知识和科学教育的发展产生了很大的影响。

一、生平和著作

1825 年，赫胥黎生于英国米德塞克斯郡的一个乡村小镇伊林。他的父亲是伊林一所私立学校的算术教师。由于父亲担任教师，赫胥黎 8 岁时就进了那所学校读书。但是，他接受正规学校教育的时间是极为短暂的，两年以后，也就是 1835 年，随着父亲因学校遇到财政问题而被解聘，他也结束了在学校的学习生活。

---

① ［法］孔佩雷：《教育学史》，张瑜、王强译，427～428 页，济南，山东教育出版社，2013。

赫胥黎从小就进行广泛的阅读。15岁时，赫胥黎开始跟从做医生的姐夫学医，后来在伦敦做一名助理医生。

17岁那年，赫胥黎获得了奖学金，使他能够与哥哥詹姆斯一起在查林·克劳斯医院正式学习医学。这是他第二次得到正规学校教育的机会。在教生理学课程的琼斯教授的建议下，年仅20岁的赫胥黎于1845年在《医学报》上发表了其第一篇科学论文。1846年春天，赫胥黎完成了必修的医学课程，并通过了伦敦大学的医学学士考试。

1846年12月，赫胥黎作为一名助理外科医生参加了远航，由此开始了自己的科学生涯。在远航中，赫胥黎认真读书和记笔记，并用简陋的仪器研究航行中得到的各种奇异标本。1849年，英国皇家学会的《哲学学报》发表了赫胥黎寄回国的研究论文：《论水母族的解剖和类缘》。1851年，年仅26岁的赫胥黎在远航归来的第二年就当选为英国皇家学会会员，不久后他又获得了英国皇家学会奖章。此时，赫胥黎已进入英国一流科学家之列，成为英国最有希望的年轻科学家。

为了继续自己的科学研究，赫胥黎于1854年7月担任皇家矿业学院的讲师，讲授与古生物学有关的生物学原理课程。这是他从事教育工作的开始。赫胥黎讲课很生动，没有经院式的味道，赢得了学生的一致好评。他说："我很高兴，现在我不是在牛津大学。伦敦的空气还没有受到老学究们……以及那些老朽的清规戒律的沾染。"[1]与此同时，赫胥黎积极地投入促进科学普及与应用的战斗，成为使科学大众化的人士。

达尔文的《物种起源》一书问世后，赫胥黎阅读了达尔文的赠书，并成为达尔文及其进化论的主要支持者之一。他还用进化论来研究人类的起源，第一次科学地提出了人和猿由同一祖先分支而来的学说，彻底否定了上帝造人

---

[1] [美]H.托马斯、D.L.托马斯：《伟大科学家的生活传记》，陈仁炳译，159页，南京，江苏科学技术出版社，1980。

说。进化论和人猿同祖说的提出使神学界一片惊慌，并引起了一场轩然大波。在科学与神学的激烈论战中，赫胥黎以丰富的论据宣传进化论，并批驳了牛津大主教一伙的愚蠢无知，使进化论取得了决定性胜利。

1863 年，赫胥黎将自己研究得来的证据编辑成书出版，题为《人在自然界中的位置》(*Man's Place in Nature*)。它是达尔文《物种起源》一书的补充。

1864 年，赫胥黎成立了"X 俱乐部"，其成员有植物学家胡克、物理学家丁达尔、天文学家和数学家卢伯克及斯宾塞等。这是英国 19 世纪后半期最有影响的科学家团体。

1862—1885 年，赫胥黎至少在十个皇家科学或教育委员会任职。他于1871—1880 年任英国皇家学会干事，1883—1885 年任英国皇家学会会长。

对于教育问题，赫胥黎是极感兴趣的。在 1854 年后的近 40 年时间里，他经常谈论教育(从初等学校的教学内容到大学和医学院的课程设置)，也亲自参加了教育实践活动，担任过主考人、教授、院长、校长等职务。特别是其在担任第一届伦敦教育委员会委员期间(1870—1872 年)，赫胥黎积极参与了英国国民教育制度的创立，为推动英国民众初等教育的发展做了很大努力。"在其任职的短暂时间内，他为国家初等教育的基础所立下的功绩也许比其他任何人都更显著。"[1]赫胥黎还与积极提倡科学教育的科学与工艺局保持了密切的联系，大声呼吁科学教育的普及和发展。他又积极主张公学的改革，支持把科学教育引进公学的建议，并参与了大学体制的改革，对英国的高等教育产生了很大的影响。从 1877 年起，赫胥黎又是技术教育的一个热情且有力的提倡者。正如英国教育史学家柯蒂斯所指出的："赫胥黎所担任的各种职务使他与活跃在教育的许多领域中的颇有影响的人士保持了联系。"[2]因此，在

---

① 商务印书馆编辑部：《近代现代外国哲学社会科学人名资料汇编》，138 页，北京，商务印书馆，1978。

② S. J. Curtis, M. E. A. Boultwood, *An Introductory History of English Education Since 1800*, London, University Tutorial Press Ltd., 1960, p.148.

19世纪后半期,"赫胥黎对英国教育的改革发展具有决定性的影响"①。

赫胥黎还编写过许多教科书,在英国学校得到了广泛的使用。例如,《生理学概论》(*Elementary Instruction in Physiology*)再版重印了30次。《实用基础生物学讲义》(*A Course of Practical Instruction in Elementary Biology*)再版重印了17次,等等。

由于繁重的科学研究、教学工作、公务和社会活动,从1885年起,赫胥黎的身体状况越来越差。1895年,赫胥黎因病在苏塞克斯郡的伊斯特本逝世。

二、批判传统的古典人文主义教育

针对英国学校教育存在的弊端,赫胥黎在科学教育与古典人文主义教育的论战中,对古典人文主义教育进行了有力的批判。他尖锐地指出:英国中小学教育体制阻碍科学教育的严重性是不能低估的;学生养成只会通过书本学习知识的习惯,这种习惯不仅使他们不懂得何谓观察,而且使学生厌恶对事实的观察;迷信书本的学生宁可相信他在书本上看到的东西,而不愿相信他自己亲眼看到的东西。② 学生把8或10年的时间花在学习拉丁文和希腊文语法的那些规则上,或许会用英文写一些诗歌,但实际上是一些令人讨厌的打油诗。赫胥黎还指出,英国的大学不仅不鼓励有创新精神的人,"不给他们提供机会以便尽最大的职责去做他们最有能力做的各种事情;而且,大学教育总是脱离受教育的那些人的心智,总是脱离他们愿做世界上任何特别适合他们去做的事情的愿望"③。他特别强调:"对于那些打算把科学作为他的重要职业,或者想要从事医学职业,或者必须早一些参加生活事务的人来说,

---

① *The New Encyclopaedia Britannica*, *Vol.9*, Chicago, Encyclopaedia Britannica Inc., 1974, p.72.

② [英]赫胥黎:《科学与教育》,单中惠、平波译,166页,北京,人民教育出版社,1990。

③ [英]赫胥黎:《科学与教育》,单中惠、平波译,74页,北京,人民教育出版社,1990。

古典教育是一个错误。"①

在赫胥黎看来，传统的古典主义教育是华而不实的，它极少考虑一个人的实际生活需要，也不能使一个人为参加实际生活做好准备。赫胥黎把它比做"教一个木匠懂得锯和刨的原理，但从未让他在木头上实践"②。尽管社会生活需要受学校教育的人具有从事商业贸易、经营工厂和购买专利、制定法律和管理国家、处理事务和安排闲暇等方面的能力，尽管学生最需要知道与毕业后所参加的实际生活事务直接有关的一切知识，但这一切在古典主义教育的学校里并学不到，学生白白地浪费了一生中最宝贵的时间。在学校里，学生被迫把全部精力用在书本上，钻研那些没完没了的拉丁文和希腊文语法形式和规则，并相信书本比自然界更真实，所有知识都能够从书本上得到。因此，赫胥黎愤慨地说："大部分学校和所有大学所提供的教育，仅仅是一种狭窄的、片面的和实质上无教养的教育——在它最糟糕的时候，实在是近于完全没有教育。"③

在对传统的古典主义教育进行批判的同时，赫胥黎大力呼吁对当时英国的学校教育制度进行改革。他强调："（英国）教育之树的根在空中，而它的叶子和花在地上；我承认，我很希望把它上下颠倒过来。"④他认为，有必要改进和改善英国的初等教育制度，使它成为学生参加实际生活的一种适当的准备。它应该注重实物教学，摒弃拼命啃书本和反复死记硬背的做法，让儿童从最普通的实物着手，并使他们能够理解由此引出的更高水平的真理。中等教育应该使学生掌握一种真实的、明确的、完整的和实际的基础知识，而不是大量空泛而又不精确的皮毛知识。至于高等教育，只有改变那些古老大学

① [英]赫胥黎：《科学与教育》，单中惠、平波译，105 页，北京，人民教育出版社，1990。
② C.Bibby, *T. H. Huxley on Education*, Cambridge, Cambridge University Press, 1971, p.24.
③ [英]赫胥黎：《科学与教育》，单中惠、平波译，76 页，北京，人民教育出版社，1990。
④ [英]赫胥黎：《科学与教育》，单中惠、平波译，90 页，北京，人民教育出版社，1990。

"半是神学院半是赛马场"的情况，大学才能发挥其作用，成为真正的学者社团。

三、论新的自由教育观

在西方教育发展史上，早在古希腊时期就已有自由教育这一概念，那时指自由民特别是奴隶主阶级才能受到的文雅教育。19世纪中期，英国社会和教育界就自由教育问题进行了激烈的争论。以纽曼为代表人物的古典人文主义教育派主张自由教育，但他们所说的自由教育是理智的陶冶，不仅与古典语言和文学的教育是同义的，而且与古希腊、古罗马文学教育是同义的。在他们看来，自由教育等同于古典人文主义教育。

赫胥黎在他的讲演和论文中也反复论述并强调自由教育，但其含义与那些古典人文主义教育人士所说的自由教育的含义是完全不同的。赫胥黎赋予其一种新意，即一种新的自由教育观。在《在哪里能找到一种自由教育》一文中，他阐述了这种新的自由教育观，明确指出自由教育"就是在自然规律方面的智力训练，这种训练不仅包括了各种事物以及它们的力量，而且也包括了人类以及他们的各个方面，还包括了把感情和意志转化成与那些规律协调一致的真诚热爱的愿望"①。在赫胥黎看来，"首先，从广度来说，这种教育不受限制，它涉及所有领域中必须认识的事物，锻炼人的全部官能，而且对人类全部活动的两大方面——艺术和科学——给予同样的重视；其次，这种教育适宜于全体自由公民，他们可以选择任何一种职业，国家要求他们能够胜任各种职务……甚至连人类全部官能的发展也将受到这种教育的影响……同时，这种教育还为某些有天资的人可能具有的特殊才能的充分发展开辟了道路"②。应该指出，赫胥黎所强调的新的自由教育是多方面的，不仅包括智力

---

① [英]赫胥黎：《科学与教育》，单中惠、平波译，59页，北京，人民教育出版社，1990。
② [英]赫胥黎：《科学与教育》，单中惠、平波译，159页，北京，人民教育出版社，1990。

训练，而且包括身体、道德和审美方面的训练。

　　赫胥黎之所以强调一种新的自由教育，主要是因为他认识到社会竞争会变得越来越激烈，而且在竞争中获得成功的唯一方法就是使人民既有必要的知识和技能，又有热情、活力和诚实的品质，以及健康强壮的身体和对好行为的真诚愿望。这就需要通过包含多方面内容的新的自由教育来实现。赫胥黎认为，通过这种新的自由教育，一个有才华的人"就有可能成为伟大的作家或演说家，成为政治家、律师、科学家、画家、雕塑家、建筑师或音乐家"①。这种新的自由教育既能帮助学生利用他们的天生才智宝库不断增长知识，又能使他们养成热爱真理和憎恨谬误的习惯，还能使他们精神振奋、充满活力，对自己将从事的职业具有一种尊严感。另外，这种新的自由教育能使学生有准备地接受自然的教育，既不会无能，又不会无知，也不会故意亵渎，并在整条生活道路上获得所需要的一切智力财富。因此，赫胥黎明确指出：这种新的自由教育的职责"首先是为青年提供观察事物的方法，并养成他们观察事物的习惯，其次是分别以科学或艺术的形式，或者以科学与艺术相结合的形式给青年提供学科知识"②。

　　赫胥黎强调，但凡一个人的状态与自然界完全和谐一致，就表明他已受到了一种新的自由教育。具体地讲，这种新的自由教育是：他从小受到这样的训练，以使他的身体服从自己的意志，和一台机器一样毫不费力且愉快地从事他所能做的一切工作；他的心智是一台无污垢的、周密设计的、结构合理的发动机，每个部件都发挥着各自的力量，工作程序有条不紊；又和一台蒸汽机一样准备担负任何工作，既能纺纱又能锻造精神之锚；他的头脑里储存着有关各种重要而又基本的自然界真理的知识以及有关自然界活动规律的知识；他不是发育迟缓的禁欲主义者，而是充满活力和激情，但他的情感已

---

① ［英］赫胥黎：《科学与教育》，单中惠、平波译，159 页，北京，人民教育出版社，1990。
② ［英］赫胥黎：《科学与教育》，单中惠、平波译，119 页，北京，人民教育出版社，1990。

被训练得完全服从强有力的意志，并成为良知的仆人；他已经学会去热爱一切美好的事物(无论是自然的还是艺术的)，也已经学会去憎恨一切邪恶，并像尊重自己一样尊重别人……他将会充分地利用自然界，自然界也将会充分利用他；他们将极好地携手并进；自然界永远是他的慈母；他是自然界的喉舌，自然界有意识的化身，自然界的代理人和解释者。①

关于新的自由教育的学习内容，赫胥黎认为应该包括以下几方面：一是体育锻炼和操练，使学生具有强壮的体格；二是家政教育，使学生具有家政方面的知识和技能，养成勤俭和合理安排生活的习惯；三是智力训练，使学生学会运用知识的方法(阅读、书写和计算)，激起他要求理解事物的愿望，使他获得一定数量的真实知识(特别是自然科学的基础知识)，受到一定的工艺训练(包括绘画)，而且使他懂得拉丁文和希腊文，以获得任何科学范围的全面知识；四是伦理学和神学教育，使学生熟悉基本的行为准则，培养他们的道德感情，适应社会生活并承受它的压力，对他们进行以《圣经》内容为限的宗教教育。其中，赫胥黎更强调智力训练的重要性。他曾这样说："假如我能够完全消除一切并重新开始的话，我首先应当保证青年在阅读和书写方面的训练，并培养他们注意和观察所得知的与所看到的事物的习惯。"②因此，很明显，赫胥黎所主张的新的自由教育实际上是一种和谐的、全面发展的教育。

关于新的自由教育的学习方法，赫胥黎强调，不能让学生从文字中学习，而要从事实中探求真理；对事物的彻底了解比粗略了解更重要；不要斥责和阻止学生提出一些所谓"愚蠢的"问题，使他们慢慢但稳固地积累知识，并采用提问的方式来发展思考能力；家长和教师不要压制儿童的求知欲望；要让

① [英]赫胥黎：《科学与教育》，单中惠、平波译，61～62页，北京，人民教育出版社，1990。
② [英]赫胥黎：《科学与教育》，单中惠、平波译，124页，北京，人民教育出版社，1990。

学生不仅掌握知识，而且能付诸行动；要重视培养学生奋发精神、坚韧不拔的意志和动手能力；等等。赫胥黎认为，一些学生的愚笨"十之八九是'灌输出来的，而不是天生的'"①。在一篇论文中，他幽默而又深刻地写道："在教育中，奶瓶实在太多了；年轻人应当把好的智力食物作为补给，然后就自己动手。"②

为了给学生提供一种新的自由教育，赫胥黎主张，英国每一个地方教育委员会都应当尽力使在它管辖之下的每一个儿童都能受到教育，不仅教他阅读和书写，而且把打开知识宝库的钥匙放在他手上。在担任第一届伦敦教育委员会委员时，他曾多次强调："我们的职责是准备一把梯子，把它架在贫民区和大学之间，使每一个儿童都有机会沿着它向上爬，直到适合他的地方。"③

四、论科学知识和科学教育

针对 19 世纪中期英国社会和教育界对于科学知识和科学教育仍不予重视的情况，赫胥黎与其他科学家合作，在一些杂志上开辟了科学评论专栏，并亲自撰写文章、发表演讲，大声疾呼科学知识的重要性。1869 年，在题为《科学教育》的演讲中，赫胥黎明确指出："自然科学知识作为一种生活工具的重要性是不容置疑的。"④在他看来，第一，科学知识与社会进步有着密切的关系。因为现代文明依赖于自然科学，现在几乎每一个工商业部门都或多或少地直接依赖某些自然科学知识，工业生产和商业贸易活动都是直接又紧密地

---

① ［英］赫胥黎：《科学与教育》，单中惠、平波译，89 页，北京，人民教育出版社，1990。

② C. Bibby, *T. H. Huxley on Education*, Cambridge, Cambridge University Press, 1971, p.10.

③ C. Bibby, *T. H. Huxley on Education*, Cambridge, Cambridge University Press, 1971, p.435.

④ ［英］赫胥黎：《科学与教育》，单中惠、平波译，80 页，北京，人民教育出版社，1990。

与科学知识联系起来的。人们也越来越认识到科学知识和研究在日常生活中的重要性，以及它对各种实用职业起着使人震惊和意想不到的作用。第二，科学知识与人的心智发展有着密切的关系。对于人类心智的充分训练来说，自然科学的学习是必不可少的。"不仅我们的日常生活受到它的影响，千百万人的成功依赖于它；而且，我们的整个人生观早已不知不觉地普遍受到了这种宇宙观的影响。这种影响是通过自然科学而强加于我们的。"①正因为科学知识如此重要，所以赫胥黎坚定地相信，自然科学知识会得到传播，并将发挥越来越大的作用，遍及整个英国社会。

为了使学生真正学到和掌握科学知识，赫胥黎积极提倡科学教育。因为对于民众的幸福来说，科学教育比许多社会改革更重要；对于工业进步来说，科学教育是它的必要条件。赫胥黎明确指出，科学教育"并不是指应当把一切科学知识都教给每一个学生。那样去设想是非常荒唐的，那种企图是非常有害的。我指的是，无论是男孩还是女孩，在离开学校之前，都应当牢固地掌握科学的一般特点，并且在所有的科学方法上多少受到一点训练"②。在他看来，"科学教育的最大特点，就是使心智直接与事实联系，并且以最完善的归纳方法来训练心智；也就是说，从对自然界的直接观察而获知的一些个别事实中得出结论。由于科学教育具有这样重要的特点，其他任何教育是无法代替它的"③。总之，科学教育可以使学生十分熟悉构成操作工艺基础的主要原理，以使他们为参加日常生活和适应新的环境做好准备。

赫胥黎认为，科学教育要取得最好的效果，就必须是实际的。例如，在为一个学生解释常见的自然现象时，教师在课堂上必须尽可能地利用实物，使教学活动真实；教师要告诉学生，在他们依靠自然界的绝对权威而不相信

① [英]赫胥黎：《科学与教育》，单中惠、平波译，103页，北京，人民教育出版社，1990。
② [英]赫胥黎：《科学与教育》，单中惠、平波译，85页，北京，人民教育出版社，1990。
③ [英]赫胥黎：《科学与教育》，单中惠、平波译，87页，北京，人民教育出版社，1990。

书本上写的东西之前，提出疑问是他们的责任；教师要使学生在对自然界的一些主要现象进行初步观察之后，并在推理能力得到发展和熟悉掌握知识的工具的基础上，进一步学习自然科学。在生物教学上，赫胥黎首创把课堂讲授与实验室活动结合起来的独特教学方法。赫胥黎还认为，为了更好地进行科学教育，"第一是恰当地选择论题；第二是注重实际的教学；第三是训练一些有实际经验的教师；第四是安排充裕的时间"[1]。在他看来，如果科学教育不是作为一种智力训练，不是建立在对于事实的直接感性认识以及实际运用观察事物和逻辑思维的能力的基础上，那么，这种科学教育就不仅是没有效果的，而且是毫无价值的。因此，赫胥黎尖锐地指出："假如科学教育被安排为仅仅是啃书本的话，那最好不要去尝试它，而去继续学习以啃书本自居的拉丁文法。"[2]在他看来，假如旧的古典主义教育方式的幽灵进入新的科学教育方式的肌体，他便"宁可让它们把科学教育的伪装完全去掉"[3]。

赫胥黎大力呼吁把科学教育引进一切学校。他强调："没有什么会比能引进初等学校里的初等科学和工艺教育更重要。"[4]在赫胥黎看来，自然科学的基本原理应当成为初等教育的一个组成部分。他甚至认为，科学教育应当开始于智力的发端，因为当一个儿童开始说话时他就试图获得自然科学知识。赫胥黎充分肯定了在科学与工艺局领导下设置的科学课程，并把它看作在科学教育方面已经采取的一个伟大措施。他还认为，在每所大学里应该建立单独的科学学院，将学生培养为专业的科学家。

尤其应该指出的是，在提倡科学知识和科学教育的同时，赫胥黎提出了文理沟通的观点，阐述了科学与文学、艺术、美学的关系，强调科学教育与文学教育具有同等的地位。1858 年赫胥黎曾说："时代在迅速地发展，因此，

---

① [英]赫胥黎：《科学与教育》，单中惠、平波译，115 页，北京，人民教育出版社，1990。
② [英]赫胥黎：《科学与教育》，单中惠、平波译，87 页，北京，人民教育出版社，1990。
③ [英]赫胥黎：《科学与教育》，单中惠、平波译，188 页，北京，人民教育出版社，1990。
④ [英]赫胥黎：《科学与教育》，单中惠、平波译，269 页，北京，人民教育出版社，1990。

不熟悉科学事务的人将不会被看成受过教育的人。"但他马上又补充说："科学必须避免的最大危险是那些从事科学的人的片面发展。"①后来，赫胥黎在一次演说中又明确指出："科学和文学不是两个东西，而是一个东西的两个方面。"②在他看来，除自然科学外还有其他文化形式。在给友人金斯利的一封信中赫胥黎也写道："科学不单指自然科学，还包括一切把缜密的思想方法运用于任何材料所得出的结果。"③因此，应当把一种完整的和全面的科学文化引入学校时，绝不能为了科学而扼杀或削弱文学和美学。为了防止培养出一些片面发展的人，为了使学生获得真正的文化，赫胥黎主张既要进行科学教育，又要进行文学教育。因为"单纯的科学教育确实与单纯的文学教育一样，将会造成理智的扭曲"④。学校课程应该是所有必要的组成部分(既包括科学又包括文学和艺术)的一种适当比例的结合。显然，赫胥黎提出的文理沟通的观点与片面强调自然科学而压抑和削弱人文科学的观点完全不同。

五、论理想的大学

在1874年担任英国阿伯丁大学校长的就职演说中，赫胥黎明确指出："在我所设想的理想的大学中，一个人应该能得到各种知识的教育，并在运用所有的获得知识的方法上得到训练。在这样的一所大学中，活生生的榜样力量将鼓舞学生树立崇高的志向，在学问上努力赶超前辈的学者，并沿着开辟知识新领域的探索者的足迹前进。他们所呼吸的空气将充满着对真理的热爱和对诚实的激情，因为这是比学问更珍贵的财产，比获得知识的能力更高尚

---

① C.Bibby, *T. H. Huxley on Education*, Cambridge, Cambridge University Press, 1971, p.20.

② L.Huxley, *Life and Letters of Thomas Henry Huxley*, New York, Appleton & Co., 1902, p.231.

③ C. Bibby, *T. H. Huxley: Scientist, Humanist and Educator*, London, C. A. Watts & Co., 1959, p.43.

④ [英]赫胥黎：《科学与教育》，单中惠、平波译，106页，北京，人民教育出版社，1990。

的素质。"①他根据自己长期在大学里从事教学工作的实践经验指出："世界的未来掌握在那些对于自然的解释能够比他们的前辈更进一步的人手里。大学最重要的职责，就在于发现这些人，爱护这些人，并培养他们最大限度地服务于自己事业的能力。"②

在赫胥黎看来，有一小部分人生来就具有特殊天赋和最优秀的品质，具有成为出类拔萃的人的愿望，具有各种专门的才能，而大学就要给这些人提供方便，使他们成为智慧的中心、自然界的阐述者、美的形式的创造者，并利用他们为社会利益服务。在1876年访问美国期间，赫胥黎应邀在标志着美国高等教育新纪元的约翰斯·霍普金斯大学的开办典礼上发表演讲，他讲道："祝愿它的声誉与日俱增，成为一个能获得真才实学的学府，一个自由研究的中心，一个智慧之光的聚合点；直到人们从世界各地慕名而来，就像过去寻找波洛尼亚、巴黎或牛津那样。"③这十分清楚地表明了赫胥黎对大学职能的看法。

针对当时英国大学教育落后的状况，在对英国大学与德国大学进行比较之后，赫胥黎明确指出，那些德国大学"已经从一个世纪以前不屑一顾的样子变成了目前世界上未曾有过的最认真地对学生进行教学和培养的人才最多的学者社团"④。"德国大学是'献身于科学研究和学术教育的学者'社团……它们是真正的'大学'，因为它们努力阐述和具体应用人类的全部知识，并为各种形式的学术活动提供机会。"⑤在他看来，鉴于德国的一所资金缺乏的三流大学在一年之内所取得的研究成果能够超过英国一些规模巨大且资金充裕的

---

① ［英］赫胥黎：《科学与教育》，单中惠、平波译，138页，北京，人民教育出版社，1990。
② ［英］赫胥黎：《科学与教育》，单中惠、平波译，167页，北京，人民教育出版社，1990。
③ ［英］赫胥黎：《科学与教育》，单中惠、平波译，171页，北京，人民教育出版社，1990。
④ ［英］赫胥黎：《科学与教育》，单中惠、平波译，75页，北京，人民教育出版社，1990。
⑤ ［英］赫胥黎：《科学与教育》，单中惠、平波译，75～76页，北京，人民教育出版社，1990。

大学在十年之内煞费苦心取得的研究成果，英国大学应该学习和仿效德国大学，采取德国大学的做法。

赫胥黎认为，人们应该清楚地认识到，未来的大学会与过去的大学有极大的不同。一所大学应该坚决排除与学生将来从事的实际职业相去甚远的学科，帮助学生获得真正的知识，而不要压断他们的"智力脊梁"，培养死记硬背的书呆子。为了达到这个目的，赫胥黎提出，理想的大学应该是一个学术思想不受任何束缚的地方，是一个能使所有入学者获得所有知识和掌握所有学习工具的地方。

赫胥黎十分赞赏美国约翰斯·霍普金斯大学阐明的原则："一所大学的声誉应当体现在它的教师和学者的水平上，而不是体现在教师的数量和所使用的建筑物上。"[①]在他看来，把巨额教育经费变成纯粹的砖石，而使本来该用于资助学术机构的资金所剩无几，是最不明智的做法。赫胥黎还强调，大学应该注重教学与科学研究相结合。他相信，最好的研究者往往是那些负有教学职责的人。1892年4月，赫胥黎在给他的助手兰克斯特的信中明确写道："中世纪的大学是落后的，它公开宣布自己是旧知识的储藏所……它的教学与新鲜事物毫无关系……现代大学是进步的，它是生产新知识的工厂，它的教学处在进步潮流的最前列。研究和批判肯定是他们必不可少的东西，实验工作是学习科学的学生的主要职责，书本是他们的主要帮手。"[②]因此，教授在大学里不仅应该在课堂里讲课，而且应该在课后对学生进行指导。赫胥黎认为，一个具有独创性的研究者必须贡献他的一部分时间去讲课或指导实际的教学。1892年，他提出的关于伦敦大学体制改革的具体设想就体现了教学与科学研究并重的思想。

[①] [英]赫胥黎：《科学与教育》，单中惠、平波译，169页，北京，人民教育出版社，1990。

[②] L. Huxley, *Life and Letters of Thomas Henry Huxley*, New York, Appleton & Co., 1902, p.328.

关于大学生的任务，赫胥黎认为，他们应该认真考虑自己将要称职地履行的庄严职责，踏实地、精深地学习必要的真实知识。因为这些知识不管在日常事务中看起来是多么无关紧要，或者多么无足轻重，都也许有朝一日会发挥作用。他特别提到，如果一个学生进入大学后，"在他专攻的学科考试中表现出缺乏才华和疏于勤勉，则阻止他从事这种显然不适合于他的职业；无论对校方或他本人来说，这都是件大好事"①。在赫胥黎看来，大学必须避免把一些不合格或不能胜任职务的人送到社会。

最后，赫胥黎还强调了大学教育与中小学教育的联系。他认为，中小学教育是为进入大学做准备的，而大学是这幢已由中小学打好基础的大厦的顶端。大学教育不应当与初等教育截然分开，而应当是初等教育自然的结果与发展。② 因此，小学和大学就像教育过程的两端，作为两端之间的过渡性机构的中学必须真正成为小学与大学之间的桥梁，继续保持新的自由教育的广阔渠道，使各门学科得以均衡发展，使学生为进入大学做好充分且全面的准备。

六、论技术教育

英国产业革命以后，随着人们对技术教育意义的认识更加深入，技术教育得到了一定程度的发展。对此，赫胥黎指出："技术教育之所以成为必要有两个原因：一是旧的学徒制已经被废除；二是技术发明创造已经完全改变了工业的面貌。"③为了促进技术教育的发展，赫胥黎和科学与工艺局保持了密切的联系，并接受其委托做了许多实际工作。

1877年，赫胥黎在曼彻斯特做了题为《技术教育》的演讲，明确指出："在平常使用'技术教育'这个术语以及我现在使用它的意义上说，'技术教

① [英]赫胥黎：《科学与教育》，单中惠、平波译，161页，北京，人民教育出版社，1990。
② [英]赫胥黎：《科学与教育》，单中惠、平波译，158页，北京，人民教育出版社，1990。
③ C.Bibby, *T. H. Huxley on Education*, Cambridge, Cambridge University Press, 1971, p.207.

育'指的是专门适应以从事某种手工艺为谋生职业的人们所需要的那种教育。"①在他看来，技术教育等于手工艺教育。1887年11月，赫胥黎在全国技术教育促进会(National Association for the Promotion of Technical Education)成立大会的演讲中指出："我说的技术教育，就是指对于成功地经营一些工商业部门来说必不可少的那种知识的教育。"②

赫胥黎十分强调技术教育的意义，认为技术教育的发展将有助于推动英国工业的进步。1854年创办于伦敦红狮广场的南伦敦工人学院是当时英国成人教育的中心，为技术教育的发展做了不少工作。对此，赫胥黎赞赏地说："南伦敦工人学院所从事的工作是一项伟大的工作；我甚至可以说，学院所建议尽力实施的那种教育，是目前人们所做的一切工作中最伟大的工作。"③对于全国技术教育促进会的成立，赫胥黎指出："全国技术教育促进会打算做的工作(我可以说，这是极其重要的工作)，不仅对于国家的福利事业来说是头等重要的工作，而且也是一种范围很广而又极其困难的工作。"④在他看来，如果不认真考虑技术教育的规划，就会延误儿童参加劳动生活，或者妨碍他们自食其力，也就不能促进手工艺者中的优秀人才成长。因此，赫胥黎大力呼吁发展技术教育，开办职业学校、工厂附属学校等，并设立技术教育师资培训机构。

但是，赫胥黎竭力反对狭隘的技术教育，提倡完善的和全面的技术教育。他认为，技术教育就是使从事工业的人的生产技能得到全面而又持久发展的一种方法。1879年，赫胥黎在工艺协会强调："尽管成为有技术的工人是一件

---

① [英]赫胥黎:《科学与教育》，单中惠、平波译，261页，北京，人民教育出版社，1990。
② [英]赫胥黎:《科学与教育》，单中惠、平波译，281页，北京，人民教育出版社，1990。
③ [英]赫胥黎:《科学与教育》，单中惠、平波译，55页，北京，人民教育出版社，1990。
④ [英]赫胥黎:《科学与教育》，单中惠、平波译，275页，北京，人民教育出版社，1990。

重要的事情，但更重要的是成为聪明的人。"①因此，他主张技术教育之前的教育应当完全致力于增强体质，提高道德修养以及发展智力，尤其要用有关自然规律的那些主要且清楚的观点去充实头脑。也就是说，不要把专门的技术教育压在初等学校身上。

与此同时，赫胥黎又特别强调技术教育的实践性，认为技术教育应该与生产实践联系起来，使学生在原理和方法上得到基本训练，养成观察和分析事实的习惯和一丝不苟的态度。他甚至说："对于一个手工艺者来说，工厂是唯一的和真正的学校。"②赫胥黎主张，技术教育既要避免延误儿童参加实际生活，又要避免用疲惫的书呆子去替换工厂里精明且双手灵巧的工人们。

七、《科学与教育》的流传与影响

《科学与教育》一书是赫胥黎"在 30 多年里，断断续续地向许多地区不同的听众和读者发表的"③关于科学教育问题的讲演和文章的汇集，集中地阐述了他的科学教育思想。

赫胥黎在教育实践中为促进科学知识和科学教育在英国的发展做了大量的工作，1893 年出版的《科学与教育》一书所收集的讲演和文章也充分表明了这一点。因此，1925 年，在赫胥黎 100 周年诞辰的时候，英国 25 位科学家和学者在《自然界》杂志增刊上发表了纪念文章，纪念赫胥黎在 19 世纪科学教育运动中的业绩和贡献。

在科学研究和学术造诣上，赫胥黎无疑赢得了世界范围的肯定。他生前获得了美国、德国、法国、俄国、瑞士等国家 53 个科学团体的荣誉称号以及

---

① C. Bibby, *T. H. Huxley on Education*, Cambridge, Cambridge University Press, 1971, p.44.

② [英]赫胥黎：《科学与教育》，单中惠、平波译，265 页，北京，人民教育出版社，1990。

③ [英]赫胥黎：《科学与教育》，单中惠、平波译，前言 1 页，北京，人民教育出版社，1990。

一些著名大学的名誉博士学位。尽管赫胥黎生前对 19 世纪英国科学教育实践产生了很大的影响，但是，因为赫胥黎的科学教育思想缺乏严密的理论体系，而且教育界学者不习惯于对自然科学家的教育理论进行研究，所以赫胥黎在《科学与教育》一书中阐述的科学教育思想在当时的教育理论界没有受到应有的重视。

然而，从 20 世纪 50 年代开始，教育史学家、赫尔大学教育学院院长毕比在英国皇家学会、大英博物馆、英国哲学学会及一些大学的资助下，首先对赫胥黎的教育活动及其科学教育思想进行了研究。1959 年，毕比出版了研究赫胥黎科学教育思想的第一本权威性著作《T. H. 赫胥黎：科学家、人文主义者和教育家》(T. H. Huxley: Scientist, Humanist and Educator)。此后他又陆续出版了其他相关著作，如《T. H. 赫胥黎本质》(The Essence of T. H. Huxley)、《T. H. 赫胥黎论教育》(T. H. Huxley on Education)、《杰出的科学家 T. H. 赫胥黎的生平和科学事业》(Scientist Extraordinary, The Life and Scientific Work of T. H. Huxley)等。此外，毕比还在杂志上发表了 10 多篇文章，对赫胥黎及他的科学教育实践和思想进行了论述。毕比的努力显然进一步扩大了赫胥黎的《科学与教育》和其所阐述的科学教育思想在欧美国家及其他地区的影响。

毫无疑问，"赫胥黎的教育观点在当代科学技术革命中也是值得好好思考的"①。因为赫胥黎在《科学与教育》一书中阐述的科学教育思想是富有创新精神的，其中有些观点是有预见性的，给人们以深刻的启示。

第四节　科学教育运动与科学教育思想的影响

在 19 世纪科学教育运动中产生并得到广泛传播的英国科学教育思想，反

---

① The New Encyclopaedia Britannica, Vol. 9, Chicago, Encyclopaedia Britannica Inc., 1974, p.72.

过来又对 19 世纪科学教育运动的推进产生了直接且积极的作用。由于科学教育运动的发展以及科学教育思想的传播，英国各类学校的教育实践开始发生根本性变化，科学实验的教学开始进入学校，自然科学在学校课程中逐渐占据了重要位置，许多科学课程采用实物教学的方式，教育理论界也开始承认科学教育对所有发展阶段的儿童来说都具有重要的意义。1867 年，不列颠协会（The British Association）发布了一份年度报告，提出了许多关于科学教育的建议，其中明确指出："一个受过教育的人如果对科学知识一点也不了解，那么他就会处于不利境地。"[①]这份报告还对科学知识和科学训练做了区分，指出科学知识包括初等天文学、地理、自然历史、自然哲学等，科学训练则包括实验物理学、初等化学、初等植物学等，从而为中学的科学教育提供了一个框架。1868 年，负责公学调查的克拉伦敦委员会在给一个科学团体的信中写道："在正规的学科课程中引入自然科学正是人们所期望的，而且没有任何理由怀疑它的可行性。"[②]皇家科学教育和科学促进委员会（Royal Commission on Scientific Instruction and the Advancement of Science）于 1875 年发表的报告也指出，小学高年级学生应该受到更多的科学教育，师范学院的课程计划应该更有利于培养为科学教育做好准备的教师，并要求科学与工艺局和教育局尽可能地协调工作。因此，从 19 世纪后半期开始，提供科学和技术教育的新大学和多科性技术学院出现，强调应用科学和技术学科的教学与研究。1881 年，帝国科学与工艺高等学校成立；1890 年，皇家科学学院成立。这也反映了英国高等教育趋向科学学习的变化。至于初等和中等教育，几乎所有学校都开始承认科学知识的重要地位，并设置科学课程，提供科学教育。

此外，皇家技术教育委员会（Royal Commission on Technical Instruction）和

---

① M. Hiprice, *The Development of the Secondary Curriculum*, London, Crom Helm, 1986, p.157.

② J.Lawson, H.Silver, *A Social History of Education in England*, London, Methuen & Co Ltd., 1973, p.304.

全国技术教育促进会成立，表明英国政府对科学教育和技术教育更加重视。1884年，皇家技术教育委员会发表报告，提倡在学校教育中实施更多的实物教学、更多的工艺工作以及更多的农业工作，要求在师范学院提供更多的科学与工艺教学。这份报告发表五年后，英国国会通过和颁布了《技术教育法》。从1890年起，英国政府对科学和技术教育提供了更多的资助。

总之，英国科学教育思想在19世纪科学教育运动中越来越为公众所理解和接受，使科学知识在19世纪后半期进入英国学校课程，并逐渐建立起以科学知识为核心的课程体系。毫无疑问，以斯宾塞和赫胥黎为代表人物的英国科学教育思想进一步推动了学校教育的改革，促进了学校科学课程的趋向，为科学教育真正在学校教育领域中占据主导地位打下了坚实的基础。

毋庸置疑，斯宾塞和赫胥黎的科学教育思想与实践使他们在近代科学教育发展中有十分重要的地位。继培根之后，他们又一次对传统古典人文主义教育发起了有力的挑战和无情的抨击，使学校教育改革工作有了一个新的重点。斯宾塞在《教育论》一书中提出了"科学知识最有价值"的卓越见解，制定了以科学知识为核心的课程体系，有力地巩固了科学知识在学校课程中的地位。培根试图创立一个在科学范围内给全人类带来知识的制度，而斯宾塞则成为第一个完成这个任务的英国哲学家。赫胥黎在《科学与教育》一书中批判了传统古典人文主义教育，对新的自由教育观和科学教育观以及理想的大学和技术教育做了精辟且深刻的论述，不仅对近代科学教育发展起了很大的促进作用，而且富有创新精神。他从前辈和同时代人那里汲取了养料，而他的思想和预见又高于同时代人。

尽管斯宾塞和赫胥黎在论述科学知识与科学教育时不可避免地表现出历史观和哲学观的局限，例如，主张科学和宗教是可以调和的，认为科学的训练也提供了宗教的训练，等等，然而，应该看到，斯宾塞和赫胥黎的科学教育思想在当时适应了工业革命后英国资本主义经济迅速发展的需要，也适应

了社会发展和时代进步的客观要求。作为一种新的教育精神，英国科学教育
思想无疑是工业时代发展的必然产物，闪烁着时代的光辉，推动了学校教育
改革。教育家埃利奥特曾对斯宾塞做出这样的评价："（他的）思想在一个惊人
的工业高潮和社会变革中浮现出来，必然涉及很广泛和很深刻的教育改
革。"①美国教育史学家孟禄也对赫胥黎进行过评论："（赫胥黎）在为使教育的
实际范围扩大到自然科学而斗争方面超过了任何英国人。"②当然，如果把斯
宾塞和赫胥黎两人做比较的话，不难发现，赫胥黎作为第一届伦敦教育委员
会委员、大学教授、科学教育问题的讲演者和作家，在科学教育实践方面所
做的工作显然比主要以《教育论》一书而闻名的斯宾塞多。

　　应该看到，英国科学教育思想对欧洲其他国家和美国产生了很大的影响。
斯宾塞的《教育论》一书曾在美国拥有非常广泛的读者。美国第一位教育学教
授、密歇根大学的佩恩在 1886 年写道："自卢梭的《爱弥儿》问世，最有用和
最深刻的教育著作肯定是斯宾塞的《教育论》。"③赫胥黎在 1876 年应邀访问美
国时受到了极为热烈的欢迎。一位美国记者写道："整个美国由于赫胥黎将要
在秋天访问美国的消息而振奋起来。我们欢迎他的场面将大大超过欢迎威尔
士王子及他的贵族随员和公爵们的场面。"④可以说，随着斯宾塞的《教育论》
和赫胥黎的《科学与教育》在欧美国家的出版发行，英国科学教育思想在世界
范围内得到了传播，并对世界上许多国家和地区的学校教育产生了重要的影
响。就这一点而言，19 世纪英国科学教育运动以及英国科学教育思想是具有
世界性意义的。

---

　　①　Ernest Rhys, *Hebert Spencer: Essays on Education*, London, J.M.Dent, 1946, Fore-word.

　　②　P.Monroe, *A Text-Book in the History of Education*, New York, The Macmillan Company, 1925, p.689.

　　③　G. Compayré, *Herbert Spencer and Scientific Education*, New York, Thomas Y.Crowell & Co Publishers, 1907, p.3.

　　④　C. Bibby, *T. H. Huxley on Education*, Cambridge, Cambridge University Press, 1971, p.28.

第七章

欧文的教育活动与思想

罗伯特·欧文是 19 世纪上半期英国空想社会主义者，是"英国共产主义的代表"①，是"社会主义者运动的创始人"②。他在世界教育史上也占有重要的地位，"在马克思主义教育理论诞生之前的教育家中，欧文是最杰出的"③。

第一节　生平与教育实践活动

罗伯特·欧文于 1771 年 5 月 14 日出生于北威尔士蒙哥马利郡的新镇，其父亲是一位马具师，兼营小五金生意，还兼任驿站站长。欧文兄弟姐妹共七人，其中两人夭折，欧文在余下的五人中排行第四。

欧文从小聪慧过人，四五岁时入小学读书，学习刻苦。后来由于家庭负担重，他 9 岁时就离开了家庭，走上了独自谋生的道路。最初他到一家杂货

---

① 《马克思恩格斯全集》第三卷，236 页，北京，人民出版社，1960。
② 《马克思恩格斯全集》第一卷，568 页，北京，人民出版社，1956。
③ 赵祥麟：《外国教育家评传》第二卷，162 页，上海，上海教育出版社，2002。

店当帮手，10 岁时他去伦敦找自己的大哥。后经人介绍，欧文去了林肯郡的斯坦福德，在詹姆斯·麦格福格的批发商店工作。在斯坦福德期间，他每天抽空学习约 5 小时，博览群书。4 年后，欧文回到伦敦，在一家服饰商店当学徒及店员。在繁重的劳动和恶劣的工作环境中，他形成了做事敏捷、工作勤奋的良好习惯。

1787 年，欧文去曼彻斯特工作。1789 年，他向大哥借了 100 英镑，与他人合伙生产走锭精纺机，获得了一些利润。1792 年，年仅 21 岁的欧文接受了彼得·德林克沃特的聘请，担任曼彻斯特一家棉纺织厂的经理，该厂拥有约 500 名工人。欧文在管理工厂的过程中显示出了较强的能力，使该厂声名鹊起。几年以后，他离开了德林克沃特的工厂，与他人合资开办新公司。与此同时，他积极参与曼彻斯特的社会活动，于 1793 年年底成为曼彻斯特文学与哲学学会的会员，曾在学会就社会经济问题做过报告。1796 年，欧文的朋友托马斯·珀西瓦尔创建了曼彻斯特卫生理事会，旨在改善工业化城市中人民的健康和卫生条件，欧文成为该理事会的积极成员。与此同时，欧文还与近代原子论的奠基人、英国物理学家和化学家约翰·道尔顿等人合作创建了曼彻斯特学院。在曼彻斯特，欧文曾主持过为兰喀斯特召开的关于"兰喀斯特式的"初等教育制度的会议，并且为会议捐款 1000 英镑。

约 20 年的在英国各地工作的经历让欧文对英国社会各方面的情况有了较为深入的认识。

1800 年 1 月，欧文和两位商业合伙人买下了苏格兰企业家和慈善家大卫·戴尔位于格拉斯哥附近克莱德河畔新拉纳克的一家棉纱厂，成为该厂的股东兼经理(大约担任到 1829 年)，该棉纱厂当时约有 2000 名工人。此前，欧文娶了戴尔的女儿，共生育了 7 个孩子。

新拉纳克这座城镇当时约有居民 2000 人，包括 500 个由格拉斯哥和爱丁堡的贫民救济院送来的孩子。当时英国正处在工业革命时期，社会生产力发展很快,棉纺厂对工人的需求很大。但工人的劳动条件恶劣,他们生活贫困,文化水平低下,有些人甚至犯罪。对此,欧文积极"寻求改善贫民和劳动阶级的生活并使雇主获得利益的方法"①。这时,欧文深受启蒙学者"人是环境和教育的产物"这一观点的影响,深信只要使工人生活在合理的环境中,就能消除工人中的堕落现象。于是他着手改善工人的劳动和生活条件,兴办工人教育。他在新拉纳克的工厂缩减工人的工时,从每天工作 14～16 小时缩减为 10 小时,实行 10 小时工作日②;停用不满 10 岁的童工;修造工人宿舍;开办廉价商店(商品价格比厂外零售价低 25%);创设福利医院;等等。与此同时,欧文还为工人及其子女提供教育,创办了幼儿学校、初等学校和青少年工人夜校,并为成年工人及其家属开设讲座等。1816 年 1 月,欧文将以上这些文化教育机构合并为性格形成学院 (The Institution for the Formation of Character),并在开幕典礼上发表了讲话。

据欧文长子罗伯特·戴尔·欧文在 1824 年的描述,性格形成学院共有约 600 名学生,其中约 300 名是 10 岁以下的日校生,其余是 10 岁以上的夜校生。③

幼儿班招收 2～5 岁儿童。5 岁以上的儿童按性别分班,男、女各设 2 班,每班有学生 20～40 名。夜校则为白天做工的 10～20 岁青少年开设,学习制度和日校大致相同。

幼儿班和夜校是免费的。日校生每人每月交 3 便士学费,这项收入总共不到学校开支的 1/20。

学校各科的教学情况如下。

----

① [英]欧文:《欧文选集》第一卷,柯象峰、何光来、秦果显译,196 页,北京,商务印书馆,1979。

② 参见[英]欧文:《欧文选集》第二卷,柯象峰、何光来、秦果显译,100 页,北京,商务印书馆,1981;马克思:《资本论(纪念版)》第一卷,346 页,北京,人民出版社,2018。

③ H. Silver, *Robert Owen on Education*, Cambridge, Cambridge University Press, 1969, pp.149-164.

阅读：学校不要求学生阅读他们不能理解的东西，因此，阅读材料取自一些航海和旅行游记，它们附有插图、地图，穿插一些有趣的逸事。教师还经常给全班学生朗读一些有趣的作品，然后让学生提各种问题，或者做各种评论。

书写：和大多数学校一样，在开始时教师让学生摹写书上的字体；之后，教师开始教学生用不分行的纸写流行的手写体，改变呆板和拘谨的字体，让学生学会日后生活中有用且易于看懂的商业公文字体；最后，学生学习听写，还要抄写他们认为困难的书本或手稿，并记住重要的内容。

算术：学校采用苏格兰通用的教学方法。按照裴斯泰洛齐在伊弗东的做法，高年级学生开始学习心算。教师向学生解释各种不同的运算方法，并说明这些算术知识在今后生活中的用处。

缝纫：除年龄最小的两个班外，所有女孩都学习缝纫，包括编织、画线、裁剪等。每周中有一天学生要带洗净待补的衣服来学校，由教师教她们缝补。

自然史、地理、古代和近代史：这些科目虽然各自包含很多内容，但几乎采用同样的方式进行教学，即由教师进行无拘束的讲解，并辅以直观材料。

宗教：学校抓住各种机会反复灌输和宗教有关的实用道德原则，同时让儿童的头脑储存一些最重要、最引人注目的自然事实。另外，只要家长同意，深奥的教义会留到学生能够判断时再讲。根据家长的愿望，学生定时阅读《圣经》，对教义问答手册也按时教学。

唱歌：所有5或6岁及以上的儿童都要学习唱歌，先学音符、音阶，再学音程，最后学习音乐的其他知识。调子和符号以及各种练习都被画在一张大油画布上，供儿童学习。学校每个季度出一本简单的歌曲选，歌词印发给每位儿童。学校通常每周举行一次演唱会，由夜校的学生歌手演唱，有时村庄里的乐队也来伴奏。

舞蹈：舞蹈被视为一种令人愉快且健康的运动，旨在改善学生的仪态和行为举止，焕发其精神，增进其快乐。学生学习的舞蹈种类有很多，如轻快的苏格兰双人舞、英国乡村舞、方阵舞等。

关于幼儿学校，罗伯特·戴尔·欧文有这样的描述："要培养他们守秩序、爱清洁的习惯；他们要学会不吵架，要相互友爱。要让他们做儿童游戏，给他们讲适合他们程度的故事，让他们娱乐。将两间宽敞、通风的房间分割开来，一间供4岁以下的儿童使用，一间供4～6岁的儿童使用。后一个房间贴上图画，主要是动物的图画和几张地图。还放置了采自花园、田野和树林中的自然花草等物。这些都是谈话和简单熟悉的讲座话题。一切都是不拘形式的，没有学习任务，没有书本阅读材料。"①

此外，性格形成学院的成人教育机构——讲堂——在冬季时每周有3个晚上为成年工人举行"讲演晚会"，用浅显动人的语言教给他们"所缺乏的最有用的实际知识，尤其是培养孩子成为有理性的人的适当办法"②，告诉他们怎样合理安排自己的生活。其余的晚上则组织一些健康、有益的娱乐活动。

1816年7月，欧文出版了他于1813年写成的教育论著——《新社会观，或论人类性格的形成》(*A New View of Society*；*Or Essays on the Principle of Formation of Human Character*，简称《新社会观》)，其中4篇论文较具体地介绍了新拉纳克的教育实验。教育学专家彼得·戈登曾说："《新社会观》是关于重新评价儿童教育的作用和结果的宣言书。"③该书后被翻译成法语和德语。欧文在新拉纳克的教育实验获得了丰硕的成果。正如恩格斯所说："新拉纳克的人口逐渐增加到2500人，这些人的成分原来是极其复杂的，而且多半是极其堕落的分子，可是欧文把这个地方变成了一个完善的模范移民区，在这里，酗

---

① ［摩洛哥］摩西：《世界著名教育思想家》第三卷，梅祖培、龙治芳等译，233页，北京，中国对外翻译出版公司，1995。

② ［英］欧文：《欧文选集》第一卷，柯象峰、何光来、秦果显译，53页，北京，商务印书馆，1979。

③ ［摩洛哥］摩西：《世界著名教育思想家》第三卷，梅祖培、龙治芳等译，232页，北京，中国对外翻译出版公司，1995。

酒、警察、刑事法官、诉讼、贫困救济和慈善事业都绝迹了。而他之所以能做到这点，只是由于他使人生活在比较合乎人的尊严的环境中，特别是让成长中的一代受到精心的教育。"①

性格形成学院创办两年后，欧文到欧洲大陆访问，在那里会见了一些著名教育家。在瑞士伊弗东，他拜访了裴斯泰洛齐。在瑞士霍夫维尔，欧文会见了费林别尔格，后者正在从事劳动教育实验。欧文对费林别尔格的教育实践活动印象深刻，后来他把自己的两个儿子（16 岁的罗伯特·戴尔和 14 岁的威廉·欧文）送到费林别尔格的学校中接受教育。

欧文在新拉纳克的改革取得了巨大成功，新拉纳克成为模范移民区，欧文成为欧洲乃至世界名人。从欧洲各国到新拉纳克参观访问的人络绎不绝，"其中有埃斯特里齐王储、俄国沙皇、尼古拉大公爵、布鲁厄姆、坎宁、科贝尔、马尔萨斯、詹姆斯·穆勒、弗朗西斯·普莱斯及李嘉图"②。1815—1825年，有约 2 万人在新拉纳克的访问者留言簿上签名。

欧文细算了工厂的成本和利润，认识到工人仍在受剥削。因此，从 19 世纪 20 年代开始，欧文从一个慈善家逐渐转变成共产主义者，开始对私有制、宗教和婚姻制度进行猛烈抨击。1820 年，他撰写了《致新拉纳克郡报告》。科尔在 1965 年提出，《致新拉纳克郡报告》"是倡导社会制度或社会主义制度的欧文主义的真正开端"③。

由于欧文政治态度的转变，他逐渐失去了许多上层社会的朋友。1819 年，议会中新拉纳克市出现议员空缺，1820 年又举行大选。欧文两次竞选议员，但都没成功。

---

① 恩格斯：《反杜林论》，283 页，北京，人民出版社，2018。
② ［摩洛哥］摩西：《世界著名教育思想家》第三卷，梅祖培、龙治芳等译，234 页，北京，中国对外翻译出版公司，1995。
③ ［摩洛哥］摩西：《世界著名教育思想家》第三卷，梅祖培、龙治芳等译，236 页，北京，中国对外翻译出版公司，1995。

新拉纳克的教育实验是欧文一生中最重要的教育活动。后来，他于1825—1828年在美国印第安纳州的"新和谐"(New Harmony)公社，于1839年在英国汉普郡的"和谐堂"(Harmony Hall)劳动公社进行了教育活动，在某些方面又有了新的发展。① "新和谐"公社开办的学校"已没有新拉纳克教育的福利性质，而是共产主义实践的组成部分，因而教学内容要广泛得多，并努力使教育与生产劳动紧密地结合起来"②。欧文的实践活动在当时的资本主义制度下必然是难以成功的。由于政治和经济等多种原因，"新和谐"公社和"和谐堂"劳动公社最后都失败了。

1849年，欧文编辑出版了《新道德世界书》(*The Book of the New Moral World*)一书，继续宣传他的教育理想。1857—1858年，他又出版了自己最后的著作《自传》(*The Autobiography*)。

1858年9月，欧文不顾疾病缠身，出席了在利物浦召开的英国社会科学促进协会的会议，并发表了最后一次演讲。同年11月17日，他在自己的故乡新镇去世。

第二节　性格形成学说

欧文《新社会观》的主要内容是系统论证关于人的性格形成的学说，这是欧文教育思想和实践的出发点，其主要内容有两个方面。

一是反对英国僧侣阶级鼓吹的性格形成的"意志自由论"。欧文指出："从古以来人们立身处世都是根据这样一种设想出发的，这就是：每一个人的性

---

① 欧文在美国的"新和谐"公社花费了约4万英镑，支持开展共产主义实验，实行互助合作，最后使自己几乎破产。

② 赵祥麟：《外国教育家评传》第二卷，145页，上海，上海教育出版社，2002。

格是由他自己形成的"，但"这是一个天大的根本性的错误"。①

二是坚持"环境决定论"。欧文说："'人是环境的产物'，他一生的每一时刻中所处的环境和他的天生品质使他成为什么样的人，他就是什么样的人。"②"人的感情、信念和行为是他天赋的能力和出生后就对这种能力发生影响的环境的必然产物。"③欧文这里所讲的"天生品质"和"天赋的能力"，实际上就是指人的遗传素质。在欧文看来，人的身体具有遗传素质，之后通过社会环境的作用而形成性格。社会环境是形成人的性格的决定性因素。

欧文的性格形成学说在理论上是唯物主义的，和唯心主义的先验论与教会宣扬的原罪说相对立，在实践上有进步的历史作用。他断定，当时人的不良性格是由恶劣的资本主义社会环境所造成的，要养成理想的性格，就必须改变旧的环境，建造新的合理的环境(即欧文理想的社会主义社会)。

欧文的"环境决定论"主要受到18世纪法国唯物主义者(特别是爱尔维修)的机械和形而上学唯物论的影响。正如恩格斯所说："罗伯特·欧文接受了唯物主义启蒙学者的学说，认为人的性格是先天组织和人在自己的一生中，特别是在发育时期所处的环境这两个方面的产物。"④与18世纪法国唯物主义者一样，欧文在社会历史问题上也滑向了唯心论和改良主义。

一方面，欧文认为社会环境决定性格，并且认为社会环境包括制度、立法、教育等上层建筑方面的因素；另一方面，他又认为社会环境由人的理性决定。为了处理这对矛盾并找到出路，欧文只得求助于少数"伟人"(尤其是社会统治者)的明智，因为他认为这些人能够不受坏环境的影响，他们生来就具

---

① [英]欧文：《欧文选集》第一卷，柯象峰、何光来、秦果显译，47页，北京，商务印书馆，1979。

② [英]欧文：《欧文选集》第一卷，柯象峰、何光来、秦果显译，345页，北京，商务印书馆，1979。

③ [英]欧文：《欧文选集》第一卷，柯象峰、何光来、秦果显译，165页，北京，商务印书馆，1979。

④ 《马克思恩格斯选集》第三卷，413页，北京，人民出版社，1972。

有普通人所缺乏的理性。依靠这些人制定的法律和教育制度对愚昧无知的大众实施启蒙教育,就能使大多数人的性格由坏变好,从而使坏的环境也变好。因此,欧文竭力宣扬"教育万能论"。他十分明确地指出,"儿童们可以经过教育而养成任何一种情感和习惯",即"可以经过培育而养成任何一种性格"。①

欧文的方法论是形而上学的。"环境决定论"和"教育万能论"的一个致命缺点就是忽视了革命实践的意义。他没有意识到环境的改造和性格的改变只有在革命实践中才能统一起来。按照历史唯物论的观点,人民大众是改造社会的主要力量,并且通过实践改造社会,人民大众的良好性格也只有在革命实践的过程中才能形成。世界上从来就没有什么天生的"教育者",革命领袖必然是在长期实践中锻炼成长起来的。正如马克思所说的:

> 有一种唯物主义学说,认为人是环境和教育的产物,因而认为改变了的人是另一种环境和改变了的教育的产物,——这种学说忘记了:环境正是由人来改变的,而教育者本人一定是受教育的。因此,这种学说必然会把社会分成两部分,其中一部分高出于社会之上(例如在罗伯特·欧文那里就是如此)。

> 环境的改变和人的活动的一致,只能被看做是并合理地理解为革命的实践。②

从"环境决定论"出发,欧文强调个人不用对自己的行为负责,也不必因自己的行为而受到相应的奖惩。他指出,人对自己的性格"绝无任何功过可

---

① [英]欧文:《欧文选集》第一卷,柯象峰、何光来、秦果显译,76页,北京,商务印书馆,1979。

② 《马克思恩格斯选集》第一卷,17页,北京,人民出版社,1972。

言，不论在今生或在来世，人都不应因此得到赞扬或谴责、奖励或惩罚"①。这里就牵涉一些有关道德教育的问题：在环境形成人的性格的同时，个人的主观努力是否也起一定的作用？个人对自己的行为是否要负责？是不是应该根据人行为的好坏给予奖励或惩罚？

欧文的说法在当时有一定的合理性。在资本主义社会中，工人的某些不良行为，甚至是犯罪行为，从根本上说是由资产阶级对工人的严酷剥削造成的(即主要责任在于资本主义制度本身)，是工人在奴隶般屈辱状态下早期的一种反抗方式。如同恩格斯所指出的："工人过着贫穷困苦的生活，同时看到别人的生活比他好。他想不通，为什么偏偏是他这个比有钱的懒虫们为社会付出更多劳动的人该受这些苦难。而且穷困战胜了他生来对私有财产的尊重，于是他偷窃了……盗窃只是一种最原始的最不自觉的反抗形式。"②资本主义社会的奖惩制度是用来维护资本主义私有制、法律和道德的。欧文反对这一制度，指出它是社会不平等的象征，马克思和恩格斯曾赞扬欧文"看出赏罚制度是社会等级差别的神圣化，是奴隶般的屈辱状况的完整表现"③。

然而，欧文的看法也有局限性。的确，客观环境对人的性格形成有重要影响，人不可能完全超越其所处环境的限制，人的意志没有绝对的自由。但是，人并非完全消极被动地受环境的影响，人还有相对选择的自由，有主观能动性，人可以在实践中逐步学会利用有利因素以及避免和防止不利因素的影响，从而力争朝好的方向发展自己的性格。因此，在人的性格的形成过程中，客观环境的制约和人的主观努力并不是绝对对立的，两者完全可以在实践中统一起来。不然的话，我们就无法解释某些现象。例如，在相同的环境中，有的人品行端正，而有的人腐化堕落，个人的主观能动性就显得很重要。

———————

　　①　[英]欧文:《欧文选集》第二卷，柯象峰、何光来、秦果显译，164 页，北京，商务印书馆，1981。

　　②　《马克思恩格斯全集》第二卷，501～502 页，北京，人民出版社，1957。

　　③　《马克思恩格斯全集》第二卷，240 页，北京，人民出版社，1957。

"环境决定论"的缺点是过分夸大了环境的作用。

正是因为人对客观条件和因素具有一定的选择和利用的自由(这种自由在社会主义社会变得更大了),所以人应当对自己的行为担负一定的道德和法律责任。与此同时,必须依据一定的客观标准对人的行为进行评判,实行奖励或惩罚,否则就没有了好和坏的区分,社会就将出现混乱。社会主义社会是理想的、劳动人民当家做主的社会,它为人的良好发展提供了真正的可能性。因此,在社会主义国家,尤其要为维护社会公理而对每个人的行为进行奖励或惩罚,特别要教育人们形成正确的是非观,多做好事,不做坏事。如同欧文所讲,"预防犯罪"应重于"惩罚罪行"。①

第三节　人的全面发展与教育

欧文在社会改革和教育实践活动中已初步认识到资本主义社会分工导致的工人(尤其是童工)的片面发展。他认为,童工"被禁锢在室内,日复一日地进行漫长而单调的例行劳动;按他们的年龄来说,他们的时间完全应当用来上学读书以及在户外进行健身运动。因此,在他们的一生刚开始时,他们的天性就受到了极大的摧残。他们的智力和体力都被束缚和麻痹了,得不到正常和自然的发展,同时周围的一切又使他们的道德品质堕落并危害他人"②。所以,他"要求培养体、智、德全面发展的有理性的男男女女"③,培养儿童

---

① [英]欧文:《欧文选集》第一卷,柯象峰、何光来、秦果显译,67 页,北京,商务印书馆,1979。

② [英]欧文:《欧文选集》第一卷,柯象峰、何光来、秦果显译,159 页,北京,商务印书馆,1979。

③ [英]欧文:《欧文选集》第二卷,柯象峰、何光来、秦果显译,133 页,北京,商务印书馆,1981。

"体、智、德、行方面的品质，把他们教育成全面发展的人"①。在欧文看来，为了实现人的全面发展，就要对每个人进行全面的教育。

在体育方面，欧文要求学龄前儿童多参加户外活动，多呼吸新鲜空气。儿童从6岁起学习体操。男生从10岁起还要学习军事体操，"使他们具有挺拔匀称的体形，养成精神集中、行动迅速和遵守秩序的习惯"②。

在智育方面，欧文主张教学要"从小孩子最熟悉的事情开始，逐渐涉及各人将来可能归属的阶层所必须知道的最有用的知识"③。自然科学知识的学习是智育的重要内容。新拉纳克学校的教学内容还包括读、写、算、历史、地理等。

在德育方面，欧文强调用集体主义精神教育学生，使学生认识到个人幸福必须和社会幸福相统一，使学生团结友爱，还要使他们养成守秩序、讲规矩、克己稳重、勤勉耐劳等品德。

在美育方面，欧文认为可以通过舞蹈、唱歌、绘画、诗歌朗诵以及刺绣、雕刻、修建花坛等活动，使儿童获得优雅的仪表和审美的品位。

欧文曾在他的《新道德世界书》中为我们描绘了未来社会中人全面发展的美好蓝图："每个人所受的训练和教育将使他们能够用最好的方式尽量发展本人的全部才能和力量；这种发展将在外部条件新的结合下实现，这种外部条件是专门为了使人性中的完善优美的品质不断表现出来而创造的。"④除了工作，人们"每天可以把其余时间用在自己喜爱的事情上，例如，专攻美术和科

---

① ［英］欧文：《欧文选集》第二卷，柯象峰、何光来、秦果显译，135页，北京，商务印书馆，1981。

② ［英］欧文：《欧文选集》第一卷，柯象峰、何光来、秦果显译，62页，北京，商务印书馆，1979。

③ ［英］欧文：《欧文选集》第一卷，柯象峰、何光来、秦果显译，52页，北京，商务印书馆，1979。

④ ［英］欧文：《欧文选集》第二卷，柯象峰、何光来、秦果显译，39页，42页，北京，商务印书馆，1981。

学，或读书，或同他人交谈，或到临近公社去收集和传达消息，或拜访亲友……人人都将完全有可能得到生活的喜悦。人人的身心都将健康而高尚；他们将永远朝气蓬勃，精神焕发。他们……已获得了各种各样的有用知识，其中既有理论知识，又有实践知识，而且在广度和深度方面，都超过人们至今所达到的水平。他们将很好地了解最新成就，以充实自己在理论和实践上所得到的有用知识。这些最新的成就将使他们彼此变成有益的交谈者，同自己可能接触的一切人进行有益的交谈"①。马克思和恩格斯也曾这样设想：在未来共产主义社会中，人们有可能随自己的心愿"今天干这事，明天干那事，上午打猎，下午捕鱼，傍晚从事畜牧，晚饭后从事批判"②。从某种意义上说，欧文和马克思、恩格斯的观点有相似之处。

第四节　教育与生产劳动相结合

　　欧文在新拉纳克已开始实行教育与生产劳动相结合。后来，他在"新和谐"公社继续这方面的实践。他创办了工业学校，要求学生参加劳动实践。他在"和谐堂"劳动公社的做法也类似。

　　欧文在《新道德世界书》中较详细地论述了他关于教育与生产劳动相结合的思想。他把未来社会的成员按年龄分为八个组，分别从事不同的活动。

　　第一组包括0～5岁的儿童，活动地点是保育室和幼儿学校，通过培养和教育，"为产生正确而合理的思想、优良的习惯、自然而善良的作风、高尚的

---

　　① ［英］欧文：《欧文选集》第二卷，柯象峰、何光来、秦果显译，39页，42页，北京，商务印书馆，1981。

　　② 《马克思恩格斯选集》第一卷，38页，北京，人民出版社，1972。

志向，以及为获得有用的知识，打下稳固的基础"①。

第二组包括 5～10 岁的儿童。在这一阶段，儿童的任务主要是获得有用的经验。儿童要根据他们的体力和能力，学习某些最容易的日常生活方面的实际技能。这样，到 7 岁时，"儿童就可以成为家务劳动和园艺工作中的自愿而通情达理的助手，根据他们的体力每天工作几个小时"，"7 岁到 10 岁的儿童可以成为他们力所能及的各种工作的好助手"②。

第三组由 10～15 岁的儿童组成。10～12 岁的儿童要帮助第二组儿童做各种活动。"而在 12 岁到 15 岁时，则学习掌握处理比较复杂的重大问题的原则和实践方法……学习的范围包括农业、矿业、渔业、食品制造方面的各类生产，以及保管食品的技能；教导他们学习烹制每日消费的食品最完善的方法，学习衣料纺织、房屋建筑、家具制造、机器和各种工具制造的技艺，学习生产和制造社会所需要的其他一切物品的一般技艺，以及学习办理社会所需要的各种工作的一般方法，这种教学工作而且要运用社会积累的知识和手段，通过可以达到的最好的方式进行。这一组的 12 岁到 15 岁的成员，将在不损害他们的体、智、德方面发展的可能情况下，每天以几个小时的时间参加上述一切工作。"③第三组儿童"在学习科学方面也将获得重大的成就，因为他们将有各种可能在极短时间内得到各种最有价值的知识；这些可能为他们开辟了一条'康庄大道'，由此去获取人们所能掌握的并以目前已知的一切事实为根据的各种知识"④。

---

① [英]欧文：《欧文选集》第二卷，柯象峰、何光来、秦果显译，39 页，北京，商务印书馆，1981。
② [英]欧文：《欧文选集》第二卷，柯象峰、何光来、秦果显译，37 页，北京，商务印书馆，1981。
③ [英]欧文：《欧文选集》第二卷，柯象峰、何光来、秦果显译，38 页，北京，商务印书馆，1981。
④ [英]欧文：《欧文选集》第二卷，柯象峰、何光来、秦果显译，39 页，北京，商务印书馆，1981。

第四组为 15～20 岁的人。"在这段时期，它的成员在体、智、德方面都将成为新型的人。"①

以后各年龄组的成员则主要从事生产和管理工作，但同时也要继续学习。

总之，在重新划分的社会中，所有人都会受到良好的教育和合理的训练。②

就教育与生产劳动相结合而言，欧文直接受到了资产阶级经济学家、教育家约翰·贝勒斯(John Bellers)的影响。贝勒斯在 1695 年发表了《关于创办一所劳动学院的建议》(Proposals for Raising a College of Industry，以下简称《建议》)，要求为贫民子弟创办劳动学院，实行与生产劳动相结合的教育。欧文仔细研究了贝勒斯的《建议》，把它和自己所写的有关同一个问题的文章合印并散发。欧文在谈到自己的社会观(其中包括教育与生产劳动相结合的思想)时这样说："虽然我自己的想法是通过实际观察种种事实、对它们进行反复思考并试验它们对于人生的日常事务究竟有多大用处之后而产生的。"③但是，贝勒斯却是"最初提出这种想法的"人，他发表《建议》的行动是一个创举。欧文还说，关于社会和教育改革的原则，自己"没有一个能自称有首创性：很久以前，就为有才智之士反复倡议过。我甚至无权自称首先把这些原则形成理论；就我所知，这首先属于约翰·贝勒斯，他发表了这些原则，1696 年他显示出极大的才干，建议把这些原则付诸实施。他没有任何实际经验的帮助，出色地表明，这些原则如何按照当时已知的事实应用于社会的改进；从而表明他的才智有能力在他同时代人 120 年以前考虑这个问题……要是为首先发现一个计划，其结果比任何设想过的计划能影响人类有实质性的和永久的利

① [英]欧文：《欧文选集》第二卷，柯象峰、何光来、秦果显译，40 页，北京，商务印书馆，1981。
② [英]欧文：《欧文选集》第二卷，柯象峰、何光来、秦果显译，47 页，北京，商务印书馆，1981。
③ [英]欧文：《欧文选集》第三卷，马清槐、吴忆萱、黄维新译，377 页，北京，商务印书馆，1984。

益，有什么功劳属于某一个人，那么全部应属于约翰·贝勒斯"①。

欧文有关教育与生产劳动相结合的思想建立在大工业生产的基础上。② 他强调要依靠大量的机械和化学的力量，这比莫尔(Thomas More)、卢梭、裴斯泰洛齐及傅立叶等人更进步。在教育与生产劳动相结合的思想的发展历程中，欧文是一个承先启后的重要人物。

第五节　幼儿学校理论

欧文墓碑碑文的第一句话就是："他首创并组织了幼儿学校。"③教育家萨德勒(Michael Sadler)于1907年概括欧文对教育的贡献时说："罗伯特·欧文为英国教育思想所做的工作是使和他同时代的少数人觉察到幼儿学校的重要性。"④

欧文在他的《自传》中提出了幼儿学校的十条原则，并把它们作为培养劳动阶级儿童的性格的新措施推荐给公众。

第一——不责骂或处罚儿童。

第二——每一受聘的教师对所有的儿童毫不例外地在口气、神色、话语和行动上始终表示出亲切的感情，以便在施教者和受教者之间产生真挚的爱和充分的信任。

---

① [英]欧文：《欧文选集》第三卷，马清槐、吴忆萱、黄维新译，377页，北京，商务印书馆，1984。

② 《马克思恩格斯选集》第三卷，680页，北京，人民出版社，1972。

③ J.F.C. Harrison, *Utopianism and Education*, *Robert Owen and The Owenites*, Now York, Teachers College Press, 1968, p. 1.

④ H.Silver, *Robert Owen on Education*, Cambridge, Cambridge University Press, pp.38-39。

第三——用观察种种现象及其性质的方法实施教学，由施教者和受教者双方以无拘无束的交谈方式做出解释，后者可以经常提出他们自己的问题，以求得理解或额外的知识。

第四——必须经常用和蔼可亲和合情合理的态度回答这些问题。当问题的内容越出教师的学识范围时（这是常常会遇到的事），教师应当立刻承认他对该项问题缺乏了解，免得把年轻人的思想引入歧途。

第五——室内上课没有固定的时间。教师若发现学生的脑力或教师自己的脑力由于室内的教学而开始疲倦，这时，在天气晴朗时就应当把功课改为室外的体育锻炼，或在天气恶劣时改为室内的体育活动，或练习音乐。

第六——除音乐外，教师还要让这些劳动人民的子女接受军训并进行军事操练，使他们养成遵守秩序、服从指挥和严格要求自己的习惯，改进他们的仪表和健康状况，并且使他们利用最好的时机和最优良的方式做准备，在必要时能以最少的牺牲和辛劳捍卫他们的国家。

教师还指导他们学习舞蹈，并且要求跳得很纯熟，以便增进他们的仪表、风度和健康状况。我根据经验认为，对男女两性适当地给予军训、舞蹈和音乐的教育和指导，是培养一种善良、合理而愉快的性格的有力手段；它们应当是为了陶冶性格而合理地建立起来和管理起来的每一所学校中实施教育和训练的内容的一部分。它们成为环境的一个必不可少的部分，能够在幼儿和青少年逐渐成长时给予他们有益的和优良的影响。

第七——然而，这些锻炼只能持续到受教者不再觉得它们有益和不再能够很好地享受其乐趣为止。在刚看到他们有厌倦的迹象时，就应当叫他们回到室内学习智力方面的功课，对此，他们的体育锻炼已经使他们在精神上有所准备，而如果指导得法，他们总是会重新产生兴趣，去学习那些功课的。当教师合情合理地对待他们时，儿童们总是会心满意足地接受体力或智力方面的训练和教导。

第八——把儿童们带到户外，让他们熟悉花园、果园、田地和树林中的产品以及家禽、家畜和一般的博物学，是教育劳动阶级儿童的一个重要部分；我当年在新拉纳克就是按照这种方式培养儿童的。

第九——训练劳动阶级的儿童，使他们在思想和行动上做到合乎理性并获得以后终生受用不尽的有重大价值的知识，在当时是一种崭新的办法。

第十——把劳动阶级的儿童置于比其他任何阶级的儿童所处的环境更为优越的环境之中，即把他们白天安置在首屈一指的最完美的学校，使劳动阶级的儿童养成那种闻所未闻的或从未见诸事实的优良性格，就像我在新拉纳克出色地完成的那样，是一项崭新的办法。[①]

这十条原则是欧文对幼儿教育理论最集中的阐述，其内容涉及幼儿教育的内容和方法等，至今仍具有思考和借鉴的价值。

第六节 历史影响

欧文教育思想的历史影响具体表现在以下几方面。

---

① [英]欧文:《欧文选集》第三卷，马清槐、吴忆萱、黄维新译，364～366 页，北京，商务印书馆，1984。

第一，为马克思主义的教育学说提供了丰富的思想材料。欧文的教育思想为马克思主义教育学说提供了思想来源。例如，欧文关于教育与生产劳动相结合的思想使马克思受到了启发。马克思说：

> 正如我们在罗伯特·欧文那里可以详细看到的那样，从工厂制度中萌发出了未来教育的幼芽，未来教育对所有已满一定年龄的儿童来说，就是生产劳动同智育和体育相结合，它不仅是提高社会生产的一种方法，而且是造就全面发展的人的唯一方法。①

第二，当时欧文在英国和美国有许多追随者，他们一般被称为欧文主义者(Owenites)。欧文主义者从1825年起在英美两国陆续建起了欧文主义公社。英国大约有7个公社，地点包括苏格兰的奥比斯顿(1825—1828年，第一个在英国建立的欧文主义公社)、爱尔兰的勒拉辛镇(1831—1833年)和英格兰的昆吾镇(办了6年)等。美国有10多个公社，包括在印第安纳州的蓝色温泉公社(1826—1827年)，在纽约州的福里斯特维勒公社(？—1827年)和富兰克林公社(1826年)，在宾夕法尼亚州的瓦利·福格公社和旺巴罗合作社，在俄亥俄州的肯德尔公社(1826—1829年)，在田纳西州的纳什奥巴公社(1825—1830年)，在伊利诺伊州的万伯勒公社(1826年—？)，在俄亥俄州的黄色温泉公社(1825年)，在加拿大安大略省的马科斯韦尔公社。② 这些公社存在的时间有长有短，最后一个公社于1855年解散。③ 其中很多公社办不下去的主要原因是经费困难。在这些欧文主义公社中，学校是重要组成部分。在当时的英国和美国，虽然有许多社会改革者，"但是没有人像欧文主义者那样，始终

---

① 马克思：《资本论(纪念版)》第一卷，556～557页，北京，人民出版社，2018。

② 赵祥麟：《外国教育家评传》第二卷，146页，上海，上海教育出版社，2002。

③ J.F.C.Harrison, *Utopianism and Education*, *Robert Owen and The Owenites*, New York, Teachers College Press, 1968, pp.4-6.

不懈地致力于教育"①。欧文的教育思想则对欧文主义者的教育产生了直接的影响。欧文主义者基本上都同意欧文的"环境决定论"。欧文主义公社的学校和新拉纳克性格形成学院的教育形式是类似的。威斯康星大学历史学教授哈里森（Harrison）认为，在新拉纳克和其他欧文主义学校里使用的教育形式要远胜于当时机械的教学。

第三，欧文的幼儿教育思想对 19 世纪上半期英国乃至整个欧美的幼儿学校运动有重要影响。例如，1818 年，兰斯多恩（Lansdowne）侯爵及布鲁厄姆（Brougham）勋爵等英国上流社会人士在参观了新拉纳克的幼儿学校后成立了一个委员会，他们集资 1000 英镑，在伦敦的威斯敏斯特开办了英国的第二所幼儿学校。他们还邀请新拉纳克欧文幼儿学校的第一位教师詹姆斯·布坎南（James Buchanan）担任校长。又如，对英国幼儿学校的发展做出重要贡献的塞缪尔·怀尔德斯平（Samuel Wilderspin）也曾多次向欧文请教办幼儿学校的经验，继承了欧文的许多思想。

---

① 赵荣昌、单中惠：《外国教育史教学参考资料》，359 页，上海，华东师范大学出版社，1991。

第八章

法国教育的发展

19 世纪的法国，复辟和反复辟的斗争较为尖锐，先后经历了第一帝国（1799—1815 年）、波旁王朝（1815—1830 年）、七月王朝（1830—1848 年）、第二共和国（1848—1852 年）、第二帝国（1852—1870 年）和第三共和国初期（1871—1898 年）等几个历史时期，政权更迭频繁，在此期间教育也发生了各种变化。著名教育史学家 R. 弗里曼·伯茨（R. Freeman Butts，1910—2010）曾说："民族主义是 19 世纪法国教育发展中的一个重要的因素。在波旁王朝复辟以及七月王朝和第二帝国的统治下，保守主义、贵族化倾向和宗教势力成为主流倾向。但是，自由、宪法和民主元素在第二共和国时期得到了加强，在 1880 年后的第三共和国时期又取得了更大的进展。"①

第一节　拿破仑教育改革

1799 年 11 月 9 日（法国共和历雾月 18 日），拿破仑·波拿巴在大资产阶级的支持下发动了雾月政变，推翻了腐败无能的督政府，之后建立起以他为

① ［美］伯茨：《西方教育文化史》，王凤玉译，375 页，济南，山东教育出版社，2013。

首的执政府，他担任法兰西第一共和国第一执政。1802 年，宪法明文规定拿破仑任终身执政。1804 年，拿破仑把共和国变为帝国，他就任第一帝国的皇帝。拿破仑的军事独裁统治在 1810 年达到顶峰。1811 年，法国爆发了经济危机。次年，拿破仑远征俄国失败。这些都促使第一帝国走向衰败。1814 年，拿破仑被迫退位，并被流放至意大利的厄尔巴岛。次年，拿破仑从流放地逃回法国重登皇位，但只维持了大约 100 天的统治(3 月 20 日—6 月 22 日，史称"百日王朝")，之后再次被迫退位，并再次被流放。

拿破仑非常重视中等教育和高等专门教育，因为中等和高等教育是为富裕阶层子弟设立的，目的是培养国家的统治人才。1806 年 5 月，他在国务会议上发表讲话时曾这样说："在我们的一切制度中，公共教育是最重要的。"① 拿破仑在执政期间颁布了一系列教育法令，在有关会议上发表了一些涉及教育工作的讲话，也写了一些有关教育工作的书信和意见书等，并通过这些法令(政令)与教育言论来引领和指导教育改革。他说："所有社会制度中，学校应为最有成效者，学校对其指导抚育之青年有三种影响的途径。一为透过师长；一为透过同学；一为透过校规。"② 拿破仑从政治的角度来认识公共教育的作用，他认为教育的功能在于培养具有才智且懂得服从的公民。他曾明确指出："我训练教师，主要目的在掌握指导政治、道德、舆论的工具……如果民众长大成人后还不知应拥护共和或专制，不知应信奉天主教或不信宗教，那么国家永远不成为国家；国家之基石不稳，将不时变动不安。"③

拿破仑统治期间，主持教育工作的是教育改革家拉卡纳尔(Joseph Laka-nal，1762—1845)。1802 年，拿破仑任命教育活动家、化学家富克罗瓦(An-

---

① 夏之莲：《外国教育发展史料选粹》上册，356 页，北京，北京师范大学出版社，1999。

② [美]杜兰：《世界文明史·拿破仑时代》下册，幼狮文化公司译，909 页，北京，东方出版社，1999。

③ [美]杜兰：《世界文明史·拿破仑时代》下册，幼狮文化公司译，909 页，北京，东方出版社，1999。

toine-Francois de Fourcroy, 1755—1809) 为教育部部长 (又译"公共教育总长"), 他主持起草了《公共教育基本法》(Loi Relative a l'instruction Publique 1802)。据说该法在递交立法机构之前历经 23 次修改。同年 5 月 1 日, 拿破仑政府在对文本做修改后颁布了该基本法(亦称"共和十年花月法")。① 该基本法第一条明确规定, 法国的学校体系包括由市镇组建的初等学校、由市镇创办的或由私人任教师的中等学校、由财政部经费办理的国立中学和专业学校。② 该基本法还表明了建立中央集权的教育行政管理体制的意向。但是, 在这部法律中没有与女孩相关的规定, 所以在 19 世纪初期, 法国还没有为女孩建立的小学。③

拿破仑的教育改革和他务实的宗教政策关系密切。鉴于绝大多数法国人信奉天主教这一国情, 拿破仑主张与天主教教会和解(或妥协), 并对天主教进行改造, 从而使天主教为资产阶级服务。1801 年 7 月 15 日, 拿破仑政府和罗马教皇签订《教务专约》(Concordat d'Education), 主要内容包括: 恢复天主教会在法国的合法地位, 允许教会在遵守国家有关法律及规章制度的前提下公开举行宗教活动; 担任教会高级职务的人选先由第一执政提名, 然后由教皇授予圣职; 神职人员要向政府宣誓并服从政府; 主教和教区牧师的薪金由政府支付。

相对而言, 拿破仑并不重视初等教育, 而且放弃了初等教育的义务制和免费制。④ 这是因为初等教育是为贫困家庭子女设立的, 目的是培养工人、农民等劳动者。当时的公共教育委员会委员、著名哲学家特拉西(Destutt de Tracy, 1754—1836)曾在 1800 年提出, 必须有两套绝不相同的学校, 一套给

---

① 具体内容见夏之莲:《外国教育发展史料选粹》上册, 342~344 页, 北京, 北京师范大学出版社, 1999。

② 夏之莲:《外国教育发展史料选粹》上册, 342 页, 北京, 北京师范大学出版社, 1999。

③ [法]孔佩雷:《教育学史》, 张瑜、王强译, 360 页, 济南, 山东教育出版社, 2013。

④ 《公共教育基本法》第四条规定: "免费人数不得超过初等学校所接收儿童的五分之一。"

劳动阶级,学生毕业后当工人、农民;一套给所谓学者阶级,学生毕业后升入大学,做统治阶级人才。[①] 后来,随着天主教教会势力的壮大,教会对初等教育的影响日益凸显。初等学校中普遍设有宗教课。1806 年,政府新编了《帝国教义问答》(Imperial Catechism),要求学生背诵。1804 年,属于天主教教会的基督教学校兄弟会(法语为 Les Freres des Ecoles Chretiennes,英语为 Brothers of the Christian Schools)重返法国创办初等学校,他们的教育活动还得到了政府的支持和资助。当时法国也允许修女教导富家女子。对于小学教师的培养,拿破仑政府也给予了必要的关注,曾颁布了关于培养小学教师的政令,规定由国立中学和市立中学师范班承担培训小学教师的任务。1810 年,法国第一所初等师范学校在斯特拉斯堡建立起来。

在职业教育方面,除了原有的贡比涅工艺(技术)学校(该校于 1805 年迁往沙伦),拿破仑统治时期又新建了波布莱奥工艺学校,进行纺织机械制造及水力机械等方面的教育,该校于 1815 年迁往昂热。

在中等教育方面,拿破仑特别重视创办新型的国立中学,以取代早先督政府时期所建立的中心学校(d'ecoles centrales,也译"中央学校")。国立中学由中央政府管理,其校长由拿破仑直接任命,教师也要经过严格的遴选,学生则通过严格的考试择优录取(通常为男生)。国立中学的开支由国家承担,学制为六年,多数实行寄宿制。办学目标是为学生升入大学做准备,同时也为拿破仑的军队培养军官。学生的生活带有军事化色彩,纪律严格,如果犯大错就会被开除。根据政府颁布的有关政令,国立中学的教学内容主要包括法语、古典语言(拉丁语和希腊语)、历史、修辞学、逻辑、数学(含几何、代数、三角)、物理学、天文学等,此外还有最低限度的必要的"宗教仪式"[②]。为了吸引学生,拿破仑政府还在国立中学设立了 6400 份奖学金。国立中学当

---

① 王长纯、梁建:《初等教育》,37 页,长春,吉林教育出版社,2000。
② 夏之莲:《外国教育发展史料选粹》上册,365 页,北京,北京师范大学出版社,1999。

时是培养各级官吏的主要机构之一，1807年时共有37所①，其数量远少于私立学校。在这一时期，由于学费昂贵，能够接受中等教育的只是少数人。据统计，1809年的中等教育入学率不到1.8／1000。②

拿破仑还鼓励发展其他类型的中学，包括市立中学和私立学校。市立中学由地方政府设立，学制为六年，教学内容主要包括拉丁文、法语、地理、历史和数学等，教学要求略低于国立中学。市立中学对学生的管理方式类似于国立中学，其毕业生也可以成为国家官吏。国立中学和市立中学此后一直是法国中学的主要类型。开办私立中学必须经过政府批准，其教学内容的难度类似于市立中学。当时法国的中学毕业生可获得学士学位。

在法国大革命时期，资产阶级国民议会于1793年9月5日通过了《关于公共教育组织法》(Loi sur L'organization Publique)，也称《达鲁法案》。根据该法，法国政府关闭了当时全部22所传统大学(它们以巴黎大学为代表，保守性非常突出，难以满足资产阶级的需要)。在此后很长一段时间里，专门学院(ecoles speciales，或称"高等专科学校")就成了最主要的高等教育机构。后来，专门学院被统称为"大学校"。有学者指出："在高等教育体制方面，大革命时期也尚处于初创时期，真正重大的改革和发展是在拿破仑时期。"③为了发展工商业和科学技术，拿破仑非常重视大学校的建设。根据1802年的《公共教育基本法》，需要新办3所医药学校，4所自然、物理、化学和高等数学学校，10所法律学校(1804年增至12所)，等等。出于军事斗争的需要，拿破仑于1800年创办了3所军事专科学校(ecole militaires speciale)。军事学校的学生大部分是公费生，学习内容包括法语、古典语、古代史、地理、绘画、

---

① 夏之莲：《外国教育发展史料选粹》上册，365页，北京，北京师范大学出版社，1999。

② [英]格林：《教育与国家形成：英、法、美教育体系起源之比较》，王春华、王爱义、刘翠航译，164页，北京，教育科学出版社，2004。

③ 贺国庆、王保星、朱文富等：《外国高等教育史(第二版)》，99页，北京，人民教育出版社，2006。

数学和军事训练等。拿破仑还于 1808 年重新组建了圣·苏尔特种军事学校——把该校迁到被称为圣·苏尔的地方；1809 年组建了布雷斯特海军学校和圣·日尔缅因骑兵学校；1810 年组建了土伦海军学校。这些学校被称为"法国的西点军校"。① 为了培养高中的师资，拿破仑于 1810 年恢复了一度停办的巴黎师范学校（该校创建于 1794 年），并把它办成一所寄宿学校，起先学制为两年，1815 年改为三年。拿破仑亲自为巴黎师范学校制定了教育大纲，决定"首先让年轻人通读健康、强有力的作品，高乃依（Pierre Corneille，1606—1684）②、博叙埃（Jacques-Benigne Bossuet，1627—1704）③，这才是他们应读的大师"④。一些科学家在该校讲授自然科学方面的课程，例如，拉普拉斯（Pierre Simon Laplace，1749—1827）⑤、蒙日（Gaspard Monge，1746—1818）⑥、拉格朗日（Lagrange，1736—1813）⑦ 和勒让德（Adrien Legendre，1752—1833）⑧讲授数学，阿于（Hauy，1743—1822）⑨讲授物理，贝尔莱（Berthollet，1748—1822）⑩讲授化学，等等。当时规定每位教授讲 16 课时，每节课都有速记，在下节课上印发，以便学生提出问题。巴黎师范学校先后培养了一大批人才，例如，著名哲学家、历史学家和教育改革家 M. 维克多·库辛（M. Victor Cousin，1792—1867）是该校 1810 级的学生，历史学家奥古斯丁·梯叶里（Augustin Thierry，1795—1856）是该校 1811 级的学生。巴黎师范学校

① 贺国庆、王保星、朱文富等：《外国高等教育史（第二版）》，178 页，北京，人民教育出版社，2006。
② 高乃依，法国古典主义悲剧作家。
③ 博叙埃，法国作家、演说家、神学家。
④ [法]杜费、[法]杜福尔：《巴黎高师史》，程小牧、孙建平译，6 页，北京，中国人民大学出版社，2008。
⑤ 拉普拉斯，法国数学家、天文学家。
⑥ 蒙日，法国数学家。
⑦ 拉格朗日，法国数学家、天文学家、力学家。
⑧ 勒让德，法国数学家。
⑨ 阿于，法国物理学家。
⑩ 贝尔莱，法国化学家。

后来发展成为享誉世界的巴黎高等师范学校。在整个19世纪，巴黎师范学校及后来的巴黎高等师范学校只招收男生。

如前所述，拿破仑比较重视教师队伍的培养。他在1806年提出要造就一支不朽的教师队伍，同时指出："我们现在的工作是重新组织教师的职业，使它成为一种能够吸引向往教育工作的人的生涯。"①1808年，帝国政府颁布了关于培养小学教师的法令，规定小学教师必须接受专门培训，培训工作由国立中学和市立中学师范班承担。1810年，法国第一所初等师范学校在斯特拉斯堡建立。拿破仑主张建立教师的规范，规定每一位教师必须经历不同的低级职位，之后才能担任高一级的职位。为了提高教师的声誉，拿破仑还主张使最高职位(等级)的教师置身于国家最显要的人物之列。但是，拿破仑对教师的要求也是苛刻的，例如，他说："在这种生涯的最初阶段……重要的是，得实行过强迫性的独生生活。在教师等级的较低各层中，决不能由于家庭牵累而弄乱了心思，也不能由于为明天操心而分散了心思。在较高各层中可以允许结婚。"②

拿破仑并不重视女子教育，即使有时候谈到女子教育，他也认为对于女子而言，最重要的是宗教教育。他说："在女子公立中学，宗教是第一要事。不管人们会怎么说，宗教是母亲和丈夫的最可靠的保证。我们对教育的要求不是女子应思考，而是她们应信仰。妇女头脑的薄弱，思想的不稳定，她们在社会所占的地位，她们需要永远顺从……所有这些只能用宗教、用温柔慈祥的宗教来对付。"③这体现出拿破仑教育思想的时代局限性。

拿破仑还曾写了一份很长的意见书，专门论证在法兰西学院设立文史系的可能性和必要性。④ 由此也可以看出他对历史学科教学和研究的高度重视。

---

① 夏之莲：《外国教育发展史料选粹》上册，356页，北京，北京师范大学出版社，1999。
② 夏之莲：《外国教育发展史料选粹》上册，356页，北京，北京师范大学出版社，1999。
③ 夏之莲：《外国教育发展史料选粹》上册，365页，北京，北京师范大学出版社，1999。
④ 夏之莲：《外国教育发展史料选粹》上册，364页，北京，北京师范大学出版社，1999。

拿破仑执政时期，法国于 1806 年 5 月 10 日颁布了《关于创办帝国大学及其全体成员的专门职责的法令》，于 1808 年 3 月 17 日颁布了《关于帝国大学组织的政令》，于 1808 年 9 月 17 日颁布了《关于帝国大学条例的政令》，这些法令和政令对中央集权的教育行政管理体制做出了详细而具体的规定（具体内容详见本章第四节）。

第二节　近代中小学教育的建立和发展

一、近代小学的建立和发展

随着工业等社会生产的发展，包括造纸业和印刷业的发展（1812 年造纸机投入生产，1818 年第一家墨水厂在巴黎建立），再加上一些有识之士的呼吁，在波旁王朝时期，小学有了一定的发展。1816 年 2 月 29 日，路易十八颁布了第一个《初等教育法》（也称《二月法》），要求在每个市镇设立一个委员会，负责指导初等教育的发展，该委员会的成员由学区长任命，为贫穷儿童提供免费教育（每个市镇都要设立一所小学）。该教育法还规定，政府把初等教育纳入国家预算，每年拨款 5 万法郎用以补助初等教育；实行教师资格定检制度，要求小学教师持有从业合格证书，从而提升小学教师的水平；宗教团体等组织在市镇的要求下可以为小学提供教师。1819 年 3 月 16 日颁布的一项法令把基督教学校兄弟会并入帝国大学，同时免除该兄弟会成员领取教学证明书的手续，后来又进一步免除其他宗教团体成员领取教学证明书的手续，这样就为宗教人士参与初等教育工作提供了便利条件（但世俗教师会受到教会的排挤），同时也扩大了教会对初等教育的控制和影响。1824 年，主教丹尼斯·A. 弗雷西努乌斯（Denis A. Frayssinous，1765—1841）出任新设立的国家宗教事务与公共教育部部长，他授权天主教教会控制中小学。到 1830 年，基督教学校兄弟会共建立小学1420所,其他13个男修道会建立小学281所。① 1828年以前,波旁王朝政府用于初等教育的经费还是有限的,每年不超过5万法郎。② 在该王朝的末期,革命热情重新高涨,天主教教会对教育的渗透和控制越发引起资产阶级自由派的反感。随着资产阶级自由派力量的日渐壮大,1828年年初,资产阶级自由主义者华特门斯尼尔(Lefebvre de Vatimensnil)出任国家宗教事务与公共教育部部长,对教育政策进行了调整。同年4月颁布的法令规定教会把管理小学的权力移交给由政府任命的世俗人员。1828年6月16日,波旁王朝的末代国王查理十世被迫发出敕令,禁止耶稣会的教士进行教育活动。

1830年7月,包括工人和学生在内的巴黎人民举行起义(即七月革命),推翻了波旁王朝的统治。由于资产阶级自由派害怕广大革命群众,他们选择代表大资产阶级利益的沙尔特公爵路易·菲利普继承王位,继续实行君主立宪制,建立了七月王朝。新政府降低了对选民的财产要求,扩大了言论自由,加快了工业革命的进程。在七月王朝时期,工人阶级人数增加,空想社会主义思潮开始流传,小学教育的发展也很明显。1831年,政府派库辛去普鲁士考察学校体制,他于同年6月向法国国家宗教事务与公共教育部部长蒙大利维伯爵(Count de Montalivet)提交了《关于普鲁士公立教育现状的报告》。③ 该报告有六章,分别是:家长送子女入学的义务;每个教区资助一所小学的义务;初等教育的一般目标和不同级别;小学教师的培训、聘请、提升和纪律;初等教育的管理;关于私立学校。在这份报告中,库辛既阐述了普鲁士的教育现状,也介绍了法国初等教育的现状。他在报告中指出:"毫无疑义,在法

① 吴式颖:《外国教育史教程》,371页,北京,人民教育出版社,1999。

② [美]E.P.克伯雷:《外国教育史料》,华中师范大学、西南师范大学、西北师范大学等译,555页,武汉,华中师范大学出版社,1991。

③ [美]E.P.克伯雷:《外国教育史料》,华中师范大学、西南师范大学、西北师范大学等译,540~543页,549~554页,武汉,华中师范大学出版社,1991。

国目前的情况下，一个有关初等教育的法律是不可少的。""规定在每个县建立一所初等师范学校以及在每个区建立一所初等学校的法律，它所做的只不过是巩固和推广几乎在全国所有的县、区实际上正在做的事情。"①据此，库辛起草了《初等教育法案》。

政治活动家和历史学家基佐（Francois Pierre Guillaume Guizot，1787—1874）于1832—1837年担任法国公共教育部部长（1840年任首相）。1833年他向国民议会提交了由库辛起草的《初等教育法案》，并在国民议会发表了长篇演讲来介绍这一法案。基佐在演讲中指出，法国需要两个等级的初等教育（即双轨制），第一个等级的教育即初等小学。"第一个等级的教育要普及于全国城市；它在法国领土上只要有人住的最小的村庄和最大的城市里都可见到。通过读、写、算的教学，它提供生活上所需的最基本的知识；通过法定的度量衡制度和法语的教学，它使法国民族团结统一的精神到处树立、扩展和传播；最后，通过道德和宗教教育，它提供另一种真实的需要，即把上帝注入世界上最穷和最富有的人们的心灵中去，提高人类生活的尊严，维护社会秩序。第一个等级的初等教育要普遍到使每个人都接受这种教育，同时，它的数量要大到每个地方都设立。"②第二个等级的教育即高等小学。"通过高等小学，初等教育能够进一步发展和多样化，以满足各种职业的需要，这些职业虽然不要求系统的科学知识，但也需要熟悉'他们日常在办公室、工场和田野里应用的科学基础知识'。"③关于这部《初等教育法案》的形成，后来基佐在他的题为《为我的时代的历史服务的回忆》这部回忆录中专门进行了阐述（该多卷本回忆录于1858—1861年出版）。他特别提到了三个问题：首先，关于初等

---

① ［美］E.P.克伯雷：《外国教育史料》，华中师范大学、西南师范大学、西北师范大学等译，550～551页，武汉，华中师范大学出版社，1991。

② ［美］E.P.克伯雷：《外国教育史料》，华中师范大学、西南师范大学、西北师范大学等译，555～556页，武汉，华中师范大学出版社，1991。

③ ［美］E.P.克伯雷：《外国教育史料》，华中师范大学、西南师范大学、西北师范大学等译，556页，武汉，华中师范大学出版社，1991。

教育是否应该具有强迫性，他指出，为了尊重人民的自由，同时借鉴当时英国和美国的做法，决定从法案中除掉强迫义务的初等教育的条文①；其次，关于自由地兴办初等学校的问题，他主张"在政府和私人之间、公立学校和私立学校之间开展自由竞赛"，既要办公立小学，也允许办私立小学和教会学校；最后，关于初等教育是不是应该完全免费的问题，他认为，实行完全免费的初等教育这一愿望是好的，但是在当时的条件下还难以实行，所以只能为那些付不起学费的人提供免费初等教育。②《初等教育法案》通过后即为《初等教育法》，于1833年6月28日正式颁布实施，又名《基佐法》，它被称为法国第一部小学教育的宪章。《基佐法》规定：每一个乡(区)建立一所初级小学(相邻的区也可联合建立初级小学)，在各省省会及6000人以上的城镇建立一所高级小学；各省举办一所师范学校；允许举办私立小学(国家可对其进行视察)和教会学校(但不得强迫学生接受其不愿接受的宗教教育)；每个县设立教育委员会，由行政长官、神职人员、治安法官、中等教育界和初等教育界等方面的一名代表及当地绅士代表等组成，负责管理全县的初等教育。每个区

---

① 但库辛是主张义务教育的，他在1833年说："法律规定小学教育为义务教育，在我看来，这并没有超出立法机构的权利范围。义务教育法就像国土安全法一样，是为了公共利益而颁布的强制性法律。如果说私人财产法的颁布是因为它的有用性，那为什么不可以为了更高层次的有用性而颁布义务教育法呢？要求孩子们去接受对每个人来说都必不可少的教育，把孩子培养成为不会危害自己和社会的合格公民。这难道不是更有用吗?"(转引自孔佩雷：《教育学史》，张瑜、王强译，394页，济南，山东教育出版社，2013。)哲学家朱尔斯·西蒙(Jules Simon，1814—1896)所写的《学校》(School，1864)一书则被一些学者认为是"免费义务教育的宣言"。(《教育学史》，402页。)到了1873年，基佐的观点也有了新发展，他说："为了尊重和保护精神自由和家庭自由，国家和民众可能需要立法推进小学教育，让教育成为合法的、义务的、必需的事情。这就是教育的现状，义务教育运动是真诚的、严肃的、全国性的。很多有力的例子支持鼓舞着它。在德国、瑞士、丹麦以及美国的大部分地方，小学教育都具有义务性。义务教育收获了硕果累累的文明和进步，而法国和它的政府没有理由拒绝它。"(《教育学史》，394页。)正如孔佩雷所说："想要成功地将法国大革命中宣扬的免费、义务和世俗化的原则融入到法律中，需要上百年的时间。特别是义务教育的观念，只能慢慢被一些先进人士逐渐接受。"(《教育学史》，394页。)

② [美]E.P.克伯雷：《外国教育史料》，华中师范大学、西南师范大学、西北师范大学等译，556～558页，武汉，华中师范大学出版社，1991。

设立学校视察委员会，由当地行政长官、教会及居民代表组成；公共教育部部长可组建考试委员会，负责教师资格鉴定事宜；公共教育经费由各级政府承担；初级小学教师年薪不得低于 200 法郎，高级小学教师年薪不得低于 400 法郎。该教育法的颁布初步建立了法国国民教育制度，有力地促进了法国初等教育的发展。在《基佐法》通过一个月后，基佐以部长的名义给全国近 4 万名小学教师发出了一份官方通函（通告），并附上了《基佐法》的文本。他把《基佐法》称为"初等教育的宪章"，他在通函中说："教师的工作不是为了一个特定的地区，而是为了整个国家。教育法也是为了整个国家，为了公共利益……普及初等教育是今后社会秩序和稳定的保证。我们政府的原则是健康的、合理的，发展智力和宣传光明是为了巩固我们的君主立宪制度的持久统治。"①由此我们可以看到《基佐法》的政治目的和阶级性。基佐还在通函中说："虽然小学教育的职业不是被加冕的，但是，它的职责却深受社会的关注。与其他公共服务事业一样，教育事业非常重要。小学教育是维护社会治安和稳定的坚强捍卫者。""（教师）必须有一种强烈的职业道德感，激发和维持自己的热情，必须有一种为民众服务和为社会默默奉献的精神。他们只能从自己的良心深处才能获得应有的高尚回报。他们甘于默默无闻，甘于忍辱负重。"②1833 年年底，基佐派遣 490 名视学员分赴全国各地考察初等教育。1837 年，根据视学员们的报告，以《法国初等教育的展示》（Exhibit of Primary Instruction in France）为题的调查报告发表，它详细地描述了法国当时初等教育的真实情况。该报告这样记载："学校常常设在潮湿的马厩里、地下室里、地窖里，这些地方是一个极小的小房，并且常常要屈膝才能钻进去。P 小学只有 12 平方尺，隆冬季节，这里通常挤着 80 多个儿童。这里除了一扇极小

① [美]E.P.克伯雷：《外国教育史料》，华中师范大学、西南师范大学、西北师范大学等译，559～560 页，武汉，华中师范大学出版社，1991。

② [法]孔佩雷：《教育学史》，张瑜、王强译，393 页，济南，山东教育出版社，2013。

的窗子外，没有空气流通的地方，结果师生常常不能抵抗地陷入昏睡之中。"
"教师的穷困与无知是相等的。社会对他们的轻视使他们羞愧，这也有道理，
因为在教师中可发现有释放的罪犯，犯罪者，剥重利者，没有手臂的，患癫
痫病的。教师与乞丐实处于同一地位。牧人都比他受人尊重。"① 虽然当时法
国初等教育的质量还不尽如人意，但数量的发展是很明显的：全国男子小学
从 1834 年的 22641 所增加到 1848 年的 32964 所；1836 年设立了女子小学，
1837 年达到 5453 所，到 1848 年则增加到 7658 所；公立、私立小学的在校学
生数从 1831 年的 193.5 万人增加到 1846 年的 424 万人。② 为了发展初等教
育，基佐十分重视师范学校的建设，他在国民议会的演讲中指出："师范学校
的繁荣是初等教育取得进步的一种措施。"③ 在基佐的努力下，法国初级师范
学校的数量从 1833 年的 47 所发展到 1837 年的 74 所。④ 与此同时，基佐还非
常重视教师的在职培训，他在给小学教师的官方通函中指出："在师范学校
中，给希望到那里去进一步提高教学水平的教师留有位置……在一些区和县
里，在教师中已经成立了讨论会。通过这些方法，他们可以在一起交流经验，
互相帮助，互相鼓励。"⑤基佐接受了库辛关于"教师创造学校"的思想，对当
时法国广大小学教师寄予了很大的希望，希望他们为法国的初等教育事业做
出应有的贡献。英国学校视导员马修·阿诺德曾经对法国教育进行了仔细的
研究，并向英国政府提交了题为《法国的大众教育》的报告，其中对基佐工作
有许多论述。例如，阿诺德说："(基佐)成功地激发了他的同胞们一种习惯于
地方努力办校的信念；同时，他终于为法国建立了一系列的初等学校，并以

---

① 夏之莲：《外国教育发展史料选粹》上册，366 页，北京，北京师范大学出版社，1999。

② 邢克超：《战后法国教育研究》，32 页，南昌，江西教育出版社，1993。

③ [美]E.P. 克伯雷：《外国教育史料》，华中师范大学、西南师范大学、西北师范大学等译，
555 页，武汉，华中师范大学出版社，1991。

④ 滕大春：《外国近代教育史(第二版)》，172 页，北京，人民教育出版社，2002。

⑤ [美]E.P. 克伯雷：《外国教育史料》，华中师范大学、西南师范大学、西北师范大学等译，
560 页，武汉，华中师范大学出版社，1991。

他自己的热情为这些学校灌注一种信念。"①总的来说，阿诺德对于基佐推进法国初等教育发展的各种努力给予了充分的肯定。基佐也曾被人称为"法国小学制度的创建者"。②

值得一提的是，基佐的夫人（Madame Guizot，1773—1827）也是一位有名的教育家。她在1812年和基佐结婚。结婚前，他们创办了《教育年鉴》（*Annales de l'Education*）。基佐的一些教育学方面的著作就发表在《教育年鉴》上。基佐夫人的代表作是两卷本《关于教育的家书》（*Education Domestique ou Lettres de Famille Sur l'Education*，1826）。圣伯沃（Sainte-Beuve）曾评价说："基佐夫人的这本书比《爱弥儿》更胜一筹。这本书记载了我们时代的声音、性情和理性的进步，超越了敢于冒险的天才卢梭……在这本书中，她对教育问题进行了深刻思考，并为培养适应现代社会各种困难的强人提出了教育方面的建议。"③孔佩雷也说："基佐夫人的著作值得认真阅读……你会从书中发现她对教育进行了很多反思，这些出色的反思都具有实质性，而非泛泛而谈。"④

基佐之后，政治家和教育家萨尔旺迪（Narcisse Achille Comte De Salvandy，1795—1856）继任公共教育部部长。他曾制订改革初等教育的计划，但由于1848年爆发革命而未能实施。之后，库辛和文学评论家维尔曼（Villemain，1790—1870）等人先后担任部长，但有关他们任职期间在初等教育方面所做的实际工作的记录很少。总体而言，在七月王朝时期，法国初等学校的物质条件还是很差的。

1848年法兰西第二共和国成立后，临时政府教育部部长卡诺于6月30日

① ［美］E.P. 克伯雷：《外国教育史料》，华中师范大学、西南师范大学、西北师范大学等译，561页，武汉，华中师范大学出版社，1991。

② 雷通群：《西洋教育通史》，341页，北京，东方出版社，2007。

③ ［法］孔佩雷：《教育学史》，张瑜、王强译，369～370页，济南，山东教育出版社，2013。

④ ［法］孔佩雷：《教育学史》，张瑜、王强译，372页，济南，山东教育出版社，2013。

向国会提出《卡诺教育法案》(Loi Carnot)，7月被审议通过。该法案主要内容包括：①实行普及义务初等教育，男女儿童均须入学，凡居民达到300人以上的区、村必须至少设立一所小学；②增拨教育经费，提高小学教师待遇；③取消学校中的神学课程；④初等教育的内容不仅包含阅读、书写、法语、计算、度量系统、距离测量、自然现象的概念、农业和工业的主要事实、素描、歌唱，还包括法国历史、地理的基本概念，有关职责的知识，公民的权利和义务，自由、平等、博爱的发展，卫生保健的基本规则，以及有益于身体健康的运动。① 该法案在马克思的《1848年至1850年的法兰西阶级斗争》中被称为"民主主义的人民教育法案"。② 但这一法案仅仅实施了几个月，在同年12月就被新政府撤销了。1848年，秩序党人、耶稣会教徒法卢(Vicomte Frederic de Falloux)③被总统路易·波拿巴任命为教育部部长，随即拟定了《法卢法案》，该法案于1850年3月15日颁布。《法卢法案》未就免费义务的初等教育做出任何规定，但是允许小学公开传授宗教知识，允许持有简单传教证书的人在教会学校或公立学校任教，从而为教会控制小学和小学教育宗教化提供了便利。因此，《法卢法案》被认为是一部"开历史倒车"的法案。④

第二帝国政府第二任教育部部长加斯特夫·罗兰德采取了切实的措施，不断加强国家对教育的管理，逐渐缩小教会的权限。"1860年后，无一男宗教团体被授权办校，获准办学的女宗教团体也屈指可数。"⑤1863年6月，维克多·狄律义(Victor Duruy，1811—1894)出任第二帝国政府第三任教育部部长(1863—1869年在任)，他主张初等教育是国家重要的公共事业，必须由政府管理，为此他采取了相应的措施。1865年，狄律义推行免费义务教育，但并

---

① [法]孔佩雷：《教育学史》，张瑜、王强译，395页，济南，山东教育出版社，2013。
② 马克思：《1848年至1850年的法兰西阶级斗争》，118页，北京，人民出版社，2018。
③ 法卢(1811—1886)，正统派保王党人。曾任波拿巴政府的教育部部长，提出《法卢法案》，以教育自由为借口，恢复天主教在初等教育和中等教育中的传统势力。
④ [法]孔佩雷：《教育学史》，张瑜、王强译，393页，济南，山东教育出版社，2013。
⑤ 吴式颖：《外国教育史教程》，369页，北京，人民教育出版社，1999。

不很成功。所以有人曾说："总之法国的教育，直至第三共和国建设以前，均属动摇无常的。"①

1873 年，法国手工教育先驱萨里西（G. A. Salicis）在巴黎的特伦霍尔大街创办了萨里西学校。该校除设置普通小学的课程外，还开设了图画、塑造、雕刻、木工和金工等手工课，学校专门设置了手工教室等相关设施。受其影响，巴黎的公立小学逐渐开设手工课程。②

法兰西第三共和国成立后，政治家、温和共和派代表 M. 朱尔斯·费里（M. Jules Francois Camille Ferry，1832—1893）于 1880—1881 年和 1883—1885 年两次出任政府总理，还几度兼任教育部部长，其间发表了关于教育问题的讲话，领导了教育改革，颁布了一系列教育法令，促使法国近代资产阶级教育体制最终形成。费里提出的《费里法案》（Loi Ferry）包括两部，把法国大革命时期的革命家孔多塞（Marie Jean Antoine Nicolas de Caritat de Condorcet，1743—1794）于 1792 年在由立法会议所组成的社会教育委员会中提出的《国民教育组织计划纲要》作为教育改革的基本依据。《第一费里法案》于 1881 年 6 月 16 日在议会通过，主要内容是宣布实施普及、义务、免费和世俗的初等教育，规定公立小学不再收取学费，公立学校不允许宗教标志，不开设宗教课程。《第二费里法案》于 1882 年 3 月 28 日在议会通过，它继承了《第一费里法案》，主要内容是把初等教育的义务性和世俗性进一步具体化，规定：7～13 岁儿童都必须接受强迫和义务的初等教育，可入公立或私立小学，也可在家庭私塾学习；在家学习的儿童自第三学年起，每年要参加一次公立学校的考试，以检查家庭教育的效果；对不送孩子入学的父母给予罚款和监禁等处分；在小学开设法语、历史、地理、生物、自然、算术、法政常识、农业常识、卫生、图画、音乐、体育、军训（男生）、缝纫（女生）、公民和道德、手工等

---

① 雷通群：《西洋教育通史》，341～342 页，北京，东方出版社，2007。
② 教育大辞典编纂委员会：《教育大辞典》第十一卷，195 页，上海，上海教育出版社，1991。

课程；废除宗教课。此外，该法案还允许学校除星期日外每周停课半天，由学生家长在校外根据各自的宗教信仰，安排自己的孩子参加宗教活动。该法取消了教会和教士监督学校的权力，由职业教育家主持学校理事会，宗教团体成员不得在公立学校任教。① 1883年11月17日，费里专门给法国小学教师写信，主要论述小学教师应如何对学生进行道德教育。他在信中说："宗教教育是家庭的职责，道德教育属于学校。"②这封信的主题就是要求以资产阶级的道德教育取代宗教教育，把学生培养成资产阶级国家的良好公民。该信后被收入布森(F. Buisson)和法拉东(F. E. Farringfon)合编的《法国今日的教育理想》(French Educational Ideals of Today，1920)一书。③ 法国学者曾评论说："在有自由派新教徒跟随的朱尔·费里的影响下，一个真正的共和国初等公立教育体系业已确立。这是一个经过长年深思熟虑的完整的教育体系。"④在费里推进教育改革的过程中，法兰西教育联盟(Ligue Française de l'Enseignement)这一教育组织也发挥了一定的作用。该组织于1866年由教育活动家玛舍(Jean Mace，1815—1894)等人组建(玛舍和费里同为资产阶级激进主义及反教权主义的突出代表)，主要目的是推广人民群众的世俗教学和教育。⑤ 法兰西教育联盟曾征集126万余人签名请愿，促使法国议会通过《费里法案》。在费里起草《费里法案》的过程中，教育家和政治家比松(Ferdinand Edouard Buisson，1841—1932)⑥等人也提供了帮助。

1886年，法兰西第三共和国政府颁布实施初等教育组织法即《戈勃莱教育

① 教育大辞典编纂委员会：《教育大辞典》第十一卷，186页，上海，上海教育出版社，1991。
② 夏之莲：《外国教育发展史料选粹》上册，381页，北京，北京师范大学出版社，1999。
③ 夏之莲：《外国教育发展史料选粹》上册，380～387页，北京，北京师范大学出版社，1999。
④ [法]里乌、[法]西里内利：《法国文化史》第四卷，吴模信、潘丽珍译，19页，上海，华东师范大学出版社，2006。
⑤ 教育大辞典编纂委员会：《教育大辞典》第十一卷，190页，上海，上海教育出版社，1991。
⑥ 比松于1879—1896年担任法国初等教育总监。

法案》(Loi Goblet)。该法确定了平民初等教育的学校结构、学制和课程设置等，和有产阶级子女的教育体系(家庭教育或中学预备班—中学—大学或高等技术学校)平行，从而形成了一种双轨制的教育制度。正如 R. 弗里曼·伯茨所说："尽管法兰西第三共和国后期有着民主倾向，但是，贵族化思想已经深深植根于双轨制的教育体制中，一轨为社会下层阶级，另一轨为社会上层阶级。"①《戈勃莱教育法案》规定平民初等教育分为三级。第一级是母亲学校，面向 2～6 岁儿童。第二级是初等小学，面向 7～13 岁儿童，开设法语、算术、历史、地理、自然、农业常识、手工、图画、唱歌、体操、公民与道德等课程。第三级教育机构包括：①高等小学(高级初等学校)，学制为三年，分农、工、商和航海各职业科，开设法语、应用算术、初等代数、几何、物理、工农业常识、经济知识、法国史、经济地理、外语、簿记、会计以及手工等课程，其毕业生直接就业或升入师范学校及职业学校继续学习；②高小补习班，学制为一年，学习高于初等小学程度的知识和手工技术，为就业做准备；③徒工手工学校，开设职业课程。② 法国在 1880 年通过了由上院议员托伦提出的《徒工手工学校法》(Loi Creant les Ecoles Manuelles d'Apprentissage, 1880)，推动了初等职业教育的发展。

《法国今日的教育理想》一书对于 19 世纪法国的小学教育计划有比较详细的记载。关于体育的目的，该书写道："一方面，使学生的体魄强健，素质良好，使他的身体情况最有利于其全面发展；另一方面，使他从小就能表现出机灵、敏捷、双手灵巧、动作麻利准确，这些特点对所有人来说都是重要的，对于小学的学生来说尤其需要，因为他们中的多数人将要从事体力劳动。"③ 关于智育的目的，该书的表述是学校要为学生提供"适合于他们未来需要的知

---

① [美]伯茨：《西方教育文化史》，王凤玉译，375 页，济南，山东教育出版社，2013。
② 教育大辞典编纂委员会：《教育大辞典》第十一卷，186 页，上海，上海教育出版社，1991。
③ 夏之莲：《外国教育发展史料选粹》上册，389 页，北京，北京师范大学出版社，1999。

识"，"更重要的还是培养他们具有良好的思维习惯，头脑敏捷开放，观念清新，判断准确，反应迅速，思想和语言表达准确、逻辑性强"①。

到1889年，法国初等教育的普及率在农村已上升到92%；到19世纪末，法国初等义务教育的普及率已达到100%。②

二、近代中学的建立和发展

在波旁王朝时期，国立中学改名为皇家中学(royal college)，在教学中加强了古典主义，同时天主教势力在中等教育界的渗透不断深入，教士在中学教师中的比例也不断提高。1821年，天主教受权监督所有中学的全部宗教事务。③ 专业学校也受到教会的压制，例如，巴黎师范学校在1822—1830年被迫停办。1829年，市立中学开设了特别班，学制为两年，设置现代外语、数学、物理、化学、绘画、测量及商业等适应工商业发展的课程。

在七月王朝时期，萨尔旺迪于1837—1839年和1845—1848年两度出任公共教育部部长，在此期间，他进行了中等教育的实用化改革。萨尔旺迪响应科学和工业发展的要求，提出中等学校加强科学和数学的教学，提倡现代外语特别是英语和德语的教学，同时削减希腊文的学习。但这一改革受到了多数教授和学者的反对，其中包括库辛和基佐等人，他们的观点表现出保守主义的倾向。基佐曾说："没有古典教育，一个人在智力上就只能是暴发户。"④由于保守主义者的反对，所以萨尔旺迪的改革未能取得预期的效果。直到七月王朝的末年，中等教育仍然只面向少数人。法国男性中完整接受中等教育

---

① 夏之莲：《外国教育发展史料选粹》上册，390页，北京，北京师范大学出版社，1999。
② 成有信：《九国普及义务教育》，179页，北京，人民教育出版社，1985。
③ [英]格林：《教育与国家形成：英、法、美教育体系起源之比较》，王春华、王爱义、刘翠航译，167页，北京，教育科学出版社，2004。
④ 滕大春：《外国近代教育史(第二版)》，170页，北京，人民教育出版社，2002。

的人不到5%。① 其中一个重要的原因是学习费用不断增加，而政府提供的奖学金逐年减少。

为了加强政府对公共教育的控制，第二帝国政府首任教育部部长福尔杜(H. Fortoul, 1811—1856)于1852年4月提出了《中等教育改革方案》(Plan d'Etedus des Lycees)，后颁布实施。该方案把中学的学习计划分成两个阶段，前四年所有学生学习古典、人文和数学课程，后三年学生则分科学习，文科侧重于学习古典语文，实科侧重于学习数学和自然科学。毕业生均可获学士学位，也可升学。实科学生的毕业学位考试不含拉丁文，所以他们的学业程度在当时被认为是低于文科毕业生的。这一方案受到了传统势力和教会势力的双重反对，所以在1864年被废弃。当时的教育部部长狄律义转而提出了一个专门方案(Special Programmes)，创办四年制实科性质的中等专业学校(1882年改为六年制)，以此为工商界培养一般管理人才。这种学校招收小学六年级学生(大多来自工人、农民和商人家庭)，注重数学和自然科学的教学，增设商业算术、商业地理、簿记、图画、工业发明和工业法规等实用性课程。狄律义还主持起草《1867年教育法》并获得通过，其中包括建立公立女子中学。但由于教会人士的反对，他的设想未能完全实现，并且被迫离开教育部部长的职位。到第二帝国后期，女子中学才得到一定程度的发展，皇家中学也恢复了国立中学的名称。

1870—1871年的普法战争引发了法国社会对于古典教育价值的进一步思考。人们提出了一些问题：难道俾斯麦的胜利不是因为普鲁士的教育对研究和新发明的需要采取了更加现实的协调态度？难道法国的失败不能归罪于可以追溯到耶稣会的因循守旧？② 政治家和哲学家朱尔·西蒙(Jules Simon,

① [英]格林：《教育与国家形成：英、法、美教育体系起源之比较》，王春华、王爱义、刘翠航译，172页，北京，教育科学出版社，2004。

② 滕大春：《外国近代教育史(第二版)》，436页，北京，人民教育出版社，2002。

1814—1896)于 1872—1873 年担任教育部部长,其间他着手改革中学课程。西蒙建议减少古典语言的教学时数,增加现代语言、历史、地理和体育的学时。但西蒙的建议遭到了许多社会名流和中学教师的反对,他们仍然认为古典教育是法国文化的源泉,因此,西蒙的改革举步维艰。

不管怎样,法兰西第三共和国的中等教育改革仍在艰难中前行。1880 年 8 月,时任教育部部长的费里发布教育部令,要求在中学减少古典语言的教学,加强现代法语和理科的教学,但遭到了古典教育派的反对。1880 年 12 月,法国颁布了关于女子教育的法令,决定设立五年制的国立和市立女子中学,其收费比男子中学低,并且不设古典语言课程,但重视法语和现代外语、历史、地理、理科、卫生、家政、手工、音乐和图画等课程。1881 年秋季,法国第一所国立女子中学在蒙彼利埃建立。1890 年,政府总理布尔乔亚(Leon Bourgeois)对古典中等教育进行了改革。1891 年,狄律义早先创办的中等专业学校被改组为现代中学,这种中学不进行古典语言的教学,主要进行现代语言、实科及理科知识的教学,学制为六年,毕业生可获得相应的学位。1892 年,法国政府创办了工商实科学校(由工商部管辖),招收初等学校的毕业生,学制为三年,旨在培养能够立即工作的工人和职员。这种学校的创办标志着法国职业技术教育的开始。

19 世纪末,教会在法国中等教育领域还具有很大的影响。例如,1894 年,国立中学拥有学生 8.4 万人,但教会学校也拥有中学生 5.2 万人。①

19 世纪末,法国对中等教育的情况进行了许多调查,其中由心理学家、法兰西学院教授亚历山大·里伯(Alexandre Ribot,1839—1916)任主席的议会中等教育调查委员会(Parliamentary Commission on Secondary Education)的调查最为著名。该委员会亦称"里伯委员会",于 1898 年由国会下院决议成立,其主要任务是对 19 世纪 50 年代后法国中等教育的文实分科之争进行调查研究,

---

① 滕大春:《外国近代教育史(第二版)》,439 页,北京,人民教育出版社,2002。

并制定改革方案。该委员会于 1899 年 1—3 月对有关专家和单位以及中学教师进行了调查，之后提交了题为《关于中等教育的调查》的调研报告（共 6 卷，52 条意见）。该报告指出，中等教育既要训练学生的智力，又要培养他们适应实际生活的能力；在中学里，现代科学和古典学科应具有同等地位，同时设置自然科学和古典文化的课程。该报告确定的改革原则是：限制古典课程的设置范围，减少学习此类课程的人数；进一步重视科学教育，让大多数学生学习现代学科。该报告后成为 1902 年法国中等教育改革的基础。[1]

在国家教育系统之外，受到刚刚兴起的新教育运动的影响，19 世纪末的法国也出现了所谓"新学校"。教育家德莫林（Edmond Demolins，1852—1907）于 1898 年在巴黎近郊创办了法国第一所新学校——罗什学校（Ecole des Roches），招收 8～19 岁的学生。新学校只注重精英教育，所以这种教育的影响在当时并不大。

第三节　近代高等学校教育制度的建立和发展

有学者认为，法国近代高等学校教育制度的形成可分为两个阶段：1860 年前是近代高等教育机构的出现期，1860 年后是近代高等学校教育制度的逐步形成期。[2] 之所以把 1860 年作为一个分界线，主要是因为 1860 年以后法国工业革命和工业化的进程加快，为了满足工业发展的需要，高等教育机构开设了大量的工科课程。

19 世纪初，除了本章第一节提到的那些大学校，还有 1803 年成立的法兰西学院、1816 年复校的巴黎国立高等矿业学校、1820 年成立的高等商业学

---

[1]　教育大辞典编纂委员会：《教育大辞典》第十一卷，189 页，上海，上海教育出版社，1991。
[2]　黄福涛：《外国高等教育史（第二版）》，89 页，上海，上海教育出版社，2008。

校、1821年在巴黎创办的文献学校、1824年在巴黎成立的中央工业学校(1829年正式开学)和1825年成立的巴黎河流森林学校等高等教育机构。但是,在波旁王朝时期,从拿破仑时期继承下来的高等教育机构也成为教会的打击目标。例如,倾向于共和革命和自由主义的巴黎师范学校于1822—1830年被迫停办。大学所属的文理学院的发展也受到了影响。

在七月王朝时期,高等教育的变化也很少。基佐曾建议在斯特拉斯堡、雷恩、图卢兹和蒙彼利埃等地建立大学,库辛也提出过类似的方案,但他们的意见并未受到人们的重视。这一时期值得一提的是,巴黎师范学校于1845年改名为巴黎高等师范学校,由此"奠定了它至今未变的形式,并被授予了高等学府的称号"①。

在第二帝国时期,法国完成了工业革命。狄律义提出,高等学校的发展要适应社会经济的需要,但他的计划也由于政治形势的影响而未能实现。

普法战争之后,由于右翼势力增强,天主教会一度在巴黎、里昂、里耳、热昂和图卢兹等地建立了大学。但到1877年前后,共和派政府剥夺了这些大学的资格,并且禁止它们颁发学位。同时,共和派政府为改革和发展高等教育采取了一系列措施。1877年,政府设立了有300个名额的学士学位奖学金,还设立了硕士学位奖学金,鼓励更多优秀的年轻人攻读学位。1878年,一些知识分子发起成立了高等教育问题研究会,并创办了《教育国际月刊》,传播高等教育改革的思想,为政府改革高等教育提供政策咨询服务。1879年,在获得国家授权的条件下,大学可以颁发学位。

1880—1882年,费里先后创办了枫丹纳女子高师(ENS de Fontenay-aux-Roses pour les Filles, 1880)、塞弗尔女子高师(ENS de Sevres pour les Filles, 1881)和圣克鲁男子高师(ENS de Saint-Cloud pour les Garcons, 1882),它们都

---

① [法]杜费、[法]杜福尔:《巴黎高师史》,程小牧、孙建平译,6页,北京,中国人民大学出版社,2008。

位于巴黎近郊。圣克鲁男子高师后来迁至里昂。这些学校的任务是培养初级师范学校或高级小学的文理科教师，少数毕业生还可担任初级教育督学及初级师范学校的校长。

19 世纪 80 年代，政府在巴黎建造了宏伟的索邦校区，为巴黎大学的进一步发展创造了条件。对此，于 1884—1902 年担任高教司司长的高等教育改革家路易·利阿尔德(Louis Liard)曾说："这宏大的索邦，是共和国最漂亮的工作成就之一。"[1]1885 年 7 月，大学获得法人资格，被允许接受社会捐赠和资助。同年 12 月 28 日，政府颁布了一项法令，明确了高等学校的自治权，规定学院总评议会(Council General of the Faculties)为学院的行政管理机构，负责管理财务和教师聘任及晋升等校务工作；学院教师代表大会则负责审议学院有关教学、科研及学生生活的重大事务。

1896 年 7 月 10 日，议会颁布了《国立大学组织法》，主要内容有：在原 15 个大学区内原有学院的基础上建立 15 所大学；原来的学院总评议会改组为大学评议会(Council of the University)；大学区总长代表国家兼任大学校长，大学校长所领导的大学评议会负责管理大学的教学和财务；大学所属各学院院长和教师由国家任命；大学毕业文凭和学位的颁发由政府掌控。于是，下设文学院、理学院、法学院和医学院的综合性大学建立起来。从 1793 年关闭 20 多所传统性大学以来，100 多年过去，法国的大学终于得到了新生。"1896 年法令在法国高等教育发展史上同样是一个重要的里程碑。"[2]为鼓励各大学之间开展竞争，从 1898 年起，政府采用学费、注册费、图书费、实验费等收入归属大学的方法，使各大学不断扩大办学规模，增加招生人数。巴黎大学的发展尤其明显，到 19 世纪末 20 世纪初，该大学的学生数已达 17000 人

---

① 滕大春：《外国近代教育史(第二版)》，441 页，北京，人民教育出版社，2002。

② 贺国庆、王保星、朱文富等：《外国高等教育史(第二版)》，183 页，北京，人民教育出版社，2006。

(1900年,法国大学生总数为29377人)。① 此时,神学科(神学院)在大学中的地位已经远不如从前。但是,"从大学的角度讲,必须强调的是:19世纪末的高等教育改革中,大学的改革从未广泛地得到政治上的支持,也没有赢得资本主义者的重要支持,因为他们的需求主要在大学校"②。法国近代高等学校教育制度的特征除了中央集权下的部门管理,就是教学机构和研究机构的分离。"这种教学与研究相互独立与分离,以专门人才为培养目标,中央各部门分别直接管辖各自的教学与研究机构的高等教育体制,直到19世纪末仍是法国高等教育的基本特色和发展主流。"③

第四节 中央集权教育行政管理体制的确立

在法国大革命时期,资产阶级提出的一系列教育改革方案都主张建立国家教育制度,以改变封建教会垄断教育的局面。例如,从塔列兰(Talleyrand)1791年在制宪会议上提出的《国民教育方案》和孔多塞1792年提出的《国民教育组织计划纲要》这两个文件中,我们都可以看到后来拿破仑所建立的帝国大学的影子。

1802年5月1日,拿破仑颁布了《公共教育基本法》,这"标志着拿破仑中央集权教育制度的开端"④。

法国立法院于1806年5月10日颁布了由富克瓦罗拟定的《关于创办帝国

① 滕大春:《外国近代教育史(第二版)》,441页,北京,人民教育出版社,2002。

② 贺国庆、王保星、朱文富等:《外国高等教育史(第二版)》,187页,北京,人民教育出版社,2006。

③ 黄福涛:《外国高等教育史(第二版)》,100页,上海,上海教育出版社,2008。

④ 贺国庆、王保星、朱文富等:《外国高等教育史(第二版)》,174页,北京,人民教育出版社,2006。

大学及其全体成员的专门职责的法令》。该法令的正文不长，共三条，第一条规定：将以帝国大学的名义建立一个专门负责整个帝国公共教育事务的团体。第二条规定：此教育团体的全体成员负有公民的、专门的和暂时的义务。第三条是关于教师队伍的组成的规定。[1] 该法令是拿破仑建立整个教育制度的总指导思想，它的颁布"表明拿破仑中央集权教育制度的进一步加强"。[2]

根据该法令，参政院于 1808 年 3 月 17 日通过并颁布了由富克瓦罗拟定的《关于帝国大学组织的政令》。该政令第一章的标题是"帝国大学的基本组织"，其第一条规定：帝国大学全面负责整个帝国的公共教育。也就是说，帝国大学不是普通意义上的大学，而是法国最高的教育管理机构，是中央集权的国家教育部门。第二条规定：未经帝国大学首脑的批准，不得在帝国大学以外成立任何教育机构或学校。第四条规定：帝国大学由学区组成。学区即教育行政区域。第五条规定了分属各学区的学校的顺序：学院（国立，专门为了科学研究和授予学位）；国立中学（教授古典语言、历史、修辞、逻辑、数学、物理学的基本知识）；市立中学（公立，教授古典语言基础、历史和其他科目的基本原理）；私立学校（课程深度相当于市立中学）；寄宿学校（私立，课程深度浅于私立学校）；小学（国立，即初等学校，教授读、写、算基础知识）。该政令第五章的标题是"帝国大学所属学校的教育基础"，其第三十八条规定帝国大学所属的全部学校以下列各项为其教育基础：天主教教义；忠于皇帝和拿破仑王朝；培养热爱宗教、热爱君主、热爱祖国和家庭的公民。该政令第七章的标题是"帝国大学的作用和职责"，其第五十四条规定：校长给向他提出申请的帝国大学毕业生颁发从事教育和开办学校的许可证书，这些人必须符合关于取得这种许可证所要求的条件。第五十九条规定：校长通过

---

[1] 夏之莲：《外国教育发展史料选粹》上册，344 页，北京，北京师范大学出版社，1999。

[2] 贺国庆、王保星、朱文富等：《外国高等教育史（第二版）》，175 页，北京，人民教育出版社，2006。

颁发盖有校印的证书这一形式向教育团体的成员授予级别、衔号、官职、教师职位，总之，帝国大学的全部职位。该政令第十章的标题是"大学评议会"，其第七十六条规定：帝国大学校长把要各级学校实行的章程和规定的计划都提交大学评议会讨论。该政令第十三章的标题是"对国立中学、市立中学、私立学校、寄宿学校、小学的规定"。①

1808 年 9 月 17 日，参政院通过了《关于帝国大学条例的政令》，主要内容包括：

帝国大学校长就职宣誓的誓言。（第一条）

自 1809 年 1 月 1 日起，帝国内的公共教育统一归帝国大学管理。（第二条）

到上述时间为止，没有得到帝国大学校长证书的任何教育机构不得继续开办。（第三条）

仅仅在初创时期，帝国大学的教师可以不是毕业于帝国大学所属学院的人士。从 1815 年 1 月 1 日起，他们必须是上述学院的毕业生。（第四条）

关于学院院长和教师的任命。（第五条至第九条）

到 1815 年 1 月 1 日，所有从事教育工作的人员应能达到所要求的资格。不足 30 岁者不能担任帝国大学或学区的官员。（第十条）

所有已经从事公共教育十年的人都将获得由帝国大学校长颁发的与其担任的职务相应的级别证书。1809 年 1 月 1 日前，帝国大学校长将按照即将制定的条例任命普通评议员、大学总督学、学区区长和学区督学、国立中学的校长和学监。（第十一条）

---

① 夏之莲：《外国教育发展史料选粹》上册，344～348 页，北京，北京师范大学出版社，1999。

所有帝国大学的成员都应该宣誓。(第十四条)

授权帝国大学的校长任命一位帝国大学的总出纳。(第十五条)

扣除校长、学监和教师工资的1/25作为退休金的做法将推行至帝国大学全部工作人员。(第二十条)

关于学生学费的规定。(第二十五条、第二十六条)①

帝国大学有时也称"法兰西大学",它实际上是全国所有公共教育机构的总称,也是全国的教育行政领导机关。帝国大学的校长(有时也译成"总监"或"教育总长"等)是全国教育行政的最高负责人,由皇帝任命,首任校长是矢忠于天主教会的丰塔纳(Fontanes,1757—1821)。帝国大学校长主持大学评议会的工作。帝国大学的财务长等高级官员也由皇帝任命,他们协助帝国大学校长开展工作。根据当时的规定,全国分成27个大学区,每个大学区设一个区长(也译"总长")以及学区评议会,负责管理本学区的各级学校。每一个大学区均可设立五个学院,即神学院、医学院、法学院、文学院和理学院。总督学和督学负责巡视学校及相关工作。1811年,又有相关法令颁布,对帝国大学的制度做了补充规定。

帝国大学制度的建立标志着法国中央集权教育行政管理体制的基本形成。R.弗里曼·伯茨说:"19世纪的法国最具意义的一个历史趋势,是建立强大的中央集权的教育体制。"②

拿破仑建立中央集权教育行政管理体制的目的主要是统一学校教育的指导思想,最终实现国家的长治久安。他于1806年5月在一次国务会议讲话中明确指出:"在我们的一切制度中,公共教育是最重要的。现在和未来,一切

---

① 夏之莲:《外国教育发展史料选粹》上册,348～353页,北京,北京师范大学出版社,1999。

② [美]伯茨:《西方教育文化史》,王凤玉译,372页,济南,山东教育出版社,2013。

都得依靠它。现在正在成长中的一代的道德和政治思想,不应该再由日常的新闻报道和目前的环境来形成,这一点很重要。尤其我们必须求得统一,我们必须能够用同一个模子来铸造整整一代人。"①基佐曾经说:"拿破仑试图把作为启蒙之光中心的学校变成他的专制统治中心。"②

帝国大学的成立从一开始就引发了激烈的抗议。夏多布里昂说:"教育只对家长有吸引力是不够的,如何吸引孩子也是很重要的。母亲们一直试图逃离极端的帝国教育,她们满含泪水向政府索要被他们从身边夺走的孩子。"③波旁王朝的统治者起初也想过废除帝国大学的制度,但后来又决定予以保留,不过他们取消了由政府任命的教育总监的职位,并成立了主管公共教育事务的王室公共教育委员会。"1820年,教育总长的名称被改为公共教育部部长。"④

正如R.弗里曼·伯茨所说:"法国相信,无论其国家当政者是君主专制、帝国还是共和国,一个强大的中央集权国家教育体制是实现民族团结的必经之路。"⑤教育哲学家、教育史学家约翰·S.布鲁巴克也指出,拿破仑制定了法国的教育体系,导致法国教育发生了永久的转向。"令人惊讶的是,这种集权统治的课程和教学方法体系,同时受到沙文主义的国家主义者和自由主义的国家主义者的欢迎。拿破仑三世喜欢这种教育体系,因为它可以限制学术自由,推动有疑虑的对外冒险政策。同样,第三共和国也对这种教育体系表示欢迎,因为它对实现革命的理想更加充满兴趣。"⑥

① 夏之莲:《外国教育发展史料选粹》上册,356页,北京,北京师范大学出版社,1999。
② [法]孔佩雷:《教育学史》,张瑜、王强译,386页,济南,山东教育出版社,2013。
③ [法]孔佩雷:《教育学史》,张瑜、王强译,385页,济南,山东教育出版社,2013。
④ [美]伯茨:《西方教育文化史》,王凤玉译,373页,济南,山东教育出版社,2013。
⑤ [美]伯茨:《西方教育文化史》,王凤玉译,375页,济南,山东教育出版社,2013。
⑥ [美]布鲁巴克:《教育问题史》,单中惠、王强译,66页,济南,山东教育出版社,2012。

第九章

巴黎公社教育改革

巴黎公社是人类历史上第一次实行无产阶级专政的实验。不仅在政治和经济领域，巴黎公社在文化教育领域也进行了深入的改革，产生了深远的历史影响。

第一节　巴黎公社的社会理想

一、巴黎公社的历史背景

19世纪上半叶的法国一直在王权和共和之间徘徊，革命夺取政权，保守维持统治，政体变更频繁。巴黎公社革命就是社会矛盾和阶级斗争趋于尖锐的产物。1848年2月，巴黎人民举行了武装起义，推翻了七月王朝。无产阶级和小资产阶级积极参加二月革命，但革命的成果落入资产阶级手中。在六月起义失败后，欧洲其他国家的革命也相继失败，工人运动和民主运动走向低潮。由此，以卡芬雅克①为代表的资产阶级共和派掌握国家政权，建立了法

---

① 卡芬雅克(1802—1857)，法兰西第二共和国临时政府陆军部部长，法兰西第二共和国政府首脑(最高行政官)。

兰西第二共和国。

1848 年 12 月 10 日,拿破仑的侄子路易·波拿巴当选第二共和国总统。1851 年 12 月 2 日,路易·波拿巴发动政变,解散立法议会,举行了两次在警察控制下的"全民投票",以此获得政变的合法性,并为帝制复辟做准备。1852 年 12 月 2 日,路易·波拿巴正式称帝,帝号拿破仑三世。此时的法国被称为法兰西第二帝国。

拿破仑三世在位期间,对内进行专制统治,加强中央集权,直接任命官员,议会制度形同虚设。为防止革命发生,他将军事官僚机器发展至空前的规模,仅文职官吏就达 50 万人,警察机构拥有一支 48.9 万人的常备军,"俨如密网一般缠住法国社会全身并阻塞其一切毛孔的可怕的寄生机体"①。他还利用天主教会进行规模广泛的专制统治,使得当时整个国家都处于一种白色恐怖。对外,路易·波拿巴穷兵黩武,大肆殖民扩张。1853—1870 年,法国在欧洲、亚洲、非洲、拉丁美洲均发动了侵略性战争,成为仅次于英国的第二大殖民帝国。第二帝国的殖民活动为法国资产阶级发展提供了丰富的原料场地和销售市场。19 世纪 50—60 年代,法国的工业总产值增加了两倍,每年达 120 亿法郎,居世界第二位。②

但经济繁荣只能产生表面上的社会稳定,无法消除客观存在的社会矛盾。专制统治代替共和制度,结果是引发更广泛、更深刻、更尖锐的社会危机。波拿巴政府代表大金融贵族和大工业资本家的利益,对无产阶级敲骨吸髓。工人、农民的生活状况并未得到改善,反而更加恶劣。1866—1867 年的经济危机引起大批工人失业,工资降低;农业歉收,粮价上涨,资本家趁机哄抬物价,导致了多次工人罢工运动。

19 世纪 60 年代,欧洲各国工人运动由低谷转入高潮,各国无产阶级加强

① 《马克思恩格斯文集》第二卷,5 页,北京,人民出版社,2009。
② 朱庭光:《巴黎公社史》,8 页,北京,中国社会科学出版社,1982。

联系，建立了第一国际①。第一国际巴黎支部建立后，各省的支部如雨后春笋般涌现。到 1867 年 9 月，"在全法国约有五十个支部"②。法国工人组织统一联盟，进行反抗资产阶级的民主运动，作为独立的阶级力量重新登上政治舞台。

1870 年，国内民怨沸腾，外交频繁受挫，波拿巴政府的统治地位岌岌可危。对此，波拿巴政府选择发动对普鲁士的战争，企图阻挠普鲁士统一德国，侵占其领土，提高帝国国际地位，以此稳定局面，摆脱政治困境。7 月 19 日，普法战争爆发，内忧外患的法国节节败退，普军向法国腹地长驱直入。9 月 2 日，波拿巴率部队在色当投降，这宣告了法兰西第二帝国覆灭。

9 月 4 日，巴黎一小部分资产阶级夺取政权，废除帝制，宣布共和，成立了临时政府，自称"国防政府"。国防政府的内阁成员大多和第二帝国有着千丝万缕的关系，例如，临时政府总理特罗胥③就曾被波拿巴委任为巴黎总督，镇压巴黎的一切革命活动。他们继承了帝国的遗产，准备倒行逆施，企图复辟奥尔良王朝。因此，国防政府只是虚伪地利用共和的旗帜掩饰复辟帝制的阴谋，其本质仍旧是维护大封建大资产阶级利益的国家工具。

波拿巴在色当投降后，普法战争进入第二阶段。但是，国防政府无视法国具备长期作战的条件，放弃抵抗，屈辱媾和。普鲁士表面上以不承认国防政府的合法性为由，拒绝停战和谈，实则逼迫国防政府一步步做出妥协，以获取更多利益。在国防政府的不抵抗主义下，普军兵临巴黎城下。巴黎群众对国防政府的信任动摇，重新提出了建立公社的要求。公社是城市的工人和

---

① 第一国际即国际工人联合会(International Workingmen's Association)，是 1864 年建立的国际工人联合组织。由于会名太长，人们取它的第一个单词称之为"国际"。第二国际成立后，这一组织则被称为"第一国际"。

② 朱庭光：《巴黎公社史》，24 页，北京，中国社会科学出版社，1982。

③ 特罗胥(1815—1896)，奥尔良党人，法兰西第二共和国巴黎总督，国防政府总理兼巴黎总督。

其他市民自发建立的市政机构，可以实行一些社会改革。马克思定义公社是一个高度灵活的政治形式，是工人阶级的政府，是生产者积极同占有阶级斗争的结果，是终于发现的、可以使劳动在经济上获得解放的政治形式。① 早在9月4日共和国宣布成立时，巴黎工人就要求建立公社，但被国防政府拒绝。出于对国防政府的信任，工人没有继续提出建立公社的要求。

在巴黎长期被围的情况下，国民经济凋敝，食物短缺。普通市民在饥寒交迫中死去，而资产阶级和政府官员穷奢极欲，社会矛盾十分尖锐。巴黎劳动人民对资产阶级革命的幻想破灭，他们意识到必须推翻政府，建立无产阶级政权。在要求推翻政府和建立公社的呼吁下，第一国际巴黎支部联合会发表政治宣言，要求政府明确宣布共和国是唯一政体，解除前帝国官吏的一切职务，取消国民议会的选举，号召建立一个"土地归农民、矿山归矿工、工厂归工人"的民主社会共和国。②

国防政府在镇压两次起义之后，派遣法夫尔③前往凡尔赛签订《普法停战协定》。为了签订卖国和约，国防政府卸任，在波尔多举行国民会议，推举梯也尔④成为法兰西第三共和国的政府首脑。梯也尔政府继续执行特罗胥政府的外交政策，与普鲁士签订割让赔款和约，"将法国的洛林和亚尔萨斯割让给德国，法国应该付给德国皇帝五十亿法郎"⑤。梯也尔要求普军进入巴黎，对巴黎城中的起义军进行镇压，这意味着普法战争转化为法国内战。

1871年3月18日，蒙马特尔区的枪声响起，巴黎工人武装起义，梯也尔政府败走凡尔赛。为期72天的巴黎公社运动轰轰烈烈，这是人类历史上首次实行无产阶级专政的实验，具有浓厚的无产阶级性质。

① 马克思:《法兰西内战》，59 页，北京，人民出版社，1964。
② 朱庭光:《巴黎公社史》，18 页，北京，中国社会科学出版社，1982。
③ 法夫尔(1809—1880)，国防政府副总理、梯也尔政府外交部部长。
④ 梯也尔(1797—1877)，奥尔良党人，法兰西第三共和国总统。
⑤ 朱庭光:《巴黎公社史》，144 页，北京，中国社会科学出版社，1982。

二、巴黎公社的建立及其社会改革措施

3 月 18 日革命胜利，国民自卫军中央委员会成为临时革命政府。中央委员会以公告的形式发表了《告诉法国人民书》和《致巴黎国民自卫军战士》，宣布："巴黎人民终于挣脱了别人一直想强加于他们的桎梏"，"让巴黎和法兰西共同来奠定共和国的基石吧！这个共和国及其一切成果将会受到热烈欢迎，因为只有这样的政府，才能永远结束内忧外患的时代"。[①]

经过反复选举和候补，巴黎公社拥有较为稳定的 81 人，其中工人出身的公社委员在 35 人以上。恩格斯认为："因为参加公社的差不多都是工人或公认的工人代表，所以它所通过的决议也就完全是无产阶级性质的。"[②]大多数公社委员来自布朗基派、蒲鲁东派和新雅各宾派。其中，布朗基派占有很大比例，他们没有理论纲领，是感性的社会主义者；他们拥护革命的少数专政，而为了保障革命的胜利，他们甚至赞成个人专政。[③] 布朗基派和由小资产阶级民主人士组成的新雅各宾派结为了公社的"多数"，持有无政府主义态度的蒲鲁东派因为反对权力集中和革命暴力而成为"少数"。在公社运动后期，两派的矛盾逐渐凸显。

在此基础上，公社根据社会职能设立了十个委员会，"军事、行政、政治的职务变成真正工人的职务，使它们不再归一个受训练的特殊阶层所私有"[④]。执行委员会负责执行公社的一切法令和其他委员会的一切决议。军事委员会取代了国民自卫军中央委员会和陆军部。财政委员会接管法兰西银行和财政部的工作。粮食委员会确保巴黎的粮食供应。司法委员会主持司法的民主改革，保障诉讼程序。劳动、工业与交换委员会负责工人劳资平衡，并

---

① 罗新璋：《巴黎公社公告集》，3 页，上海，上海人民出版社，1978。
② 马克思：《法兰西内战》，6 页，北京，人民出版社，1964。
③ [苏联]苏联科学院世界历史研究所：《一八七一年巴黎公社史》，马龙闪、陈之骅、李树伯等译，303 页，重庆，重庆出版社，1982。
④ 马克思：《法兰西内战》，146 页，北京，人民出版社，1964。

负担工业发展和部分商业职能。治安委员会执行警察局的职务，维护社会秩序。对外联络委员会建立巴黎和外省的友好关系，负责与欧洲各国尤其是普鲁士的外交事务。社会服务委员会主管邮政、电报、公路工作。教育委员会取代原来的教育部，着手教育改革，起草各类教育法令。① 公社对巴黎人民宣誓："你们是自己命运的主人。最近成立的代表机构在你们的支持下，将着手不久前政权造成的灾难；遭到破坏的工业，停顿下来的劳动，瘫痪的商业贸易，即将获得有力的推动。"②

巴黎公社在其存在的两个月内与固守凡尔赛的资产阶级政府坚决斗争，并且在政治、经济和文化教育领域都进行了影响深远的改革。

首先，巴黎公社建立稳固的无产阶级领导政权。第一，公社制定的纲领以《告诉法国人民书》的形式发布，宣布巴黎公社为现今唯一合法政权，"承认并巩固共和国，因为共和国是唯一能使人民享受权利，使社会得到自由和健康发展的政府形式"③。第二，在国家管理上，废除以国民议会为代表的由资产阶级操纵的国家机器，建立由无产阶级领导的政权机构，实行普遍的无产阶级民主制，通过民主选举与群众监督相结合的方式，规定选举者可以随时撤销被选举者，吸引广大人民群众参与国家事务管理。第三，在武装力量上，取消资产阶级国家的征兵制和常备军，以工人为主体的国民自卫军成为国家唯一武装力量，严厉打击凡尔赛政府进行的反革命活动。

其次，巴黎公社进行一系列社会经济改革，以恢复内战造成的经济创伤。"巴黎也可以借助公社的自主权和行动自由，按照自己的意愿，在巴黎市进行市民所需要的行政和经济改革；制定有利于推动和发展教育、生产、贸易和

---

① 参见朱庭光：《巴黎公社史》，230～231页，北京，中国社会科学出版社，1982；[苏]苏联科学院世界历史研究所：《一八七一年巴黎公社史》，马克闪、陈之骅、李树柏等译，312～313页，重庆，重庆出版社，1982。

② 罗新璋：《巴黎公社公告集》，74页，上海，上海人民出版社，1978。

③ [法]法国《巴黎公社公报》编辑部：《巴黎公社公报集》第二集，狄玉明、何三雅、侯健等译，135页，北京，商务印书馆，1996。

信贷的法律；并根据形势的需要和有关方面的愿望及过去的经验，扩大公社的权力和财产。"①社会经济改革涉及三个方面。第一，关于生产资料所有制和企业管制的改革。触及资本主义所有制的 4 月 16 日法令实现了"剥夺者剥夺"，无产阶级政权没收资本家的私人财产。劳动者直接参与企业管理，实现人民民主管理。第二，关于劳动者的经济措施。为缩小分配差额，公社降低高薪、提高低薪，同时进行按劳分配，保持一定的差别，避免绝对平均主义。公社制定保护劳动者的法令，废除面包工人夜班制，禁止非法扣罚工资，并委托工人协会签订包工合同。第三，关于人民的经济措施，主要是解决波拿巴政府后期经济衰退产生的问题。恢复被困许久的巴黎的食品供应，缓和大批工人和手工业者的失业问题，无息延期偿付债务以缓解小资产阶级的生活压力，无偿发还被典当的生活、生产物品，免收三季房租并征用空房，使巴黎市民回到正常的生活、生产。

同时，教育委员会负责开展公社的文化教育工作，以满足人民对文教事业的需要。第一，实现国民教育的世俗化。在教育管理体制上，收回波拿巴政府给予教会的国民教育领导权和监督权；在学校教育上，清除学校中的宗教痕迹，以科学教育内容代替神学课程。第二，重视教师的地位和待遇。在政治地位上，教育的世俗化将教师从教会的控制中解放出来，成为自由独立的人；在物质待遇上，公社提高教师的最低工资，并且规定女教师和男教师薪酬相同。第三，注重普及初等教育，积极兴办职业教育。公社实行免费教育，以提高适龄儿童的入学率；同时，积极兴办职业教育，兼顾普通教育和职业教育双轨。第四，重视妇女教育和幼儿教育。关心幼儿教育问题，科学养育；专门开设女子学校，将女性从落后的宗教和封建压迫中解放出来，为其传授科学知识和革命思想，使之获得自力更生的能力。第五，提倡文学艺

① [法]法国《巴黎公社公报》编辑部：《巴黎公社公报集》第二集，狄玉明、何三雅、侯健等译，136 页，北京，商务印书馆，1996。

术为公社革命斗争服务。公社重视文物和艺术的保护,教育委员会委派艺术家联合会保护卢浮宫博物馆和卢森堡博物馆;管理剧院,强调戏剧的政治启蒙和教育作用;在公社运动期间,创作大量描绘革命战斗的速写漫画和歌颂革命英雄的文学作品,以此进行广泛的革命教育。

诚然,巴黎公社革命者所进行的社会改革部分是不成熟、不完备的,但这些无疑是无产阶级建立新国家的伟大尝试,代表着人类社会历史的前进方向。马克思对此也给予高度评价:"它不是为了把国家政权从统治阶级这一集团转给另一集团而进行的革命,它是为了粉碎这个阶级统治的凶恶机器本身而进行的革命……因此,公社是 19 世纪社会革命的开端。因此,无论公社在巴黎的命运怎样,它必然遍立于全世界。"①

第二节 巴黎公社的教育改革与发展

在巴黎公社成立之前,法兰西第二共和国临时政府也曾为暂时满足无产阶级和劳动群众对国民教育的要求,委托教育部部长卡诺起草了一份国民教育改革法案。这个法案提出了学校脱离教会的计划,要求废除学校教育的宗教课程;规定对 14 岁以下的儿童实施免费的普及义务初等教育,免去学生的书本费和伙食费;扩大初等学校课程,拟增加阅读、写字、法文文法、算术、自然、工农业初步知识、法国地理和历史知识、公民知识和道德、体育、图画、唱歌;设立学生助学金;增加教师工资;等等。遗憾的是,这份法案由于波拿巴政府的掌权而没能实行。波拿巴任命耶稣会教徒法卢为教育部部长,立法会通过了《法卢法案》。《法卢法案》全盘否定了卡诺的教育方案,规定学校由教会管理,学校完全服从教会,神职人员无须教师资格证书就有补充教

---

① 马克思:《法兰西内战》,143 页,北京,人民出版社,1964。

师岗位空缺的优先权。同时，传统的双轨制仍是主流，女子教育被排除在公共教育体系之外。

巴黎公社成立之后，对教育事业进行了许多刻不容缓的、创新性的改革。第一，公社成立教育委员会，负责领导公社的教育改革。其中，以爱德华·瓦扬为代表的第二任教育委员会取得的改革成果最为显著。第二，公社在政教分离法令的基础上，从教会手中收回了教育监督权和管理权，推动了国民教育制度世俗化的进程。第三，尝试进行免费的、普及的义务教育，同时重视教育和劳动的关系，积极开办职业学校。第四，利用各种方式进行革命思想教育，弘扬革命精神，培养革命人才。第五，提高教师的政治地位，改善教师的经济待遇，使教师变成光荣且高尚的职业。第六，关心女子教育，解放被宗教和封建压迫的女性，使之成为强大的革命群体；关心幼儿教育，给予全面的发展。第七，重视社会教育，利用博物馆、音乐会、诗歌等文学艺术形式教育民众，宣传革命，鼓舞士气，发扬精神。

一、建立无产阶级教育领导体制

（一）公社委员会的成立与改组

1871 年 3 月 29 日，公社在成立后的第一次会议上选举产生了各委员会的人选，布朗基派在执行委员会、军事委员会、治安委员会内占多数，而蒲鲁东派在财政委员会及劳动、工业与交换委员会中占多数。其中，教育委员会的成员有瓦莱斯、古庇尔、勒费弗尔、乌尔班、勒鲁瓦、韦尔杜尔、德麦、罗比奈、米奥。但在选举结束后公社陆续退出了 21 人，其中教育委员会失去了 4 名成员，分别是勒鲁瓦、罗比奈、古庇尔和勒费弗尔。

因为公社不断发生人员变动，并且各委员会的机构过于庞大，相互协调困难，所以 4 月 20—21 日，公社进行委员会改选，执行委员会不再有单独的选举，而由每个委员会选出一名领导该委员会工作的代表，由这些代表组成执行委员会。执行委员会的成员有：军事代表克吕烈泽，财政代表茹尔德，粮食代表维阿尔，对外联络代表格鲁塞，教育代表瓦扬，司法代表普罗托，治安代表里果，社会服务代表安德里约，劳动、工业与交换代表弗兰克尔。除瓦扬外，教育委员会还有韦尔杜尔、米奥、瓦莱斯、让-巴·克雷芒、库尔贝①。第二届教育委员会在瓦扬的领导下取得了卓越的成绩。

(二)公社教育委员会与民间组织

爱德华·瓦扬是一位政治家、政论家，布朗基主义者，属于巴黎公社中的多数派。在19世纪60年代初，他先后攻读工程技术和医学，获得了理工科和医学博士学位。1866—1870年，他在德国学习哲学，曾当选第一国际代表参加于瑞士洛桑举行的代表大会，是公社里比较熟悉科学社会主义的委员。1871年，他先后被推举为国民自卫军中央委员会委员、巴黎公社中央委员会委员，担任过巴黎公社中央委员会主席助理、巴黎公社中央执行委员会委员和公社纲领起草委员会委员等。4月20日，瓦扬出任公社教育委员会代表。在4月22日的《教育代表团》公告中，公社规定："教育方面任何一级的任命案，如果未经公社代表爱·瓦扬公民签署，概属无效；以前的任命案没有他的签字，也不能视为最后的决定。"②

瓦扬以公社教育委员会的名义发布公告，要求各区政府尽快提供一份关于本区教育情况的详细报告，并呼吁"凡从事普通教育和职业教育研究的人士，请将改革方案用书面方式告知公社教育委员会"③。瓦扬向所有关心和支持国民教育事业的进步人士征求教育改革方案。在他的倡导下，成立了由安

---

① 库尔贝(1819—1877)，长期从事艺术创作工作，担任巴黎公社委员会委员、教育委员会委员。
② [法]法国《巴黎公社公报》编辑部：《巴黎公社公报集》第二集，狄玉明、何三雅、侯健等译，262页，北京，商务印书馆，1996。
③ [法]法国《巴黎公社公报》编辑部：《巴黎公社公报集》第二集，狄玉明、何三雅、侯健等译，262页，北京，商务印书馆，1996。

德烈、达各斯塔、马尼埃、巴马、桑格利组成的教育组织委员会①，负责各区教育的改革。

当时，巴黎也存在一些关心教育问题的民间组织。例如，新教育学会应征向教育委员会提交了一份意见书，涉及国民教育、宗教教育、普通教育等方方面面的问题。它指出共和国亟须建立新的教育体系，"鉴于在共和制度下，需要通过一种共和制教育（这种教育尚有待于创办）培养青年人自己管理自己；鉴于教育问题（它并不排除任何其他问题）是一个根本问题，它包括并高于一切政治问题和社会问题，不解决教育问题，就不可能进行认真的持久的改革；鉴于公社、省或国家所办的各类学校应当向集体中的所有成员的子女敞开大门，而不问他们的宗教信仰如何"②。

这份满载巴黎人民迫切希望的意见书得到了教育委员会的高度肯定，并且《法兰西共和国公报》（简称《公报》）刊登了对意见书的回复："公社将完全按照他们提出的意见对教育实行彻底的改革；公社完全理解这种改革的重大意义，并且认为目前采取的步骤，是对它走上它决心遵循的道路的一种鼓舞。"③

二、教育的世俗化

（一）宗教与国家分离

公社进行教育改革的第一项便是教育的世俗化。19世纪法国教育的世俗化过程如同法国政体的更迭，在进步和后退中曲折发展。在革命过程中，任

---

① ［法］法国《巴黎公社公报》编辑部：《巴黎公社公报集》第二集，狄玉明、何三雅、侯健等译，403页，北京，商务印书馆，1996。

② ［法］法国《巴黎公社公报》编辑部：《巴黎公社公报集》第一集，李平沤、狄玉明译，296页，北京，商务印书馆，1995。

③ ［法］法国《巴黎公社公报》编辑部：《巴黎公社公报集》第一集，李平沤、狄玉明译，298页，北京，商务印书馆，1995。

何一股势力都想通过控制学校教育来向民众灌输自身的意识形态和价值观，从而获取支持以巩固其势力，实现政治目的。作为一股古老且顽固的保守势力，天主教一直没有放弃阻挠法国的政治民主化、教育世俗化。

法兰西第二共和国曾经提出国民教育改革法案，涉及学校与教会分离、废除宗教课程等一系列教育现代化措施。马克思对卡诺也有较高的评价，认为他是"一位从事过组织工作并赢得胜利的国民公会议员的儿子，《国民报》派中威信丧失得最少的成员，临时政府和执行委员会的教育部部长，因为提出民主主义的人民教育法案而成了对抗耶稣会会士的教育法的活生生的象征"①。

1852年，路易·波拿巴三世推翻共和、复辟帝制，教育世俗化的希望如同法国的共和制度一样付之东流。1850年，立法会通过了《法卢法案》。该法案以实行教育自由的名义，扩大了天主教教会的教育权。教会的影响力渗透到世俗的公共教育体系，使教育制度的世俗化进程遭受严重挫折。马克思严厉抨击了《法卢法案》，指出："教育法，秩序党靠它来宣布法国的愚昧状态和强制愚化是该党在普选权制度下生存的条件——所有这一切法律和规定究竟是什么呢？就是拼命企图为秩序党重新赢得各省和各省农民。"②

相较于资产阶级民主革命的懦弱，由无产阶级领导建立的巴黎公社具有更强的革命性和彻底性。1871年4月3日，公社颁布《政教分离法令》："第一条，教会与国家分离。第二条，取消宗教预算。第三条，属于宗教团体的所谓永世产业，即所有动产和不动产，现宣布为国家财产。第四条，对这类财产应立即进行调查，开明类别，交由国家支配。"③公社以法律强制要求宗教与国家分离，彻底将宗教赶出政治舞台。

---

① 马克思：《1848年至1850年的法兰西阶级斗争》，118页，北京，人民出版社，2014。
② 马克思：《1848年至1850年的法兰西阶级斗争》，112页，北京，人民出版社，2014。
③ 罗新璋：《巴黎公社公告集》，91页，上海，上海人民出版社，1978。

4 月 19 日，巴黎公社又对宗教进行谴责，并警告宗教分子在革命中没有侥幸逃脱的机会，其纲领《告诉法国人民书》写道："这场运动，敲响了政府官员、僧侣、穷兵黩武分子、官僚政治、剥削制度、投机商、垄断商和特权阶层的丧钟；大家须知，无产阶级之受奴役，国家之遭灾难，都是这些人造成的。"①巴黎公社废除了天主教在政治上和经济上的特权，揭示教会所行之恶，动摇了天主教会在思想统治上的基础，这成为推动教育世俗化的基石。

（二）宗教与教育分离

人民要求教育世俗化，于是公社多次研究这一问题。新教育学会的意见书就对宗教与教育分离的问题进行了详细分析：第一，宗教教育由各个家庭自由进行；第二，由政府支持的学校取消宗教课程；第三，撤销学校内所有关于宗教的陈设，严禁在学生群体内传教；第四，以实验或科学的教学方法为唯一教学法；第五，取消考试中的宗教题目；第六，教师公会只能作为一种私人的即自由的机构而存在。② 在 4 月 9 日的公社会议上，委员比约雷提议"封闭由宗教团体成员领导的一切学校，改为纯世俗学校"③，尽快完成学校和宗教分离的立法。但一些委员认为已经有《政教分离法令》，没有必要再发布新的法令。因此，公社没有额外发布学校和宗教分离的法令。但在关于学校改革的法令中，公社将清扫学校教育中的教会人士作为重点。

4 月 28 日瓦扬签署命令，公社责成教育组织委员会尽快推行把所有宗教教育转化为世俗教育这一项紧急工作。④ 各区政府积极响应公社的号召，广泛

---

① ［法］法国《巴黎公社公报》编辑部：《巴黎公社公报集》第二集，狄玉明、何三雅、侯健等译，136 页，北京，商务印书馆，1996。

② ［法］法国《巴黎公社公报》编辑部：《巴黎公社公报集》第一集，李平沤、狄玉明译，297 页，北京，商务印书馆，1995。

③ ［苏联］莫洛克：《巴黎公社会议记录》第一卷，何清新译，177 页，北京，商务印书馆，1961。

④ ［法］法国《巴黎公社公报》编辑部：《巴黎公社公报集》第二集，狄玉明、何三雅、侯健等译，403 页，北京，商务印书馆，1996。

宣传用世俗教育全面替代宗教教育的方针。第二区区政府的一份特别公告指出，教会学校是为君主专制政治服务的，因此，共和国不能资助这些学校，只有支持实行世俗的、免费的义务教育的学校，才能培养出健康强壮的一代。① 第三区区政府也于4月23日发布实行非宗教教育的公告。②

1. 教育行政的世俗化

为落实《政教分离法令》，推进教育世俗化，各区政府肃清学校中的教会人士，挑选世俗教师管理学校。第十区区政府发布通知："公社男子学校，校址在圣马丁城关街157号，日前已交世俗教员主办，进行各界期望的智育和德育教育。"③第三区区政府也发布了关于建立世俗学校的公告，将费迪南-贝尔郡、新拉佩堡和培阿尔纳街的三所教会学校交由世俗教师主管。④ 第四区公社委员在向学生家长发出的号召书中写道："我们从区的公立学校里把形形色色的宗教团体成员驱逐出去……从今日起，这些学校将完全由世俗男女教师来管理。"⑤

2. 教育内容的世俗化

各区政府重视学校教育内容的去宗教化，对学生进行科学教育。第十区的学校从智育、德育和美育的角度出发，开设了大量现代课程，"课程有语文、书写、语法、算术、公制、初等几何、地理、法国历史、伦理、唱歌、绘画、制图等"，并且"每星期四晚上八时，由法学硕士薄华尔松校长先生主办公共讲座。讲授伦理学和政治权利通论"⑥。一所曾由修女开办的学校在改造之后招收了47名学生，由"该校超乎宗教偏见的教师施以注重德育的自由

---

① 朱庭光：《巴黎公社史》，332页，北京，中国社会科学出版社，1982。
② 夏之莲：《外国教育发展史料选粹》上册，371页，北京，北京师范大学出版社，1999。
③ 罗新璋：《巴黎公社公告集》，252页，上海，上海人民出版社，1978。
④ 罗新璋：《巴黎公社公告集》，255页，上海，上海人民出版社，1978。
⑤ 朱庭光：《巴黎公社史》，333页，北京，中国社会科学出版社，1982。
⑥ 罗新璋：《巴黎公社公告集》，252页，上海，上海人民出版社，1978。

教育"①。

3. 对宗教的强制措施

实行教育世俗化的改革措施遭到了宗教界的强烈反对，他们拒绝服从公社的法令。第五区国民自卫军团委员会负责人让·阿列曼的回忆录描述了这个区接管教会学校时的情况：教士们对国民自卫军团发出的命令置若罔闻。其他区也存在类似的情况。瓦扬指出："有好几个区，教会人士拒绝服从公社的命令，并且阻碍实行世俗教育。类似的反抗比比皆是。"②

4. 公社与宗教界的反抗行为坚决斗争到底

5月14日，瓦扬下令逮捕妨碍教育世俗化的人。在5月17日的公社会议上，瓦扬陈述了公社推行宗教与学校分离遇到的阻力，并提出了应对措施。教士干预一切，而且采取各种形式干涉，致使教育没有按照应该做的那样进行。因此，瓦扬提议以48小时为限定，在此期限内列举出所有被教会管理的学校，并且驱逐所有的教会教士；没有实行彻底的世俗教育命令的区公署，其公社委员名单将会被公布在《公报》上，以示惩戒。③ 在人民群众和教育委员会的努力下，公社在实现法国国民教育世俗化方面迈出一大步。列宁对公社这一措施给予了高度评价，把它视作足够说明公社的真正意义和目的的措施之一，并明确指出，公社宣布政教分离，废除宗教费，"使国民教育具有纯粹世俗的性质，这就给了身穿袈裟的宪兵以有力的打击"④。

① 罗新璋：《巴黎公社公告集》，439 页，上海，上海人民出版社，1978。

② 朱庭光：《巴黎公社史》，34 页，北京，中国社会科学出版社，1982。

③ 参见[苏联]热卢博夫斯卡娅：《巴黎公社会议记录》第二卷，何清新译，443～444 页，北京，商务印书馆，1963。

④ 《马克思 恩格斯 列宁 斯大林论巴黎公社》第 2 版，344 页，北京，人民出版社，1971。

三、普通教育

(一)普及教育

国民教育的世俗化打破了宗教对受教育者的禁锢,使劳动人民子女可以接受优质的普通教育。公社总结革命经验,意识到因为社会主体"文化素养的差距越大,所以越往前走,困难越大"①。

为进一步促进教育对象的扩大,提高人口素质,实现全面教育,公社实行普及教育。瓦扬在文件中写道:"使公社的革命能用教育改革来确立它的真实的社会主义性质,保证每个人得到社会平等的真正基础"②,就要实行每个人都有权享受的普通教育。在瓦扬的建议下,各区开始着手普及教育运动。第十区区政府明文规定:"凡6岁至15岁的儿童,不分民族和宗教信仰,只要持有区政府的证件即可报名入学。已在该校上学的儿童,不必再办入学证。"③各区重视普及初等教育,适龄儿童普遍入学,甚至一些区政府还颁布了带有强制性质的义务教育法令。第八区区政府还发布了一则关于义务教育的通告,要求适龄儿童都接受普通教育:"所有5岁至12岁的孩子,不论愿意或不愿意,都应该立即入学,除非能证明在家里受教育或请他人教育。"④

公社还为学生提供了许多便利。例如,入学程序简化,按照惯例,学生应到区政府报名,但为了提高儿童的入学率,减少时间浪费,"入学学生可以直接到学校报名入学"⑤。再如,创办学生食堂,阿利克斯创办了三个学生食堂,给学生提供膳食上的方便。

---

① [法]阿尔努:《巴黎公社人民和议会史》,中国社会科学院世界历史研究所编译室译,93页,北京,中国社会科学出版社,1981。

② 朱庭光:《巴黎公社史》,336页,北京,中国社会科学出版社,1982。

③ 罗新璋:《巴黎公社公告集》,252页,上海,上海人民出版社,1978。

④ [法]法国《巴黎公社公报》编辑部:《巴黎公社公报集》第二集,狄玉明、何三雅、侯健等译,450页,北京,商务印书馆,1996。

⑤ [法]法国《巴黎公社公报》编辑部:《巴黎公社公报集》第二集,狄玉明、何三雅、侯健等译,451页,北京,商务印书馆,1996。

（二）免费教育

巴黎被困许久，劳动人民连基本的生活生产都无力维持，在这种艰苦的情况下想要劳动人民送子女入学很是不易。为了帮助儿童顺利入学，公社对学龄儿童实行免费教育，并且提供免费的学习用品，以减轻人民的经济负担。例如，第三区区政府于 4 月 28 日发布《关于公社学校免费发给学习用品的通知》，写道："现特通知家长：凡在公社学校上学的学生，今后一切学习用品，概由教师向区政府领取，免费发给。教师不得以任何借口，向学生索取费用。"①

四、职业教育

公社重视教育与劳动的关系，帮助受教育者掌握一两种为社会服务的专门本领。4 月 28 日，瓦扬设立教育组织委员会，以便快速在"巴黎各区推行统一的初等教育和职业教育"②。

5 月 6 日，瓦扬签署了一份由教育组织委员会发布的职业学校招生通知。这份通知不仅是招生公告，也是一份招聘广告。位于第五区洛蒙街 18 号的职业学校招收来自各个区年满 12 岁的儿童，充实他们在小学所受过的教育，同时让他们学习一门专门技术。同时，学校招收两类教师。一类是年龄在 40 岁以上且愿担任传艺师傅的老工人，另一类是实行这项新型教育的语文、理化、绘画和历史教员。③ 由此可见，公社的职业学校在对学生传授专门技艺的同时，也兼顾学生的基础文化学习。后期，为了简化入学程序，并且帮助那些愿意报名但尚未注册的青年入学，教育组织委员会又发布了一则公告，申明

---

① 罗新璋：《巴黎公社公告集》，305 页，上海，上海人民出版社，1978。
② ［法］法国《巴黎公社公报》编辑部：《巴黎公社公报集》第二集，狄玉明、何三雅、侯健等译，403 页，北京，商务印书馆，1996。
③ 罗新璋：《巴黎公社公告集》，354 页，上海，上海人民出版社，1978。

开学时间和入学手续。①

5月17日，瓦扬签发了一份《关于设立普通教育职业学校告各区(公署)政府书》，要求各区(公署)政府"在最短期间把关于最适合于迅速设立学生既能学习某种职业并可受到完全的科学和文学教育的职业学校房屋和机构的建议与资料，送交前国民教育部原址(格列涅尔-热尔明街，第110号)"②，并请各区(公署)政府同教育代表团协商，使职业学校尽快开办。越来越多的职业学校在公社的倡导下建立起来。杜普伊脱伦街的绘画学校重新开办，改名为"工艺美术女子职业学校"。"该校教授素描、泥塑、木雕、牙刻，总之是工艺美术的应用各科。除上述实用课，另设其他课程，以充实学生的科学知识和文学知识。"③第三区组织了一所半工半读的缝纫学校，让女孩子从12岁起，接受普通教育并学习缝纫技术。

五、革命思想教育

(一)忠于革命的学校教育

巴黎公社在推行世俗教育的时候就指出，教育目的在于"造就大批明了自己对共和国应有权利和义务的公民"④。《柏尔杜香报》发表了教育的革命任务，即"培养青年革命者的劳动习惯，尊重平等，忠实于革命"⑤。公社开展了一系列加强革命思想教育的措施。

在教育世俗化的进程中，公社赶走了教士教师，让世俗教师管理学校。新的学校也确定了新的教育方式，改变了师生之间的关系。教育委员会委员克莱曼在他发表的告十八区各校长书中说："我坚决地向你们提出我的建议，

---

① 罗新璋:《巴黎公社公告集》，499页，上海，上海人民出版社，1978。
② 朱庭光:《巴黎公社史》，337页，北京，中国社会科学出版社，1982。
③ 罗新璋:《巴黎公社公告集》，401页，上海，上海人民出版社，1978。
④ 罗新璋:《巴黎公社公告集》，255页，上海，上海人民出版社，1978。
⑤ [苏联]康斯坦丁诺夫:《世界教育史纲》第二册，46页，北京，人民教育出版社，1954。

对待人民委托给你们的孩子们，要表现得非常慎重，非常温暖。"①公社委托学校新教师对学生进行革命思想教育，发扬新生一代的社会积极性成为这些新学校的主要任务之一。

新教师在教育活动中贯彻公社的革命精神，号召学生忠于革命，为社会利益而努力学习，保卫公社、反对敌人。第十区的公社男子学校除了对学生进行各界期望的智育和道德教育，还在每星期四晚上 8 时，由法学硕士薄华尔松校长主持讲授伦理学和政治权利通论的讲座，以提高青少年学生的民主政治意识，让他们了解公民的基本权利和义务，培养学生的革命热情。②

第三区区政府成立的公社孤儿之家不仅收容流离失所的难童，并且接收了一批走读学生，对他们进行革命教育，培养其革命精神。孤儿之家的成立公告写道："国民自卫军公民们，你们是响应号召出来保卫我们的权利的，你们对孩子的前途不必有后顾之忧：万一你们倒下了，公社会收容他们，我们会教育他们，教他们怀念他们勇敢的父辈，和痛恨令人窒息的压迫。"③

新教师还将教育和革命战争结合起来，除了在课堂上讲授革命理论，在校内张贴革命标语，教师还组织学生参与保卫公社无产阶级政权的革命斗争。一些学生在女教师的领导下，修筑街头堡垒所需要的沙袋；有些少年英勇地协助革命者保护街头堡垒。"在一位指挥员的日记里，有这样的记载：'伊西堡垒。五月五日。从保育院来的在第五号堡垒大炮服务的少年，伤亡了很多，但是他们仍旧牢牢地守住自己的岗位。'在血腥的五月的一周里，好多儿童牺牲了，另有 650 名儿童被凡尔赛政府分子逮捕。"④因此，列宁这样评价道："在公社时期，妇女和 13 岁以上的儿童同男子并肩作战。在未来的推翻资产

---

① ［苏联］康斯坦丁诺夫：《世界教育史纲》第二册，47 页，北京，人民教育出版社，1954。
② 罗新璋：《巴黎公社公告集》，252 页，上海，上海人民出版社，1978。
③ 罗新璋：《巴黎公社公告集》，440 页，上海，上海人民出版社，1978。
④ ［苏联］康斯坦丁诺夫：《世界教育史纲》第二册，47 页，北京，人民教育出版社，1954。

阶级的战斗中，也不可能不是这样。"①

(二)多种形式的社会革命教育

公社的革命教育不仅包括学校教育，还利用多种灵活的方式进行革命思想的教育，使革命教育扩散到整个社会，传播红色思想，提高群众的革命积极性。巴黎公社在其准备革命、公社成立和保卫公社的整个过程中，都卓有成效地向人民群众进行了革命理论教育、革命形式教育和革命情感教育。革命报刊形成了强大的社会舆论基础，从思想上扩大和巩固了革命基础，成为公社事业中的一条重要战线。俱乐部团结广大的人民群众，成为巴黎人民参与政治活动的群众性政治组织，是公社和人民建立紧密联系的良好方式。

早在革命开始前，革命者就利用进步报刊揭露反动政府的本质，指出建设由无产阶级领导的社会主义社会是历史发展的必然。巴黎公社的领导者之一、蒲鲁东派的瓦尔兰②对蒲鲁东派早期建议工人只争取经济利益而不参与政治运动的思想持反对态度。他认为这种做法最多只会起一些缓和的作用，归根到底会产生相反的结果；蒲鲁东派的小农思想无法解决劳动人民的困苦，必须让工人"要求彻底的改革，因为只有这种改革才能给他们带来自由"③。他制定了许多联合工人的措施，其中就有传播革命思想的工人报纸。1865 年，瓦尔兰和一些第一国际成员创办了《文艺和科学周报》，并且表明报纸将纯粹用工人的观点来解决一切问题，"工人能够在自己的中间培养出能够保卫进步和解放的思想的优秀作家"④。此外，还有《人民之声报》《复仇者报》《口号报》《杜歇老爹报》《铁嘴报》等一系列向资产阶级反动政权发出挑战的报刊。

---

① 《马克思 恩格斯 列宁 斯大林论巴黎公社》，352 页，北京，人民出版社，1971。

② 瓦尔兰(1839—1871)，法国早期工人运动活动家，第一国际巴黎支部联合会主席，巴黎公社领导人之一。

③ [苏联]卢利耶：《巴黎公社活动家传略》，中共中央马克思恩格斯列宁斯大林著作编译局译，7 页，北京，生活·读书·新知三联书店，1960。

④ [苏联]卢利耶：《巴黎公社活动家传略》，中共中央马克思恩格斯列宁斯大林著作编译局译，8 页，北京，生活·读书·新知三联书店，1960。

反动政府下令查封进步报刊，妄图制止革命思想的传播。但是，革命已势不可挡，越来越多的工人接受了革命思想，掌握了革命斗争的原理，革命情感高涨，一批工人领袖也因此成长起来。

在巴黎公社期间，革命新闻报刊量达到了空前的规模。有三四十种革命报刊和民主报刊。3月20日—5月24日，巴黎平均每天发行十一二种支持公社的报纸。① 这些报纸主要发布三类内容：第一类是公社的法令和决议，帮助人民群众理解公社的决策意义；第二类是群众来信，加强公社和人民群众之间的联系；第三类是揭露反动政府投降卖国的文献资料，传播革命思想。

公社期间最重要的报纸是《公报》，也是巴黎公社政权的机关报。《公报》原为法兰西政府的机关报，因此，3月18日革命前后，巴黎公社和凡尔赛政府同时使用《公报》这一名称出版报纸，以证明自己为唯一合法政权。3月19日，国民自卫军占领了政府编辑部和印刷所，公社的文件在《公报》上发布，这是公社担负起政府职能的重要标志。《公报》也是新闻报刊史上第一份正式印行的工人政府机关报。

除了政府机关报，还存在不同政治倾向的报刊。第一类是观点接近布朗基主义的报纸，如公社期间影响力最大报刊之一——《杜歇老爹报》，每天有高达6～7万的发行量。第二类是新雅各宾派和观点接近新雅各宾主义的民主党派的报纸，以德勒克吕兹主编的《人民觉醒报》和皮阿尔主编的《复仇者报》最为著名。第三类是混合了蒲鲁东主义和布朗基主义观点的报纸，以茹尔·瓦莱斯主编的《人民之声报》为代表，它是公社期间发行量最大的报纸，每天印数达到8～10万份，但仍是供不应求。第四类是蒲鲁东派的报纸，其中《公社报》和《社会革命报》的影响较大。第五类是一些激进共和派的报刊，如民主派政论家主编的《口号报》和作家雨果主编的《号召报》，他们认同共和制，但

---

① ［苏联］苏联科学院世界历史研究所：《一八七一年巴黎公社史》，马龙闪、陈之骅、李树柏等译，506页，重庆，重庆出版社，1982。

反对巴黎公社引发的社会"无秩序"。

法兰西第三共和国成立后,俱乐部不断发展,成为巴黎人民参与政治活动的一种重要形式。法兰西第三共和国成立前后,巴黎相继出现了约40个俱乐部。① 这些俱乐部主要是由蒲鲁东主义者、布朗基主义者和新雅各宾党人组建的,将咖啡馆、舞厅、剧院和学校作为活动场所,拥有各自的纲领、领导核心和较为固定的成员。俱乐部活动比较严格,有时甚至是非公开的。巴黎还存在类似于俱乐部的民间组织——民众集会,它比俱乐部具有更广泛的群众性。

在巴黎公社成立前,革命思想通过俱乐部和民主集会得到了传播,无产阶级革命理论在一定范围内发展,成为后来公社运动的思想基础之一。例如,布朗基主义者组成的第十七区巴提诺尔俱乐部的纲领有浓厚的社会主义色彩,"革命——这是反对法国和德意志的君主主义者和反对人剥削人的制度的战争"②。布朗基主义者创办的第十三区社会民主共和国俱乐部提出了为建立社会民主共和国准备武装起义的主张,其章程写道:"俱乐部的宗旨是研究一切有关劳动者的解放和劳动解放的社会政治问题,通过革命。"③

公社成立后,俱乐部又承担了公社和人民群众保持密切联系的渠道。俱乐部的成员范围也扩大至社会各个阶层,有工人、国民自卫军战士,也有妇女、老人、儿童。他们在俱乐部里讨论自己关心的民生问题,向公社提出各种建议,听取公社活动的汇报。公社成员也经常参加俱乐部活动,发表演讲,进行革命教育,传播决不懦弱妥协、坚持与凡尔赛政府战斗的革命精神。在众多俱乐部中,规模最大、影响最广、最具有典型意义的是公社俱乐部。公社俱乐部有自己的机关报《公社通报》,其建立的目的是"保卫人民的权利,向

---

① 朱庭光:《巴黎公社史》,78页,北京,中国社会科学出版社,1982。
② 朱庭光:《巴黎公社史》,79页,北京,中国社会科学出版社,1982。
③ 朱庭光:《巴黎公社史》,79页,北京,中国社会科学出版社,1982。

人民进行政治教育，使其能自己管理自己"①。

六、教师地位和待遇

(一)教师的地位

在公社的革命教育中，教师功不可没，他们表现出高昂的斗志和积极性。这与公社教育改革的另一项重要措施有极大关系，即提高了教师的政治地位，改善了他们的物质待遇。这可能与公社教育委员会委员乌尔班、韦尔杜尔、瓦莱斯都曾经做过教师有关。他们在走上领导岗位后，能够反映教师真实的意愿和要求，推动教育改革的进程。

在巴黎公社前，教师在政治上处于任人摆布、毫无权利的地位。1848 年革命前，按照法律的规定，没有法院的裁决不能任意解雇教师。但由于大部分教师支持 1848 年革命，所以教师在革命失败后受到了严厉的惩罚。1850年，波拿巴政府颁布了《法卢法案》，学校的管理权交予教会，使大量具有共和思想的教师无端被解雇。马克思对此进行了猛烈的抨击："教师法，使身为农民阶级的专门人才、代言人、教育者和顾问的学校教师受省长任意摆布，使身为学者阶级中的无产者的学校教师从一个乡镇被赶到另一个乡镇，就像被追猎的野兽一样。"②教师在教会的奴役下"终日战战兢兢，唯恐得罪乡警、村长、主教和部长……他们胆子越来越小，品格越来越低"③。教师的整体素质急剧下滑，基础教育质量堪忧。

巴黎公社成立后，在《政教分离法令》的作用下，国民教育世俗化，学校的管理权重新回到教师手中。教师从神职人员的监视和压迫下解放，成为自

---

① 朱庭光：《巴黎公社史》，365 页，北京，中国社会科学出版社，1982。

② 马克思：《1848 年至 1850 年的法兰西阶级斗争》，112 页，北京，人民出版社，2014。

③ ［法］阿尔努：《巴黎公社人民和议会史》，中国社会科学院世界历史研究所编译室译，93 页，北京，中国社会科学出版社，1981。

由的、受人尊重的职业。教师成为真正的社会和学校的主人。公社要求学生
"要全神贯注,竭尽所能地听教师的话;听从教师的劝导,尊敬他们。因为他
们竭力把你们培养成对人对己都更加有用的人,是应当受到尊敬的"①。公社
还非常注重对教师的培养,在所有师范学校开设体育课,将之作为规定课程,
还开设音乐和图画课。②

(二)教师的待遇

在公社改革之前,教师不仅政治地位低下,而且经济上也相当窘迫。
1871年,男教师的年薪一般为700~850法郎,男助理教师的年薪是400~
450法郎;女教师的薪资更低,极少数女教师年薪可以达到650法郎,绝大多
数只有550法郎,而女助理教师的年薪只有350~400法郎。这样低的薪资有
时候还无法得到保障。教师的生活极其穷苦,许多教师为了生计不得不在任
教之外兼做其他临时工作,如为教堂敲钟、唱诗歌等。1869年在布鲁塞尔第
一国际第三次大会上,法国卢昂支部的报告揭露了当时法国基层教师的悲惨
处境,报告说:"贫穷的基层学校教师们受着神甫专横的监视,领取微薄的薪
金,教学范围受到极大限制……他们的境地相当可悲。"③

为了改善教师经济待遇状况,公社发布了一则《关于提高教师薪金和男女
教师同酬的法令》。该法令指出,鉴于教师薪金极低,公社决定提高教师的薪
酬待遇,助理教师的最低薪金为1500法郎。校长的最低薪金为2000法郎。
公社又强调:"鉴于妇女的生活需要之大与男子相同,也同样迫切,而在教学
事业上,妇女的劳动与男子的劳动相同"④,因此,公社规定女教师与男教师

---

① [苏联]莫洛克、[苏联]奥尔洛夫:《世界近代史教学资料选辑》第二辑,何清新译,26页,
北京,生活·读书·新知三联书店,1963。
② [法]法国《巴黎公社公报》编辑部:《巴黎公社公报集》第二集,狄玉明、何三雅、侯健等译,
450页,北京,商务印书馆,1996。
③ 张宏儒、端木美:《巴黎公社改革学校教育的措施》,载《世界历史》,1981(2)。
④ [苏联]莫洛克、[苏联]奥尔洛夫:《世界近代史教学资料选辑》第二辑,何清新译,27页,
北京,生活·读书·新知三联书店,1963。

薪金相等，助理女教师为 1500 法郎，女教师为 2000 法郎。按照公社的法令，教师的工资得到了大幅度的提升。并且男女教师同工同酬的规定体现了对女性劳动的极大尊重。

公社使教师的政治地位和经济待遇获得了极大的改善，激发了他们的革命积极性和创造性。许多教师忠于职守，努力工作。阿雷芒在他的回忆录中提到："当学校的房屋由地下室到阁楼都由新校工刷洗干净之后，我认为自己有义务使它重新开学，并同国民教育委员会介绍给我的教员一道到那里去。"①第五区世俗学校的教师虽然不是社会主义者，但也对教育事业充满了信心，将学校整理得井然有序。第三区区政府的一则公告特意指出："要教师操心伙食和照料孩子，就是降低教育的崇高作用。"②

还有一些教师深感教育革命事业的伟大和教育使命的崇高，积极参加政治活动，为公社革命事业奉献自己。他们在学校中坚决贯彻公社的各项教育法令和改革措施，并且在公社的领导下组成了一支忠于公社革命事业的先锋队，始终不渝地坚持在自己的岗位上战斗。例如，"蒙马特尔的红色姑娘"路易斯·米歇尔③既是一名小学教师，也是国民自卫军的成员。她在波拿巴政府时期就通过写论文和小品文的方式来嘲讽专制统治，并通过教师身份在学生群体中传播共和思想。公社教师欧仁·鲍狄埃④和战士们一起在街垒浴血奋战，在保卫公社的"流血周"中右手遭受重伤，但仍坚持战斗到"流血周"的最后一天。他写下了广为流传的《国际歌》，热情讴歌了巴黎公社战士崇高的共产主义理想和英勇不屈的革命气概，使公社精神呼唤各国无产者扫尽万重的压迫，争取自己的权利。

---

① [苏联]莫洛克、[苏联]奥尔洛夫：《世界近代史教学资料选辑》第二辑，何清新译，25 页，北京，生活·读书·新知三联书店，1963。

② 罗新璋：《巴黎公社公告集》，440 页，上海，上海人民出版社，1978。

③ 路易斯·米歇尔(1830—1905)，巴黎公社女性革命家，小学教师，国民自卫军战士。

④ 欧仁·鲍狄埃(1816—1887)，第一国际巴黎支部联合会、工会联合会委员，二十区中央委员会委员，国民自卫军中央委员会委员，巴黎公社委员会委员。

七、女子教育和幼儿教育

(一)女子教育

在 3 月 18 日革命前，法国对女子教育非常不重视。在宗教神权把持教育的背景下，女性几乎无法受到完整的普通教育。许多女性从小就被送到修道院、孤儿院，过着与世隔绝的生活，接受压迫女性的宗教教育。公社发布的《关于圣劳伦教堂罪行的第二份调查报告》控诉了教堂神职人员滥用权威对女性做出的恶行，"收容妇女的机构名目又何其繁多。孤儿院，修道院，救济院，有多多少少"①，女性以冒犯宗教或隐居修世等名义被送入这些机构，强制她们与世隔绝。女性失去了基本的人身自由权，更不用提接受教育的权利。

公社成立之后，女性强烈要求改变这种情况。《杜歇老爹报》发表了发展女性教育的文章，文章写道："公民们，如果你们知道革命和妇女是多么息息相关，你们就会睁开眼看一看女子教育的情况……在一个名副其实的共和国里，对女孩子的教育大概应该比男孩子的教育更加重视。"②为了将女性从宗教压迫和愚昧落后中解放出来，公社除了让女孩同男孩一起在普通学校里接受教育，而且设立了专门的女子职业学校，使女子获得一项专门技能，可以自力更生。例如，杜普伊脱伦街的工艺美术女子职业学校教授女子各项工艺美术；第三区半工半读的缝纫学校让女孩子从 12 岁起接受普通教育，学习缝纫技术。

与此同时，女性地位的上升使巴黎公社时期涌现了妇女组织。这些组织在女性群体中宣传革命思想，进行革命教育，鼓励女性参与革命战斗。其中规模最大的是保卫巴黎和救护伤员妇女协会(简称"妇女协会")。

4 月初，一些具有社会主义思想的妇女开始组织妇女协会中央委员会。4

---

① 罗新璋：《巴黎公社公告集》，461 页，上海，上海人民出版社，1978。
② 朱庭光：《巴黎公社史》，338 页，北京，中国社会科学出版社，1982。

月 11 日，《公报》刊载了由俄国女革命家德米特里耶娃①起草的《致巴黎女公民的号召书》，文章号召巴黎女公民下定决心，团结一致，保卫公社事业。②4 月 12 日，妇女协会中央委员会发文，提出"鉴于人人都有责任和权利为人民的伟大事业战斗，为革命战斗"③，女公民愿意和男公民一样参与革命事业，希望公社可以为妇女的群体活动提供场所，为妇女组织提供必要的经费。4 月 20 日，妇女协会公布章程。它设立在圣马丁城关街第十区区政府内，主要职责有：对参与公社革命事业的战士进行医疗救助，宣传女性解放和组织女性保卫巴黎的革命思想。

妇女协会密切配合公社活动，组织妇女活动，引导广大群众发挥革命积极性；因地制宜，采用医疗护理的新形式(如女护士班，行军医院，为伤员建立病房，等等)，挽救了好几千公社战士的生命。5 月 15 日，妇女协会中央委员会要求女性劳动者尽快到各区政府办理登记手续，方便日后委派任务和组织活动。④ 5 月 20 日，妇女协会中央委员会再次发出公告，希望所有合作社的女工可以联合建成女工工会联合会，以保护女工的各项权利和组织安排工会工作。《公报》特意对龙省步兵第二十四团第三营炊事员玛丽·里夏尔夫人进行了表扬，因为她在与反动政府的对战中表现出了极大的勇气和完全献身的精神，全心全意地照顾伤员，拯救了好几位伤员的性命。⑤

妇女协会不仅帮助公社，而且以一个政治组织的姿态发布了《保卫巴黎和

---

① 德米特里耶娃(又称托马诺夫斯卡娅·库舍列娃，1851—1898)，俄国女革命家，第一国际俄国支部成员。

② [法]法国《巴黎公社公报》编辑部：《巴黎公社公报集》第一集，李平沤、狄玉明译，549～551 页，北京，商务印书馆，1995。

③ [法]法国《巴黎公社公报》编辑部：《巴黎公社公报集》第一集，李平沤、狄玉明译，642 页，北京，商务印书馆，1995。

④ 罗新璋：《巴黎公社公告集》，430 页，上海，上海人民出版社，1978。

⑤ [法]法国《巴黎公社公报》编辑部：《巴黎公社公报集》第一集，李平沤、狄玉明译，595～560 页，北京，商务印书馆，1995。

救护伤员妇女协会中央委员会宣言》，深刻地阐明了巴黎公社妇女解放的革命教育意义，反映了妇女为争取无产阶级和自身解放的彻底的革命精神。第一，巴黎妇女在过去社会的种种压迫和磨难中日趋团结、坚定、壮大、觉悟。第二，公社给予她们所要求的劳动、平等和正义的权利，她们深信公社是各国人民国际革命原则的体现，愿意追随公社革命。第三，在公社的教育下，巴黎妇女得到了思想的解放，希望彻底改造社会，废除现有的一切法律关系和社会关系，取消一切特权和剥削，用劳动世界取代资本统治。第四，巴黎妇女将向法国和全世界表明："在生死存亡关头——如果反动派闯进城门——她们就上街垒，上巴黎的城墙，和自己的弟兄们一样，誓以自己的鲜血和生命保卫公社，保障公社的胜利，也即保卫人民，保障人民的胜利。"[1]最后，宣言还高呼"世界社会共和国万岁"。

在法国的历次革命中，女性都起到了巨大的作用。在巴黎公社时期，她们成为一支强大的社会力量，在革命中表现出英雄的献身精神和对公社事业的无限忠诚。马克思称赞公社的妇女们"和古希腊罗马时代的妇女一样英勇、高尚和奋不顾身"[2]。早在蒙马特尔起义的时候，首先洞察敌军的正是巴黎妇女。一名参与战斗的公社委员回忆道："妇女首先到达，她们扑到已经落入军队手中的大炮上，紧紧抱住不放。她们飞快地奔到敌人的队伍里。"[3]妇女勇敢地为国民自卫军争取了武装集合的时间。

"蒙马特尔红色姑娘"路易斯·米歇尔是公社著名的女性革命家。她用自己的笔抨击腐朽的资产阶级对女性的摧残、侮辱，以及把女性培养成家庭主妇的教育制度。她写道："我们妇女需要知识和自由，在这决斗的伟大时刻，

① 罗新璋：《巴黎公社公告集》，357～358页，上海，上海人民出版社，1978。
② 马克思：《法兰西内战》，67页，北京，人民出版社，1964。
③ [法]阿尔努：《巴黎公社人民和议会史》，中国社会科学院世界历史研究所编译室译，114页，北京，中国社会科学出版社，1981。

我们和你们并肩作战，共同为自己争取一切人权。"①从公社革命起直到公社失败为止，米歇尔一直在前沿阵地上活动，从未离开过战斗岗位。在1871年4月，《公报》上一篇题为《革命的女英雄》的文章生动地描绘了这位在战场英勇无比的女性革命家："在我们这个时代里，可以看到妇女英雄主义的再现。在国民自卫军的行列里有许多妇女参加战斗……在第六十一营里有一个坚强的妇女参加战斗，她打死了许多宪兵和警察。"②

伊丽莎白·德米特里耶娃是一位以第一国际成员身份参与巴黎公社运动的俄国人。她肩负着将公社工作情况向国际总委员会汇报的任务，但由于巴黎被围，邮政交通中断，这项任务变得异常艰难。她在朋友边诺阿·马隆的建议下，对巴黎妇女开展了工作。她在汇报的信件中写道："我在做很多工作，我们在发动巴黎妇女。我们在所有各区的区政府房屋里设立了妇女委员会，此外还设立了中央委员会……我进行国际宣传，来表明所有国家(包括德国在内)都处在社会革命前夕，这种宣传一般说来很受妇女赞同。"③根据凡尔赛各法庭的材料，积极参加公社的妇女有1000多人，其中1/4没有职业，约800名妇女是工人。④

(二)幼儿教育

和女子教育息息相关的是幼儿教育问题。巴黎公社期间，一个名为"教育之友协会"的组织因研究幼儿教育问题而闻名。该组织撰写的一份报告强调教育要从婴儿出世时开始。报告建议设立托儿所，每个区都把一所小花园改建

①　[苏联]卢利耶：《巴黎公社活动家传略》，中共中央马克思恩格斯列宁斯大林著作编译局译，206页，北京，生活·读书·新知三联书店，1960。

②　[法]法国《巴黎公社公报》编辑部：《巴黎公社公报集》第一集，李平沤、狄玉明译，539页，北京，商务印书馆，1995。

③　[苏联]莫洛克、[苏联]奥尔洛夫：《世界近代史教学资料选辑》第二辑，何清新译，31页，北京，生活·读书·新知三联书店，1963。

④　[苏联]莫洛克、[苏联]奥尔洛夫：《世界近代史教学资料选辑》第二辑，何清新译，288页，北京，生活·读书·新知三联书店，1963。

成托儿所。工作人员不能是神职人员，儿童游戏要与实际结合。同时，托儿所要配有医护人员，保障每个儿童的健康。①

茹尔·阿利克斯就在第八区建立了两所幼儿园，而且对幼儿进行教育试验。原有的小学只招收 7 岁以上的儿童，但仁爱街女子学校在校长热纳维芙·维维安夫人的主持下建立了全新的教育制度，让儿童从 3 岁就开始接受教育。对于 5～7 岁儿童，学校开设了阅读、书写、算术及拼写课程。②

为了对失去家庭照顾的儿童进行教育，公社开办了孤儿院、教养院之类的特殊幼儿机构。第三区区政府发布了关于成立本区公社孤儿之家的公告，收容了一批流离失所的难童。公社不愿让这些孩子脱离社会、与世隔绝，也不愿意对这些身世凄惨的儿童进行特殊教育，所以招收一批走读生，对两种家庭背景的儿童实行同样的教育。公社此举既包含了全纳教育的思想，给予每个孩子公平的教育，也是对公社战士的一种承诺："国民自卫军公民们，你们是响应号召出来保卫我们的权利的，你们对孩子的前途不必有后顾之忧：万一你们倒下了，公社会收容他们，我们会教育他们，教他们怀念他们勇敢的父辈，和痛恨令人窒息的压迫。"③第十区区政府也于 5 月 15 日发出关于开设孤儿教养院和职业学校的通知，这些教育机构专门招收因保卫公社的权利而光荣牺牲者的子女和国民自卫军的子女。④ 正如公报所言："巴黎公社对一切保卫人民权利而牺牲的公民的遗孀和遗孤负责赡养，其中凡无父母的孤儿，由公社负责抚养，并给予必要的完整的教育，使之将来能在社会上自食其力。"⑤

---

① 朱庭光：《巴黎公社史》，338 页，北京，中国社会科学出版社，1982。

② [法]法国《巴黎公社公报》编辑部：《巴黎公社公报集》第二集，狄玉明、何三雅、侯健等译，499～450 页，北京，商务印书馆，1996。

③ 罗新璋：《巴黎公社公告集》，439 页，上海，上海人民出版社，1978。

④ 罗新璋：《巴黎公社公告集》，433 页，上海，上海人民出版社，1978。

⑤ [法]法国《巴黎公社公报》编辑部：《巴黎公社公报集》第一集，李平沤、狄玉明译，545 页，北京，商务印书馆，1995。

八、学校之外的教育事业

(一)各类展馆

公社除了对学校教育进行大刀阔斧的改革，也相当重视社会教育的巨大作用。3月18日革命后，由于大多数工作人员遵从了凡尔赛政府的命令，拒绝为公社服务，巴黎的博物馆都关闭了。库尔贝发起巴黎艺术家代表大会，组织艺术家联合会。他指出公社革命是正义的："它的使徒是工人，它的基督是蒲鲁东"①，它让人民自己管理自己。并且库尔贝呼吁艺术家们充分发挥自己的才能，重整法国精神。②

在公社的授权下，库尔贝负责组织巴黎的艺术工作，召开了一次艺术家联合会。会议的任务是研究如何开放博物馆、组织展览会和恢复国家艺术生活等。会议的纲领开宗明义地表示艺术家联合会委员会同意公社共和国的原则，联合会的任务是："保护过去的艺术财富；发现和促进一切现代的艺术因素的成长；通过教育，使未来的艺术得到更新。"③联合会在公社的领导下，为公社事业和艺术繁荣做出贡献。纲领提到，联合会"将促进我们的振兴，为公社和世界共和国将来的蓬勃发展和富裕奠定基础……(促进)不受政府监督和不享有任何优待的艺术自由发展"④。会议选出一个委员会，统筹艺术工作。在学校教育方面，委员会在公社办的初级学校和职业学校中进行艺术教育，培养一批精通工艺美术的人才，而且鼓励人们修建大教室，供高等教育

① ［法］法国《巴黎公社公报》编辑部：《巴黎公社公报集》第一集，李平沤、狄玉明译，425页，北京，商务印书馆，1995。

② ［法］法国《巴黎公社公报》编辑部：《巴黎公社公报集》第一集，李平沤、狄玉明译，425页，北京，商务印书馆，1995。

③ ［法］法国《巴黎公社公报》编辑部：《巴黎公社公报集》第一集，李平沤、狄玉明译，678页，北京，商务印书馆，1995。

④ 朱庭光：《巴黎公社史》，341页，北京，中国社会科学出版社，1982。

的教学以及艺术史、艺术哲学的报告会使用。①

　　根据联合会纲领，博物馆、艺术馆等不属于任何个人，因此，委员会对它们进行保护和管理。"公社委员们是决心要把一切有关过去的光荣和科学的东西精心保留给后代的。"②经过公社批准，委员会发布了多条关于展馆的公告。例如，委员会呼吁巴黎公民维护自然史博物馆："获得自由的人民懂得珍惜公共财物，并要大家都来爱护。自然史博物馆是全国性科学机构，全体公民都有维护之责。协助馆方日常的看守人员自不待言，而且在必要时，他们必将见义勇为，自动起来捍卫公共利益。"③委员会规定了自然史博物馆的开放时间："自然史博物馆图书室，夏季照常开放。开放时间为上午九时至下午五时。"④

　　5月中旬，公社教育委员会决定免去卢浮宫博物馆和卢森堡博物馆高级职员的职务，开放博物馆和布置展览品的工作交给艺术家联合会。这项工作由于凡尔赛军队进入巴黎并没有来得及完成。但是，公社在其有限的时间内对文物和艺术遗产竭尽所能地保护，使巴黎的艺术在战乱中得以保存。

　　(二)剧院

　　公社在文艺演出事业中缺少像库尔贝这样具有影响力的领军人物，所以文艺工作的整改并不顺利。1870—1871年，巴黎有30多个剧院、马戏团和音乐厅，但到公社成立时，只有1/3继续演出，一部分逃离了巴黎，留下来的那部分也是消极怠工。公社希望演员可以组成类似艺术家联合会的联盟，成为公社在文化艺术生活中的得力助手。但演员联合会利用了一些公社委员的

---

　　① [法]法国《巴黎公社公报》编辑部：《巴黎公社公报集》第一集，李平沤、狄玉明译，679页，北京，商务印书馆，1995。

　　② [法]法国《巴黎公社公报》编辑部：《巴黎公社公报集》第一集，李平沤、狄玉明译，416页，北京，商务印书馆，1995。

　　③ 罗新璋：《巴黎公社公告集》，362页，上海，上海人民出版社，1978。

　　④ 罗新璋：《巴黎公社公告集》，437页，上海，上海人民出版社，1978。

错误观点，不仅没有成为鼓舞公社战士的团体，反而成了演员逃脱兵役的避风港。

在 5 月 19 日的公社会议上，委员们就剧院改革展开了激烈的讨论。公社内部存在两种观点。以瓦扬为代表的一方支持国家干涉文艺工作，认为戏剧有不可忽视的政治启蒙和教育作用，认为它是最伟大和最完善的国民教育手段，可以成为培养一切公民美德的手段，应该被看作规模巨大的教育机构。[①]因此，他极力要求由教育委员会领导戏剧工作，实行国家监督。另一方则反对国家干涉，认为"把剧院置于国家的监护之下，就等于没有按照共和主义精神办事……法兰西剧院的荣誉，正在于它不受监护"[②]。

针对后一种的观点，瓦扬指出："当根据正义而行动的时候，那也总是为了自由而行动的。国家既然定名为公社，那它就应该经常干涉，为了正义和自由而干涉……这对国家有巨大的利益，而且在这里应该发展广泛的政治活动……在艺术界，剥削的程度可能比工场更令人吃惊；剧院的全体人员，从上到下都受剥削。女舞蹈演员为了生存，不得不卖自己的肉体。"[③]弗兰克也支持瓦扬的观点，他说道："当国家被看作是站在人民之外的政权的时候，如拿破仑第三统治时期那样，把思想关在温室里的政权，当然不能干涉与它完全相异的人民的事务。但是，当国家可以被看作是个人的总和的时候，那么如同处理教育问题一样，处理戏剧、文学问题，也就是它的责任了。"[④]

最后，公社决定同意瓦扬提出的关于剧院问题的法令，决定剧院归教育

① ［苏联］热卢博夫斯卡娅：《巴黎公社会议记录》第二卷，何清新译，462～463 页，北京，商务印书馆，1963。
② ［苏联］热卢博夫斯卡娅：《巴黎公社会议记录》第二卷，何清新译，476 页，北京，商务印书馆，1963。
③ ［苏联］热卢博夫斯卡娅：《巴黎公社会议记录》第二卷，何清新译，476～477 页，北京，商务印书馆，1963。
④ ［苏联］热卢博夫斯卡娅：《巴黎公社会议记录》第二卷，何清新译，480 页，北京，商务印书馆，1963。

委员会管辖，取消剧院享有的任何补贴和特权，责成教育委员会推翻由经理或企业家团体经营剧院的制度，并在最短期间建立起协会制度。① 公社将剧院转交给剧院的工作人员，让剧院建立了平等制度、协会制度，彻底消除了剧院内部存在的剥削制度，使剧院可以充分发挥它们的政治启蒙作用，开展艺术教育工作。

(三)音乐

公社任命作曲家、音乐理论家萨尔瓦多-丹尼尔为巴黎音乐学院院长，对巴黎音乐学院进行整顿。这个学院原有45名教授，3月18日革命后，有21名留在了巴黎。萨尔瓦多-丹尼尔接到公社的委任后，立即召开了教职工会议，号召他们支持公社。5月20日，他又与学校工作人员就教学改革问题进行了讨论，并打算于23日召开抒情歌剧院全体演员会议，但5月21日凡尔赛军队进入巴黎时，萨尔瓦多-丹尼尔积极参加街垒战，于24日壮烈牺牲。

街头演奏会是公社期间最常见的音乐会形式。最初它是一种慈善性演出，但后来公社对其提出了政治启蒙、宣传和教育的要求。音乐同戏剧一样，可以鼓舞战士士气，歌颂公社伟大改革，传播政治思想。因此，公社出面组织了"援助杜瓦尔遗孀演出"，不仅接济了国民自卫军死伤战士的家属，而且起到了良好的政治教育效果。

为了更好地组织演出，公社委托战地医院总监卢塞尔博士负责大型音乐会。在土伊勒里宫，三场盛况空前的音乐会连续举行，有几万公社社员、国民自卫军战士、老弱妇孺参加。土伊勒里宫的墙壁上张贴着由卢塞尔写的号召书："人民！这墙上闪烁着黄金，就是你的血汗！你用鲜血和劳动喂养君主制这贪婪魔鬼的时间已经够长久了！今天，革命使你获得自由，你已经成为

---

① 朱庭光:《巴黎公社史》，345页，北京，中国社会科学出版社，1982。

财富的主人！你是这里的主人！"①法兰西著名女演员阿加尔、歌唱家鲍尔达
参加演出，和数万观众一起高唱《马赛曲》。

（四）诗篇

诗歌也在公社文艺生活中占有重要的地位。鲍狄埃是公社最具有代表性
的伟大诗人。他出生在一个工人家庭，曾做过画师和小学教师，参加过多次
无产阶级革命运动。3 月 18 日革命后，他被选为公社委员。鲍狄埃创作过许
多关于巴黎公社的诗歌，主要有《纪念 1871 年 3 月 18 日》《起义者》《巴黎公社
走过这条路》等，其中最为著名的作品是《国际歌》。《国际歌》生动地表达了
无产阶级对未来必胜的坚定信念，"从来没有什么救世主，莫信上帝、圣皇、
护民官。生产者，我们要自己救自己，颁布解放全人类的宣言"②。列宁评价
道："公社被镇压了……但是鲍狄埃的《国际歌》却把它的思想传遍了全世
界……他是一位最伟大的用歌作为工具的宣传家。"③路易斯·米歇尔也用自
己充沛的情感写下了许多著名的诗歌，例如，她在《红石竹花》中将为革命献
身的女性比作红石竹花，以表达革命者坚定不屈的革命意愿。

公社群众里也流传着一些佚名诗歌，它们是人民群众在接受公社教育后，
发自内心地抒写对公社革命的热爱、对波拿巴政府和凡尔赛政府的憎恶、对
未来共和国的向往的产物。《木棍歌》《炮手的歌》等诗歌都表达了昂扬的斗志
与视死如归的革命意志。

① 天津艺术学院音乐理论组集体讨论、梁茂执笔：《〈国际歌〉和巴黎公社革命音乐》，20 ～ 21
页，北京，人民音乐出版社，1978。

② 《巴黎公社诗选》，沈大力、刘凤云译，14 页，北京，人民文学出版社，1983。

③ 《列宁选集》第二卷，303 页，北京，人民出版社，2012。

第三节 巴黎公社教育改革的历史意义

19世纪法国革命的基础力量都是工人和农民,但每次革命的受益者却并非无产阶级。马克思对这段曲折往复的历史评价道:"巴黎无产阶级用以欢迎二月革命的'社会共和国'的口号,不过是表示了希望建立一种不仅应该消灭阶级统治的君主制形式,而且应该消灭阶级统治本身的共和国的模糊意向。"[1]这种模糊的意向在阶级斗争中不断趋于成熟,直到在普法战争中法国败北,人民群众才意识到革命是要为了多数人的真正利益,巴黎公社运动成为民众呼声的一种表达。

3月18日,蒙马特尔区的一声炮响,使工人、农民、小资产阶级纷纷揭竿而起,掀起了"本世纪最伟大的革命"[2]。3月26日,巴黎公社宣告成立。公社与之前任何一个政权的不同点在于:它是由人民自己当自己的家。[3]公社是人民群众把国家政权从封建帝制和资产阶级手中重新夺回,由人民群众组成自己的力量去代替压迫他们的有组织的力量,是人民群众获得解放的政治形式。

在政权建设上,公社为了防止国家和国家机关由社会公仆变为社会主人,"采取了两个正确的办法。第一,它把行政、司法和国民教育方面的一切职位交给由普选选出的人担任,而规定选举者可以随时撤换被选举者。第二,它对所有公职人员,不论职位高低,都只付给跟其他工人同样的工资"[4]。因此,马克思这样评价:"它实质上是工人阶级的政府,是生产者阶级同占有者

---

① 《马克思 恩格斯 列宁 斯大林论巴黎公社》,53页,北京,人民出版社,1971。
② 《马克思 恩格斯 列宁 斯大林论巴黎公社》,128页,北京,人民出版社,1971。
③ 马克思:《法兰西内战》,117页,北京,人民出版社,1964。
④ 马克思:《法兰西内战》,12页,北京,人民出版社,1964。

阶级斗争的结果，是终于发现的、可以使劳动在经济上获得解放的政治形式。"①

巴黎公社成立后，社会主义者希望争取广大人民群众参与这场革命运动，将革命热情扩散到整个社会。因此，教育改革成为公社改革的重要举措之一。公社最具有创新性的措施就是建立由无产阶级领导的教育管理体制，教育决策基本都出自无产阶级之手，具有浓厚的无产阶级性质。第二任教育委员会代表爱德华·瓦扬做出突出贡献，他是公社内部为数不多的对社会主义科学理论熟悉的成员。所以，他领导的教育委员会实行了许多符合人民群众迫切希望、有利于公社事业的改革。

一、建立世俗化的国民教育制度

巴黎公社建立了国民教育制度，推进了教育的世俗化进程，延续了大革命时期以来的教育理想。在 18 世纪的法国，天主教教会控制和垄断教育的现象遭到了空前尖锐的批判。启蒙思想家和进步人士提出了国民教育思想，主张国家控制教育，建立由政府掌管的国家教育系统。爱尔维修、拉夏洛泰都是这一思想的倡导者。1789 年的法国资产阶级大革命推翻了长达 1000 多年的封建专制制度。巴黎起义胜利后，教育开始摆脱宗教的控制。米拉波公共教育计划、塔列朗教育计划、孔多塞教育计划等都是为了建立国民教育制度，实现教育世俗化。雾月政变后，拿破仑建立了中央集权的教育体制。波旁王朝复辟，极端的保皇分子、教会人士和贵族要求世俗学校教师必须持有地方当局和神职人员共同签发的证书才能执教，宗教再度成为教育的基础。而后七月革命爆发，代表金融大资产阶级的七月王朝政权收回了教会手中的教育大权，实行新的世俗化教育改革。1848 年初，欧洲爆发了近代史上规模最大

---

① 马克思：《法兰西内战》，58 页，北京，人民出版社，1964。

的革命运动。法国的二月革命推翻了七月王朝，废除了君主制度，成立了法兰西第二共和国，教育改革继续沿着世俗化的方向发展。但好景不长，拿破仑三世窃取了革命的成果，再次复辟帝制。1850年，议会通过的《法卢法案》使宗教在和世俗的博弈中胜出。

自大革命以来，法国社会革命不断、动荡不安，没有为教育发展提供一个安定的环境。不断更迭的政权使教育改革朝令夕改，教育改革无法持续和落实，建立国民教育制度、教育世俗化变成一个漫长的过程。巴黎公社的教育改革是这一过程中的一个转折点。

巴黎公社发布了《政教分离法令》，彻底清除宗教对国家的控制。《公报》细数宗教人士所犯下的恶行，向世人揭示他们的真实面目。在学校教育方面，公社强制驱逐了学校中的宗教人士，废除了一切涉及宗教的课程，清扫了公共建筑中的神像等宗教痕迹，禁止教师向学生和学生之间传教。各区政府因地制宜，在清理教会学校的基础上创办新的世俗学校。各区聘请世俗教师管理学校，开设语文、书写、语法、算术、公制、初等几何、地理、法国历史、唱歌、绘画、制图、伦理学和政治权利通论等课程，对学生的德、智、美进行培育，进行全面的科学教育，使学生克服愚昧无知，成为具有革命精神的共和国公民。

二、消除教育的阶级性

公社粉碎资产阶级国家机器，建立工人政府。公社的社会主义性质使其必须消除教育的阶级性，教育不再是一些特殊阶级所独有的权利，而是广大人民群众都享有的公平的权利。建立世俗化的国民教育制度促进了教育对象的扩大化，无论民族，无论宗教信仰，凡是6～15岁儿童都可以接受教育。为了让广大人民群众都能够享有受教育的权利，公社推行了教育的义务化和免费化，以提高各区入学率。

当时巴黎被困了 4 个多月，公社为了维持正常的生活生产秩序，不得不发布一系列法令来减轻人民的生活负担。如若在此时收取教育费用，显然是不合时宜且不符合公社精神的。公社要保障每个人得到真正的社会平等，因此免去了学费并提供免费的学习用品，使无产阶级的子女都可以接受良好的教育。

同时，公社还强制要求适龄儿童都接受普通教育。教育的义务化是近代教育改革的一个重点。当时教育资源极度不平衡，无产阶级几乎没有受过良好的教育。之所以绝大多数农民在第二共和国时期支持拿破仑·波拿巴，不仅是因为波拿巴对选举进行了控制，而且是因为农民基本都是文盲，仅仅出于对其姓氏的盲目崇拜就投出了宝贵的选票。接受基础教育能够帮助公民更好地实行权利。同样，法国工人在革命中总会成为中坚力量，但他们每次都放弃建立属于自己的政权。这一方面是因为工人的革命意志不成熟，另一方面是因为他们受限于自身文化水平。教育义务化，消除文盲，提高人口质量，是维系一个共和国延续发展的动力。

公社还重视教育和劳动之间的关系，大力发展职业学校。过去的精英教育和普通教育刻意区分了知识和劳动的关系，贫寒人家的孩子从出生就被自动划入了职业教育的轨道。但公社开办的职业教育全凭学生意愿来选择，而且职业学校也会为学生提供普通教育，保证他们可以全面发展。

对于在战乱中失去家庭、流离失所的儿童，公社设立了孤儿院、收养院等福利机构来接纳他们。与以往教会收养孤儿的福利机构不同，公社的福利机构给孤儿与普通儿童提供无差别的教育，毫无歧视，真正实现了教育公平。

三、提高教师地位

公社期间，许多教师舍生忘死地参与革命运动，这与公社为教师所做的努力密不可分。在公社改革之前，教师薪金微薄、食不果腹，充当着教会的仆役。公社提高了教师的政治地位，使教师脱离教会的控制，成为受到他人尊重的职业。在孤儿之家中，公社也要求聘请专职人员照顾儿童的日常生活，因为"要教师操心伙食和照料孩子，就是降低教育的崇高作用"①。公社还改善了教师生活的物质条件，提高了教师的工资，让教师能够专心于教育事业，而不为生活所困。

正如公社委员阿尔蒂尔·阿尔努②在回忆录中"抱怨"的："公社一方面对自己的委员和工作人员精打细算，一方面却把教师的薪金几乎增加了一倍，提高到了二千法郎，而教师助理的薪金则提高到了一千五百法郎。"③教师作为劳动者得到了尊重，这体现了公社对教师这一职业的重视，也充分调动了教师的职业积极性和革命热情。

四、发展女子教育

公社另一伟大创举就是发展女子教育。在巴黎公社以前，从未有如此之多的妇女积极参与政治运动。公社在历史上第一次真正举起了妇女解放运动的大旗，关心广大妇女的切身利益，解放被宗教和封建压迫的妇女，给予她们科学的启蒙教育。

为了改善妇女的处境，使其摆脱愚昧无知，公社除在普通教育方面强调性别平等外，还专设女子职业学校，使她们掌握专门技能，获得自力更生的能力。公社的教育使妇女意识到，只有通过革命才能争得她们应得的公正和受尊敬的地位。她们在公社的指导下，"努力劳动、用心思索、艰苦奋斗、流血牺牲而又精神奋发地意识到自己的历史创造使命的巴黎……满腔热忱地一

---

① 罗新璋：《巴黎公社公告集》，440页，上海，上海人民出版社，1978。

② 阿尔蒂尔·阿尔努(1833—1895)，新闻记者，巴黎公社委员。在公社运动失败后流亡瑞士，撰写了个人回忆录《巴黎公社人民和议会史》。

③ [法]阿尔努：《巴黎公社人民和议会史》，中国社会科学院世界历史研究所编译室译，202页，北京，中国社会科学出版社，1981。

心致力于新社会的建设"①。

公社对女性的重视还体现在男女教师同工同酬上。此时，世界各国的教育还未普及，女子教育也任重道远，工人阶级的普选权还仅限于男性公民。但是，公社此时已经发现真正的共和国是男女平等的社会，女性公民也可以被培养成一支强大的革命力量，这是具有巨大进步意义的。除了巴黎公社，当时还没有一个政府如此堂堂正正地向妇女伸出友爱的手。

五、进行广泛的革命教育

公社不仅发挥好学校教育的作用，还一直联络社会的一切力量，使革命教育泛化到整个社会。公社整顿博物馆、剧院，让其工作人员成为真正的管理人员，消除艺术行业不合理的剥削现象；举办街头演奏会、音乐会，传播大量的革命诗歌，利用各种艺术形式对群众进行教育，在群众中传播公社的思想，激发群众的革命感情。这是新型无产阶级国家在意识形态领域反对资本主义的一项措施，借此契机传播革命思想，进行革命教育。同时，这也从侧面反映了巴黎公社运动所具有的强大群众基础。

公社时期，发展文化、艺术、戏剧等文化事业的措施与人民教育方面广泛提出的问题紧密联系在一起。公社借助文化事业的巨大启蒙作用，用革命理论教育和武装广大群众，动员群众投身于革命战争。后来，巴黎公社在教育和文化方面的经验和传统被工人运动广泛采用，在社会主义文化教育形成过程中发挥了作用。

巴黎公社虽然只存在了 72 天，但它是人类历史上的一次伟大尝试。它推行了许多教育改革措施，体现了无产阶级革命精神，具有鲜明的社会主义倾向，实施了真正为了劳动人民的教育，这些均在教育史上有首创意义，并且

---

① 参见马克思：《法兰西内战》，67 页，北京，人民出版社，1964。

之后的法国教育改革也基本朝着巴黎公社设计的方向发展。马克思在《法兰西内战》中对巴黎公社的教育改革措施给予了高度评价:"一切学校对人民免费开放,不受教会和国家的干涉。这样,不但学校教育人人都能享受,而且科学也摆脱了阶级成见和政府权力的桎梏。"①

---

①　马克思:《法兰西内战》,55～56 页,北京,人民出版社,1964。

第十章

法国功能主义教育思想

功能主义教育思想产生于 19 世纪的法国。早期功能主义教育思想的典型特征是强调教育的社会功能，尤其注重教育在维护社会稳定与和谐方面的作用。法国的孔德和涂尔干是早期功能主义教育思想的主要代表人物。孔德最早提出功能的概念和有关思想，对功能主义教育思想的形成有重要的影响；涂尔干则是第一位功能主义教育思想家。

第一节　功能主义教育思想产生的背景

以强调社会稳定和谐为突出特征的功能主义教育思想产生于 19 世纪的法国是有其深刻的社会背景的。

19 世纪的法国和其他欧洲国家一样，处于激烈变革的时代。从政治上看，18 世纪末至 19 世纪末，法国经历了从法兰西第一帝国到波旁王朝和七月王朝，再到法兰西第二共和国、法兰西第二帝国、法兰西第三共和国及巴黎公社革命等变化，政权数次更迭，社会动荡不安。从经济上看，这一时期法国工业革命速度加快，生产力迅速发展。例如，到 1847 年，法国棉纺织业共有

11.6万台纺纱机和350万个机器纱锭,纺织业仅次于英国,居世界第二位;到1848年,法国工业中使用的蒸汽机达5212台,总功率达6.5万马力;1831年开始修铁路,到1870年已有铁路17924公里。[1]

随着工业革命的深入发展,法国的社会结构发生了重要变化。传统的农业社会萎缩,工业社会大踏步前进,因此城市化速度加快。例如,1801—1851年,生活在2万以上人口的城镇的居民在全国人口中的比例从6.75%上升至10.6%;到1891年时,这一比例又上升到21.1%。[2] 同时,农业人口大量涌入城市,加入了无产者队伍。仅1876—1906年,法国农业人口就减少了220万,占当时农业人口总数的9%。[3]

社会结构的变化带来了许多新的社会问题和矛盾。首先,失业问题严重。从传统农业走出来的劳动力涌入城市后,城市就业的难度增加,无业游民数量激增。例如,1858年,全法国仅乞丐就有300万人。[4] 失业者增多对资本主义社会秩序的稳定构成了一定的威胁。其次,贫富差距拉大,"富者变得越富,穷者变得越穷"[5]。无产阶级与资产阶级的矛盾日益尖锐,无产阶级的斗争热情日渐高涨。并且社会的转型导致人们的价值观念发生变化,传统价值观念对人们行为的约束力逐渐丧失,但新的价值观念的权威性尚未建立,其结果是社会中出现了功能主义教育思想家所说的"无规范"的现象。最后,在意识形态领域,各种政治、经济和哲学思想相互碰撞、激烈交锋,尤其是拿破仑时代形成的中央集权思想和谋求资本主义发展的自由放任思想的斗争,

① 樊亢、宋则行:《外国经济史·近代现代》,126~128页,北京,人民出版社,1980。
② [英]克拉潘:《1815—1914年法国和德国的经济发展》,傅梦弼译,185页,北京,商务印书馆,1965。
③ [英]克拉潘:《1815—1914年法国和德国的经济发展》,傅梦弼译,196页,北京,商务印书馆,1965。
④ 樊亢、宋则行:《外国经济史·近代现代》,137页,北京,人民出版社,1980。
⑤ [英]克拉潘:《1815—1914年法国和德国的经济发展》,傅梦弼译,450页,北京,商务印书馆,1965。

这导致人们思想混乱、无所适从。

上述政治、经济及意识形态领域中的变化和矛盾使法国社会潜伏着深刻的社会和政治危机，功能主义教育思想家对此十分忧虑。他们希望重组社会并建立一种稳定、和谐、不断进步的理想社会。为此，他们开始研究社会，创建了社会学理论体系，力图通过社会学的研究来找到重组社会的理论依据或精神支柱，以及实现重组社会的途径。孔德于1822年提出了一份《有关重组社会的计划》(Plan de Travaux Scientifiques Nécessaires Pour Réorganiser la Société)，强调重组社会的必要性，并特别指出了重建思想和重建精神对重组社会的意义。他说："人们尤其知道目前社会的政治的和道德的巨大危机，最后分析起来，在于精神的无政府状态。事实上，我们最严重的不幸在于现在所有的人之间对一切基本的准则存在着深刻的分歧，而这种准则的稳定，是保证真正的社会秩序的首要条件。"[1]在功能主义者看来，这种准则就是一种精神，一种"符合于我们时代的精神"[2]。对于如何才能重铸这种精神和重组社会的问题，功能主义教育思想家寄厚望于教育。他们希望通过教育来重塑社会成员的人格，重建新的道德观念，加强集体意识，以实现社会的协调和进步。孔德提出，要"以道德力量解决社会重大问题"[3]。涂尔干也强调，法国的复兴必须从建立新的、富有活力的教育系统开始。

第二节　孔德的教育思想

一、生平活动和著作

孔德是法国哲学家和社会学家。1798年1月19日，他出生于法国蒙特比

---

① 王养冲：《西方近代社会学思想的演进》，34页，上海，华东师范大学出版社，1996。
② 王养冲：《西方近代社会学思想的演进》，34页，上海，华东师范大学出版社，1996。
③ ［法］孔德：《实证主义概观》，萧赣译，182页，上海，商务印书馆，1938。

利埃的一个天主教家庭。9岁时,他的父母将他送到当地的一所寄宿学校就读。在这所寄宿学校里,孔德学习了7年,拉丁文和数理学科成绩优异。16岁时,孔德考入竞争激烈的巴黎综合技术学校。在巴黎综合技术学校学习期间,孔德勤奋钻研、善于思考,被同学称为"思想家"。18岁时,即1816年,孔德因对一位教师回答学生问题时的傲慢态度不满,与教师发生口角。校方因此事勒令包括孔德在内的15名学生退学。后来,其他学生获准重新入学,但孔德因未申请而没再回学校。孔德的正式教育就此结束。

离开学校后,孔德一度想去美国,并为此研读美国宪法、练习英文,但终未能成行。1817年夏季,经人介绍,孔德认识了法国空想社会主义者圣西门,并做了圣西门的秘书。两人曾有过愉快的合作,但1824年因一本书的著作权问题发生纠纷之后,两人便分道扬镳了。①

孔德在经济上一直十分拮据,一度靠当私人教师糊口。1832—1844年,孔德受聘担任母校的辅导教师,此时的生活有了基本保证。但被母校解聘后,他的生活又无着落,幸有朋友和门徒的接济才未断炊。②

孔德曾与一位当过妓女的女子结婚,后又离婚。1844年,孔德遇到了对他后来的生活和思想产生重大影响的已婚妇女克罗蒂尔德,孔德对她一见钟情。克罗蒂尔德在与孔德相识的几个月后因病去世,但孔德始终不能忘情,他不仅将后来所写的《实证政治体系》第一卷献给了她,而且将她坐过的椅子奉为"圣物",甚至希望死后与她同葬一穴。有人认为,孔德与克罗蒂尔德的这段感情促成了他将儿女私情升华到对全人类的爱,这也是他晚年大力宣传人本教③的重要原因。

---

① [美]D.P.约翰逊:《社会学理论》,南开大学社会学系译,91页,北京,国际文化公司,1988。
② 孙中兴:《爱·秩序·进步:社会学之父——孔德》,21页,台北,巨流图书公司,1993。
③ 人本教(Religion of Humanity)又译为"人道教",孔德晚年倡导的一种"宗教"思想。他在《实证主义教义问答》中将人本教的讨论分成崇拜、教理、生活三个部分,分别对应人性中的感情、思想和行动。

1857 年 9 月 5 日，孔德趴在克罗蒂尔德坐过的椅子上去世。

孔德一生勤奋读书，可谓博古通今。仅在《实证主义日历》《实证主义文库》两本书中，他就提到了三四百位东西方名人。孔德思想形成的渊源也因此变得复杂。在《实证主义哲学讲义》中，他曾提到亚里士多德、孟德斯鸠、孔多塞、亚当·斯密、培根、笛卡儿、伽利略等人对他的影响。在《实证主义教义问答》中，他又提到对他的思想产生了影响的哲学家休谟、康德、狄德罗、伏尔泰、卢梭以及生物学家比夏、心理学家高尔等。

孔德一生著述甚丰，其主要著作有：《论实证精神》(1844)、《实证主义概观》(1830—1842)、《实证政治体系》(1851)、《实证主义日历》(1849)、《实证主义教义问答》(1852)，等等。1970 年，孔德生前发表的文章以及孔德去世后由他人编辑出版的 37 篇论文被汇编成册出版，书名为《实证主义文库》。

二、论知识和社会发展

孔德是实证主义哲学的创始人。实证一词源于拉丁文 positivus，意为肯定、明确、确切。实证的思想产生于自然科学开始发展的 16 世纪。与中世纪空洞荒诞的经院哲学相对立的自然科学强调观察和实验，强调知识的确定性和实证性。因此，当时有人称实验的自然科学为实证科学，并将 16 世纪以来推崇实验科学、反对经院哲学的时代称为"实证的时代"。① 孔德是从圣西门那里学到实证一词的，并且将自己的哲学称作"实证哲学"(philosophie positive)。在孔德看来，实证哲学是一种新的哲学精神，经过漫长的演变，已达到自成体系的程度，而且只有用实证一词，才能"归纳其基本特征的宝贵属性"②。对于实证一词的属性，孔德做了这样的解释：第一，它强调"真实"，

---

① 侯鸿勋、郑涌：《西方著名哲学家评传》第七卷，202 页，济南，山东人民出版社，1985。
② [法]孔德：《论实证精神》，黄建华译，29 页，北京，商务印书馆，1996。

而不是"虚幻";第二,它强调"有用",而不是"无用";第三,它强调"肯定",而不是"犹疑";第四,它强调"精确",而不是"模糊";第五,它的使命主要是组织,而不是破坏。①

孔德对实证的解释实质上是他知识观的基本立场。他强调一切知识都必须建立在观察和实验的基础上,经验是一切知识的来源,经验范围以外的知识都是不可靠的。他说:"从培根以来一切优秀的思想家都一再指出,除了以观察到的事实为依据的知识以外,没有任何真实的知识。"②从这一基本立场出发,孔德反对哲学上的唯心主义与唯物主义之争,认为这是属于形而上学范畴的问题。他主张放弃寻找宇宙的起源和终极,也"不再求知各种现象的内在原因"③,因为人类只能认识现象。

孔德对人类知识的发展(即人类智力的发展)做了研究,提出了著名的"三阶段理论"。孔德提出,人类知识的发展要经过神学阶段、形而上学阶段和实证阶段。他说:

> 我们的每一种主要观点、每一个知识的部门,都先后经过三个不同的理论阶段:神学阶段,又名虚构阶段;形而上学阶段,又名抽象阶段;科学阶段,又名实证阶段。换句话说,人类的精神受本性的支配,在它的每一项探讨中,都相继使用了三种性质基本上不同甚至根本相反的哲学方法:首先是神学方法,其次是形而上学方法,最后是实证方法。由此便产生了彼此互相排斥的三类哲学,或三类说明一切现象的总的思想体系。第一种是人类智力的必然出发点;第三种是它的最后阶段;第二种只是为过渡而设的。④

---

① [法]孔德:《论实证精神》,黄建华译,30页,北京,商务印书馆,1996。
② 洪谦:《西方现代资产阶级哲学论著选辑》,27页,北京,商务印书馆,1982。
③ 洪谦:《西方现代资产阶级哲学论著选辑》,26页,北京,商务印书馆,1982。
④ [法]孔德:《论实证精神》,黄建华译,25~26页,北京,商务印书馆,1996。

"三阶段理论"表明，在孔德看来，科学的知识只能是而且必须是实证的知识，这是人类知识和智力发展的"一条伟大的根本规律，为人类智力的发展永远必然遵守"①。

根据对知识发展的规律的认识，孔德进而提出了有关人类社会发展的思想。他认为，人类社会的发展也经历了三个阶段，即神学阶段、形而上学阶段和实证阶段。

神学阶段是人类社会的童年时期，可分为拜物教、多神教和一神教三个阶段。孔德认为，在这一时期，人类知识处于起步阶段，处在"连最简单的科学问题尚未能解决的时代"，但人类又"贪婪地、近乎偏执地去探讨万物的本原、探索引起其注意的各种现象产生的基本原因（始因与终因）以及这些现象产生的基本方式"，于是，人类不得不求助于超自然的神，因此，人类"一切思辨的第一次飞跃必然是神学性的"。② "唯有神学真正适应人类的童年时代。"③

形而上学阶段是人类社会的青年期。孔德提出："形而上学也像神学那样，主要试图解释存在物的深刻本质和万事万物的起源和使命，并解释所有现象的基本产生方式。但形而上学并不运用真正的超自然因素，而是越来越以实体或人格化的抽象物代之，后者真正有特色的应用常常可以用本体论的名义称之。"④孔德还认为，虽然"形而上学实际上不过是受瓦解性简化冲击而变得软弱无力的一种神学"⑤，但形而上学不能等同于神学，形而上学的标志是相信通过推理能发现自然的基本法则。在他看来，推理的展开隐约酝酿着真正的科学运作。因此，孔德强调，形而上学阶段是人类社会从神学阶段走

① ［法］孔德：《论实证精神》，黄建华译，25页，北京，商务印书馆，1996。
② ［法］孔德：《论实证精神》，黄建华译，2页，北京，商务印书馆，1996。
③ ［法］孔德：《论实证精神》，黄建华译，6页，北京，商务印书馆，1996。
④ ［法］孔德：《论实证精神》，黄建华译，6页，北京，商务印书馆，1996。
⑤ ［法］孔德：《论实证精神》，黄建华译，8页，北京，商务印书馆，1996。

向实证阶段的过渡性阶段。这一阶段不可避免，就像人体固有的"慢性病"一样，是我们个人或集体从童年至成年的精神演变过程中自然固有的。

实证阶段是人类社会的壮年期。在这个阶段，"人们从思想上已不再徒劳地寻求什么绝对的概念、宇宙的起源和终点以及现象的原因，而是致力于研究它们的规律——也就是研究它们延续和相似的恒定关系"①。孔德认为，这是人类社会成熟的标志。在他看来，人类智慧成熟标志的根本革命在于处处以单纯的规律探求被观察现象之间存在的恒定关系，来代替无法认识的本义的起因。

尽管孔德的知识发展和社会发展"三阶段理论"缺乏科学性，甚至在一些方面与唯物主义的观点格格不入，如关于形而上学阶段的论述，但孔德的"三阶段理论"也表明了他的另一种观点，即人类知识的发展和社会的发展始终处于一种不断进步的状态。正如他在《实证哲学教程》一书中所强调的："历史就其总体来说主要是人类智慧的进步史。"②孔德的这一论点应该说是正确的。

孔德关于知识发展和社会发展的"三阶段理论"也是他关于人的教育阶段理论的基础。他认为，个人教育和人类教育的起点是相同的，因此，个人教育也可分为相应的三个阶段。他说："既然个人教育和人类教育的起点必然相同，个人教育的各个主要阶段也就应当可以代表人类教育的基本时期。我们每一个人在追忆自己的历史时，岂不是记得自己在主要的看法方面，曾经相继地经过三个阶段，在童年时期是神学家，在青年时期是形而上学家，在壮年时期是物理学家吗？"③

---

① ［美］D.P.约翰逊：《社会学理论》，南开大学社会学系译，102页，北京，国际文化公司，1988。

② ［法］阿隆：《社会学主要思潮》，葛智强、胡秉诚、王沪宁译，99页，上海，上海译文出版社，1988。

③ 洪谦：《西方现代资产阶级哲学论著选辑》，27页，北京，商务印书馆，1982。

三、论人性、道德和道德教育

孔德是社会学的创始者。他将拉丁语的词头 soci 与希腊语的词尾 ology 合成一个新词 sociology（社会学）。在孔德的社会学思想体系中，有关人性、道德和道德教育的论述是重要的组成部分，也是孔德教育思想的主体部分。

（一）论人性

孔德在谈论人性问题时，并没有探讨性善性恶的问题，而是根据高尔等人倡导的"脑能论"（phrenology）提出了人性论主张。孔德认为，人性由思想（thought）、情感（feeling）和行动（action）三个部分组成。但他有时又将思想称为理智（intellect）或头脑（head），将情感称为感情（affect）、心（heart）或爱（love），将行动称为活动（activity）、实践（practice）或品性（character）。[①]

孔德将人性具体分为 18 种表现，并称它们为脑的 18 种功能。具体如下。

思想部分包括：具体的、抽象的、归纳的、演绎的和沟通的 5 种功能。

情感部分包括：营养的、性的、母性的、军事的和工业的 5 种本能；权力欲和赞许欲 2 种志向；依附、尊敬和仁慈 3 种社会情感。

行动部分包括：勇气、谨慎和坚毅 3 种功能。

孔德的人性论是他关于道德和道德教育思想的基石。

（二）论道德和道德教育

孔德十分重视道德在解决社会问题方面的力量。他晚年曾计划写一本名为《实证道德或普遍教育论》（*La Morale Positive ou Traité de l'Education*）的著作，但未能完成。不过，我们可以从《实证主义概观》一书中了解他的道德及德育思想。

孔德对当时法国社会中人的自私自利行为十分不满，认为这是导致道德失范的原因。他力图建立一种实证主义道德来改变这种现象。

孔德认为，实证道德的目的在于使人的同情心的本能尽可能地超过人的

---

① 孙中兴：《爱·秩序·进步：社会学之父——孔德》，93 页，台北，巨流图书公司，1993。

自私自利的本能，使人的"社会情感高出于个人情感"①。在他看来，注重社会同情心、强调爱与自由既是个人及社会福利的第一条件，也是实证道德区别于神学道德和形而上学道德的首要原则。对于形而上学道德与实证道德的差异，孔德未做明确的解释，但他对神学道德的特点做了剖析。他认为，神学道德强调的是利己主义。在神学道德那里，获得自身之得救是每个人的最高目的，也就是说，神学道德主张的爱人类的目的在于爱上帝，而爱上帝又是为了个人得救，因此，这种道德的本质是利己的。它与实证道德强调的利他原则是根本不同的。

孔德又认为，道德教育的过程与人类发展相似，也有三个相互联系的阶段：个人、家庭、社会。同情心在这三个阶段渐次得到训练，一步步沿着爱的序列，逐渐提升其品级：从爱自己出发，到爱家庭，最终爱人类。在孔德看来，爱自己和爱人类是爱的两个极端，其间有一个过渡阶段，即人对家庭之依恋。他说："将爱己之情附属于社会情感之下。此两者乃人类爱情尺度之两极端；于中则有一居间之阶段，即家庭之依恋。"②孔德非常重视家庭作为人道德发展的过渡性阶段的重要作用。他认为，家庭生活是关系到人能否从自私自利的利己主义过渡到具有社会情感的利他主义的重要问题。家庭生活是"说明实证道德精神之最佳方式"③。在孔德看来，实证道德的基石是建立一种自然秩序，就家庭而言，即子女之孝、兄弟之友、夫妇之情、父母之慈。为此，他十分重视培养子女对父母的爱，视其为道德教育之起始。他说："在儿女之爱父母中，则见有社会情感最初之萌芽，孝者，乃吾人德育之发端。"④

孔德还认为，实证主义道德教育建立在理性和感情之上，但后者的作用

① [法]孔德：《实证主义概观》，萧赣译，101页，上海，商务印书馆，1938。
② [法]孔德：《实证主义概观》，萧赣译，104页，上海，商务印书馆，1938。
③ [法]孔德：《实证主义概观》，萧赣译，105页，上海，商务印书馆，1938。
④ [法]孔德：《实证主义概观》，萧赣译，105页，上海，商务印书馆，1938。

往往更大。理性的培养是"将诸道德教条，置之于有力之证明之试验下，且保证之，使无讨论之危险"①，让人们了解道德定律以能够判断是非善恶。而感情的培养只能通过练习。他说："感情唯有练习而发达，当其感情原有之力量甚微时，练习最为需要。"②为此，孔德告诫人们，理性在道德教育中固然重要，但"实证主义者必注意，勿过张其重要"③。道德教育"尤应安立于情感上"④。

四、论教育阶段及工人和女子教育

(一)论教育阶段

在《实证主义概观》一书中，孔德明确提出要建立一种实证主义的普遍教育系统。这种教育系统视知识和道德相辅相成且同样重要。但相比较而言，孔德更重视道德。他说："实证主义者之教育，当其使人心之重要过于知识。"⑤

在谈到人的教育阶段时，孔德没有根据他的"三阶段理论"把人的教育分成神学家、形而上学家和物理学家三个阶段，而是将人的教育分为两个时期：第一个时期从出生到少年，第二个时期从少年到成人。

第一个时期的教育在家庭中进行，可以分为两个阶段。第一个阶段是从出生到换齿期，这一阶段以体育为主。儿童在父母的关怀下，尤其在母亲的监督下，操练其筋骨。孔德认为，儿童这一阶段身体活动"更重要之目的，则在练习感觉"⑥。他还要求父母在这一阶段注意培养儿童的感情及习惯，为儿

① [法]孔德：《实证主义概观》，萧赣译，105页，上海，商务印书馆，1938。
② [法]孔德：《实证主义概观》，萧赣译，107页，上海，商务印书馆，1938。
③ [法]孔德：《实证主义概观》，萧赣译，110页，上海，商务印书馆，1938。
④ [法]孔德：《实证主义概观》，萧赣译，110页，上海，商务印书馆，1938。
⑤ [法]孔德：《实证主义概观》，萧赣译，188页，上海，商务印书馆，1938。
⑥ [法]孔德：《实证主义概观》，萧赣译，189页，上海，商务印书馆，1938。

童日后的发展奠定基础。孔德说:"父母所应注意者,唯在以诸感情及习惯之印象予之,此等印象,日后必成为合理之基础。"①第二个阶段是从换齿期到少年,大约 7 年,以学习系统的艺术为主。此时的学习采取多少有点系统性的练习方式进行,而不采用上课讲授的方式。孔德认为,这里的艺术是广义的。它包括诗歌,因为诗歌是其他一切艺术之基础;另外,它还包括音乐和图画,这是两种特殊的艺术。在这一阶段,儿童还必须学习几个主要欧洲国家的文字。文字学习属于在诗歌学习的内容,因为不懂文字就无法欣赏诗歌。在孔德看来,欧洲国家的文字不仅有美育上的意义,而且有德育上的意义,它是打破"国家偏见之工具,且能造成实证主义之标准的西方情操"②。因此,各国都负有教授儿童学习邻近诸国语言文字的责任。孔德认为,法兰西人尤应学习其他国家的语言文字,这既有助于国家之间友善关系的形成,又有助于将来一种"公用之西方语言文字"③的自然形成,而不必采用"形而上计划"刻意制造一种绝对普遍的西方语言文字。

第二个时期的教育为学校教育。孔德认为,这一时期的教育不能在家庭中进行。儿童在这一时期应该进入学校学习。孔德列举了学校教育的优点:学生可以效法其最良之教师,可以学到世界知识,可以通过与社会的自由交往获得同情感的满足。

孔德主张,学校教育应制订计划分步实施。学习内容要考虑百科全书式的分类定律。孔德根据他的实证主义发展理论,提出学生在这一时期的学习应分为四类。

第一类为无机界的学习内容。它包含四科,分为两组:数学、天文为第一组,物理和化学为第二组。每一组的学习时间为两年。孔德认为,由于第

---

① [法]孔德:《实证主义概观》,萧赣译,190 页,上海,商务印书馆,1938。
② [法]孔德:《实证主义概观》,萧赣译,190~191 页,上海,商务印书馆,1938。
③ [法]孔德:《实证主义概观》,萧赣译,191 页,上海,商务印书馆,1938。

一组课程涉及范围广，且具有重要的理论价值，故每周应安排两次讲座，以后开设的其他学科每周开设一次讲座。在孔德看来，这几年的学习不可采取强迫的方式，而要给学生提供空余时间，让他们学会用心学习。

第二类为生物学，亦称有机物理学。它包括生理学、心理学。生物学在第五学年开设，共设40讲。

第三类为社会学。孔德主张在生物学之后开设社会学。社会学分社会静力学和社会动力学两部分，前者旨在介绍人类社会的结构，后者旨在研究人类社会发生和发展的规律，尤以近代社会发展为主。社会学课程开至学生时代之终期，也设40讲。

第四类为语言文字，主要开设拉丁文和希腊文，因为这两门语言可以增进学生诗歌的修养，对研究历史和道德问题亦有帮助。孔德认为，希腊文和拉丁文各有千秋。从艺术的意义来看，希腊文更有用；而从认识社会之关系来看，拉丁文则更重要一些。

(二)论工人和女子教育

在孔德的实证主义里有三种重要人物：工人、女性和哲学家。孔德认为，这三种人代表着社会上的道德力量，是实证主义的支柱。

孔德在谈到工人时往往用几个不同的概念来表示，如工人阶级、无产阶级、人民、庶民等。孔德不满于当时法国社会贫富不均的现象。在他看来，贫富不均造成法国社会各阶级的利益不协调，从而引起工人阶级的不满和斗争，最终导致社会动荡。因此，要消除社会的不安定因素，其中一个重要方面就是重视工人阶级的教育，即他所称的"成年教育"。孔德所谓"工人阶级教育"实质上是向工人宣传实证主义。在他看来，如果工人接受了实证主义，社会秩序的稳定就有了保障，因为"实证主义者既能使贫者满意，又能使富者信任"①。为了使工人了解实证主义，孔德要求将各种实证科学编成具有连贯性的系列讲座，依次公开讲演。为了使演讲生动并产生效力，他要求在讨论浅显数学时要伴以哲学思考，并且联系社会精神。为了使工人阶级接受实证主义，孔德还要求哲学家到工人中去，促进两者的结合。他认为，哲学家和工人的交往对双方都有益，"哲学家没有工人就没有力量，工人没有哲学家就没有方向"②。

女性在孔德的实证主义中也十分受到重视。孔德很崇拜女性，坚信女性是人本主义的化身。他曾将他的母亲、克罗蒂尔德以及晚年服侍他的女仆称为影响他一生的"三天使"。他的墓碑上刻的碑文就是"奥古斯特·孔德与他的三位天使"③。不过孔德并不认为女性应在社会上承担统治工作。他认为女性是"感性的阶级"，女人最能发挥作用之处是家庭。在家庭中，女人扮演两种角色：一为人妻，可以影响丈夫具有普遍的同情心；二为人母，承担教育子女的重任。孔德不赞成女权主义者倡导的男女平等，而认为男女是有区别的，只有男女各尽所能才符合进化趋势。不过在女子教育问题上，他主张男女应该是平等的。

在孔德看来，男女教育平等并不意味着男女应该同校接受教育。对此，他特别做了说明。孔德提出，他的男女教育平等观与另一位法国教育家孔多塞的不同：孔多塞主张男女应在同一处接受教育；而他认为男女可以在教堂、俱乐部和展览会上自由集合、同受教育，但在学校中"如是往来，为时尚早"④，因为男女同校教育会阻碍男女特性自然发展，而且男女在相当成熟之前关系不可太密切，否则对道德发展不利。

---

① 侯鸿勋、郑涌：《西方著名哲学家评传》第七卷，224～225页，济南，山东人民出版社，1985。

② 侯鸿勋、郑涌：《西方著名哲学家评传》第七卷，225页，济南，山东人民出版社，1985。

③ 孙中兴：《爱·秩序·进步：社会学之父——孔德》，21页，台北，巨流图书公司，1993。

④ [法]孔德：《实证主义概观》，萧赣译，273页，上海，商务印书馆，1938。

孔德强调，男女教育平等主要表现在他们所学的科目应该相同、任课教师应该相同两方面。如果男女所学科目不同、任课教师不同，或者任课教师的讲授不同，必定会"降低妇女教育之标准"①。而且女子教育如果另聘特殊的教师还会增加教育经费，经济上也不划算。

五、论科学分类和科学方法

实证主义科学分类思想是孔德教育思想的主要内容之一，也是孔德关于课程设计的理论的基石。

孔德的科学分类思想最早出现于 1822 年《有关重组社会的计划》。在这份计划中，他提出科学可以分为五类，即天文学、物理学、化学、生理学和政治学。其中，政治学与社会科学（social science）、社会物理学（social physics）交替使用，意思相同。

在《实证主义哲学讲义》中，孔德又提出了科学分为六类的思想，增加了数学，并用生物学取代生理学，用社会学取代政治学。在 1848 年出版的《实证主义概观》中，孔德又提出了"道德学"的概念，将它列在社会学之后，作为第七种科学。这样，按照孔德的科学分类，实证科学应该包括数学、天文学、物理学、化学、生物学、社会学、道德学。他还从历史发展的观点将前五种科学列为初级科学或自然哲学，将后两种列为最终科学。数学、天文学、物理学、化学又称宇宙学。孔德还列表对这七种科学的关系做了说明（如图 10-1 所示）②。

---

① [法]孔德：《实证主义概观》，萧赣译，273 页，上海，商务印书馆，1938。
② 孙中兴：《爱・秩序・进步：社会学之父——孔德》，4 页，台北，巨流图书公司，1993。

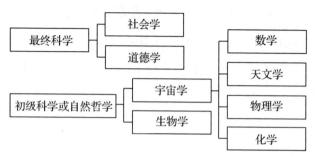

图 10-1 七种科学的关系

孔德认为，人类的知识是从低级向高级逐步发展的，是从数学中的简单现象开始的；从无机现象到有机现象，再到最高级、最复杂的社会现象。先发展的科学一般是后发展的科学的基础，科学之间存在渐进的相关性。

孔德还认为，科学的发展有赖于科学的方法。孔德对实证科学的方法十分重视，他在早期的研究中就提出把想象和观察作为区分实证科学和非实证科学的方法；后来，在《实证哲学讲义》中，他提出实证科学有四种方法；在《实证政治体系》中，他又将四种方法扩展为五种。

第一种方法是理论观察法。它要求在理论指导下对现象进行观察。孔德认为，现象越复杂，就越需要理论做指导，否则就不知道对眼前的各种事实应该观察些什么。例如，在观察社会现象时，就应该根据社会学的理论来进行观察。他强调，他之所以在社会学中提出社会静力学和社会动力学的理论，就是因为要使观察者在面对复杂多变的社会现象时不陷于模糊不清、前后矛盾。

第二种方法是实验法。孔德认为，当一种现象的正常发展受到外来的干扰，不管这种现象是自发的还是虚构的，都可以被看成实验。例如，生物学中的病态案例是一种实验，社会中发生的任何干扰同样可以被视作实验。

第三种方法是比较法。孔德认为，生物学中常用比较法来研究有机体的等级，社会学也可以借用此种方法，以研究地球上不同区域、不同人类社会

的共同状况。在他看来，运用比较法研究社会学可以使研究人员同时观察到
人类社会进化的不同阶段。

第四种方法是历史法。孔德认为这是社会学独有的方法。历史法可以"鉴
往知来"。但由于社会现象过于复杂，使用历史法可能会有困难，需要特别
谨慎。

第五种方法是主观法。这是孔德晚年倡导道德科学时提出的一种方法，
用于道德科学的研究，但他未做详细解释。有人望文生义，认为这是孔德实
证思想的倒退，认为他不再强调科学中的客观性了。[①]

孔德对自己提出的上述实证科学方法非常满意，甚至认为自己在方法论
上的贡献可以与笛卡儿相媲美。

第三节　涂尔干的教育思想

一、生平活动和著作

涂尔干是法国社会学家和教育家。他在 1858 年 4 月 15 日出生于法国东部
浮日省埃比纳勒镇的一个犹太教教士家庭。他的祖父和父亲都是犹太教教士，
家庭教育很严格，这对他后来人格的形成有很大影响，尽管他后来并没有信
奉犹太教。

1879 年，涂尔干考入巴黎高等师范学校。当时法国的高等教育崇尚典雅
的修辞学和装饰性学科，巴黎高等师范学校同样如此，课程的重点是包括拉
丁文和希腊文在内的古典文学，有关科学新发展的课程几乎空白。对此，涂
尔干十分不满，他希望能在科学知识方面有所收获。

---

① 孙中兴：《爱·秩序·进步：社会学之父——孔德》，82～84 页，台北，巨流图书公司，
1993。

1882年从巴黎高等师范学校毕业至1887年，涂尔干先后在桑斯、圣康坦和特鲁瓦的三所公立中学担任哲学教师。在这期间，他曾请假一年(1885—1886年)去德国考察教育并进行学术研究，与德国心理学家冯特相识。德国大学生机勃勃的面貌以及德国的社会学和经济学思想给涂尔干留下了深刻印象。

1887年，涂尔干受聘担任波尔多艺术学院教育学和社会科学系讲师。在那里，他开设了法国高等学校第一批社会学课程，并受到了学生的欢迎。这是法国高等学校第一次公开承认社会学这门新学科，是社会学发展的一个突破。半个世纪前，孔德虽然创立了社会学，但未能确立社会学的学术地位，而涂尔干则为社会学在法国学术界的发展打开了一个窗口。正如哈布瓦赫所说："社会学并未被允许大事声张地进入索邦①，而是转经教育理论这扇小门悄悄进去的。"②

法国教育家比松于1896—1902年担任巴黎大学教育学教授，"促使此阶段巴黎大学教育社会学之发展"③。1902年，涂尔干作为比松的代理人，受聘担任巴黎索邦大学教育科学系教授，先后讲授教育学、教育史和社会学等课程(直至1917年去世)。1906年起，涂尔干主持该系工作，同时正式接任了比松的教育学教授职位。1913年，教育学系更名为教育科学和社会学系。社会学终于在法国最有声望的高等教育机构中公开地建立起来。这也标志着"孔德思想的产物终于进入了巴黎大学"④。

1917年11月15日，涂尔干因心脏病在巴黎去世。在他去世后，鉴于他在社会学方面的学术贡献，法国政府追认其为国家研究院院士。

涂尔干所处的时代学术思想荟萃。涂尔干从中汲取了大量的学术营养。孔德、斯宾塞、勒努维埃、布特鲁、莫诺德和康朗热等人的思想都对涂尔干

① 这里是指巴黎大学。
② [法]涂尔干：《教育思想的演进》，李康译，1页，上海，上海人民出版社，2003。
③ [法]涂尔干：《教育思想的演进》，李康译，7页，上海，上海人民出版社，2003。
④ 于海：《西方社会思想史》，241页，上海，复旦大学出版社，1993。

有较大的影响。

　　孔德是实证主义哲学的创始人、法国社会学的奠基人。他的实证主义思想，如强调运用实证科学的方法研究社会现象，重视实证的知识，重视道德和道德教育在社会重组中的作用，对涂尔干的影响很深。涂尔干曾在 1900 年给友人的一封信中写道："我确信我之所以强调社会事实之重要，乃是继承孔德传统而来的。"①对于孔德与涂尔干的学术联系，社会学教授 D. P. 约翰逊的评价是中肯的："（涂尔干）试图建立一种以经验为根据的关于社会的科学，并把这种科学与当时社会的道德重建的义务结合起来，因此，涂尔干实际上是遵循了孔德所走过的同样的路线……虽然对当代社会学来说，涂尔干的社会学分析比孔德的分析更精确更有意义，但涂尔干的观点不过是普遍加强了'社会学之父'孔德的理论观点。"②

　　斯宾塞在欧美国家曾有很大影响力，尤其是社会进化和社会有机思想曾广为传播。尽管涂尔干有些观点与斯宾塞尖锐对立（例如，斯宾塞强调个人主义，认为在理想社会中，个人有追求自身利益、增进自身幸福的最大自由，而涂尔干则强调社会是以人们道德上的一致意见为存在前提的），但斯宾塞的社会有机和社会分工思想对涂尔干是有所启迪的，我们可以从涂尔干的有关理论中看到斯宾塞的影子。

　　勒努维埃是新康德主义者。他重视道德问题，推崇理性，强调建立社会的公正与正义，主张国家统一办教育。这些思想对涂尔干也有深刻的影响。有人认为，涂尔干后来建立的以道德基础为中心的思想体系是源于勒努维埃的。

　　布特鲁是涂尔干在巴黎高等师范学校读书时的哲学老师，曾在方法论上

---

① 赵祥麟：《外国教育家评传》第二卷，695 页，上海，上海教育出版社，2003。
② [美]D. P. 约翰逊：《社会学理论》，南开大学社会学系译，212～213 页，北京，国际文化公司，1988。

影响了涂尔干。布特鲁认为,各种科学研究都应具有本领域中的相关性的存在。涂尔干接受并发展了这一观点,认为社会科学若要生存,则必须发展它所要研究的独特对象,开辟自己的研究园地。正是因为涂尔干在探讨社会学研究对象以及社会学方法方面的努力,社会学才在法国大学的学术土壤里扎下根。涂尔干也因此被称为"正统社会学的开创者"。

莫诺德和康朗热是涂尔干在巴黎高等师范学校读书时的历史学老师。康朗热于 1880 年任巴黎高等师范学校校长,著有《古代城邦》。在历史学研究方法上,他们都强调研究者要保持思想的绝对自由和独立性,防止先入为主的观念的干扰。涂尔干接受了这些观点,认为研究一种社会事实时应从社会环境中去分析和研究,而不能用个人意志的、主观的内省法。

涂尔干一生著述颇多。其生前发表的著作主要有《社会劳动分工论》(1893)、《社会学方法论》(1895)、《自杀论》(1897)、《宗教生活的基本形式》(1912)。涂尔干去世后,由后人整理出版的教育著作主要有《教育与社会学》(1922)、《道德教育》(1925)和《法国教育思想的演进》等。① 其中,《教育与社会学》一书是涂尔干教育社会学思想的代表作,被认为是早期教育社会学的经典著作。

二、论教育目的

在论述教育目的之前,涂尔干首先对什么是教育做了分析研究,并对这一概念的内涵加以限定。

在他那个时代,不少人是从广义方面来理解教育的,教育的概念往往涵盖了自然界对人或对人们之间的相互关系产生的全部影响。例如,约翰·穆勒认为教育"旨在使我们的本性得以完善……在最广泛的意义上,教育甚至包

---

① 上海人民出版社出版了"涂尔干文集"丛书(中文版,多卷本),其中第三卷收编了《教育与社会学》和《道德教育》,第四卷收编了《法国教育思想的演进》。

括目标完全不同的一些事物对人的性格和能力所产生的间接影响，这些事物是指法律、政府组织形式和工艺美术，以及不以人的意志为转移的一些自然现象，诸如气候、土壤和地理位置"①。涂尔干对这一界定提出了批评，认为这一定义含有一些极不协调的事物，容易让人的思想产生混乱。首先，事物对人的影响在程序和结果方面与来自人本身的影响有很大的区别；其次，来自人本身的影响既包括成年人对年青一代的影响，又包括同辈人相互之间的影响。涂尔干强调，他所理解的教育应该是成年人对年青一代的影响。他说："我们在这里感兴趣的，仅仅是成年人对年青一代的影响，因此，'教育'一词应该指的是这种影响。"②

　　在讨论教育目的时，涂尔干对其他哲学家和教育家关于教育目的的观点进行了分析研究，把前人提出的教育目的论分为两类：一类是以康德为代表的理性主义的教育目的；另一类是以詹姆斯·穆勒为代表的功利主义的教育目的。涂尔干认为，这两类目的论都存在缺陷。康德的理性主义教育目的要求"使每个人都得到他所能达到的充分完善"，但涂尔干认为这是难以实现的。涂尔干指出，所谓"充分完善"，是指人的各种能力和谐发展，而且在发展过程中互不损害，这只能是一种至高无上的理想，虽然令人向往，但并非都能实现，因为它与人们同样必须遵循的另一个行动准则有矛盾——这个行动准则规定，我们必须献身于某一项特定而有限的任务。我们不可能也不应当把一切都献给同一种生活方式。我们根据自己的能力有不同的职责要履行，我们应该与自己肩负的职责相适应。他举例说，适合思考的人只有从行动中摆脱出来，进行反思，思考才能得到发展。因此，不打破平衡就不会有最初的分工。涂尔干也承认，专业化不排除某种共同的基础，也需要脑力劳动和体力劳动的某种平衡，但他强调"这并不意味着可以把完全的和谐发展作为引导

①　张人杰：《国外教育社会学基本文选(修订版)》，1页，上海，华东师范大学出版社，2009。
②　张人杰：《国外教育社会学基本文选(修订版)》，1页，上海，华东师范大学出版社，2009。

和教育的最终目的"①。詹姆斯·穆勒的功利主义教育目的是使个人尽可能成为幸福的工具。涂尔干认为这种功利主义的解释更难令人满意。涂尔干指出，幸福是一种主观的事物，是因人而异的。每个人都在用自己的方式解释幸福，有的人追求物质生活，而有的人宁愿放弃生命也不愿放弃智力上的乐趣。即使仅从物质生活上看，生活标准也会随着时间、地点、条件的变化而变化，物质生活的幸福也难以准确地界定。"昨天我们感到足够的东西，今天已使我们感到连我们现在认识到的人之尊严也未得到保证，一切都表明我们在这方面的要求将日益增加。"②涂尔干强调，用一种不确定的事物来表述教育的目的会"使教育目的成为不确定的，因而使教育本身成为不确定的"③。

对于教育的目的究竟为何，涂尔干从教育的功能着手进行了回答。他认为，从古希腊到19世纪，虽然教育因时间和国家不同而存在着较大的差异，但是，教育始终存在两个要素——"有教育就得面对面地有一代成年人和一代年轻人，还得有前者对后者的影响"④。在涂尔干看来，所谓"前者对后者的影响"，实际上就是成年人将社会对人的智力、身体和道德等几方面的要求传达给年青一代，使年青一代适应并遵守社会形成的种种规范。涂尔干认为，每个社会都形成了某种理想，教育要实现的正是这种统一而又多样的理想。因此，教育的功能表现在两个方面：第一，使儿童身心发展符合他所在的社会对每一个成员提出的要求，使儿童成为一个合格的社会成员；第二，使儿童的身心发展符合他所属的特定社团(如社会等级、社会阶级、家庭、职业)对其成员提出的要求，使儿童成为一个特定社团的合格成员。

总之，教育必须满足社会对人的要求，必须培养社会需要的人。因此，涂尔干强调："教育是年长的几代人对社会生活方面尚未成熟的几代人所施加

---

① 张人杰：《国外教育社会学基本文选(修订版)》，2页，上海，华东师范大学出版社，2009。
② 张人杰：《国外教育社会学基本文选(修订版)》，3页，上海，华东师范大学出版社，2009。
③ 张人杰：《国外教育社会学基本文选(修订版)》，2页，上海，华东师范大学出版社，2009。
④ 张人杰：《国外教育社会学基本文选(修订版)》，6页，上海，华东师范大学出版社，2009。

的影响。其目的在于使儿童的身体、智力和道德状况都得到某些激励与发展，以适应整个政治社会在总体上对儿童的要求，并适应儿童将来所处的特定环境的要求。"①由此，他得出一个结论：教育在于使年青一代实现系统的社会化。换言之，教育的目的就是使儿童从"个体我"向"社会我"转变。

三、论教育在人发展中的作用

教育在人的发展中能有多大效能是涂尔干教育思想中的一个重要问题。

涂尔干不赞成"教育万能论"。他对英国教育家洛克和法国哲学家爱尔维修的教育在人的发展中具有无限作用的观点提出了批评。涂尔干说："教育并非像洛克和爱尔维修认为的那样是从'白纸'上培养人。"②因为人的一些先天性倾向是很强的，甚至是难以被破坏或根本改变的。在他看来，这些先天性倾向之所以很难被破坏或根本改变，是因为这些先天性倾向依赖于人作为有机体的状况，而这些是教育者很难左右的。涂尔干认为："当这些先天性倾向具有既定目标，并使思想和禀性趋向于某些严密规定的行动方式与思考方式的这一范围内，个体的整个前途就被预先确定，需要教育做的事情也就不多了。"③

涂尔干也不赞成"教育无用论"。有人提出："好的教育未必形成好的禀性，坏的教育也未必毁坏好的禀性。"④有人甚至认为"儿童有时真的从家长那里继承了很强烈的进行某种行为的倾向"⑤，教育对此是无能为力的。涂尔干对这些观点也做了批驳。他认为，人的特征之一是其天赋的禀性很一般化且非常模糊，儿童的前途在很大程度上并不是由先天性构成预先决定的，因为

① 张人杰：《国外教育社会学基本文选(修订版)》，9 页，上海，华东师范大学出版社，2009。
② 张人杰：《国外教育社会学基本文选(修订版)》，17 页，上海，华东师范大学出版社，2009。
③ 张人杰：《国外教育社会学基本文选(修订版)》，17 页，上海，华东师范大学出版社，2009。
④ 张人杰：《国外教育社会学基本文选(修订版)》，17 页，上海，华东师范大学出版社，2009。
⑤ 张人杰：《国外教育社会学基本文选(修订版)》，17 页，上海，华东师范大学出版社，2009。

儿童通过遗传得到的只是一些很一般的能力,诸如某些注意力、某种程度的恒心、正确的判断力、想象力等。他十分欣赏苏格兰哲学家和心理学家贝恩所说的一句话:"伟大的语言学家的儿子没有继承其父的一个词,伟大的旅行家的儿子在学校的地理学科上可能不如矿工的儿子。"①儿童先天的遗传素质只是为儿童的发展提供了一种可能,一个想象力相当活跃的儿童因环境以及对他所施加的影响不同,将来可能成为一个画家,一个诗人,一个有创造精神的工程师,或者一个大胆独创的金融家。②

涂尔干认为,人刚出生时具有一种不确定的潜在性,人在进入社会成为某一社会角色时又必须具备某种明确规定的人格。在不确定的潜在性到明确规定的人格之间有很长的距离,教育的作用就在于缩小这一距离。从这一意义上说,教育活动有广阔的天地。涂尔干还举例说明教育在这一方面的作用。例如,在儿童义务感的培养上,义务感并非与生俱来,"儿童只有通过其教师或家长,才能知道自己的义务,只有通过教师或家长向他揭示义务的方式,通过教师或家长的言行才能知道义务是什么"③。也就是说,受教育者是通过教育者的言行所表现出的具体化、人格化的义务来了解和认识自己的义务的。

在涂尔干看来,教育是人的社会化必不可少的条件和保证。没有教育,人就不可能完成社会化的过程。正如他反复强调的:"教育的目的是使出生时不适应社会生活的个体我成为崭新的社会我。教育应使我们超越最初的本性:儿童正是由此成为人的。"④

---

① 张人杰:《国外教育社会学基本文选(修订版)》,18~19页,上海,华东师范大学出版社,2009。
② 张人杰:《国外教育社会学基本文选(修订版)》,19页,上海,华东师范大学出版社,2009。
③ 张人杰:《国外教育社会学基本文选(修订版)》,22页,上海,华东师范大学出版社,2009。
④ 张人杰:《国外教育社会学基本文选(修订版)》,21页,上海,华东师范大学出版社,2009。

四、论道德和道德教育

涂尔干十分重视道德在维系社会稳定中的作用。在他看来，社会秩序和道德秩序是紧密相连的。有了稳定的道德秩序，才能有稳定的社会秩序。为了建立一种新的道德秩序，涂尔干对道德和道德教育做了专门的研究。研究的内容包括道德的发展、道德的权威性、道德教育的重要性及其内容等。

涂尔干认为，任何一个民族都有自己的道德，而且道德是发展的。他说："人们有时声称原始社会没有道德，但这种说法犯了历史的错误。因为没有一个民族没有它的道德，只是低级社会的道德不同于我们的道德而已。"①在涂尔干看来，低级社会道德的最大特征是道德的宗教性，是宗教的道德。宗教道德是为上帝服务的，而不是为人间服务的。他说："低级社会的道德，其特征就在于它主要是宗教的道德。我在这里想说的是，低级社会中数量最多且最为重要的义务，不是人对他人应履行的义务，而是人对上帝应履行的义务。"②在那样的时代，敬重上帝甚至为上帝献身是人最重要的道德义务，渎神罪的量刑要远远重于其他罪。然而，随着社会的发展，道德的"人间的义务逐渐有所增加、明确并占首要地位……其他义务在逐渐减少"。在基督教那里，虽然"还存在严格意义上的一些宗教义务……但这种义务所占地位及其重要性已趋降低。最重大的罪过已不再是犯神，真正的犯神已具有与道德上的过错合二而一的倾向"③。涂尔干指出，这时的上帝只是道德的卫士，"道德的纪律已不是为了上帝而是为了人才制定的"④。在新教那里，"捍卫人类的道德几乎已成为上帝的唯一使命"⑤。在分析了人类道德发展的历史之后，涂

① 张人杰：《国外教育社会学基本文选（修订版）》，391页，上海，华东师范大学出版社，2009。
② 张人杰：《国外教育社会学基本文选（修订版）》，391页，上海，华东师范大学出版社，2009。
③ 张人杰：《国外教育社会学基本文选（修订版）》，392页，上海，华东师范大学出版社，2009。
④ 张人杰：《国外教育社会学基本文选（修订版）》，392页，上海，华东师范大学出版社，2009。
⑤ 张人杰：《国外教育社会学基本文选（修订版）》，392页，上海，华东师范大学出版社，2009。

尔干得出了一个结论:"在社会发生变迁时,道德就会有所变化。"①在他看来,道德在发展过程中,最初与宗教紧密结合,以后便逐渐与宗教分离,直至最后完全脱离宗教。割断道德与宗教的联系是历史发展的要求,也是历史进程中长期酝酿的伟大革命。

在谈到道德的权威性问题时,涂尔干认为,在某种意义上,也在相对意义上,道德秩序有与众不同的规则。一切道德训诫无不具有一种强迫我们对它特别尊重的特征。他强调说,在他那个时代,关于物质世界,关于人或动物的身心结构的各种见解,已被允许开展自由讨论,但唯独不允许对道德信仰随意批评。② 例如,儿童对其父母应尽一些义务、人的生命应当受到尊重等道德训诫是容不得诋毁的。谁若诋毁,谁便会受到指责,所以人们也不敢轻易诋毁它们。涂尔干认为这是由于道德具有一种神圣性。"道德领域似乎围着一道神秘的栅栏,试图阻止亵渎道德者入内,正像宗教领域禁止渎神者入内一样。这是一个神圣的领域。"③但是,道德的权威性和影响力并非一直存在,如果人们不学会正确利用道德的力量,道德的权威性便会削弱。涂尔干对此做了明确的说明:"当一个社会的道德力量长期不加以使用时,当这种道德力量不保证某种道德行为得以完成时,这种道德力量就会失去其道德意义,被人病态地和有害地加以使用。"④

对于道德教育,涂尔干极为重视。他在巴黎大学开设一门叫作"道德教育"的课程,课程的讲稿后来经过整理以《道德教育论》的书名出版。涂尔干在"导言"中提到了他重视德育的两个原因:一是道德教育历来被教育学者视为最重要的问题;二是道德危机出现,"道德教育问题在今天特别迫切需要予以

---

① 张人杰:《国外教育社会学基本文选(修订版)》,13页,上海,华东师范大学出版社,2009。
② 张人杰:《国外教育社会学基本文选(修订版)》,394页,上海,华东师范大学出版社,2009。
③ 张人杰:《国外教育社会学基本文选(修订版)》,394页,上海,华东师范大学出版社,2009。
④ 张人杰:《国外教育社会学基本文选(修订版)》,397页,上海,华东师范大学出版社,2009。

解决"①。涂尔干认为，教育学者应该首先关注道德教育问题，只要把公民的道德问题解决好，社会危机就会消除，社会就会稳定。他强调："凡是能减少道德教育的效能，或者使它变得更加不确定的东西，无不同时在破坏公共道德。所以，现在要求教育学者予以注意的莫过于道德教育问题。"②

关于道德教育的内容，涂尔干提出了以下三个方面的观点。

第一，就内容来说，道德教育应该是唯理的教育。所谓唯理的教育，就是强调道德教育内容应该以理性所承认的理念、情感和实践为基础，体现道德教育的非宗教性。涂尔干认为，唯理的道德教育是社会历史发展的需要，也符合道德发展的规律。为了实现唯理教育，他要求剔除道德教育内容中的宗教因素。涂尔干也很清楚从道德教育的内容中剔除宗教因素是一件困难的事，因为"道德与宗教同源并有部分重合……这两个系统中某些因素之接近已使它们混同起来成为只是一类因素，而某些道德观念与某些宗教观念之结合，也已经使它们不易区分"③。但涂尔干认为必须进行这项工作，因为割断道德与宗教的联系实为历史发展的要求。涂尔干要求教育学工作者"深入到宗教概念中去寻找似乎已经消失和隐匿在其中的道德实体"④。在他看来，仅从道德教育中剔除宗教的因素是不够的，"必须用另外的因素取而代之；必须揭示出人们至今只会以宗教形式再现的这些道德力量；必须使这些道德力量从它们的符号中摆脱出来，使这些道德力量以纯理性的形式出现"⑤。

第二，道德教育的内容应该维护道德的神圣性。涂尔干认为，道德之所以有威慑力量，使人不敢肆无忌惮、为所欲为，是因为道德有神圣性。道德教育的目的之一就在于维护这种神圣性。他告诫人们："如果不注意保全道德

---

① 张人杰：《国外教育社会学基本文选(修订版)》，389页，上海，华东师范大学出版社，2009。
② 张人杰：《国外教育社会学基本文选(修订版)》，389页，上海，华东师范大学出版社，2009。
③ 张人杰：《国外教育社会学基本文选(修订版)》，293页，上海，华东师范大学出版社，2009。
④ 张人杰：《国外教育社会学基本文选(修订版)》，394页，上海，华东师范大学出版社，2009。
⑤ 张人杰：《国外教育社会学基本文选(修订版)》，395页，上海，华东师范大学出版社，2009。

的神圣性,如果不以理性的形式使儿童感受到这种神圣性,那么,我们传授给儿童的道德,只是一种失去它原有尊严的道德。"①不仅如此,缺乏神圣性的道德教育还会使"产生教师权威和热情的源泉枯竭(而教师的权威和热情,则是使儿童有更大的热情和更高尚的精神所不可缺少的)"②。在涂尔干看来,当教师感觉到自己在进行崇高且神圣的工作时,就会产生一种崇高的感情,就会感到自己的力量有所增加,他所进行的道德教育就会生气勃勃并有感染力。"反之……我们就可能只有一种无威望和无生气的道德教育。"③

第三,道德教育的内容应该适应社会的变迁。涂尔干认为,社会若变化,道德就会有所变化。涂尔干强调道德教育应该不断更新内容,传授新的价值观念。涂尔干认为,道德教育不能只是安心地掌握前人取得的道德成果,而应当有所创造。教师应帮助学生准备进行这些必要的创造,断不可只向他们传授前人的道德圣经,教师应当激起学生在如同问世已久的书上添加几行字的愿望,还应当考虑使他们这种正当的愿望得到满足。此外,理性化的道德教育"必须帮助年轻一代了解他们所模糊地追求的新思想,还应指导他们去实现新思想……应当为未来作准备"④。

五、论国家在教育发展中的作用

在国家和教育的关系上,涂尔干时代的不同人有不同的观点。有人认为,教育主要是家庭和私人的事务,国家应尽可能少加干预;也有人认为,国家在教育事务中只能充当家庭的助手和替代者,也就是说,当家庭不能履行其教育义务时,国家才能承担教育的义务;还有人认为,国家仅具有让家庭使用学校的权利,而不应采取任何行动使年青一代具有某种倾向。

① 张人杰:《国外教育社会学基本文选(修订版)》,395页,上海,华东师范大学出版社,2009。
② 张人杰:《国外教育社会学基本文选(修订版)》,395页,上海,华东师范大学出版社,2009。
③ 张人杰:《国外教育社会学基本文选(修订版)》,395页,上海,华东师范大学出版社,2009。
④ 张人杰:《国外教育社会学基本文选(修订版)》,396页,上海,华东师范大学出版社,2009。

　　涂尔干的观点则不同。他认为，从社会方面来说，国家办理教育应该受到欢迎。他说："教育首先具有一种集体功能，如果教育的目的是使儿童适应他将生活在其中的社会环境，那么社会就不可能对国家采取的这样一种行动不感兴趣。"[1]从国家方面来说，"自从教育是一种基本的社会功能起，国家就不能不关心教育"[2]。当然，国家关心教育并不意味着国家必须垄断教育。在涂尔干看来，国家在教育发展方面的作用主要有四个方面。第一，国家提出一些办学原则，要求所有学校遵守这些原则，如尊重理性、尊重科学、尊重思想与情感等原则。涂尔干认为，这些原则都是民主道德的基础，"国家的角色就在于，得出这些基本原则，让人在它的学校里传授这些基本原则，防止任何一个地方的儿童不知道这些基本原则"[3]。第二，国家直接办理一些学校，承担办学的责任。第三，国家监督非国家开办的学校。第四，国家认定教师的资格。总之，"要一劳永逸地限定国家应进行哪些干预，这可能相当不容易，但国家干预原则是无可争议的。没有一所学校可以宣称自己有权利完全自由地进行反社会的教育"[4]。

---

① 张人杰：《国外教育社会学基本文选(修订版)》，15 页，上海，华东师范大学出版社，2009。
② 张人杰：《国外教育社会学基本文选(修订版)》，16 页，上海，华东师范大学出版社，2009。
③ 张人杰：《国外教育社会学基本文选(修订版)》，17 页，上海，华东师范大学出版社，2009。
④ 张人杰：《国外教育社会学基本文选(修订版)》，16 页，上海，华东师范大学出版社，2009。

第十一章

法国空想社会主义教育思想

空想社会主义产生于 16—17 世纪。早期空想社会主义的主要代表人物有英国的莫尔、意大利的康帕内拉（Tommaso Campanella）和德国的安德里亚（Johann Valentin Andreae）。18 世纪是空想社会主义学说进一步发展的时期，主要代表人物有法国的摩莱里（Morelly）、马布利（Gabriel Bonnot de Mably）和巴贝夫（Babeuf）等。进入 19 世纪后，随着资本主义制度的确立，资本主义制度所固有的缺陷开始暴露。但这时资本主义生产方式还未充分发展，无产阶级解放的物质条件还未充分，以致无产阶级的斗争还处于不成熟的阶段。反映这种不成熟的生产状况和阶级斗争状况的社会主义理论，也就只能是不成熟的、空想的。法国是空想社会主义者比较集中的国家之一，其中，圣西门、傅立叶、邦纳罗蒂（F. M. Buonarroti）、德萨米（T. Dezamy）、卡贝（E. Cabet）及孔西德朗（Victor Prosper Considerant）①等人是主要代表人物。空想社会主义者尖锐批评了资本主义制度，提出了建立一个公正的社会制度的理想；他们也非常重视教育，提出了许多重要的教育观点，形成了空想社会主义教育思想。马克思和恩格斯批判地吸取了空想社会主义中的优秀思想成果，使之成为马

---

① 孔西德朗(1808—1893)，法国空想社会主义者，傅立叶的信徒，著有《19 世纪教育理论的理想与魅力》(*Theorie d'Education Rationnelle et Attrayante du Dix-Neuvième Siecle*，1844）等。

克思主义的来源之一。

第一节　圣西门的教育思想

圣西门是法国空想社会主义者，出生于一个伯爵家庭。法国启蒙思想家、科学家、百科全书派成员达兰贝尔（Jean le Rond D'Alembert）曾是他的家庭教师。在达兰贝尔的影响下，圣西门对精密科学很感兴趣，爱好唯物主义哲学，对封建宗教迷信持批判态度。圣西门 17 岁参军，1779 年随法国志愿军参加了美国独立战争，他曾说："我可以把自己看作合众国①自由的奠基人之一。"②圣西门参加了法国资产阶级革命初期的活动，向群众宣传政治平等和自由思想，要求废除贵族和僧侣的一切特权，也正式声明放弃自己的伯爵头衔。1791 年，他因不赞成革命中的暴力行为而脱离革命，转而与人合伙从事金融交易活动（直至 1797 年）。圣西门资助了一些自然科学家和作家，与当时法国知识界名流建立了密切的联系。他曾说："我是花钱来购买知识的。我设盛宴款待教授，为他们准备上等美酒，对他们照顾备至，经常对他们解囊相助。这一切使我得到一切可能，愿意学习什么就可以学到什么。"③1797 年后，圣西门转向研究自然科学。从 1802 年起直至逝世，他埋头写作，创立了"圣西门主义"。他曾说："研究人类理性的进程，以便将来为改进人类的文明而努力——这就是我为自己规定的目的。从此我就完全献身于这一目的，并为此

---

① 合众国即美国。

② ［法］圣西门：《圣西门选集》第一卷，王燕生、徐仲年、徐基恩等译，142 页，北京，商务印书馆，1979。

③ ［法］圣西门：《圣西门选集》第三卷，董果良、赵鸣远译，245 页，北京，商务印书馆，1985。

贡献出了我的一生。"①1816 年，圣西门向初等教育协会递交了一篇简短的文稿，表达了他对教育的兴趣。1825 年 5 月 19 日，圣西门去世。圣西门的主要著作有：《一个日内瓦居民给当代人的信》(*Letters d'un Habitant de Genève à ses Contemporains*, 1802)、《新百科全书》(*Nouvelle Encyclopédie*, 1810)、《人类科学概论》(*Mémoire sur la Science de l'Homme*, 1813)、《论万有引力》(*Travail sur la Gravitation Universelle*, 1813)、《论实业体系》(*Du Système Industriel*, 1821)和《新基督教》(*Nouveau Christianisme*, 1825)等。马克思说："总之，我们不要忘记，圣西门只是在他的最后一本著作《新基督教》中，才直接作为工人阶级的代言人出现，才宣告他的努力的最终目的是工人阶级的解放。"②

圣西门的教育思想散见于他的许多论著中。他还参加过巴黎初等教育协会的活动。

圣西门在谈到未来新社会时曾这样说：

> 优良的社会制度是这样的制度：首先，它要尽可能使社会上的大多数人过着幸福的生活，拥有最多的资料和可能来满足他们的最切身的需要；其次，在这个社会制度中，要使内心修养高尚的最有德行的人，拥有最多的机会获得较高的地位，而不管他们出身于什么样的家庭；再次，这种社会制度要把人数最多的人团结在一个社会里，使他们拥有最多的手段来抵御外敌；最后，这种社会制度要鼓励劳动，因而促进重大的发明，导致文明和科学的最大进步。③

---

① [法]圣西门：《圣西门选集》第一卷，王燕生、徐仲年、徐基恩等译，147 页，北京，商务印书馆，1979。

② 马克思：《资本论(纪念版)》第三卷，682 页，北京，人民出版社，2018。

③ [法]圣西门：《圣西门选集》第三卷，董果良、赵鸣远译，213 ~ 214 页，北京，商务印书馆，1985。

他的教育思想是为实现这种社会理想服务的。

一、对旧的宗教教育和封建教育的批判

圣西门指控当时的教皇和红衣主教进行了不良的教育。他认为，"神学是宗教学校传授的唯一科学"①，这种所谓"科学"，"使僧侣有法把信徒的注意力集中到一些琐碎事情上面，叫基督教徒只追求永生，而看不见世间的伟大目的：尽可能最迅速地改进穷苦阶级的精神和物质生活"②。他在 1822 年写的一篇文章中批评当时的法国政府不设法扩大国民的实证教育，反而竭尽一切可能使人民受迷信的控制，把国民教育的领导权交给僧侣阶级。圣西门反对当时耶稣会的教育。他还曾批评于 1822—1828 年任法国内阁首相的威列尔："这位内阁首相也尊崇陈腐的学说，认为自己有责任把领导国民教育的大任交给一些耶稣会会士，而这些耶稣会会士则企图向青年人的头脑里灌输如下的思想：平凡无能的人应当超过和领导才智出众的人，没有用的知识应当高于有益的和实证的知识。"③

对于资产阶级革命前法国的封建教育，圣西门认为它的目的完全是把人民教育成对统治阶级俯首听命的人。他说：

> 普通的法兰西人民所受的教育，使他们认为自己没有任何权利来干预国家大事，甚至认为自己完全没有能力思考如此高深的观念。别人使他们如此习惯于这种看法，而他们自己也完全养成了这种看法，以致认为凡是敢于谈论公益、敢于对政府应当采取的行动或应

① [法]圣西门：《圣西门选集》第三卷，董果良、赵鸣远译，171 页，北京，商务印书馆，1985。
② [法]圣西门：《圣西门选集》第三卷，董果良、赵鸣远译，172 页，北京，商务印书馆，1985。
③ [法]圣西门：《圣西门选集》第二卷，董果良译，296 页，北京，商务印书馆，1982。

当实行的措施发表意见的被统治者，都是可笑的。①

大学教育则形成了一种过分崇尚古代知识、古代伟人和古代制度的尊古风气。法国封建社会所要求大学生的，"并不是他们对祖国的制度、对当代的事物和人物的了解，而是他们对古代的学识，他们对那些与当今毫无关系的一无所用的往昔的回忆"②。人们期望于青年人的，"并不是要他们成为精明强干的人"，"并不是要求他们的才能"，"人们帮助他们取得的，并不是对民族发生有益影响和进行明智改革的能力"，"人们指示他们当作最高成就的，根本不是改进社会的状况"③。恰恰相反，人们要把青年人培养成封建统治者的接班人，从而进一步扩大封建社会的弊端。

圣西门严厉地批判道：

> 资产阶级革命前，法国人所获得的三种教育：一是僧侣阶级进行的教育，直接使法国人变为奴隶，所以它也不能而且当然不能对理性和风尚发生积极的影响；二是大学进行的教育，只能使法国人发疯，沉湎于幻想，而且它做得还很有效；三是法国人进入社会时得到的教育，使他们变得野心勃勃，自私自利，贪得无厌和乐于发号施令。④

---

① [法]圣西门：《圣西门选集》第一卷，王燕生、徐仲年、徐基恩等译，145 页，北京，商务印书馆，1979。
② [法]圣西门：《圣西门选集》第一卷，王燕生、徐仲年、徐基恩等译，154 页，北京，商务印书馆，1979。
③ [法]圣西门：《圣西门选集》第一卷，王燕生、徐仲年、徐基恩等译，154 页，北京，商务印书馆，1979。
④ [法]圣西门：《圣西门选集》第一卷，王燕生、徐仲年、徐基恩等译，154 页，北京，商务印书馆，1979。

圣西门对旧式的宗教教育和封建教育的批判切中了要害。在此基础上，他提出了他的空想社会主义教育理想，以取代旧教育。

二、实业体系与教育

圣西门所设想的社会新制度即所谓"实业体系"（又称"实业制度"，也称"协作制"）。在实业体系中，虽然还保留私有制，但实业家（农场主、工厂主和商人）的生产活动要服从国家总的计划。在这种制度下，"一切人都要劳动……每个人都有义务经常用自己的力量去为人类造福"①。在这一体系中，道德的一般目的在于：从物质上改善人类的物质生活，从精神上改进人类的智力活动。圣西门所讲的物质生活的幸福，是指人们"吃得最好，穿得最美，住得最好，能够随意旅行，到处都可以得到生活必需品和生活上的美好东西"②；他所讲的精神生活的幸福，是指"人们的智力得到了广泛的发展，以致使他们能够欣赏艺术，知道支配自然现象的规律和掌握改造自然的方法，而且他们在精神方面受到了关怀"③。新社会的领导权包括精神权力和世俗权力。圣西门认为，应当把精神权力交给有真才实学的学者和他们所联合的艺术家。农场主和工厂主应当联合商人主要负责领导世俗权力。

圣西门认为，要实现这种社会理想，教育需要担负重要的任务。教育是使人民"得到双重幸福，即在精神和物质方面都得到幸福"的方法。圣西门提出："促使学者致力于国民教育工作，让他们通过教学传播关于支配自然现象的规律和可以按照人们的意志改造自然的方法的知识。"④他认为要由最有才能的学者管理国民教育工作，"应当让具有最强的实证性有益知识的学者去教

① ［法］圣西门：《圣西门选集》第三卷，董果良、赵鸣远译，226 页，北京，商务印书馆，1985。

② ［法］圣西门：《圣西门选集》第二卷，董果良译，45 页，北京，商务印书馆，1982。

③ ［法］圣西门：《圣西门选集》第二卷，董果良译，14 页，北京，商务印书馆，1982。

④ ［法］圣西门：《圣西门选集》第二卷，董果良译，6 页，北京，商务印书馆，1982。

育青年和人民"①。圣西门还要求这些学者拟出一项使既得的实证知识尽快地在一切社会阶级和各等级人士中传播的国民教育计划,即实行普及教育。圣西门还提出,国家应成立一个皇家科学委员会或最高科学委员会,由它"首先制定一般原理……这个一般原理将是对一切社会阶级,从最穷的无产者一直到最富有的公民进行国民教育的基础"②。由此可见,圣西门极其重视教育的作用。

三、论青少年教育

圣西门认为,青少年的身心发展有三个转变期,对他们的教育也应该相应地分成三个阶段。

(一)换牙转变期(7～14岁)

圣西门认为,换牙是7岁儿童的特点,换牙以后,儿童的感情特征和记忆能力都得到突出的发展,所以儿童的国民教育应从7岁开始,让他们入小学学习。圣西门指出:"从7岁到14岁,教养的作用大于教学的作用。也就是说,在这一时期,在宿舍和学校负责监督学生行为的教师对儿童的影响,要大于对儿童进行教学工作的教师的影响。"③圣西门把教育分成教学和教养,在他的著作中,教学大致指传授各种知识,而"教养就是培养习惯,陶冶情感,锻炼一般的预见能力。它教导每个人如何应用原则和把原则作为自己行为的可靠指南"④。圣西门还说:"在小学中教师的身教活动对儿童的影响最大;到了高一级的学校以后,这种影响便减弱了,而言教活动开始起着越来越重要的作用。"⑤

---

① [法]圣西门:《圣西门选集》第二卷,董果良译,242页,北京,商务印书馆,1982。
② [法]圣西门:《圣西门选集》第二卷,董果良译,233页,北京,商务印书馆,1982。
③ [法]圣西门:《圣西门选集》第二卷,董果良译,285页,北京,商务印书馆,1982。
④ [法]圣西门:《圣西门选集》第二卷,董果良译,71页,北京,商务印书馆,1982。
⑤ [法]圣西门:《圣西门选集》第二卷,董果良译,148页,北京,商务印书馆,1982。

（二）情欲旺盛期（14～21岁）

圣西门认为，在14岁左右，个人有倾向性的情欲进入最旺盛的时期，这促使个人摆脱对父母的依赖，按照自己的选择建立自己同外界的联系。这时的少年应进入中学学习。教师对14～21岁学生的影响大于监护人对学生的影响。对中学生学校要开始注重知识教育。圣西门特别重视物理、化学、博物学、天文学、生理学等实证科学和实验科学的学习。圣西门认为，科学知识对于发展生产来说极其重要。他说："经营一个工厂，构筑一条道路或一座桥梁，驾驶一艘轮船，等等，都必须有基本的理论知识。"[1]

（三）成熟期或成年期（21岁后）

圣西门认为，"到21岁的时候，人的身心发展已经完全成熟：他形成了自己特有的性格，他的各种特点互相协调起来"[2]，人在这个年龄的智力发展和预见能力已达到成人的水平。这时青年可以进入高等学校，进一步学习并发展智力。

四、论成人教育

圣西门要求对成人进行教育，并提出了成人教育的三大职责，即三大教职。

（一）一般教职

圣西门说："这种教职教导各行各业实业家学习他们应当持有的政治和实业行为，以保护他们的自身利益，最充分地满足本阶级的需要，发展他们的强烈自尊感。同时，这种教职还向各行各业实业家说明他们这一阶级最能担任管理工作，应当把管理公有财产的大权交给最卓越的实业家。"[3]至于应当

---

[1] ［法］圣西门：《圣西门选集》第二卷，董果良译，148页，北京，商务印书馆，1982。

[2] ［法］圣西门：《圣西门选集》第二卷，董果良译，232页，北京，商务印书馆，1982。

[3] ［法］圣西门：《圣西门选集》第二卷，董果良译，234页，北京，商务印书馆，1982。

怎样对实业阶级进行政治教育的问题,圣西门指出:"当教育者不是教导小学生,而是劝导一些成年人时,我认为首先应当做的事情,是教育学生认识自己的价值,使他们相信自己的力量。""据我看来,第二个重要原则是:先教育学生实践,在学会实际以后再教他们理论。"①这里的教育对象是各行各业的实业家,按圣西门的说法,包括"播种谷物或繁殖家禽和家畜的农民","马车制造匠、马蹄铁匠、制锁匠、细木工","制造鞋帽、麻布、呢绒和开司米的工厂主","商人、货运马车夫和商船的海员"②,等等。

(二)道德学教职

圣西门说:"这种教职不问个人的社会地位如何,教导每个人如何能够把个人利益同公共利益结合起来。担任这种教职的教师要使学员们明白:一个人如果在有害于社会的方面寻找个人的幸福,他将自作自受,感到最沉重的精神痛苦;而如果他努力在显然有利于大多数人的方面改进自己的个人命运,他会得到无上的快乐。"③

(三)实证科学教职

圣西门说:"这种教职向人们传授以最有利于人的方式改变人可以施加影响的自然现象的一般方法,并教导每个人怎样能把个人利益同公共利益结合起来,怎样把个人利益同每个人因有功于这种结合而得到的最大好处结合起来。"④

总之,通过以上三方面的教育,人民群众在道德、科学和实业三方面互相竞争,不断前进。

　　　　圣西门逝世后的第三年(1828)起,他的门徒掀起了倡导工业组

---

① [法]圣西门:《圣西门选集》第二卷,董果良译,116页,北京,商务印书馆,1982。
② [法]圣西门:《圣西门选集》第二卷,董果良译,51页,北京,商务印书馆,1982。
③ [法]圣西门:《圣西门选集》第二卷,董果良译,234~235页,北京,商务印书馆,1982。
④ [法]圣西门:《圣西门选集》第二卷,董果良译,235页,北京,商务印书馆,1982。

织的宣传运动。到了 20 世纪，圣西门主义演化为专家治国论，仍然发挥着巨大的影响。①

第二节　傅立叶的教育思想

夏尔·傅立叶是法国空想社会主义者。他出生于一个商人家庭，少年时被送入耶稣会学校读书，但学校中那种形式主义的、狭隘的古典式教育不能满足他的求知欲，于是傅立叶坚持刻苦自学。中学毕业后，傅立叶在家庭的压力下被迫中断学业，开始到商人那里学做生意，1792 年起独立经商。傅立叶一生在里昂、巴黎等地做过会计、出纳员、发行员、文牍员、推销员、省府统计局局长、经纪人等，因此有很多机会了解资本主义制度的种种弊端。1837 年 10 月 8 日，傅立叶去世。其主要论著有：《全世界和谐》（1803）、《宇宙统一论》（1822）、《经济的和协作的新世界》（1829）等。恩格斯认为，傅立叶的著作中有许多真正有价值的东西，包含了"科学的探讨，冷静的、毫无偏见的、系统的思考"。②

傅立叶的教育思想主要体现在《经济的和协作的新世界》的第三编"和谐制度下的教育"中。此外，他还著有《自然教育》（*Natural Education*）一书。

一、对资本主义教育的批判

傅立叶认为，在当时的资本主义制度教育中，人们可以发现五个"失调"之处。

第一，资本主义"文明制度的教育在过程上是颠倒的，它把理论摆在实践

① 罗芃、冯棠、孟华：《法国文化史》，202 页，北京，北京大学出版社，1997。
② 《马克思恩格斯全集》第一卷，578 页，北京，人民出版社，1956。

前面，——这完全是本末倒置。它那整个体系都是这样，教育不过是其中的一个部分而已"①。傅立叶指出，在资本主义的教育体系中：

> 人们不懂得诱导儿童去从事劳动，在儿童六七岁以前——这个时期本来应该用来使儿童成为熟练的实践家——就这样让他们虚度光阴；到了7岁，他们却要他去学习理论和各种学科，寻求他根本不感兴趣的知识。而在和谐制度下的儿童则不会不发生这种求知的兴趣，因为他们到7岁时已经做过30种不同的行业，深切体会到研究精确科学的需要。②

第二，行动的简单化。"儿童只限于做一种工作，这就是学习。一年有10个月到11个月，从早到晚，都在初步知识和语法上消磨时间，他怎么能不对学习发生反感呢？这种情形甚至使那些热心好学的人都会感到厌恶。""这个社会已经犯了把父亲一辈子囚禁在办公室中的错误，很容易再做一件蠢事，就是把儿童关闭在某个寄宿学校中。在这种寄宿学校里，儿童既对学习感到苦恼，又对教师感到反感。"③因此，傅立叶提出，在一年中最好的季节里，儿童需要到花园、森林、草原中学习。

第三，使用强制手段迫使儿童学习。傅立叶说："文明制度下的儿童只有在穷困、惩罚、藤条、皮规尺的威胁下，才迫不得已养成学习的习惯。"④傅

---

① [法]傅立叶：《傅立叶选集》第二卷，赵俊欣、吴模信、徐知勉等译，63页，北京，商务印书馆，1981。

② [法]傅立叶：《傅立叶选集》第二卷，赵俊欣、吴模信、徐知勉等译，63页，北京，商务印书馆，1981。

③ [法]傅立叶：《傅立叶选集》第二卷，赵俊欣、吴模信、徐知勉等译，63页，北京，商务印书馆，1981。

④ [法]傅立叶：《傅立叶选集》第二卷，赵俊欣、吴模信、徐知勉等译，64～65页，北京，商务印书馆，1981。

立叶认为，旧学校只是引导学生接受学习，而不是引导学生要求学习。他指出，在当时的学校里，"最多是八分之一的儿童顺从地接受学习，而不是要求学习"；"构成绝大多数的八分之七的儿童，现在还是跟过去一样，对学校感到非常苦恼，只想摆脱它"①。傅立叶说："师生之间的真诚融洽只能来自学生的主动请教，而这正是文明制度下永远不会发生的事，因为在文明制度下由于把理论置于实践以前的倒行逆施，由于简单行为或无间断的学习，整个教学就走上了邪路。"②

第四，形式的缺陷。"这就是说对学生所使用的方法单一化，好像所有学生的性格都是一模一样的。"③傅立叶认为，对不同性格的学生应采用不同的教学方法，只有这样，学生才不会感到枯燥，才会产生丰硕的成果。

第五，没有重视歌剧的学习和体力锻炼。傅立叶这里所说的歌剧，是指唱歌、乐器、哑剧、舞蹈、体操等方面的训练。

除了以上五处，傅立叶对资本主义社会的教育还提出了别的批评。例如，资本主义文明制度的教育与人的本性是对立的，其方法是混乱的，"压制、歪曲儿童的才能"④，这种教育使一切人的性格都歪曲了。他说："文明制度下的教育是违反健康的，它使儿童随着教育费用的增加，身体相应地衰弱下去。"⑤在他看来，当时的家庭教育力图压制或戕害儿童的天赋。他还指出，资本主义社会在"教育领域内排除妇女，使她们的活动仅仅局限于缝纫和烹饪

---

① ［法］傅立叶：《傅立叶选集》第二卷，赵俊欣、吴模信、徐知勉等译，64页，北京，商务印书馆，1981。

② ［法］傅立叶：《傅立叶选集》第二卷，赵俊欣、吴模信、徐知勉等译，64页，北京，商务印书馆，1981。

③ ［法］傅立叶：《傅立叶选集》第二卷，赵俊欣、吴模信、徐知勉等译，65页，北京，商务印书馆，1981。

④ ［法］傅立叶：《傅立叶选集》第二卷，赵俊欣、吴模信、徐知勉等译，2页，北京，商务印书馆，1981。

⑤ ［法］傅立叶：《傅立叶选集》第二卷，赵俊欣、吴模信、徐知勉等译，41页，北京，商务印书馆，1981。

琐事"①。凡此种种，不一而足。

总的说来，傅立叶的批判是击中要害的。但他的有些提法不切实际，例如，他说新社会的儿童到 7 岁时已经做过 30 种不同的行业，儿童只应该在下雨天和空闲时间才从事学习，等等。

二、和谐制度与教育

傅立叶认为，当时的法国社会充满了混乱和贫困，资本主义制度将导致社会动荡和危机。他设想通过社会改良，建立一种新的社会制度——和谐制度或协作制度。和谐社会的基层单位是法郎吉(phalange)，它是以农业为主、以工业为辅的生产和消费协作组织。每个法郎吉占地 2.59 平方千米，人口一般为 1600 余人，全体居民住在公共建筑群法伦斯泰尔(phalanstere)中。在法郎吉中有七种劳动：工业、农业、商业、教育、科学、艺术、家务。每个人按自己的性格与爱好参加不同的劳动。法郎吉的领导机构由选举产生。法郎吉以股票形式保留生产资料私有制，穷人和富人都可持股。劳动产品按资本、劳动和才能分配，其中资本占 1/3 或 5/12，劳动占 5/12，才能占 1/6 或 1/4。傅立叶认为，只要通过和平宣传和示范，几年之内就可普遍推广法郎吉制度，实现世界大同。但是，傅立叶本人曾做过多次法郎吉试验，均告失败。他的信徒后来在美国做试验，建立了 40 个法郎吉，但也告失败。

傅立叶认为，教育是和谐社会的重要事业，因为"法郎吉新生一代的培养和教育是巩固和完善和谐制度的重要环节，是实现未来理想社会的重要基础"②。他说："必须从教育开始，特别是因为教育将是人们首先要加以组织

---

① [法]傅立叶：《傅立叶选集》第二卷，赵俊欣、吴模信、徐知勉等译，41 页，北京，商务印书馆，1981。

② 任钟印：《世界教育名著通览》，622 页，武汉，湖北教育出版社，1994。

的结构部门。"①因此，傅立叶对未来和谐制度下的教育做了详细的规划。

三、论教育阶段及其任务

傅立叶把和谐制度下的教育分成了一个序曲和四个阶段。

序曲：稚龄或婴儿时代（0～2岁）。这也是一个预备教育的时期。

傅立叶主张婴儿从摇篮时期起就应进入公共教育机构——幼儿谢利叶②宫，由专门的保育员和乳母精心照料。这样，婴儿的母亲就可安心参加别的劳动。对婴儿的训练从半岁开始。要使婴儿养成灵巧的用手习惯。要组织婴儿进行三部合唱和四部合唱，让1周岁的婴儿在具有各种音部的小乐队的伴奏下游戏，总之要"采取种种方法，来使听觉的发展与音乐的发展紧密结合起来"，"同样也要锻炼儿童的其他外部感官"③。傅立叶认为，为了做好保育工作，保育员需要很多才能，因此，要事先对他们进行专门训练。

第一阶段：幼儿时代的先行教育（2～4.5岁）。这也是劳动教育的发轫时期。

这时幼儿的教育者是男护士和女护士，还有男女辅导员。傅立叶说："自然界赋予每个儿童大量的（大约有30种）劳动本能，其中有些是第一性的或者说是起主导作用的，它们会导向第二性的本能。"④他认为，从2～3岁起，儿童就是热爱劳动的。儿童具有5种和劳动有关的主要的爱好：①探索或操作一切，观察一切，经历一切，不断变换作业；②对热闹喧嚷工作的爱好；③

---

①　[法]傅立叶：《傅立叶选集》第二卷，赵俊欣、吴模信、徐知勉等译，2页，北京，商务印书馆，1981。

②　傅立叶设想：法郎吉中按照不同的劳动划分成若干"队"，称为"谢利叶"，谢利叶又分成若干小组。

③　[法]傅立叶：《傅立叶选集》第二卷，赵俊欣、吴模信、徐知勉等译，13页，北京，商务印书馆，1981。

④　[法]傅立叶：《傅立叶选集》第二卷，赵俊欣、吴模信、徐知勉等译，18页，北京，商务印书馆，1981。

模拟或爱模仿的爱好;④对小工厂的爱好;⑤逐步由弱到强的训练。① 因此,这时的儿童应该离开幼儿谢利叶宫,由男女护士把他们领到各种工厂参观,开始逐渐参加劳动。这时的劳动应由轻到重,先让儿童剥豌豆、装火柴,然后让他们去菜园收菜、干农活等。要允许儿童根据自己的爱好选择不同的劳动,学习使用不同的工具(如铁锹等)。

在本阶段的教育结束时,要对4.5岁的儿童进行升级考试,考技能和学识。例如,一个4.5岁的女幼童要通过以下几种考试:①歌剧中的音乐和舞蹈表演;②在半小时内洗净120个碟子,不许打破;③在规定时间内削50千克苹果,没有一片超过规定的分量;④在规定时间内准确无误地拣出一定数量的大米或其他谷粒;⑤表演熟练且敏捷的生火和灭火技术。② 此外,还要考查儿童身体的全面灵活性,也要根据儿童的年龄特点进行智力测试。

第二阶段:幼儿时代中期的初步教育(4.5～9岁),又称中级童年时代的教育。

第三阶段:幼儿时代后期的进一步教育(9～15.5岁),又称高级童年时代的教育,包括初中和高中。

傅立叶认为,这两个阶段的教育具有同一性,但也各有侧重。"在第二阶段应该更有效地发展体力,而在第三阶段则是更有效地发展智力。"③

在参加生产劳动时,要根据孩子的才能和爱好把他们分成两个团体——儿童队和小卫队。儿童队由2/3的男孩和1/3的女孩组成,他们一般爱活动、不怕脏,态度倔强。小卫队由2/3的女孩和1/3的男孩组成,他们一般

---

① [法]傅立叶:《傅立叶选集》第二卷,赵俊欣、吴模信、徐知勉等译,19页,北京,商务印书馆,1981。

② [法]傅立叶:《傅立叶选集》第二卷,赵俊欣、吴模信、徐知勉等译,36页,北京,商务印书馆,1981。

③ [法]傅立叶:《傅立叶选集》第二卷,赵俊欣、吴模信、徐知勉等译,48页,北京,商务印书馆,1981。

态度文雅、爱好安静。儿童队专干脏活以及"危险工作"，例如，掏阴沟、清除垃圾、在屠宰场洗制猪下水、搜捕爬虫等。同时，要使他们养成忘我精神等美德。小卫队负责照料难于饲养但颇易驯服的动物，如各种飞禽、协作劳动的海狸、斑马等，还要保护植物，纠正人们不合规范的语言和不正确的发音等。① 同时，要使小卫队成员养成相应的美德。

第四阶段：半儿童半青年时代的最后教育（15.5～20岁），又称混合童年时代的教育。

傅立叶认为，这时的青少年已进入青春期，因此要让男女青少年在劳动竞赛中相互了解、真诚相爱。他们的初恋能使他们在文化和学习的竞赛中干劲倍增。

总之，傅立叶认为，在以上各个阶段的教育过程中，儿童既参加各种生产劳动，又学习文化科学知识。通过教育与生产劳动的结合，可以培养出既会用手又会用脑的新人。正如他所说的："和谐制度的教育有一个最突出的属性……从幼年起，即从三四岁起，便发展了20种劳动能力，并把这种儿童提高到爱好科学和艺术，并且能够准确使用手和脑。"②"我们现在的教育是把科学和劳动分开的，而在协作制度下，科学和劳动永远是结合在一起的。在这里，儿童将同时从事农业、工业、科学和艺术的活动。"③

傅立叶关于城市和乡村结合、教育与生产劳动结合、体力劳动和脑力劳动结合、工业劳动和农业劳动结合以消除三大差别的思想，以及关于变换工种、轮流从一个生产部门转到另一个生产部门以消除人的片面性、培养全面发展的人的思想，后来被马克思恩格斯汲取。恩格斯曾说："傅立叶的教育思

① ［法］傅立叶：《傅立叶选集》第二卷，赵俊欣、吴模信、徐知勉等译，59页，北京，商务印书馆，1981。
② ［法］傅立叶：《傅立叶选集》第一卷，赵俊欣、吴模信、徐知勉等译，207页，北京，商务印书馆，1979。
③ ［法］傅立叶：《傅立叶选集》第二卷，赵俊欣、吴模信、徐知勉等译，42页，北京，商务印书馆，1981。

想是傅立叶思想中的精华。"①

第三节　邦纳罗蒂和德萨米的教育思想

菲立普·米歇尔·邦纳罗蒂是法国革命家、空想共产主义者，也是巴贝夫的战友。他出生于意大利的一个贵族家庭。最初为卢梭的信徒，因参加法国1789年革命，他于1793年获法国国籍；后与巴贝夫结识，成为平等派运动领导人之一；1800年被流放；1830年法国七月革命后回到巴黎，继续从事革命活动。其主要作品是1828年发表的《为平等而密谋》(Conspiration Pour l'Égalité Dite de Babeuf)，这是巴贝夫主义的主要文献。他曾秘密草拟了空想共产主义的教育计划，直接继承和发展了巴贝夫的教育观点。

泰奥多尔·德萨米是法国革命家、空想共产主义者。他年轻时学过医学、哲学和法律，后当过教师；19世纪30年代曾加入布朗基领导的秘密革命团体；1838年出版了《各族人民在文化教育方面的进展超过实用道德方面的进展，探讨这种差别的原因并提出对策》一书，勾画了其理论的基本原理；参加过法国1848年革命，革命失败后回到故乡，于1850年去世。对他影响最大的有邦纳罗蒂、傅立叶以及爱尔维修。他最重要的著作是1842年在巴黎出版的《公有法典》(Code de la Communauté)。在该书中，德萨米提出，在未来社会中，将成立既从事工业又从事农业，既有城市特点又有农村特点的全民公社(类似于傅立叶的法郎吉，一个公社约有1万居民)。全民公社是一个消除了城乡差别的社会单位，公社成员人人劳动、各尽所能、按需分配，实行公有制。他主张暴力革命，但又认为通过社会舆论也能实现共产主义。马克思

---

① 《马克思恩格斯全集》第三卷，607页，北京，人民出版社，1960。

和恩格斯称德萨米是"比较有科学根据的法国共产主义者"①。

邦纳罗蒂和德萨米的教育思想互为补充，是一个难以分割的整体，详细体现在《公有法典》一书中。德萨米在该书的第十章"教育"中先引述了邦纳罗蒂的教育计划(主要涉及体育和德育)，然后努力填补邦纳罗蒂"所遗留下来的我们教育法典中的这个空白"②(即智育)，对邦纳罗蒂的教育思想做了补充和发展。

一、对资本主义教育的批判

德萨米认为，在当时的资本主义社会，只有少数有钱人享有受教育的特权，而广大人民群众处于贫困和愚昧的境地。他提出，资本主义的教育制度是一种腐败邪恶的教育制度。这种教育"不是要治病救人，而是害人，不是为了赋予生命，而是进行杀害，不是为使人团结，而是要使人分离，不是为指导人，而是要把人弄糊涂，不是为了使人道德高尚，而是要腐蚀人并使人堕落"③。而未来的公有制教育要比资本主义教育优越得多。

德萨米要求教育平等，并进而实现整个社会平等。这一主张具有积极意义。

二、论国民的、社会的、平等的新教育

邦纳罗蒂认为，在未来共产主义社会，"教育应该是国民的、社会的、平等的"④。

(一)国民的教育

邦纳罗蒂说："国民的，亦即受法律指导和受行政人员监督的意思……将

① 《马克思恩格斯全集》第二卷，167页，北京，人民出版社，1957。
② [法]德萨米：《公有法典》，黄建华、姜亚洲译，139页，北京，商务印书馆，1982。
③ [法]德萨米：《公有法典》，黄建华、姜亚洲译，147页，北京，商务印书馆，1982。
④ [法]德萨米：《公有法典》，黄建华、姜亚洲译，147页，北京，商务印书馆，1982。

习俗和知识教给青年，对共和国来说，是很重要的。"①邦纳罗蒂这里所讲的"国民教育"，也就是德萨米所讲的"公共教育"。这种教育与家庭教育或私人教育相对。德萨米也认为，分散的家庭教育有许多局限性，而"我们统一的教育制度"（即公共教育）就可以避免这些局限性。他说：

> 人们能够使儿童享受到体育锻炼的一切好处吗？就是说，能够使他们完全自由地游戏，能够充分满足我们的身体在发育过程中对于活动所感到的这种必然的和不可遏止的需要吗？在分散独处的条件下，这是不可能的，因为，这需要有专门的场所，那就得进行巨大的工程和花费大量的物力……
>
> 但是，当只有一个共同的大家庭时，当个别家庭都集中在一处时，那在两千个小家庭无法办到的事，便会变得很容易了。当所有的学生都能按照年龄、体力，按照志趣、资质和能力来划分和编班时，教育和训练将是多么轻松、愉快和诱人啊！至于对最幼小的儿童(从一岁到五岁)，一般来说，将采取最有预见性、最慈爱和最合理的措施，以便在从事体育训练时，用不着担心会发生极细小的不幸事故。例如，设想一些宽敞而且有适应季节的完善的通风和换气设备的大厅，大厅总是十分清洁，厅内没有任何外部的家具，其地板和一切凹凸不平之处，都将细心地盖上一层富有弹性的织物；这样，任凭孩子们怎样任性都没有任何妨碍了。②

邦纳罗蒂和德萨米提倡国民教育，顺应了历史发展的潮流，具有进步意义。19 世纪初，法国、美国、英国等国开始推行国民教育，并且形成了一场

---

① ［法］德萨米：《公有法典》，黄建华、姜亚洲译，147 页，北京，商务印书馆，1982。
② ［法］德萨米：《公有法典》，黄建华、姜亚洲译，130～131 页，北京，商务印书馆，1982。

规模广泛的幼儿学校运动，邦纳罗蒂和德萨米的国民教育思想与当时这些教育实践活动有某种一致性。

（二）社会的教育

邦纳罗蒂说："社会的，亦即同时授予生活在同一秩序之下的所有儿童的意思……社会的教育形式是民族大公社的反映。"①他在这里所讲的社会的教育，也就是德萨米所讲的普遍的教育。德萨米指出："任何年龄的人，都有强烈的求知愿望。男子、妇女和儿童，所有的人都有想认识事物和获得知识的欲望，一切人都本能地求知，寻求弄清过去的一切和今天的一切。儿童的这种欲望尤为强烈。"②所以，应该使人人都充分享受公共教育，要发展、普及科学和艺术，把它们变成公共财富，并一视同仁地让所有人按照各自的需要分享它们的好处。德萨米还说："人本身具有探讨科学和艺术的能力，具有对科学和艺术的需求，因而他应该不断地力求发展这种能力和需要。"③

英国、美国、法国等国家从 19 世纪 70 年代后才相继开始实施普及教育，因此，邦纳罗蒂和德萨米关于实行社会的和普遍的教育的思想在当时是一种先进思想。

（三）平等的教育

邦纳罗蒂说："平等的，因为大家都同样是祖国心爱的儿女；因为大家都拥有同样享受幸福的权利，而不平等却必然会破坏幸福；因为最大的政治平等必须从教育平等中产生。"④

平等的教育和社会的教育在某些方面是相似的。

---

① ［法］德萨米：《公有法典》，黄建华、姜亚洲译，136 页，北京，商务印书馆，1982。
② ［法］德萨米：《公有法典》，黄建华、姜亚洲译，146 页，北京，商务印书馆，1982。
③ ［法］德萨米：《公有法典》，黄建华、姜亚洲译，196 页，北京，商务印书馆，1982。
④ ［法］德萨米：《公有法典》，黄建华、姜亚洲译，136 页，北京，商务印书馆，1982。

三、论国民教育的目标

邦纳罗蒂和德萨米认为，新的国民教育应抱定三个目标：学生身体强壮和灵活，智力发展，心地善良而有毅力。国民教育要让每个人的体、德、智都达到最高的发展程度。

(一)体育

邦纳罗蒂说：

> 公民的健康和体力是共和国幸福与安全所主要依赖的条件；健康和体力是通过各个器官活动和排除干扰生物机能的原因而获得并加以保持的。由此便需要锻炼、有节制和适度。因此，作为祖国的希望的青年便应该锻炼从事农业劳动和机械操作，养成能适应最艰苦行动的习惯并在最有益身心的俭朴条件下过活。军事操练、赛跑、马术、角力、拳击、跳舞、打猎和游泳——这就是起义委员会①为新生的一代所安排的娱乐和休息。②

此外，邦纳罗蒂还专门提到女孩子的身体锻炼问题。他指出："为了使国家拥有健壮而勤劳的男子，就必须保证使那些天生为国家生养公民的人体格健全。因而，必须通过劳动和体育锻炼来防止她们的体质受到疲劳损耗。"③这里值得注意的是，邦纳罗蒂把劳动也视为锻炼身体的一种手段。

(二)德育

邦纳罗蒂认为，在未来的教育机构中，要"根绝懒惰和游手好闲的现象，使性格萎靡和爱好声色犬马之乐的现象无任何途径进入法国年轻人的心

---

① 即巴贝夫领导的秘密起义委员会。
② [法]德萨米：《公有法典》，黄建华、姜亚洲译，137～138 页，北京，商务印书馆，1982。
③ [法]德萨米：《公有法典》，黄建华、姜亚洲译，139 页，北京，商务印书馆，1982。

灵"①。

邦纳罗蒂指出，未来的共产主义社会"将采取一切方法防止青年具有高人一等和优越感的思想"②。要向青年人传授和推荐有关的美德，如热爱平等和正义等。在他看来，为祖国服务和博得祖国的表扬的愿望应该成为青年人行动的唯一动机。

邦纳罗蒂强调要通过教育，使青年人学会把自己的幸福同别人的幸福融合在一起。他说："重要的是，要使年轻人很早就养成把所有自己的同胞都看作是兄弟，使自己的快乐和感情同别人的快乐和感情融合在一起，以及只有在与自己相类似的人们的幸福中才感觉到自己的幸福的那种习惯。"③

（三）劳动教育和智育

德萨米的劳动教育和智育思想明显受到傅立叶的影响。在德萨米所设想的公社中，孩子们的劳动和文化学习是紧密结合在一起的，也就是实行教育与生产劳动相结合。按照德萨米的想法，孩子在幼年时代就要开始参加劳动，开始接受职业教育（又称工业教育和农业教育），从中获得关于各种事物的基本知识，然后在大量实践的基础上进一步学习"他们所从事的各门工艺和各种技艺的完整理论，或者是那些使一切有思想的人都感兴趣的科学基本知识，如星辰和地球的描述、各族人民的历史（政治的、艺术的、科学的、工业的和文学的）、语法和普通文学"④。真实的学问是长期的经验和持久的劳动的果实⑤。

关于劳动教育，德萨米说：

① ［法］德萨米：《公有法典》，黄建华、姜亚洲译，138 页，北京，商务印书馆，1982。
② ［法］德萨米：《公有法典》，黄建华、姜亚洲译，138 页，北京，商务印书馆，1982。
③ ［法］德萨米：《公有法典》，黄建华、姜亚洲译，136 页，北京，商务印书馆，1982。
④ ［法］德萨米：《公有法典》，黄建华、姜亚洲译，144 页，北京，商务印书馆，1982。
⑤ ［法］德萨米：《公有法典》，黄建华、姜亚洲译，198 页，北京，商务印书馆，1982。

当儿童(男孩和女孩)一旦具备某些智力,一旦能做某些轻巧的活动,即在他们三四岁的时候,就要注意领他们到各种工场、花园、果园、菜园、田野、马厩、畜栏、禽舍中去。在那里各种各样有组织的劳动将一一呈现在他们的眼前……儿童的模仿本能是如此之大,只要给他们从事园艺、工艺和手艺的小工具,就足以吸引他们去劳动,而且他们会立刻兴高采烈地来使用这些工具……年长的儿童已成为顶用的劳动者,他们有正常的组织和使用较大、较坚固的工具;而幼年的儿童受到年长的儿童的榜样的鼓励,则力图把他们所能有的一切技巧运用到自己小型的劳动上……他们在地里和花园中拔杂草,清除石头;他们在厨房里转动小烤叉、剥豌豆荚、洗蔬菜、除去水果皮、洗盘碟,等等;总之,利用他们去做那些不超过他们年龄所具备的体力和技巧的一切事情。人们可以看到,这些受强烈欲望激励的孩子将多么愉快和热情地去从事准许他们去做的劳动。①

对于儿童的劳动,德萨米还说:"由于劳动和工具总是同他们的体力和技巧相适应,所以他们既不感到辛苦,也不感觉疲劳。他们成群结队地劳动,而且每次时间不长,因此他们并不觉得枯燥和厌倦。"②他还指出:"(儿童)可以选择劳动的种类,但是,因为对于儿童,劳动要分作好几个阶段,所以为了从低级阶段过渡到较高级阶段,就得要求他显示出足够的力量、技巧和才能。"③

德萨米对于孩子的劳动教育的重视和他强调共产主义社会人人劳动的思想是一致的。但他的思想也有不足之处,例如,和傅立叶一样,在德萨米的

---

① [法]德萨米:《公有法典》,黄建华、姜亚洲译,144 页,北京,商务印书馆,1982。
② [法]德萨米:《公有法典》,黄建华、姜亚洲译,143 页,北京,商务印书馆,1982。
③ [法]德萨米:《公有法典》,黄建华、姜亚洲译,142 页,北京,商务印书馆,1982。

观点中，儿童开始参加劳动的年龄过小。

关于智育，德萨米说：

> 在学校中，教师都自愿地为各种年龄和不同程度的学生进行讲授。儿童、青年都本着自己的爱好去听课。这种课程的听众总是很踊跃的，因为，这里的教学既令人得到益处，又可以得到乐趣。教师绝不是像目前制度下那种墨守成规、板起脸孔、令人厌倦而且态度往往很粗暴的教育家；他们都是谦逊的学者、真正的导师……他们都是具有知识(实际知识和理论知识)的普通人。①

作为一个唯物主义者，德萨米特别提倡直观教学，他对一些科目如何开展直观教学提出了设想。在季节和气候允许的情况下，教师尽可能将授课安排在户外，在优美壮丽的大自然的怀抱中，把实物作为教学材料。假如教师向自己的学生谈论农业、园艺和植物学，他可以把土地及其产物作为谈话的直观材料；假如他要讲授天文学，那布满繁星的天空便是美妙的课文；假如他要讲授历史、文学、诗歌，那他就可以选择一个风景最优美的处所和一天中最有利于产生灵感的时刻；假如他要谈论绘画、雕刻和建筑，那他就可以在巨匠的杰作面前，还要更多地在大自然本身的杰作面前，来阐述艺术的优美和壮丽；假如他谈论的是音乐，那他就可以先用和谐的声调让学生心旷神怡，然后阐发音乐的原则；假如教师所谈的是关于机械技术、手艺、工艺，那他就可以把学生领到工场，对规则进行示范讲解，在各种不同的劳动中，应用物理学、化学和数学的原则。厨房、谷仓、酒窖、畜圈、马厩、禽舍、花园、菜园、果园、田野、散步场地、体育馆……总之，任何工作和游戏都同时可作为教学的场地和课文。

---

① [法]德萨米：《公有法典》，黄建华、姜亚洲译，144页，北京，商务印书馆，1982。

可以看出，德萨米强调在学习中要理论联系实际，强调采用正确的教学方式和方法，强调教育与生产劳动相结合。此外，他还提出不同劳动内容的更换，以做到体力劳动和脑力劳动相结合。这些思想都是正确的，但对于劳动教育和智育方面的一些具体问题，例如，学生的劳动和文化学习的时间如何分配，德萨米并未加以说明。这是他的不足之处。

四、论环境和教育对人的影响

在环境和教育对人的影响这一问题上，德萨米受到爱尔维修的影响，倾向于环境决定论。

德萨米说："难道人的天资，不就是和整个人一样，是过去的产物，是人现在和过去所生活的社会环境的产物，即人的原有组织、人的教育、习俗、法律及无数的其他境遇的产物吗？"①他又说："再没有比下面这一说法更正确的了：'人与其说是自己体质的产物，毋宁说是其物质环境和精神环境的产物。'"②德萨米所讲的精神环境主要指教育，他极其重视教育的作用。他指出：

> 人与人之间的智力和机体、道德品质和体质，都不是相等的。但是我再说一遍，我们不应忘记这一点，即依靠教育就可以大大地不断改变这些自然的不平等，直到最终将其消灭；从某种程度上说，这也就是人类想要通过教育和异种婚配的方法而日益接近的目标。③

但德萨米不是绝对的或百分之百的环境决定论者，他也承认人的天资、

---

① ［法］德萨米：《公有法典》，黄建华、姜亚洲译，21页，北京，商务印书馆，1982。
② ［法］德萨米：《公有法典》，黄建华、姜亚洲译，247页，北京，商务印书馆，1982。
③ ［法］德萨米：《公有法典》，黄建华、姜亚洲译，180～181页，北京，商务印书馆，1982。

机体或器官组织对人的发展的影响。他说："可以肯定，如果说人不完全受机体影响，他也不完全受外部世界影响。不，环境并不能决定一切。"①因此，在这一问题上，德萨米是"两点论"者。他的观点比爱尔维修的绝对的或单纯的环境决定论更全面、更合理。

邦纳罗蒂和德萨米的教育思想是丰富的。除了以上四个方面，他们还论及了其他方面的问题。例如，德萨米说：

> 在公有制度下，求知对于儿童、青年和成年人，对于姑娘、妇女，以及对于男子来说，都成为最强烈的欲望、最大的快乐之一。甚至老年人还仍然既当学生，而同时又当教师。只要他还坚持自己的智力，他就有求知的愿望。公社就是一所互教互学的大学校，在这所学校中大家都同时是学生，又是先生，在各门科学上彼此相互启发，协同一致，不断推进自己的探索。②

这段话实际上涉及成人教育乃至终身教育的问题。

德萨米还提出向群众普及卫生知识。他说："卫生教育迟早会战胜一切障碍，而成为对公众教育的一种补充。"③

总之，邦纳罗蒂和德萨米两人在世界教育思想发展史上，尤其是在社会主义和共产主义的教育思想发展史上，占有一定的地位。

---

① ［法］德萨米：《公有法典》，黄建华、姜亚洲译，180 页，北京，商务印书馆，1982。
② ［法］德萨米：《公有法典》，黄建华、姜亚洲译，146 页，北京，商务印书馆，1982。
③ ［法］德萨米：《公有法典》，黄建华、姜亚洲译，179 页，北京，商务印书馆，1982。

第四节　卡贝的教育思想

艾蒂安·卡贝是法国空想共产主义者，是傅立叶主义的信徒，出生于手工业者家庭，原为律师。19世纪20年代，他参加了秘密革命团体烧炭党，并参加了1830年法国的七月革命，于1831年当选为众议员。1833年，他创办了《民众》杂志，宣传民主思想，次年被迫流亡英国(1834—1839年)，在英国期间受到欧文空想社会主义思想的影响，逐渐成为一名空想共产主义者。卡贝于1839年回到法国，开始积极进行共产主义宣传。[①] 他于1841年复办《民众》杂志，讨论共产主义问题。在欧文的支持下，卡贝于1847年在美国得克萨斯州建立了共产主义移民区(伊加利亚公社)，但不久后就失败了。1848年法国二月革命后，卡贝支持资产阶级临时政府。

卡贝的代表作是《伊加利亚旅行记》(*Voyage en Icarie*，1840)。在这部道德学、哲学和社会政治经济学论著中，卡贝以小说的形式描述了他所设想的共产主义国家——伊加利亚，介绍了它的婚姻、家庭、教育、医疗、劳动、工业、农业、艺术创作等制度。在伊加利亚，生产资料公有，人人平等，各尽所能，产品由国家无偿分配；人民当家做主，各级领导人都由人民代表大会或公民大会民主选举产生，公民轮流担任各种公职。恩格斯说："伊加利亚派共产主义者的计划吸取了圣西门和傅立叶计划中一切合理的东西，因此他们大大超过了先前的法国共产主义者。"[②]

卡贝十分重视教育。他说："教育是我们整个社会政治制度的根基，我国人民和他们的代表们最重视的恐怕就是教育了。"[③]"共和国是把教育当作头等

[①]《马克思恩格斯全集》第七卷，323页，北京，人民出版社，1959。

[②]《马克思恩格斯全集》第一卷，583页，北京，人民出版社，1956。

[③][法]卡贝：《伊加利亚旅行记》第一卷，李雄飞译，102页，北京，商务印书馆，1976。

重要的事情，把青年看作祖国的财富和希望。"①《伊加利亚旅行记》第一卷的第十章和第十一章专门论述了伊加利亚的教育，集中反映了卡贝的教育思想。

一、论公共教育制度

卡贝提出，要参考古今一切教育制度，集思广益，然后拟订伊加利亚的公共教育制度。

卡贝说：

> 所有的伊加利亚人，不分性别和职业，都一律受到同样的普通教育，或称基础教育，内容包括人类应有的基本知识。
>
> …………
>
> 基础教育包括两个部分，一部分是家庭教育，由父母负责在家庭中进行；一部分是公共教育，或称公家教育，是在国立学校里由人民教师负责进行。②

卡贝所说的家庭教育是指孩子出生后头 5 年的教育。公共教育是 5 岁到 17 岁（女）或 18 岁（男）的教育，通常是男女分校。每天的上学时间是早上 9 点到下午 4 点。

卡贝说："女孩满 17 岁、男孩满 18 岁就开始受专门教育，或者叫职业教育。这种教育的目的是使每一个人都能掌握他将要从事的科学工作或生产事业的一切必要的理论和实践知识，以便他们在日后的工作中能做出出色的成

---

① ［法］卡贝：《伊加利亚旅行记》第一卷，李雄飞译，124 页，北京，商务印书馆，1976。
② ［法］卡贝：《伊加利亚旅行记》第一卷，李雄飞译，103 ～ 104 页，北京，商务印书馆，1976。

绩。"①因为所有年满 18 岁的男青年和 17 岁的女青年要正式参加工作，所以职业教育是不脱产的，男女青年要边工作边学习。这也是教育与生产劳动相结合的一种方式。

卡贝提出了教育立法的问题。他认为，国家应通过法律"对各类不同教育（体育、智育、德育、生产教育和公民教育）的教学内容、学习时间、先后次序和教学方法，一一作出规定"②。

二、论体育

卡贝认为体育是所有其他教育的基础。

卡贝所理解的体育的范围较广，大致涉及妇幼保健及儿童青少年的体育活动两大部分，称得上一种"大体育"的思想。

（一）妇幼保健

卡贝说：

> 共和国对孩子们的保护，不是从他们出生时才开始，而是始自他们还在母胎里的时候。
>
> 年轻夫妇一结婚，就受到如何保护母亲和婴儿健康的教育，懂得一切必需的常识。共和国组织人员编写解剖学、卫生学方面的教材，开设有关这方面的必要课程。
>
> 到了怀孕的时候，又给孕妇开设新的讲座，讲授保护孕妇和胎儿应注意的一切事项。
>
> …………

---

① ［法］卡贝：《伊加利亚旅行记》第一卷，李雄飞译，113 ～ 114 页，北京，商务印书馆，1976。

② ［法］卡贝：《伊加利亚旅行记》第一卷，李雄飞译，103 页，北京，商务印书馆，1976。

人们不仅为妇女撰写一些实用的书籍，还专门开设婴儿养育学作为妇女的必修课程，使她们能够更全面地了解一切有关婴儿健康的问题。①

卡贝指出，在孩子出生后，一般来说应该都是母亲自己给婴孩喂奶，如果母亲实在无法尽这种责任，也可以由别人代为喂奶。各地的负责官员和产科医师要"准备有一份他们辖区内能够代替别人喂奶的妇女的名单"②。

卡贝还说：

如果婴儿生下来时先天发育不全或躯体畸形，人民医师就上门为婴儿悉心治疗，必要时还把他送到专门的医院里诊治，这类病症大部分都能借助最新发明的一些精巧器械治愈或矫正过来；而这些器械，共和国总是保证充分供应，从来不会因价值昂贵而供应不上。③

总之，把妇幼保健列入体育的范围是卡贝教育思想的一个特点。

(二)体育活动

卡贝认为，要从小培养儿童"从事体育活动的习惯，这种习惯对孩子的今后是不可缺少的"④。

卡贝说：

---

① [法]卡贝：《伊加利亚旅行记》第一卷，李雄飞译，104～105页，北京，商务印书馆，1976。
② [法]卡贝：《伊加利亚旅行记》第一卷，李雄飞译，106页，北京，商务印书馆，1976。
③ [法]卡贝：《伊加利亚旅行记》第一卷，李雄飞译，106页，北京，商务印书馆，1976。
④ [法]卡贝：《伊加利亚旅行记》第一卷，李雄飞译，107页，北京，商务印书馆，1976。

一旦儿童的身体比较结实了，就开始进行法律上详尽地规定了的体操锻炼；这种锻炼先是在家由父母指导，上学以后才由教师来指导，目的是使孩子身体四肢和各个组织器官健全地发育。

儿童们的一切游戏，都是为了增进儿童的体力和健康，使儿童的体态姿势优美灵活。

步行、跑步、跳跃、登高、下跃、爬山、游泳、骑马、跳舞、溜冰、击剑，最后还有军事训练，都既是锻炼，又是游戏，都能使身体健壮，发育健全。某些比较简单的工农业劳动，也可以产生同样的效果，孩子们也感兴趣。[1]

在以上各种训练中，卡贝尤为具体地讲到了步行和游泳。他说：

所谓步行，就是从容不迫地走路，姿势要优美正确，要能耐久。在我们看来，这是一种技能，是我们儿童时代就要学会的一种不可缺少的技能。学生到户外散步，除了步行外，再加上舞蹈和操练各种军事动作，简直就像行军似的。[2]

他提出，孩子一旦学会游泳，就应该让他们习惯穿着平常的衣服游泳，不再使用泳衣；这样，万一他失足落水，也能自己脱险。学校还应教会他们抢救溺水的人，让孩子形成乐于助人的品德。

在经过以上种种体育训练后，学生的体质就会得到增强。他说：

---

[1] [法]卡贝：《伊加利亚旅行记》第一卷，李雄飞译，107～108页，北京，商务印书馆，1976。

[2] [法]卡贝：《伊加利亚旅行记》第一卷，李雄飞译，108页，北京，商务印书馆，1976。

请你们看看我们全国的青年人和成年人的体质吧！看看他们走路的样子吧！不管一个人单独走，两个人一起走，或者是成群结队地走，男的总是步履轻捷，刚健有力，女的则姿态优美，健康活泼。由这样的男女生育出来的后代，当然要比他们的父母更为健壮，更为美丽了。这难道还错得了吗？①

三、论智育

(一)教学内容

卡贝说：“5 岁以前，孩子受的是家庭教育。在这一段时期里，父母教自己的孩子学习本国语文，练习读书写字，教给他们许许多多日用常识。”②

5 岁上学后，儿童的学习内容逐渐增加。儿童要学习语法；学习自然科学的基本知识，如地质学、地理学、矿物学、动物学、植物学、物理学、化学和天文学等科目的基本知识；学习基础算术和几何学；学习计算、测量和绘制设计图；学习农业、机械和工业的基本知识；学习素描；学习声乐和器乐；学习书法和书法理论；等等。

卡贝反对一般的学生学习拉丁语、希腊语和其他的古代语，以及现代的外国语。他说：“我们不愿意我们的儿童们把宝贵的光阴浪费在这些令人厌烦的课程上，这些时间完全可以用来学习更有用的东西。”③他还说：“从前那种让青年人把大部分时间耗费在学习希腊语和拉丁语上的做法，是极其荒谬绝伦的。我们甚至认为，我们从前的那些专制暴君们之所以强迫人民学习这些毫无用处的课程，只是为了不让人民受到真正的教育。”④他甚至要求把所有的古典著作都烧毁。在卡贝看来，如果要学习古人的或外国人的著作，可以

---

① ［法］卡贝：《伊加利亚旅行记》第一卷，李雄飞译，108 页，北京，商务印书馆，1976。
② ［法］卡贝：《伊加利亚旅行记》第一卷，李雄飞译，109 页，北京，商务印书馆，1976。
③ ［法］卡贝：《伊加利亚旅行记》第一卷，李雄飞译，111 页，北京，商务印书馆，1976。
④ ［法］卡贝：《伊加利亚旅行记》第一卷，李雄飞译，111 页，北京，商务印书馆，1976。

读它们的法文译本。因此，只需要求少数青年人学习古代语和外国语，把他们培养成翻译工作者，这样，绝大多数学生就不必学习古代语和外语了。

如前所述，女孩从17岁起、男孩从18岁起接受职业教育。这时，他们除了学习有关职业方面的知识外，还要学习"文学、世界史、生理卫生等基本课程"以及"有关养育子女的全部课程和公民教育所包括的各种课程"①。

青年到21岁成为正式公民后，仍然要继续学习诸如人类发展史之类的课程。

(二)教学方法

卡贝认为，教学方法和其他有关因素一样，在整个教育过程中起着重要的作用。他说："学校环境的优美、设备的齐全，教师的耐心细致和经验丰富，还有教授法的简易，讲解的明晰，教学和游戏的互相结合，这一切综合起来大大有助于达到教育的目的。"②卡贝提出，在伊加利亚，"教育委员会的委员们竭尽心思来研讨改进教学方法，只要实践经验提供了一种新的方法，马上便推广使用"③。

卡贝提出的教学方法具体有七个方面。

第一，培养儿童的学习兴趣，做到学习和游戏相结合。卡贝指出，要"采取一切可能想象的良好方法来使每一门课程学起来既容易又能引起兴趣"④，从而做到连智力最差的学生也能学会。他甚至设想每一堂课都应当是一次游戏，而每一次游戏又必须成为一堂课。这样，孩子学习的积极性和主动性就会大大提高。

第二，理论和实践相结合。卡贝说："在各种教学中，甚至在体操课或者

① [法]卡贝：《伊加利亚旅行记》第一卷，李雄飞译，114页，北京，商务印书馆，1976。
② [法]卡贝：《伊加利亚旅行记》第一卷，李雄飞译，115页，北京，商务印书馆，1976。
③ [法]卡贝：《伊加利亚旅行记》第一卷，李雄飞译，114～115页，北京，商务印书馆，1976。
④ [法]卡贝：《伊加利亚旅行记》第一卷，李雄飞译，114页，北京，商务印书馆，1976。

做游戏的时候，我们都始终把理论和实践结合起来。"①例如，初级算术和几何学这门学科，"大部分教学过程是在国家的工厂、仓库或者在农村中进行，尽量让儿童学会计算、镑称和量度各种原材料和产品，学会丈量土地和当场解决各种三角几何上的问题"②。

第三，使用实物和教具进行教学，"利用物质上的仪器图表等来促进学生的智能的发展"③。在这方面，卡贝尤其重视利用各种博物馆进行教学。在伊加利亚，各种科学和各门艺术都有专门的博物馆，包括自然史博物馆、矿植物博物馆、古今动物博物馆、地质博物馆和生理博物馆等。博物馆内展品丰富且精致，例如，地理博物馆里"有无数地图和模型，表示出或者模拟出地球表面的各种形态，有的只表示行政区域和人口，有的则表示河流或山脉"④；又如，"我们的天文博物馆里陈列着一座奇妙的仪器，能够表现星球运行的情况，使人们能够用肉眼逼真地看到天文学上的各种最难于理解的现象"⑤。卡贝认为，可以组织学生在天气好的时候到郊外田野去观察，天气不好的时候到博物馆参观。这样，学习各种科学艺术的基本知识就不再是使人厌倦、扫兴和艰苦的事情了。

第四，语言教学实行"说写一致"，训练学生正确地选择词汇、运用词序和表达思想。

第五，"重视观察、研究和培养儿童智力的发展"⑥。卡贝说：

我们最有效的教学方法之一，就是不断地培养学生思考和判断

---

① ［法］卡贝：《伊加利亚旅行记》第一卷，李雄飞译，118页，北京，商务印书馆，1976。
② ［法］卡贝：《伊加利亚旅行记》第一卷，李雄飞译，118页，北京，商务印书馆，1976。
③ ［法］卡贝：《伊加利亚旅行记》第一卷，李雄飞译，119页，北京，商务印书馆，1976。
④ ［法］卡贝：《伊加利亚旅行记》第一卷，李雄飞译，119页，北京，商务印书馆，1976。
⑤ ［法］卡贝：《伊加利亚旅行记》第一卷，李雄飞译，109页，北京，商务印书馆，1976。
⑥ ［法］卡贝：《伊加利亚旅行记》第一卷，李雄飞译，119～120页，北京，商务印书馆，1976。

的能力，并且责成每一个学生把自己已经懂得的知识教给比他年龄小的学生。教师只是在为了保证教学进度有必要时，才进行讲解。他指导学生们研究问题，让他们自己思考问题，而不去代替他们思考。教师能力的高低，就在于他是否善于提问，更确切地说，就在于他是否善于组织学生们互教互学。通常的做法是：由一个学生讲解或者重复教师上次的讲解，另一个学生提问，然后大家逐个地回答，教师只是在绝对必要的时候才加入自己的意见。①

第六，鼓励儿童的好奇心。卡贝说："儿童的好奇心，只要是可以用来对他们进行教育，我们就决不加以压制；相反地，我们总是尽量解答他们提出的各种问题，以鼓励他们的好奇心；我们甚至随时随地启发这种好奇心，就他们所看到的事物，问他们几个为什么。"②

第七，培养儿童好问的习惯，使他们养成一种随时随地对各种事物认真地观察研究、寻根究底的习惯。卡贝说："我们还培养他们不懂就问的习惯，让他们认识到，凡是大人没有教过他们的东西，即使不懂也不是什么羞耻，既然不懂，就直截了当地回答说：'我不知道。'"③

(三)教材的编写

卡贝对教材的编写也提出了一些要求。

第一，教材要由国家委托最著名的专家来编写。

第二，所有初等年级的课本，如地理、算术等，不能像以前那样编得枯燥无味，而应写成故事体裁，做到引人入胜。"内容浅近，条理清楚，既引人

---

① [法]卡贝：《伊加利亚旅行记》第一卷，李雄飞译，119～120页，北京，商务印书馆，1976。

② [法]卡贝：《伊加利亚旅行记》第一卷，李雄飞译，118页，北京，商务印书馆，1976。

③ [法]卡贝：《伊加利亚旅行记》第一卷，李雄飞译，118页，北京，商务印书馆，1976。

入胜，又富有教育意义。"①

第三，教材的内容不要超出儿童的智力范围。

四、论德育

卡贝非常重视德育。他认为，人的心灵比他的身体和智力更为重要。伊加利亚的德育主要包括德育课和公民教育两大部分。

(一)德育课

　　有一种专门的德育课，每个儿童都要连续上 12 年，内容是让学生懂得他们应尽的一切义务、应该具备的优良品德和应该避免的一切恶劣行为和习惯。本来，这样的课程在过去是最不受重视、最枯燥无味的，可是现在却上得非常引人入胜……因为，我们是联系历史事实，对比英雄人物与罪人恶棍，对比伟大的德行与严重的罪孽来讲授这门功课的。②

这种德育课以及家庭中的品德教育使儿童从小养成敬爱父母，关心、帮助和爱护他人，热爱劳动，同学之间平等相待、友爱相处，整齐清洁，等等习惯。

(二)公民教育

卡贝对伊加利亚的公民教育曾做过这样的描述：

　　孩子们从小时候起，就在学习怎样当一个公民，尤其是在学校

---

① ［法］卡贝：《伊加利亚旅行记》第一卷，李雄飞译，118 页，北京，商务印书馆，1976。
② ［法］卡贝：《伊加利亚旅行记》第一卷，李雄飞译，130 页，北京，商务印书馆，1976。

里学得更多。他们在学校里讨论学生法典①，参加考试，进行选举，出席学生审判会②，这一切都在训练儿童习惯于公民生活。

不过，严格意义上的公民教育是 18 岁才开始的。从这时起，青年要学习文学概论、讲演术和世界史。

更为专门的公民教育包括有伊加利亚历史、伊加利亚的社会和政治制度、伊加利亚的宪法和法律，以及公职人员和公民的权利与义务。③

关于如何开展公民教育，卡贝提出每个儿童都要背诵宪法全文。没有一个伊加利亚人不懂得什么是选举和选举人，什么是全国代表大会和人民代表，什么是公民大会和国民军；也没有一个人不知道公职人员应该做什么和不应该做什么，法律允许人们做哪些事情，以及禁止做哪些事情。任何人如果漠视公民教育，就会被剥夺公民权利。因为这是一种耻辱和痛苦，所以谁也不愿意这样做。妇女也要具备公民教育的基本知识，以免她们对与她们利益有关的事情一无所知，或者不了解她们的丈夫所从事的事业。

军事训练是公民教育的一个主要内容。卡贝认为，伊加利亚青年所受的教育是要培养他们成为优秀的爱国者。尽管人们希望国际国内都能保持和平，但伊加利亚仍然规定所有公民都是国民军的成员，并且 18 ～ 21 岁的青年都要受军事训练，学习使用武器。这种训练既是一种有益于健康的辅助性体育锻炼，也是公民教育不可缺少的组成部分。青年满 21 岁就成为公民。卡贝明确地把公民教育列入了德育的范围，这在当时无疑是一种新颖的观点。

此外，在德育方面，卡贝还提出，学生犯了错后要由学生法庭来审理和

---

① 学生法典包括对儿童的处罚等内容，有点类似于现在的学生守则。

② 卡贝说："学生犯了过错，是由学生们自己组成法庭来查证和审理。"见[法]卡贝：《伊加利亚旅行记》第一卷，李雄飞译，128 页，北京，商务印书馆，1976。

③ [法]卡贝：《伊加利亚旅行记》第一卷，李雄飞译，129 页，北京，商务印书馆，1976。

做出处罚，这在某种程度上意味着实行学生自治，让学生自己管理自己。他也主张让学生来制定学校的规章制度。

总的来说，卡贝的教育思想是比较丰富的。除以上四个方面外，卡贝的教育思想还涉及其他方面。例如，关于教师的修养，卡贝说：

> 我们教育上的一条重大原则就是要求教师必须时刻像慈父对待自己儿女那样来对待自己的学生。教师如果因为学生有点缺点，犯了点过错就责骂他，讨厌他，甚至对他发脾气，在我们看来，是十分愚蠢和错误的。这种做法只会降低教师本人的人格，说明他的水平甚至比那个孩子还不如。[①]

和邦纳罗蒂、德萨米两人一样，卡贝在法国和世界教育思想发展史上，尤其是在社会主义和共产主义的教育思想发展史上，也占有一定的地位。

第五节　法国空想社会主义教育思想的特点与影响

法国空想社会主义教育思想是 19 世纪上半期西方重要的教育思想，其代表人物众多。

法国空想社会主义者或空想共产主义者的观点不完全相同，但他们的教育思想大致有以下六个共同特点。

一是对当时资本主义的教育进行了尖锐的批判。他们指出：资本主义教育制度不平等，穷人享受不到真正良好的教育；教育的内容落后于时代，缺乏科学而充满谬误；这种教育的方法是强制的，动辄惩罚甚至体罚学生；等

① ［法］卡贝：《伊加利亚旅行记》第一卷，李雄飞译，117 页，北京，商务印书馆，1976。

等。例如，卡贝说："贵族所以要垄断公共教育，目的就是为了麻痹人民，使人民永远处于无知状态。"①

二是提出在未来的新社会实行平等的、普及的和公共的教育。新社会不仅要使学龄期男女儿童和青少年都受到正规的教育，还要努力创造条件，对成人实施必要的教育，要在全社会营造一种人人爱学习的气氛。例如，卡贝提出，要开设许多供各种年龄的成年人学习的课程，要"终生接受教育"②。

三是提出教育目标是培养全面发展的人。他们要求未来的新一代在德、智、体、美、劳诸方面得到和谐发展，从而促进整个社会的改造和发展。

四是把教育与生产劳动相结合作为促进人全面发展的一种基本途径和手段。欧文、傅立叶、德萨米等人详细地制订了教育与生产劳动相结合的实施方案(尽管有些地方不太切合实际)。

五是强调学习要理论联系实际。傅立叶、德萨米提出了实践先于理论的观点。

六是强调采用正确的教育和教学方法。他们反对以往教育所采用的种种强制性的方法，认为那样只能使儿童被动地学习。他们主张尊重儿童的爱好，采用积极的方法引导儿童主动地、活泼地学习。

马克思、恩格斯认为傅立叶的教育观点"包含着最天才的观测"③。马克思、恩格斯的这一评价实际上也同样适用于圣西门、邦纳罗蒂、德萨米和卡贝等人。

在19世纪法国七月王朝时期，圣西门和傅立叶的著作流传开来，并有了一些信徒。法国空想社会主义教育思想对后世的最大影响就是为马克思主义教育思想的形成提供了丰富的材料和启示，这是对世界教育思想乃至整个人

① [法]卡贝：《伊加利亚旅行记》第二、三卷，李雄飞译，39～40页，北京，商务印书馆，1978。

② [法]卡贝：《伊加利亚旅行记》第一卷，李雄飞译，114页，北京，商务印书馆，1976。

③ 《马克思恩格斯全集》第三卷，607页，北京，人民出版社，1960。

类社会发展的重大贡献，19 世纪空想社会主义者或空想共产主义者也因此牢
固地确立了他们在人类思想发展史(包括教育思想发展史)中的重要地位。

参考文献

一、中文文献

《巴黎公社诗选》，沈大力、刘凤云译，北京，人民文学出版社，1983。

《列宁全集》第一卷，北京，人民出版社，2013。

《列宁选集》第二卷，北京，人民出版社，2012。

《马克思 恩格斯 列宁 斯大林论巴黎公社》，北京，人民出版社，1971。

《马克思恩格斯全集》第一卷，北京，人民出版社，2012。

《马克思恩格斯全集》第二卷，北京，人民出版社，1957。

《马克思恩格斯全集》第三卷，北京，人民出版社，1960。

《马克思恩格斯全集》第七卷，北京，人民出版社，1959。

《马克思恩格斯文集》第一卷，北京，人民出版社，2009。

《马克思恩格斯文集》第二卷，北京，人民出版社，2009。

《马克思恩格斯选集》第一卷，北京，人民出版社，1972。

《马克思恩格斯选集》第三卷，北京，人民出版社，1972。

曹孚：《外国教育史》，北京，人民教育出版社，1979。

成有信：《九国普及义务教育》，北京，人民教育出版社，1985。

恩格斯：《反杜林论》，北京，人民出版社，2018。

樊亢、宋则行：《外国经济史·近代现代》，北京，人民出版社，1980。

贺国庆、王保星、朱文富等：《外国高等教育史（第二版）》，北京，人民教育出版社，2006。

贺国庆、于洪波、朱文富：《外国教育史》，北京，高等教育出版社，2009。

洪谦：《西方现代资产阶级哲学论著选辑》，北京，商务印书馆，1964。

侯鸿勋、郑涌：《西方著名哲学家评传》第七卷，济南，山东人民出版社，1985。

黄福涛：《外国高等教育史(第二版)》，上海，上海教育出版社，2008。

教育大辞典编纂委员会：《教育大辞典》第十一卷，上海，上海教育出版社，1991。

蓝德：《西方心理学家文选》，唐钺译，北京，科学出版社，1959。

雷通群：《西洋教育通史》，北京，东方出版社，2007。

罗芃、冯棠、孟华：《法国文化史》，北京，北京大学出版社，1997。

罗新璋：《巴黎公社公告集》，上海，上海人民出版社，1978。

任钟印：《世界教育名著通览》，武汉，湖北教育出版社，1994。

单中惠：《西方教育问题史》，北京，人民教育出版社，2011。

孙中兴：《爱·秩序·进步：社会学之父——孔德》，台北，巨流图书公司，1993。

滕大春：《外国教育通史》第三卷，济南，山东教育出版社，2011。

滕大春：《外国近代教育史(第二版)》，北京，人民教育出版社，2002。

王长纯、梁建：《初等教育》，长春，吉林教育出版社，2000。

王承绪：《伦敦大学》，长沙，湖南教育出版社，1995。

王承绪：《英国教育》，长春，吉林教育出版社，2000。

王承绪、赵祥麟：《西方现代教育论著选》，北京，人民教育出版社，2001。

王养冲：《西方近代社会学思想的演进》，上海，华东师范大学出版社，1996。

吴式颖：《外国教育史教程》，北京，人民教育出版社，1999。

夏之莲：《外国教育发展史料选粹》上册，北京，北京师范大学出版社，1999。

邢克超：《战后法国教育研究》，南昌，江西教育出版社，1993。

于海：《西方社会思想史》，上海，复旦大学出版社，1993。

张人杰：《国外教育社会学基本文选(修订版)》，上海，华东师范大学出版社，2009。

张泰金：《英国的高等教育：历史·现状》，上海，上海外语教育出版社，1995。

赵荣昌、单中惠：《外国教育史教学参考资料》，上海，华东师范大学出版社，1991。

赵祥麟：《外国教育家评传》第二卷，上海，上海教育出版社，2002。

周辅成：《西方伦理学名著选辑》下卷，北京，商务印书馆，1987。

周凯敏：《十九世纪英国功利主义思想比较研究》，上海，华东师范大学出版社，1991。

朱庭光：《巴黎公社史》，北京，中国社会科学出版社，1982。

[德]马克思：《1848年至1850年的法兰西阶级斗争》，北京，人民出版社，2014。

[德]马克思：《法兰西内战》，北京，人民出版社，1964。

[德]马克思：《资本论(纪念版)》第一卷，北京，人民出版社，2018。

[德]马克思：《资本论(纪念版)》第三卷，北京，人民出版社，2018。

[法]阿尔努：《巴黎公社人民和议会史》，中国社会科学院世界历史研究所编译室译，北京，中国社会科学出版社，1981。

[法]阿隆：《社会学主要思潮》，葛智强、胡秉诚、王沪宁译，上海，上海译文出版社，1988。

[法]德萨米：《公有法典》，黄建华、姜亚洲译，北京，商务印书馆，1982。

[法]杜费、[法]杜福尔：《巴黎高师史》，程小牧、孙建平译，北京，中国人民大学出版社，2008。

[法]法国《巴黎公社公报》编辑部：《巴黎公社公报集》第一集，李平沤、狄玉明译，北京，商务印书馆，1995。

[法]法国《巴黎公社公报》编辑部：《巴黎公社公报集》第二集，狄玉明、何三雅、侯健等译，北京，商务印书馆，1996。

[法]傅立叶：《傅立叶选集》第一卷，赵俊欣、吴模信、徐知勉等译，北京，商务印书馆，1979。

[法]傅立叶：《傅立叶选集》第二卷，赵俊欣、吴模信、徐知勉等译，北京，商务印书馆，1981。

[法]卡贝：《伊加利亚旅行记》第一卷，李雄飞译，北京，商务印书馆，1976。

[法]卡贝：《伊加利亚旅行记》第二、三卷，李雄飞译，北京，商务印书馆，1978。

[法]孔德：《论实证精神》，黄建华译，北京，商务印书馆，1996。

[法]孔德：《实证主义概观》，萧赣译，上海，商务印书馆，1938。

[法]孔佩雷：《教育学史》，张瑜、王强译，济南，山东教育出版社，2013。

[法]里乌、[法]西里内利：《法国文化史》第四卷，吴模信、潘丽珍译，上海，华东师范大学出版社，2006。

[法]圣西门：《圣西门选集》第一卷，王燕生、徐仲年、徐基恩等译，北京，商务印书馆，1979。

[法]圣西门：《圣西门选集》第二卷，董果良译，北京，商务印书馆，1982。

[法]圣西门：《圣西门选集》第三卷，董果良、赵鸣远译，北京，商务印书馆，1985。

[法]涂尔干：《教育思想的演进》，李康译，上海，上海人民出版社，2003。

[美]伯茨：《西方教育文化史》，王凤玉译，济南，山东教育出版社，2013。

[美]布鲁巴克：《教育问题史》，单中惠、王强译，济南，山东教育出版社，2012。

[美]杜兰：《世界文明史·拿破仑时代》下册，幼狮文化公司译，北京，东方出版社，1999。

[美]D. P. 约翰逊：《社会学理论》，南开大学社会学系译，北京，国际文化公司，1988。

[美]E. P. 克伯雷：《外国教育史料》，华中师范大学、西南师范大学、西北师范大学等译，武汉，华中师范大学出版社，1991。

[美]H. 托马斯、D. L. 托马斯：《伟大科学家的生活传记》，陈仁炳译，南京，江苏科学技术出版社，1980。

[摩洛哥]摩西：《世界著名教育思想家》第三卷，梅祖培、龙治芳等译，北京，中国对外翻译出版公司，1995。

[摩洛哥]摩西：《世界著名教育思想家》第四卷，梅祖培、龙治芳等译，北京，中国对外翻译出版公司，1996。

[苏联]康斯坦丁诺夫：《世界教育史纲》第二册，北京，人民教育出版社，1954。

[苏联]卢利耶：《巴黎公社活动家传略》，中共中央马克思恩格斯列宁斯大林著作编译局译，北京，生活·读书·新知三联书店，1960。

[苏联]莫洛克：《巴黎公社会议记录》第一卷，何清新译，北京，商务印书馆，1961。

[苏联]莫洛克、[苏联]奥尔洛夫：《世界近代史教学资料选辑》第二辑，何清新译，北京，生活·读书·新知三联书店，1963。

[苏联]热卢博夫斯卡娅：《巴黎公社会议记录》第二卷，何清新译，北京，商务印书馆，1963。

[苏联]苏联科学院世界历史研究所：《一八七一年巴黎公社史》，马克闪、陈之骅、李

树柏等译，重庆，重庆出版社，1982。

[英]阿诺德著，[英]T. W. 班福德编：《阿诺德论教育》，朱镜人译，北京，人民教育出版社，2016。

[英]奥尔德里奇：《简明英国教育史》，诸惠芳、李洪绪、尹斌苗译，北京，人民教育出版社，1987。

[英]格林：《教育与国家形成：英、法、美教育体系起源之比较》，王春华、王爱义、刘翠航译，北京，教育科学出版社，2004。

[英]赫胥黎：《科学与教育》，单中惠、平波译，北京，人民教育出版社，1990。

[英]克拉潘：《1815—1914年法国和德国的经济发展》，傅梦弼译，北京，商务印书馆，1965。

[英]劳伦斯：《现代教育的起源和发展》，纪晓林译，北京，北京语言学院出版社，1992。

[英]密尔：《论自由》，许宝骙译，北京，商务印书馆，2017。

[英]密尔：《密尔论大学》，孙传钊、王晨译，北京，商务印书馆，2013。

[英]穆勒：《约翰·穆勒自传》，吴良健、吴衡康译，北京，商务印书馆，1987。

[英]欧文：《欧文选集》第一卷，柯象峰、何光来、秦果显译，北京，商务印书馆，1979。

[英]欧文：《欧文选集》第二卷，柯象峰、何光来、秦果显译，北京，商务印书馆，1981。

[英]欧文：《欧文选集》第三卷，马清槐、吴忆萱、黄维新译，北京，商务印书馆，1984。

[英]R. W. 利文斯通：《保卫古典教育》，朱镜人译，北京，人民教育出版社，2017。

[英]斯宾塞：《斯宾塞教育论著选》，胡毅、王承绪译，北京，人民教育出版社，1997。

[英]索利：《英国哲学史》，段德智译，济南，山东人民出版社，1992。

二、外文文献

A. P. Stanley, *Life and Correspondence of Thomas Arnold*, London, Ward, Lock & Co. , 1900.

A. V. Judges, *Pioneer of English Education*, London, Faber and Faber Ltd. , 1952.

A. M. Kazamias, *Herbert Spencer on Education*, Upper Soddle River, Prentice Hall, 1966.

B. Simon, *The Two Nations and the Educational Structure* 1780—1870, London, Lawrence & Wishart, 1974.

C. Bibby, *T. H. Huxley on Education*, Cambridge, Cambridge University Press, 1971.

C. Bibby, *T. H. Huxley: Scientist, Humanist and Educator*, London, C. A. Watts & Co. , 1959.

C. F. Harrold, *John Henry Newman: An Expository and Critical Study of His Mind, Thought and Art*, London, Longman, 1945.

C. Bibby, *T. H. Huxley on Education*, Cambridge, Cambridge University Press, 1971.

David Salmon, *The Practical Parts of Lancaster's Improvements and Bell's Experiment*, Cambridge, Cambridge University Press, 1932.

E. Rhys, *Hebert Spencer: Essays on Education*, London, J. M. Dent, 1946, Foreword.

E. Ashby, *Technology and the Academics*, London, Macmillan, 1936.

E. P. Cubberley, *The History of Education*, Boston, Houghton, 1920.

F. W. Farrar, *Essays on a Liberal Education*, London, Macmillan, 1867.

F. McGrath, *The Consecration of Learning: Lectures on Newman's Idea of a University*, Dublin, Gill and Son Ltd. , 1962.

General Report on the Instruction and Training of Pupil-Teachers, 1903—1907, with Historical Introduction, London, Wyman and Sons Limited, 1907.

G. Compayré, *Herbert Spencer and Scientific Education*, New York, Thomas Y. Crowell & Co Publishers, 1907.

G. M. Young, W. D. Hancock, *English Historical Documents XII（1）, 1833—1874*, London, Eyre & Spottiswoode, 1956.

H. C. Dent, *The Training of Teachers in England and Wales 1800—1975*, London, Hodder and Stoughton Ltd. , 1977.

H. Spence, *An Autobiography*, London, Williams, 1904.

H. C. Barnard, *A Short History of English Education: From 1760 to 1944*, London, University of London Press, 1947.

H. Silver, *Robert Owen on Education*, Cambridge, Cambridge University Press, 1969.

H. Tristran, *John Henry Newman: Autobiographical Writings*, London, Sheed and Ward, 1956.

Ian Ker, *The Achivement of John Henry Newman*, Minnesota St. Paul, University of Notre Dame Press, 1990.

I. Ker, *John Henry Newman: A Biography*, Oxford, Clarendon Press, 1988.

J. Bowen, *A History of Western Education*, London, Methuen & Co Ltd. , 1981.

J. H. Newman, *Select Discourses from The Idea of a University*, edited by May Yardler, Cambridge, Cambridge University Press, Introduction, 1955.

J. H. Newman, *University Sketches*, Dublin, The Richview Press, 1856.

J. H. Newman, *The Use of Knowledge*, New York, Appleton-Century-Crofts Inc. , 1948.

J. H. Newman, "Apologia pro Vita Sua," D. J. De Laura, *Newman's Chronology*, London, W. W. Nortor & Company, 1968.

J. J. Findley, *Arnold of Rugby: His School Life and Contribution to Education*, Cambridge, Cambridge University Press, 1925.

J. B. Thomas, *British Universities and Teacher Education: A Century of Change*, The Flamer Press, London, 1990.

J. F. C. Harrison, *Utopianism and Education, Robert Owen and The Owenites*, Now York, Teachers College Press, 1968.

J. H. Newman, *The Idea of a University*, New Haven & London, Yale University Press, 1996.

J. Lawson, H. Silver, *A Social History of Education in England*, London, Methuen & Co Ltd. , 1973.

J. W. Adamson, *English Education 1789—1902*, London, Cambridge University Press, 1930.

L. Huxley, *Life and Letters of Thomas Henry Huxley*, New York, Appleton & Co. , 1902.

Minutes of the Committee of Council on Education: With Appendices, 1846, Vol. I, London, Her Majesty's Stationery Office, 1847.

M. Hiprice, *The Development of the Secondary Curriculum*, London, Crom Helm, 1986.

M. M. Garland, *Newman in His Own Day // The Idea of a University*, New Haven & London, Yale University Press, 1996.

Oxford Tutor's Association, Report No. II, in J. W. Adamson, *English Education 1789—1902*, London, Cambridge University Press, 1930.

P. Gordon, D. Lawton, *Curriculum Change in The Nineteenth and Twentieth Centuries*, London, 1978.

P. Monroe, *A Text-Book in the History of Education*, New York, The Macmillan Company, 1925.

Report of the Commissioners Appointed to Inquire into the State of Popular Education in England, Vol. I, London, Her Majesty's Stationery Office, 1861.

R. F. Butts, L. A. Cremin, *A Cultural History of Western Education*, New York, Hole, 1955.

R. O'Day, *Education and Society 1500—1800*, London, Longman, 1982.

R. W. Livingstone, *The Pageant of Greece*, Oxford, Clarendon Press, 1923.

R. Aldrich, *In History and In Education*, London, The Woburn Press, 1996.

R. Williams, *The Long Revolution*, London, Chatto and Windus, 1961.

S. J. Curtis, M. E. A. Boultwood, *An Introductory History of English Education Since 1800*, London, University Tutorial Press Ltd. , 1960.

S. E. Bowman, *John Henry Newman*, New York, Twayne Publishers Inc. , 1972.

S. J. Curtis, M. E. A. Boultwood, *A Short History of Educational Ideas*, University Tutorial Press Ltd. , London, 1963.

The New Encyclopaedia Britannica, *Vol. 9*, Chicago, Encyclopaedia Britannica Inc. , 1974.

T. W. Bamford, *Thomas Arnold on Education*, Cambridge, Cambridge University Press, 1970.

T. Mozley, *Reminiscences Chiefly of Oriel College and Oxford Movement*, London, Longman, 1882.

V. A. Huber, *The English Universities*, London, William Pickering, 1843.

Wendy Robbinson, "Teacher Training in England and Wales: Past, Present and Future Perspectives," *Education Research and Perspectives*, 2006, 33(2).

W. H. Burston, *James Mill on Philosophy and Education*, London, The Athlone Press, 1973.

W. B. Stephens, *Education in Britain 1750—1914*, Basingstoke, Macmillan, 1998.

W. H. Burson, *James Mill on Education*, Cambridge, Cambridge University Press, 1969.

W. Robbinson, "Teacher Training in England and Wales: Past, Present and Future Perspectives," *Education Research and Perspectives*, 2006, 33(2).

"1868 Schools Inquiry Commission Report," in J. W. Adamson, *English Education 1789—1902*, London, Cambridge University Press, 1930.